YouTube
视频之王的崛起之路

[美]马克·伯根 著　程光锦 译

LIKE, COMMENT, SUBSCRIBE

Inside YouTube's Chaotic Rise to World Domination

台海出版社

北京市版权局著作合同登记号：图字 01-2024-0754

Copyright © 2022 by Mark Bergen
This edition published by arrangement with Viking, an imprint of Penguin Publishing Group, a division of Penguin Random House LLC.
由北京玉兔文化有限公司与企鹅兰登（北京）文化发展有限公司 Penguin Random House (Beijing) Culture Development Co., Ltd. 合作出版

图书在版编目（CIP）数据

YouTube：视频之王的崛起之路 /（美）马克·伯根 著；程光锦译. —— 北京：台海出版社，2024.1（2024.10重印）
书名原文：Like,Comment,Subscribe:Inside YouTube's Chaotic Rise to World Domination
ISBN 978-7-5168-3747-4

Ⅰ.①Y⋯Ⅱ.①马⋯②程⋯Ⅲ.①传播媒介—企业管理—研究—美国Ⅳ.①G219.712

中国国家版本馆 CIP 数据核字（2023）第 252132 号

"企鹅"及其相关标识是企鹅兰登已经注册或尚未注册的商标。
未经允许，不得擅用。
封底凡无企鹅防伪标识者均属未经授权之非法版本。

YouTube：视频之王的崛起之路

著　　者：〔美〕马克·伯根	译　　者：程光锦
出 版 人：薛　原	责任编辑：戴　晨
策划编辑：高继书　姬　巍	

出版发行：台海出版社

地　　址：北京市东城区景山东街 20 号　　邮政编码：100009
电　　话：010-64041652（发行，邮购）
传　　真：010-84045799（总编室）
网　　址：www.taimeng.org.cn/thcbs/default.htm
E‑mail：thcbs@126.com

经　　销：全国各地新华书店
印　　刷：北京美图印务有限公司
本书如有破损、缺页、装订错误，请与本社联系调换

开　　本：880 毫米 ×1230 毫米	1 / 32
字　　数：344 千字	印　　张：14.75
版　　次：2024 年 1 月第 1 版	印　　次：2024 年 10 月第 2 次印刷
书　　号：ISBN 978-7-5168-3747-4	

定　　价：108.00 元

版权所有　　翻印必究

献给我的爱人安妮

弗兰肯斯坦的灵魂在此宣告：前人已经取得这么多成就，而我要创造更多。我将踏着前人留下的足迹前行，开辟一条新的道路，探索未知的力量，向世界展示生命最深处的奥秘。

——玛丽·雪莱（MARY SHELLEY）

《弗兰肯斯坦》，1818 年

目录 | CONTENTS |

| 引　言　基督城枪击案与 YouTube 头号网红 _001

初 创

　第 1 章　三位创始人 _015
　第 2 章　制作，上传 _032
　第 3 章　与谷歌"联姻" _050
　第 4 章　盗版？10 亿美元？_065
　第 5 章　小丑公司 _076
　第 6 章　视频审查队 _093
　第 7 章　新目标——盈利 _104

崛 起

　第 8 章　戴蒙德工厂 _121
　第 9 章　书呆子战士 _132
　第 10 章　"油管人"有了自己的频道 _142
　第 11 章　言论自由原则 _158
　第 12 章　这能让船开得更快吗 _165
　第 13 章　游戏视频的兴起 _177
　第 14 章　没有"营养"的儿童视频 _188
　第 15 章　五大家族 _201
　第 16 章　把观众留下来：算法与广告收入 _214
　第 17 章　"谷歌之母"接手 YouTube_223

发 展

第 18 章　顺"管"而下 _237

第 19 章　YouTube 的头号网红 PewDiePie_247

第 20 章　YouTube 的推荐系统：机器知道你想看什么 _258

第 21 章　玩玩具的小男孩与 YouTube Kids_268

第 22 章　创作者的困境：赚钱越来越难 _280

第 23 章　YouTube 上的政治风暴 _295

第 24 章　头号网红闯祸了 _310

第 25 章　停止投放：广告商抵制 YouTube_322

第 26 章　揭开算法神秘的面纱 _333

第 27 章　蜘蛛侠和艾莎在一起？拒绝恶搞 _348

第 28 章　清除不良视频，提高奖励门槛 _362

第 29 章　持枪袭击 YouTube 总部 _377

第 30 章　内外交困：听证会和罢工 _383

第 31 章　头号网红重回 YouTube_399

未 来

第 32 章　不断升级的视频安全系统 _413

第 33 章　我们要成为什么样的 YouTube？ _426

附 录

后记 _441

致谢 _458

资料来源说明 _463

引 言

基督城枪击案与YouTube头号网红

哈吉-达乌德·纳比（Haji-Daoud Nabi）爷爷留着浓密的白胡子，一脸灿烂的笑容。一个阳光明媚的星期五下午，纳比在新西兰基督城遇到了他的"死神"。当时，纳比正站在清真寺门口，当一名年轻男子走近时，纳比还以为他是来参加礼拜的，便热情地问候道："兄弟，你好！"

出发之前，这名年轻人发出了一封电子邮件，标题是《关于新西兰今天发生的袭击事件》。在邮件开头他就声明："我就是发动袭击的袭击者。"接下来是一段长篇宣言。他把这封邮件发给了新西兰全国各地的报纸编辑和电视制片人，这些专业人士刚刚决定了媒体对外发布什么内容，有的人把这封邮件当成了垃圾邮件，有的则认为这只不过是在胡言乱语。

他们的电话随后就被打爆了。在基督城的哈格利公园，枪声处处可闻。公园绿意盎然的草坪两侧，本是两处清真寺圣地所在，现在到处都是浑身血污、已经没有生命体征的尸体。至少死了五十个人，包括一名三岁的幼儿，纳比爷爷也在其中。当记者柯斯蒂·约翰斯顿（Kirsty Johnston）匆匆赶到现场的时候，只看到受伤的大屠杀幸存者疯狂地挥舞着手臂，试图拦下出租车载他们去医院。柯斯蒂在新西兰这个平静的岛国长大，这里的警察甚至没有随身携带枪支的习惯，暴力事件往往只会出现在其他地方的新闻报道里，而不会发生在自己的身边。

但这个国家今时不同往日，新闻报道的内容也已发生改变。人们很快得知，制造这场凶杀案的恐怖分子是一名二十八岁的白人男性，他的身上还系着摄像机，在互联网上直播自己的暴行，时间长达17分钟。于是，那些报纸编辑和电视制片人回过头来，仔细查看凶手发布的视频和那段宣言，试图找出蛛丝马迹，破解新西兰有史以来最严重的大规模枪击案。他们在其中发现了大量神秘内容，大多是关于塞尔维亚政治、16世纪战争和互联网亚文化的，与这次袭击事件并没有太大关联，但其中有一点引起了他们的注意：一位YouTube明星的名字。恐怖分子在开火前一刻，对屏幕前的观众说："伙计们，记得订阅PewDiePie！"

* * *

几天前，在地球另一边，YouTube员工正泡在度假村巨大的温水池里休养。他们像往常一样乘坐专线巴士抵达。巴士一路向北行驶，穿过旧金山和伯克利，穿过富人聚集的城镇和郊区，穿过红杉高耸、星罗棋布的森林公园，进入加利福尼亚州（以下简称"加州"）葡萄酒之乡的中心地带。他们抵达印第安泉，入住了卡利斯托加市天然温泉顶部的这家古雅酒店。加州第一位百万富翁曾在卡利斯托加市定居，这位富翁在当年的淘金热中获得了大笔财富。

克莱尔·斯塔普顿（Claire Stapleton）是YouTube的一位经理。在酒店小屋下榻后，她打开行李箱稍做整理。斯塔普顿之前参加过很多次类似的公司员工活动，但这次的活动只限市场部员工参加，这些员工负责维护 YouTube 的公众形象和品牌。这也是斯塔普顿最后一次参加 YouTube 的活动——当时她对这一点并不是十分确定，但已有猜疑。

斯塔普顿肤色苍白，头发是非常接近黑色的深褐色。她通常是一副无忧无虑的样子，但有时也会变得非常严肃，就像四个月前刊登在《纽约时报》上的那张照片一样。照片上斯塔普顿穿着黑色高领衫，表情严肃，代表的是硅谷内部反叛势力的形象。在度假村，斯塔普顿走出小屋，经过室外喷泉、可爱的棚架花园和一个做冥想的地方，来到一间名为"河流与倒影"的小型会议室。

度假村针对企业集团客户的收费标准是每个房间 350 美元左右。这个价位对 YouTube 来说不算什么，公司上一年的销售额就超过了 110 亿美元。但这些客人是以谷歌（Google）的名义登记入住的。谷歌从 2006 年起就是 YouTube 的所有者和母公司了。虽然谷歌 2018 年的销售额超过 1360 亿美元，但这个科技巨头最近对待财富的态度开始变得谨小慎微。一是因为来自华尔街的财务总监开始对这个素以随意挥霍而闻名的公司精打细算，二是因为在特朗普（Trump）执掌美国政权两年后，过去人们眼中勇于创新但盈利能力不强的谷歌等硅谷公司，突然被指责贪婪、不负责任、过于强大，被当作"权势集团"，就连谷歌自己的一些员工甚至也开始用这样的眼光看待它。

为了减少不必要的关注，谷歌现在很少在高档奢华的地方举办各种活动。印第安泉这个地方绝对低调。观其外表，这座西班牙布道院风格的两层楼就像 20 世纪 50 年代简陋的汽车旅馆，但其内部却在不经意间彰显着各种奢华的细节：有机洗发水、"碧唯尔"净水系统以及人造壁炉。令人称奇的是，度假村在一个有奥运会游泳池那么大的池子中，注入了温泉水，泡在里面让人感到既温暖又惬意。

公司请斯塔普顿和她的同事们尽管好好享受。最近这两年，大家压力都很大。众所周知，谷歌员工是世界上最幸福的员工，但其最新的员工幸福度调查结果却令人深感不安：有更多的员工表示对公司管理层和重点项目的信心下降，近一半员工认为自己获得的薪酬不够"公平"。那年秋天，斯塔普顿还带领数千名员工抗议谷歌对性骚扰相关指控的处理。谷歌为其庞大的计算机网络建立了一个长期预警系统："黄色预警"表示软件程序员需要加班修复故障；"橙色预警"表示已接近紧急状态；"红色预警"会在谷歌搜索页面或电子邮件服务停止工作时出现，表示*需要立即修复*。谷歌也将这套预警系统扩展应用到非技术性事务方面，比如员工的幸福感。

这次YouTube在印第安泉举办的活动，私下里被称为[1]"幸福度红色预警"。

斯塔普顿的市场团队在镇上参加品酒会，学做比萨，在度假村精心打造的龙舌兰植物园和佛陀池塘一带散步，在户外烤棉花糖，享用护理项目，喝酒。他们在一家名叫"躺椅"的老式汽水店喝汽水，在蓝白条纹怀旧风格的遮阳篷下半躺着休息。温泉入口处有一个刻有"百事可乐"字样的老式时钟，上方飘舞着一面美国国旗。印第安泉将这款设计称为"昔日好莱坞"，对于来自YouTube的宾客而言，这真是一种充满了诗意的讽刺。要知道，YouTube比任何企业更能利用好莱坞的"老派作风"——制片

---

[1] 出自对克莱尔·斯塔普顿和其他匿名YouTube员工的采访。YouTube的一位新闻发言人则表示，此次活动是"正常的年度团队活动"。本书注释除特别标注外，均为作者原注。

厂、经纪人、光鲜亮丽的明星、人们花钱购买的娱乐节目等——并颠覆了它。

斯塔普顿一到"河流与倒影"会议室，就被要求坐下来观看一段他们以前都看过的 YouTube 视频，有同事在网上找到了它，按下了标志性的三角形"播放"按钮。

YouTube：我们的品牌使命
2017年6月22日　1:48 [①]

一个小男孩，在卧室里拿着把大大的电吉他。随后画面切换到另一个孩子，在亚洲的某个地方放羊，接着是一个女人在哭泣，之后是一个男人在展示溜冰技巧。女声旁白响起："看一下这些瞬间吧。所有的故事、秘密、启示，它们来自世界的每一个角落。"这是一段鼓舞人心的 YouTube 镜头蒙太奇，接连出现了婴儿、运动员、人们不经意间做出的善举、裹头巾的女性、群舞者、呼吁自由拥抱的人，以及更多倡议人士。"这是我们作为一个民族最珍贵、最纯粹、未经修饰的模样，"旁白道，"当每个人都能拥有一个表达的机会、被倾听的机会和表演的舞台，这样的事情就会发生。"

视频结尾出现了一段人们熟悉的文字，即 YouTube 的品牌使命："让每个人都有表达的机会，让每个人都能看到这个世界。"**真是奇怪**。斯塔普顿心想。这段鼓舞人心的蒙太奇，是她的团队于 2017 年首次制作而成的，在那之后世界已经发生了很多变化，

---

① YouTube 在每个视频上显示视频的长度和时间戳。

YouTube 有了日新月异的发展，斯塔普顿也已经参与了无数次关于重塑品牌使命的讨论，而他们为了鼓舞人心，播放的仍然是这段陈旧的宣传视频。但她并没有将这些想法说出口。

YouTube 虽然已经成立十四年[①]了，但仍堪称现代世界的一个奇迹。在不到二十年的时间里，按需闪电般快速播放的互联网电视，已经从一种不可能变成了人们日常生活中简单的事物。YouTube 已经成了一个在线免费播放动态图像的地方，被员工称为"互联网的视频支架"。**YouTube 每个月的访问量超过 20 亿次，是全球访问量第二大的网站（仅次于谷歌），同时也是全球第二大最受欢迎的搜索引擎（仅次于谷歌）**。2019 年，YouTube 的日访问量达到 17 亿次左右[②]，这个数字超过全球互联网人口的 1/3。人们在 YouTube 上娱乐、学习、放松。民意调查结果显示，1/4 的美国人在 YouTube 上看新闻，YouTube 的固定访客比脸书（Facebook）、Instagram（照片墙）等其他社交媒体都要多。整整一代孩子都抛弃了电视，转而观看 YouTube。**在许多国家，YouTube 就等于电视**。YouTube 还让超市售卖的八卦小报以及各类说明书变了样子。硅谷的一些未来主义者甚至觉得，YouTube 或将取代大学教授和医生。

与其他面向公众的网站不同，YouTube 会向视频作者支付报酬。这一创举在短短几年时间内，催生了一个完整的创意产业，催生了一批表演者、风云人物、艺术家、网红、导师和特许经营品牌，催生了一个像广播和电视一样具有革命性的新媒体。YouTube 让每个人都能成为视频博主，还让人们看到了《江南

[①] 本文写于 2019 年年末。——编注
[②] 该数据来自一名熟悉数据的前员工。YouTube 的一位代言人拒绝对该数据发表评论。

Style》《查理咬我的手指》《鲨鱼宝宝》《周五要休息》等视频，"与阿德里安一起练瑜伽""跟莫老师学涂鸦"等系列课程以及《我的世界》的职业游戏玩家。YouTube 上汇聚了很多多元化人才，他们都被传统媒体忽视了。成千上万的小圈子名人你可能都不认识，但他们拥有数百万计的年轻粉丝，享受到的热情可能连影视明星都望尘莫及。

与 YouTube 在同一时期兴起的，还有一批引人注目的客户导向型互联网新公司，但除了脸书，其他网站存在的时间都不能和 YouTube 相匹敌。即便是脸书，发展到后期也一直挣扎于如何保持年轻用户的黏性，但 YouTube 就不存在这个问题，它年复一年吸引了越来越年轻的观众。**我们今天生活在一个线上注意力经济时代，在这方面没有一家公司比 YouTube 做得更好。**YouTube 很早就开始为视频作者支付报酬了，那时的脸书还没走出学生宿舍，推特（Twitter）只是一阵科技风潮，TikTok（抖音国际版）还要再过十年才能诞生。这些公司都借鉴了谷歌的理念（在线信息越多越好）和商业模式（为尽可能多的用户提供免费服务，挖掘这些用户在互联网上的浏览行为、使用习惯和相关数据，以此制定广告销售策略）。谷歌和 YouTube 促生了社交媒体各种各样的奇迹和弊病——网红、未成年的百万富翁、假新闻、网瘾、骗子。"谷歌开了先河。"一位曾在谷歌和脸书都工作过的资深人士表示，"脸书和其他互联网公司其实都在模仿它。"

YouTube 的视频像流水一样源源不断，视频内容如海洋一般浩瀚。在开展印第安泉的活动之前，YouTube 公布了一项惊人的数据：每分钟有 450 小时的视频上传到 YouTube。《指环王》可能算得上是你看过的最长的电影了，想象一下，你把《指环王》连续看上一百遍，也抵不过每分钟上传到 YouTube 的视频总时长。自2016年以来，全球每天人们在YouTube上观看视频的时长超过了10亿小时，脑袋都麻木了。**想看什么主题的视频？只要你想得出，它可能就存在。**键入，键入，点击，点赞，评论，订阅——每天数10亿人在做这些事，却不知道这些视频是怎样最终呈现在自己眼前的。

人们都知道YouTube，但很少有人知道这个公司是如何运作的——谁负责运营？做了怎样的决定？为什么这些决定事关重大？本书就是为了弥补这一缺失而写的。这是一个关于一家公司的故事，这家公司最初是个资金无底洞，最后却获得了巨大的商业成功。这家公司作为互联网的一个重要支柱，帮谷歌变成世界上最赚钱、最强大的公司之一。这是一个关于新型大众媒体的故事，这家媒体背后不是编辑、艺术家或教育工作者，而是算法。这还是一个关于近期发生的一些重要而离奇的事件的故事，大多数访问YouTube的人都对此一无所知。

对于大多数用户来说，YouTube是一个实用工具、一口信息之井，或者是一种没什么危害的消遣方式。

但YouTube蕴含的内容<u>远不止</u>这些。公司团队非常清楚它还有令人不安的一面，所以当他们坐在度假村的"河流与倒影"会议室，观看自己制作的温暖感人的推广视频时，不禁注意到这与"噩梦燃料"之间遥远的距离。

"噩梦燃料"是一个阴森恐怖的代号。市场团队的一些成员过去常用这个代号指代一份每日发出的电子邮件，邮件内容是监控关于YouTube的媒体报道和网络聊天记录，这是一种很正常的做法，但也暴露出YouTube的软肋、怪诞内容和恐怖之处。"噩梦燃料"一词始于一位YouTube明星发布的视频，内容是关于日本一具悬挂在森林中的尸体。由于市场团队负责处理所有

YouTube 账号的相关事务，所以他们需要对网站上不断变化发展的争议了如指掌，避免无意间卷入其中。每天早上，他们的收件箱里都堆满了问题视频和负面报道。斯塔普顿担心"噩梦燃料"会让她的团队觉得 YouTube 反映出了人性最糟糕的一面。

这次活动的大部分日程安排，都为他们提供了逃离"噩梦燃料"的好机会，只有一项议程除外：团队被告知，解除对 YouTube 知名主播 PewDiePie 的冷处理，并使用 YouTube 的官方账号推广。市场部的员工了解到，这一命令来自高层，"是苏珊下达的"。苏珊指的是苏珊·沃西基（Susan Wojcicki），谷歌的头号市场营销人员，自 2014 年以来担任 YouTube 的 CEO。

参加这次活动的所有员工都知道 PewDiePie 的故事。

PewDiePie 的真实姓名是菲利克斯·卡尔伯格（Felix Kjellberg），瑞典人，还不到三十岁，他喜欢在视频中尖叫出自己的网名作为问候语——"PEW dee PIIIIIIE!"按照 YouTube 发明的"订阅者"数量指标计算，他是 YouTube 上最大的明星。所谓"订阅"，就是点击一个红色的小按钮，就可以订阅视频作者的账号（就像订阅杂志或有线电视节目一样，唯一不同的是，在 YouTube 上订阅是免费的）。当 YouTube 推出"订阅"功能时，设计者觉得一个账号能获得几百万的订阅量就不错了。但截至 2019 年 3 月，PewDiePie 已经拥有近 1 亿粉丝，与麦莉·赛勒斯（Miley Cyrus）和凯蒂·佩里（Katy Perry）等明星在 Instagram 上的粉丝量不相上下。九年前，卡尔伯格以 PewDiePie 的身份首次亮相。和其他人一样，他把自己打电子游戏的实况和视频发布到网上。随着时间的推移，他积累了一批极其忠诚的粉丝。

卡尔伯格和谷歌一起赚了不少钱，谷歌对此心中有数。一切事物都在谷歌的统计范围之内,它以一个数字"googol"[①]命名,存在于由计算机代码 0 和 1 组成的世界。谷歌统计了 YouTube 每分钟播放的视频量。根据公司内部文件,2012 年之后的七年时间里,人们观看 PewDiePie 视频的时长累计达 130,322,387,624 分钟。在此期间,卡尔伯格赚到了 38,814,561.79 美元。其中大部分(95%)来自 YouTube 在视频前和视频中的广告费。广告商为广告支付的每 1 美元,YouTube 都会将其中的 55 美分付给视频发布者,剩下的 45 美分自己留存,用于维持视频的正常播放和网站的正常运转。因此,那段时间 YouTube 从 PewDiePie 的视频中赚了大约 3200 万美元。考虑到卡尔伯格的观众量,再比较一下电影明星索取的报酬,有人可能会认为卡尔伯格的收入偏低了。

还有很多其他让人头疼的问题,所有的市场部员工都知道。由于 PewDiePie 的不当言论引发很大争论,谷歌大范围终止了与卡尔伯格的商业合作。

但市场团队也知道,这一切都只会让 PewDiePie 的粉丝信念更加坚定——他称粉丝为"兄弟军"(Bro Army)。前一年秋天,当一个主打宝莱坞歌曲的 YouTube 频道订阅量很快就要超过 PewDiePie 时,PewDiePie 的兄弟军发出团结一致的战斗口号:"订阅 PewDiePie!"以此抵抗批评者,捍卫他们的"国王",保卫其"王位"不受威胁。

这一口号响彻互联网的各个角落。这个口号的传播阵容包含了各种角色。这一口号的发展就像 YouTube 本身一样,远远超出了这个公司自己的想象。

[①] googol,古戈尔,10 的 100 次方,是一个巨大的天文数字。——编注

YouTube 开始有意与它的头号大网红保持一定距离，对 PewDiePie 不再像对其他博主一样公开表示支持或推广。如今 YouTube 决定改变立场了，市场团队开会讨论方案。斯塔普顿的上司玛丽恩·迪克森（Marion Dickson）在那个星期四（3月14日）给参加活动的员工发了一封电子邮件，要求他们与 PewDiePie "恢复接触"。迪克森还在邮件中指出"要明确这项工作与品牌价值观和信息传递如何保持一致"，这非常重要。

员工很快就到度假村的停车场乘坐巴士，驶过棕榈树和红树林，离开葡萄酒之乡，回家思考关于正确的指导方针、原则和品牌价值等问题。那天晚上已经是新西兰的星期五了，斯塔普顿和同事的手机屏幕不断被新消息点亮，电子邮件蜂拥而至。他们得知，一名恐怖分子在网上直播大规模杀戮行为。视频首先出现在 YouTube 的竞争对手 Facebook 直播上，然后很快就被人上传到了 YouTube。尽管 YouTube 马上将视频撤下，但仍有用户不断转发其他版本。关于凶手暴行动机的线索不多，其中包括那句口号："订阅 PewDiePie！"

不久之前，几乎还没有人把 YouTube 当回事，没有人关心它的号召力。有那么几年，YouTube 迅速而敏捷地追逐商机，盲目地相信技术驱动力，在不知不觉中制造出一台暴露人性之恶的机器。公司外部一些人士认为，YouTube 的业务之所以能够蓬勃发展，正是利用了人性之恶。2019 年，全世界开始努力应对网络社交媒体的真正影响——加州的几家计算机公司如何突然就控制了大多数的信息和言论传播途径？虽然 YouTube 希望尽可能避免被卷入各种纷争之中，但在许多方面，它其实已经为现代社交媒体搭建好了舞台，它在自身发展过程中所做出的各种决策，影响了人们的注意力、金钱、意识形态等各种事物在网络上的运作方式。

截至那个3月的星期四,斯塔普顿和她的同事离开度假村的时候,公司已经在"地狱"中挣扎了两年。他们焦头烂额地处理各种负面问题。他们迫切地希望能把这些问题抛诸脑后,与PewDiePie修复关系似乎可以作为第一步。然而,紧接着就发生了基督城枪击案事件,这场悲剧在公司网站上大肆传播,似乎还涉及了YouTube上最大博主的影响力问题。斯塔普顿对公司及公司的社会角色更加反感了。[①] 在处理这一恐怖事件时,她想起几个小时前刚刚重新看过的品牌推广视频。这桩可怕的行为是否真如视频中所言,反映了"我们作为一个民族未经修饰的模样"?

没有人希望如此,但YouTube上的视频和公司的发展方向南辕北辙,已经脱离了公司的掌控,而且,类似的情况也不是第一次发生了。

[①] 斯塔普顿不久后离职,具体过程详见本书第30—31章。——译注

初 创

第 1 章

三位创始人

查德·赫利（Chad Hurley）打算开创一番事业，只是不确定该从何入手。

2005年年初，北加州。赫利大部分时间都趴在电脑屏幕前。从外表上看，赫利并不像硅谷那些头脑聪明的电脑极客。他宽肩膀，高额头，身材像是高中体育特长生，几缕金棕色的卷发甩到脑后，颇具冲浪手风范。他喜欢喝啤酒，爱看费城老鹰队的球赛，自认为勉强可以称得上是个艺术家。最近，因为觉得市面上的笔记本电脑包大多数很难看，就和朋友一起开设了一条男装生产线，专门制作笔记本电脑包。

但赫利作为一名网络平面设计师，深知真正的财富来自电脑，而不是电脑包，计算机领域才是掘金的地方。他的两个程序员朋友——贾德·卡林姆（Jawed Karim）和陈士骏（Steve Chen），也有同样的想法。赫利二十八岁，比其他两位都大一岁，三个人中实际上是他说了算。他有一个正在蹒跚学步的儿子，妻子出身硅谷名门，岳父是大名鼎鼎的互联网企业家吉姆·克拉克（Jim

Clark)[1]。早在互联网开启 2.0 时代的时候,赫利就有了自己创业的梦想。在这个时代,占据互联网主导地位的是普通用户,而非专业人士。人们在网上冲浪、发日志、照片、诗歌、食谱、评论等,想发什么就发什么。在赫利看来,他们都是"普通人"。

几个月以来,赫利和朋友都在讨论关于互联网新业务的一些想法。他们经常聚在赫利位于门罗公园的家中,或在附近的咖啡馆,探讨可供效仿的互联网 2.0 热门案例,比如社交网站 Friendster 以及像杂草一样疯狂生长的博客网站。更多的时候,他们讨论的是"Hot or Not"——一个页面设计非常简约的网站,供人们上传各种面部照片,并就其魅力值投票。这个网站虽然制作简陋,但很受欢迎。赫利他们三个在以前的公司上班时,经常会去一家咖啡店,在那里认识了 Hot or Not 的一位创始人,得知他通过这个网站赚到了不少钱。他们觉得这很酷。

他们三个最终决定,制作一个供人分享和观看视频的网站。情人节那天,他们在赫利的车库和他的狗一起工作到很晚,终于给网站确定了名字。赫利从一些能让人联想到小型电视机的词语入手,灵光乍现,想到了一个用来指代电视机的旧俚语:"boob tube"[2]。将其中的一个词替换掉,就得到了"YouTube"[3]。他们在谷歌上搜索这个名字,确认没有出现任何相关结果。于是当天晚上,就买下了 YouTube 的域名,踏踏实实地迈出了第一步。

八天后,赫利收到了一封来自卡林姆的邮件,标题是"策略:

---

[1] 吉姆·克拉克,网景、视算、永健等公司的创始人,在 1996 年 6 月《时代》周刊评选的二十五位全美最有影响力的人物中名列第一。——译注
[2] tube 本意为"管道",早期的电视机因有射线管,所以 tube 被用来指代电视。boob 有粗大笨重之意,早期的电视机后面有个笨重难看的大包,因而被戏称为 boob tube。——译注
[3] YouTube 原意为"你的电视机",被中国网友昵称为"油管"。——译注

请点评"。

网站的设计应美观,但不要显得过于专业,看上去应该像是被几个家伙拼凑而成的。请注意,hotornot 和 friendster 就是这种风格,它们使用起来很简单,并没有显得很专业,但都大获成功。我们的网站也应如此,否则会把用户吓跑……

在网站设计方面最重要的一点就是:使用简单,让妈妈们也能轻松上手。

时机/竞争

我们的时机很完美。去年,数字录像刚刚开始普及,大多数数码相机都具备录像功能。

我知道一个网站,stupidvideos.com,上面也有视频,而且可以让观众评分。好在这个网站并没有引起太多关注。我们应该讨论一下,为什么这个网站没有火起来,怎么能让我们的网站更有吸引力。

赫利接着往下读:

网站焦点

网站潜在的焦点应该放在约会功能上,就像 hotornot 一样。请注意,hotornot 其实就是一个约会网站,但是在表面上看不出来,这让人们用起来没有太大心理压力。我相信,和到处都是愚蠢视频的网站相比,人们肯定更愿意关注一个以约会为目的的视频网站。为什么?因为大多数未婚人士满脑子想的都是怎么约会，怎么找到女朋友。相比之下，愚蠢的视频想看多少随时都有。

赫利虽然已经结婚了，但也同意这个观点：约会是人们制作和观看视频的很大动力。"人们都有看见和被看见的需求。"几个星期后，他写下这样一句话。卡林姆在电子邮件结尾写下了YouTube 的目标发布日期：2005 年 5 月 15 日。还有不到三个月的时间。

他们开工了。赫利负责调整 YouTube 的访问界面，陈士骏和卡林姆负责编写网站代码，调试各种功能。不久后的 3 月 20 日，雅虎（Yahoo）宣布收购 Flickr。网络巨头雅虎是个极具价值的互联网门户网站，年收入高达数 10 亿美元。Flickr 则是一个时尚的互联网 2.0 服务网站，供人们上传数码照片。有媒体报道称，雅虎为此次收购支付了 2500 万美元。Flickr 的这场交易点燃了赫利他们心中的火焰，卡林姆又发出了一封电子邮件，标题为"新方向"。

我今天和赫利讨论过了，觉得我们网站的定位应该更类似于 Flickr，基本上是一个供人们在互联网上存放各种私人视频的存储库。

在接下来的几个星期里，赫利、陈士骏和卡林姆加倍努力工作，重新讨论了网站的功能定位。*应该更接近那个约会网站，还是那个照片网站？* 陈士骏在一封电子邮件中写道："Hot or Not"吸引的是"荷尔蒙旺盛的时髦大学生"，而 Flickr 则在"设计师、艺术家和创意人士群体"中更受欢迎。***YouTube 的用户会是哪类***

人？*他们是否应该制作两个网站？* 赫利对 Flickr 模式犹豫不决，因为和照片比起来，在网上上传和编辑视频的难度更大，但他也不想制作两个不同的网站。4月3日星期日晚间，赫利给其他两个人发了一封电子邮件，建议先把网站推广出去，然后再"一边摸索前进，一边确定方向"。

十天后，前进的路上出现障碍了。谷歌开始在网上征集人们的自制视频，有可能会向全世界发布。赫利后来回想起来，他当时的反应是："啊，我们完蛋了！"因为谷歌比雅虎更可怕。谷歌刚起步时，只是众多的网络搜索引擎之一，但很快就击败了所有的竞争对手。现在，谷歌真正的野心暴露出来了。2004年愚人节，谷歌推出 Gmail 电子邮件服务，提供了很多前所未闻的免费数据存储服务，以至于人们都认为它是在开玩笑。随后，谷歌推出了规模巨大的、免费的全球数字地图。现在，谷歌旗下汇聚了大量的优秀程序员，堪称"现金水龙头"，直奔 YouTube 而来。

当赫利和朋友们再见面时，一个新的议题出现了：*我们应该放弃吗？*

* * *

查德·赫利生长在宾夕法尼亚州的雷丁，刚到加州时，和很多人一样只能睡在客厅的地板上。赫利大学毕业后，先是在宾夕法尼亚州的一所小学打零工，负责维护学校的网站，后来搬回了父母家，日子有些无聊。有一天，他在翻阅一期《连线》（*Wired*）杂志时，看到一篇关于 Confinity（康菲尼迪）的文章。Confinity 是一家加州的公司，利用 PalmPilot（早期的掌上电脑）从事转账业务。这家公司正在招聘设计师，赫利一时兴起投了份简历，第二天就收到了回信,对方问道:*你明天能来参加面试吗?*

当时是 1999 年,硅谷遍地都是赚钱的机会,迫切需要人才。Confinity 需要赫利为他们的新支付服务——PayPal——设计一个标志,所以很快就录用了他。赫利乘飞机前往北加州,在这个新兴的创新和商业中心,他一开始寄居的地方只是地板上的一张床垫,招待他的是来自伊利诺伊州的程序员埃里克·克莱恩(Erik Klein),他也是以这种方式在加州起步的。实际上,Confinity 所有的新员工一开始都只能在办公室附近找个垫子或沙发过渡。这些二十多岁的年轻人,由于没有什么工作和生活经验,都要等一位房产经纪人帮忙租下不用查验各种证明材料的公寓。

在 Confinity,赫利很快就认识了新来的程序员陈士骏。陈士骏脸圆圆的,一头黑发像刺猬,很爱笑。陈士骏买了张单程票从芝加哥飞过来,放弃了只差一个学期就能拿到的大学学位,这让他的父母倍感震惊。他出生于中国台北,八岁时随家人移居美国。在来美国的航班上,他连怎么问空姐要水的英文都不会说。年少的陈士骏生活在芝加哥郊区,大部分时间都花在了学英语上。十五岁时,他进了伊利诺伊州数学与科学学院。这是一所寄宿学校,在那里他发现自己真正擅长的其实是计算机语言。离开了父母的监督,有了自己的台式电脑,他每天喝咖啡、熬夜、编代码、做动画,忙得不亦乐乎。陈士骏后来进入伊利诺伊大学继续学习计算机科学,但经常逃课。学校作业要求学生编写的代码必须能产出一定的结果——编写一套能够执行一定任务的优化程序或算法。*如果……那么……*陈士骏只需要一本书和一个键盘就能搞定,而且他已经认识了这个行业的专业人士——Confinity 的创始人之一、伊利诺伊大学校友马克斯·列夫琴(Max Levchin)。列夫琴喜欢从陈士骏曾就读的高中招聘员工,他曾告诉一位记者,这所高中培养出的程序员"硬核、聪明、勤奋、不矫情",非常适合初创企业。陈士骏到Confinity上班的第一天是个星期日,当他走进办公室时,发现有另外四名程序员正在打电子游戏,这让他觉得这里简直就是天堂。

陈士骏喜欢熬夜工作,靠卡布奇诺和香烟提神,有时中午过后才跌跌撞撞地走进办公室。同事们开玩笑地称他为顽皮的小丑。他经常在工作间隙抽烟,写代码经常走"捷径"——其他人觉得这种变通方法难登大雅之堂,都会尽量避免。陈士骏喜欢用Python(爬虫)语言编写代码,这种语言很晦涩,其他人都不用。但他喜欢Python语言的开源性,它是由世界各地的贡献者共同构建和维护的,他认为这相当符合自己那种不爱受约束的性格。

陈士骏偶尔会与另一位来自伊利诺伊大学的天才、顽皮的移民贾德·卡林姆合作。卡林姆同样热爱互联网不守规矩的开放性。他在大学期间发明了MP3 Voyeur,这是一种文件共享服务,让精通技术的大学生得以在网上翻录音乐,比同类型服务Napster(纳普斯特)早了好几个月出现。

陈士骏、卡林姆和赫利在Confinity经历了一段动荡的岁月。当时的初创企业就像围着血腥味团团转的鲨鱼——哪里有钱,就转头奔向哪里。Confinity也是如此,它放弃了制作安全软件的计划,转而从事移动支付。当市场全面崩溃,互联网初创企业纷纷倒下时,Confinity设法在这场网络经济泡沫的破灭中幸存下来,并改名为PayPal。从废墟中崛起的PayPal于2002年上市,随后将自己卖给了拍卖网站易趣(eBay)。

PayPal 的早期团队由一群阿尔法型人格[1]的杰出人士组成，合作紧密。被易趣收购后，其中有几位加入了一流的投资公司，还创建了一些后来大名鼎鼎的公司，包括 Yelp、LinkedIn（领英）和 SpaceX。媒体称这群精英（大部分是男性）为"PayPal 黑手党"。YouTube 创始人在 PayPal 的地位则稍逊一筹。PayPal 被易趣收购后不久，赫利就离开了，他很反感易趣古板保守的企业文化。陈士骏也越来越讨厌它的企业文化，认为易趣更看重的是财务收益，而不是编程工作。

赫利他们三个 2005 年年初讨论关于视频网站的新计划时，很少有人把他们当回事。4 月，陈士骏把测试版的网站发给了一位老同事看。

"不错，"PayPal 的这位同事回复邮件表示，"网站运行得很顺畅。但你有办法阻止涩情片吗？"（他把"色情片"打错了。）陈士骏请他尽管放心，然后说："你上传一段视频试试看吧。"

当时，互联网尚未发展成一个大规模的公共舞台，人们还没开始在网上自发分享或过度分享[2]。所以，把未经修饰的私人内容发布到网上，人们会感觉很奇怪。陈士骏的前同事回复道："我不确定我有合适的视频。"

* * *

不冷不热的反响并没有吓退 YouTube 的三位创始人。谷歌进入业余网络视频，其反响也不冷不热。毕竟，谷歌不是唯

---

[1] 阿尔法型人格，即 Alpha 型人格，指具有脾气比较火爆、有闯劲、遇事容易急躁、不善克制、喜欢竞争、好斗、爱显示自己的才华、对人常存戒心等特点的人格。——译注

[2] 过度分享：指向陌生人过多地提供私人信息。——编注

一一家做视频业务的公司，微软（Microsoft）也有一个视频网站，Revver 和 Metacafe 等初创公司也有视频网站，Big Boys 和 eBaum's World 等冲击力很强的门户网也有自己的视频网站。它们虽然都能在自家网站或应用程序上播放视频，但没有办法让这些视频在其他网页上播放。YouTube 找到了出路。

"可以用 Flash。"贾德·卡林姆在一个派对上，向 PayPal 程序员潘宇（Yu Pan）炫耀。卡林姆解释道，Flash 是一个用于展示文本、音频和视频图像的软件系统。通过 Flash，YouTube 可以将视频播放器嵌入其他网站中。这是他们三个迈出的最关键一步，这项创新让 YouTube 一举超越了所有的竞争对手。在那次派对上，卡林姆给潘宇播放了一段测试视频，潘宇在 PayPal 接触过 Flash，了解它的技术潜力。赫利还用像素在屏幕上设计了一个简单的矩形框和一个三角形的小播放按钮，它的样子就像一台微型电视机，可以嵌入任何网页播放。

在 Flash 中播放视频虽然容易，但做到音画同步很难。陈士骏给自己录制了无数个 4 秒长的讲话视频，不断地回放，修改代码，以确保唇动和音频同步。一做到音画同步，卡林姆就发布了 YouTube 的第一个视频，是一段 18 秒的剪辑视频。

贾德：我在动物园

2005 年 4 月 23 日　0:18

卡林姆身穿黑色滑雪衫来到圣地亚哥动物园。身后有一群孩子吵吵闹闹，几乎淹没了他的声音，但他的唇动和声音保持了同步。"我们现在看到的是大象，"他正对着镜头说，"这些家伙很酷，它们的鼻子真的，真的，真的，"（停顿）

"很长。就说这么多吧……"

为了让网站内容更加丰富,卡林姆上传了波音747飞机起飞和降落的片段,陈士骏则以tunafat为用户名,发布了他的宠物猫PJ的视频。

但网站需要更多的视频,他们也还在考虑约会网站的可能性,因此网站上必须有大量的女性视频。陈士骏在免费分类广告网站Craigslist上发帖写道:

YouTube需要有创意的内容!如果你是年龄在十八岁至四十五岁之间的女性,或者是非常有创造力的男性,如果你有一台可以制作短视频的数码相机,请按以下步骤操作,就可获得20美元。接下来是步骤说明:访问YouTube网站,创建一个账号,上传三段关于自己的视频。访问者可以从下拉菜单中选择:"我是一名女性,寻找十八岁至四十五岁的男性。"

他们在拉斯维加斯和洛杉矶发布了这些帖子,但没有收到任何回复。

一切又回到起点。赫利认为,关于创造力的要求让人望而却步,应该鼓励"普通人拍摄真实的个人生活片段"。在赫利看来,网站的缺点是目的不明确,这到底是一个让人们发表个人观点的地方,还是一个展示性感魅力的地方?"我一直在接收你们两个人的混合信号。"赫利在一封电子邮件中愤怒地写道,"我们到底要往什么方向发展,博客还是约会?"卡林姆回复道:"去他的博客!我们应该是一个可以让人发布自己视频的网站。播放你自己。就这样。"他们三个早期给网站想过一个口号:"调入,连接。"这个口号非常一般。**卡林姆那时提出用"秀出你自己"作为YouTube 的口号,一直沿用至今。**

卡林姆的率直不久之后就让其他两位联合创始人心生不悦。但网站在当年 5 月向公众开放后,卡林姆的果断和"秀出你自己"这个口号的确对网站的发展起了很大作用。然而,真正推动 YouTube 发展的,是他们三个在一个月后做出的一些有预见性的调整。他们增加了一些功能,让人们可以留下评论,还添加了一个小按钮,让人们可以通过电子邮件轻松地向朋友转发视频链接。另外,点击播放一个视频,就会有一系列相关视频出现在页面右侧,提示人们有更多视频可看。

* * *

在 YouTube 出现的前几年,美国广播电视网的几位巨头——美国全国广播公司(NBC)、美国广播公司(ABC)、美国哥伦比亚广播公司(CBS)和福克斯广播公司(Fox)——刚刚和它们的首位劲敌有线电视开展了一番血腥厮杀,虽然幸存下来,但已元气大伤。20 世纪 90 年代,监管机构批准成立大量有线电视台,它们取代了一直以来霸占荧屏的广播电视网,从它们手中抢走了观众和广告商。广播电视网发动反击,设立了具有竞争力的 24/7[①] 电视台 [微软全国广播公司(MSNBC)、福克斯新闻(Fox News)],并进行了整合。哥伦比亚广播公司(CBS)的所有者维亚康姆(Viacom)在短短几年时间内,收购了纳什维尔电视网(TNN)、黑人娱乐电视台(BET)和音乐电视台(MTV)。

---

① 指周末无休,全天 24 小时播放节目。

他们的制胜武器是真人秀。真人秀节目用的是业余演员,剧本内容很简单(或根本没有剧本),制作成本低廉,但得到了观众的认可。

然而,到了 2005 年,真人秀节目带来的新鲜感基本已经消失殆尽了。《真实世界》拍到了第 16 季,《幸存者》也拍到了第 10 季。真人秀节目的编造痕迹变得太过明显,观众现在都已经知道,节目中的角色和情节都是经过安排和设计的。而且,真人秀演员即便能出名,也只有一时的风头。电视网也在不断调整适应,转向一些不太出名的艺人[美国广播公司(ABC)推出了《与星共舞》],或者许诺能给这些演员带来真正的、持久的名声:福克斯的新节目《美国偶像》收视率最高,每集能吸引到 2600 万观众。一年前,美国全国广播公司(NBC)的高层担心,在其热门剧《老友记》大结局之后,会发生断档,幸运的是真人秀节目《学徒》大获成功。《学徒》的主角是一位失败的房地产继承人——唐纳德·特朗普①。电视行业的巨头们已经见识了互联网对音乐行业带来的影响。音乐盗版者在 Napster 网站上,给人们提供免费的音乐,摧毁了整个音乐产业。幸亏婴儿潮一代②还沉浸在电视真人秀节目当中。

但年轻观众,这个不稳定的文化风向标再次远离了广播电视。在乔治·W. 布什任职总统期间,孩子们的新闻都是从《喜剧中心》乔恩·斯图尔特(Jon Stewart)那里看来的,他们把时间都花在了 MySpace 上。到 2005 年夏天,MySpace 已经成了网上最热门的地方,每月吸引 1600 万访客,成为第五大最受欢迎的网站。福克斯的母公司美国新闻集团于当年 7 月斥资 5.8 亿美元

---

① 第 45 任美国总统(2017 年 1 月 20 日—2021 年 1 月 20 日)。——译注
② 美国婴儿潮一代是指二战结束后 1946 年至 1964 年出生的人。——译注

收购了MySpace，连同其年轻的观众一起收入囊中。

那时，陈士骏已经在MySpace上找到了一条捷径，来推动YouTube的发展。

MySpace上已经有大量内容杂乱而丰富的博客、音乐和分类广告，但还没有视频。陈士骏认为MySpace的用户是YouTube的理想目标——**他们既然已经开始分享照片了，为什么不能再分享一些视频呢？**多亏有Flash，YouTube能够直接在MySpace页面上运行视频文件，从而把访客吸引到自己的网站上来。新用户真的来了，他们发布的视频内容包括家庭度假、猫和一些在电视上看不到的怪事。来自MySpace的观众，加上评论和相关视频等新功能的推出，给YouTube带来了不间断的稳定流量。

陈士骏可能还获得了另一家社交网络的帮助。在离开PayPal后，陈士骏在脸书找到一份工作，那时的脸书还只是一家由哈佛学生成立的创业公司。据一位早期的脸书工作人员回忆，陈士骏曾在脸书的办公室里炫耀YouTube。陈士骏在离开脸书去YouTube工作后，使用的还是脸书的电脑。脸书有一些人怀疑，陈士骏就是在那台电脑上为YouTube编写了代码，脸书可能因此享有相关的知识产权。(陈士骏对此表示否认，声称他是因为没时间，才没有将电脑送回脸书办公室。脸书从未对此公开发表质疑。[1])

陈士骏那一年的确非常忙碌。夏天，随着MySpace的观众和视频上传者蜂拥而至，他很快意识到，想要维持YouTube网站的运营，他需要更多帮助，于是去找了PayPal的朋友们。陈士骏成功引入了精通编码、人称"疯狂科学家"的同事潘宇。还有

---

[1] 脸书的一位发言人拒绝对此发表评论。

埃里克·克莱恩，他星期四离开 PayPal，星期一上午与陈士骏谈话，当天下午就得到了新笔记本电脑和新工作。其他几位 PayPal 同事也很快加入进来。

团队每天得到的指令很简单：不要让 YouTube 崩溃。有时，网站会因一些漏洞或视频上传量过大而崩溃。程序员们乘火车前往 YouTube 租用的一间小办公室，他们在通勤的路上，还会拿出笨重的笔记本电脑和无线调制解调器工作。夜猫子陈士骏会在深更半夜查看用户发来的投诉邮件，每天早上给团队布置一堆需要修正的新问题。YouTube 需要大量的计算带宽和设备，来为每一段视频的在线播放提供保障。陈士骏购买了很多 42U 机柜用来放置服务器，这些机柜比冰箱还大。但这并非长久之计，到 9 月的时候，YouTube 每天的视频播放量已经超过了 10 万次。最终，陈士骏在得克萨斯州找到了一家出租服务器空间的公司，所有账单他都得靠自己的信用卡支付，经常把卡刷爆。

有一个说法是，PayPal 的程序员在日常生活中根本不使用自家公司提供的服务，他们都还在使用现金支付——这里面虽然有一定的玩笑成分，但真正的原因是在系统非常脆弱的情况下，如果使用量激增，一次交易就可以让系统濒临崩溃。他们在 YouTube 延续了这项传统，即在 YouTube 网站背后负责网站运营的工作人员，几乎不会在 YouTube 网站上观看任何视频。

但网站创始人还是会看的。不久之后，一些看起来很像电视节目的视频混进了千奇百怪的家庭视频当中。7 月，赫利发现一些名为"百威清啤广告"的视频，这是盗版的电视广告。他认为应该将这些视频下线。啤酒制造商对其商业广告享有版权，如果这些视频没有经过他们的同意就播放，可能会给 YouTube 带来法律纠纷。但卡林姆不同意，把 28 个被删除的视频又恢复了。卡林姆在一封电子邮件中争辩道,这些剪辑可能会广为传播,为YouTube吸引来更多访客,因此**值得冒这个险**。

赫利的答复有点不吉利:"好吧,伙计,省着点饭钱准备打官司吧!"

接下来的一个月,赫利的回复就无法如此随意了。他在YouTube上发现了美国国家航空航天局航天飞机着陆的剪辑视频,这段剪辑是直接从美国有线电视新闻网(CNN)盗取的。"如果特纳[Turner,美国有线电视新闻网(CNN)的老板]的人在我们网站上看到这段视频,他们会觉得被冒犯了吗?"赫利在电子邮件中写道,"他们才是有可能花大价钱收购我们的人,所以还是别惹他们吧。"

当赫利为特纳的人着急,陈士骏努力维持网站的正常运转时,卡林姆却准备离开了。卡林姆和陈士骏一样,也是从大学辍学,加入一家名不见经传的互联网公司。他在网上完成了学位,但即便PayPal后来发展得很成功,他的科学家父母依然敦促他去读一个研究生学位。那年秋天,卡林姆离开了YouTube。网站在最需要专业人士的时候,失去了一名专业的程序员,陈士骏觉得自己被抛弃了。卡林姆的角色后来陷入争议。卡林姆告诉人们,他因为错过了一些大事件的电视直播而感到非常沮丧,如2004年印尼海啸,于是萌生了关于YouTube的最初设想。**已经播出的内容为什么不能再看一遍呢?**陈士骏则表示,这个想法是他在家里开派对跟人聊天时想到的。

* * *

卡林姆离开后,YouTube真正开始腾飞。但这并不是其联合创始人的功劳,相反,是因为一群年轻、富有创造力的"怪咖"

开始对这个网站虔诚膜拜,在上面自主打造出了文化的试金石。

布鲁克·布罗达克(Brooke Brodack)拥有的第一台摄像机是她在十岁时收到的圣诞节礼物——也有可能是十一岁,她记不清了。但她还记得当时自己绕着自家后院华丽丽地拍摄了一圈视频,还在假日里拍摄家人围坐在一起吃火鸡的场面,并让所有人聚在一起观看她的视频回放。十三岁时,她开始编写滑稽短剧,学习设计和编辑镜头,这个爱好一直持续到读大学。她大学读的是广播电视专业,并在马萨诸塞州伍斯特市的一家海鲜牛排餐馆"幸运99"当服务员。

2005年秋天,在轮班的间隙,她发现了一片新天地。

Brookers:疯狂的 NUMA 粉!!! ①

4∶03

一条提示语,用的全部都是大写字母:"本视频包含歌舞片段,感染力很强,可能会引发观众模仿。"然后一名年轻女子出现了,梳着不对称的双马尾辫,门牙之间缝很宽,T恤衫上贴了一张纸,上面写着:"头号 NUMA 粉,互联网圈内笑话。"

十九岁的布罗达克一加入 YouTube,就以 Brookers 为名发布了大量疯狂的家庭录制视频。在其中一个视频里,她一边跟着芝加哥乐队的歌对口型,一边耍武士刀。在《疯狂的 NUMA 粉!!!》这段视频中,她扮演加里·布罗尔斯马(Gary Brolsma)的粉

---

① 布罗达克后来删除了 YouTube 上的这段视频和她之前的所有视频,但网上其他地方有备份。

丝。布罗尔斯马也是一位喜欢在自己卧室里拍摄视频的表演者，2004年，他把自己的视频发布到了Newgrounds.com网站，那时还没有YouTube。在那段视频中，布罗尔斯马圆圆的脸被耳机包裹，他凝视着镜头。电子音乐砰砰作响，这是一首罗马尼亚语的欧洲流行歌曲，副歌部分有一段听起来像是在唱"numa numa"。布罗尔斯马跟着对口型，随着歌曲的展开，他的表情越来越丰富。观看这段视频时的体验，就像入侵了别人的私人欢乐时光。布罗达克的版本在YouTube上很受欢迎，时间更长，表演更狂野，她的四肢像冈比（Gumby）[①]一样拍打着。

大多数2006年偶然来到YouTube网站的人，尤其是年轻人，都知道布罗尔斯马这段视频。他们在电脑屏幕前围观这套对口型的动作。布罗达克被这段视频的热情感染了，就像看到一个内向的人从壳子里爬出来。**她的致敬版成为YouTube新兴美学的象征：再创造、对话、无厘头。**这是对复制品的再复制，每一个版本都和前一个版本一样有名。

[①] 冈比是美国已故漫画家阿特·克洛基于1953年创造的漫画人物，也是美国"黏土动画时代"的代表人物。——译注

第 2 章
制作，上传

老鼠。这个地方到处都是老鼠。在通风口和天花板之间的角落，在地板下面。天哪，一天比一天多。

2006年年初，为了适应惊人的发展速度，YouTube搬到了一个更大的办公场地，里面一片狼藉。那是在圣马特奥市，阿米奇（Amici）比萨店上面的二楼。圣马特奥市是旧金山的卫星城，靠近铁路线。这些二十多岁的软件工程师们饭后很少打扫卫生，导致了无穷无尽的啮齿动物问题[①]，还有人在YouTube前台放了两只老鼠毛绒玩具作为公司的吉祥物。办公室呈马蹄形，中间有楼梯井，搭了几排临时办公桌，还有俗气的荧光灯和灰地毯。赫利和陈士骏共享一张角桌，角桌摆放在为数不多的几个窗户旁边。赫利请艺术家在墙上画了红色和灰色的螺旋形条纹，既象征网络带宽，还能起到一定的装饰作用。他们把廉价的白色床单悬挂在天花板上作为分隔物。他们还仿效谷歌，从好市多超市为员工购买了大量零食，放在冰箱后部的都已经腐烂了。每个新员工都必

[①] 阿米奇比萨店的老板不记得楼里有老鼠，但这栋楼里还有另一家餐厅，那家餐厅后来转手了。

须自己动手组装从宜家购买的办公桌椅，这也算是一种仪式，彰显初创企业的斗志。

赫利和陈士骏组建了董事会，还招聘了一些职业运营人员加入他们的程序员队伍。虽然 YouTube 得到的关注越来越多，但视频的内容仍然比较低俗。过气明星 MC 哈默（MC Hammer）曾于 2 月拜访公司的时尚新址，新员工凯文·多纳休（Kevin Donahue）带他参观办公室，员工为此录制了一段视频[①]，剪辑后上传到 YouTube。《福布斯》杂志的一位记者前来采访，在这里观看了一个热门的剪辑视频：孩子的继父开了个残忍的玩笑，孩子正沉浸在电子游戏中，而他做了个鬼脸在屏幕上一闪而过，把孩子吓哭了。"这样做不太好吧。"YouTube 另一位新员工克里斯·马克西（Chris Maxcy）表示。其他人则笑了起来。多纳休告诉《福布斯》的记者，他们的网站"原始且随机"。

就在几个月前，YouTube 仍然需要用陈士骏的信用卡承担其运营成本，勉强维持运转。幸运的是，YouTube 终于找到了救世主。当时，陈士骏和赫利一直在网站上跟踪新用户的情况，那年夏天，他们发现了一个名字：鲁洛夫·博塔（Roelof Botha）。博塔很有钱。他在 PayPal 工作时负责管理财务，担任首席财务官，之后跳槽到红杉资本（著名的风险投资公司，曾投资过谷歌）。博塔是一位身材高大、作风务实的南非人，拥有商科学位，像极客一样痴迷于科技创新。他在意大利乡下度蜜月时，还带上了一台新的数码相机。他通过 PayPal 的人脉得知了 YouTube，在上面发了一些视频。YouTube 在熟人圈子之外的名气也越来越大了。Slashdot 是谷歌创始人经常访问的一家颇具影响力的科技新闻网

---

① 视频标题为《哈默时间！》。

站,那年8月该网站公开提到YouTube,为YouTube带来了一波又一波的新流量。博塔和这两位PayPal前同事重新建立起联系,并于当月起草了一份备忘录,说服红杉的其他合伙人投资YouTube。

截至8月底,YouTube已经有了八千位访问者,制作了15,000多个视频。博塔盘算了一下数据:YouTube每月提供视频服务的成本约为4000美元,算下来每次播放的成本还不到1美分。不难想到的是,YouTube既可以向人们收取视频特效等功能费用,也可以像谷歌一样赚广告费。博塔在备忘录中提到了一些最近的成功案例,都是"用户生成内容"的互联网2.0公司,比如Flickr和猫途鹰(Tripadvisor)。猫途鹰是一家众包旅游网站,售价超过1亿美元。YouTube绝不会低于这个数。[1]

备忘录起了作用。11月,红杉宣布投资350万美元,称YouTube创造了一个奇迹,YouTube上有8TB的视频,"相当于每天在互联网上搬来一家百视达音像店"——在百视达音像店仍然占据一席之地的时代,这是一项惊人的数据。红杉的合伙人之一迈克尔·莫里茨(Michael Moritz)后来将YouTube称为继亚马逊、微软和谷歌之后的"互联网第四大骑士"。红杉安排博塔进入YouTube的董事会,并持有30%的股权。

红杉的投资给这家初创公司注入了足够的资金,供其租用位于圣马特奥市那家比萨店楼上的办公室,啮齿动物在那里来去自由。有一次,新员工克里斯·马克西闻到一股可怕的气味,他循味而去,竟然在天花板附近的捕鼠夹上发现一只正在腐烂的死老鼠。马克西喜欢穿休闲裤和纽扣衬衫,虽然他是办公室里唯一一

---

[1] 博塔还写道,Flickr投资者、前PayPal领导雷德·霍夫曼(Reid Hoffman)向YouTube保证,Flickr近期不会尝试视频业务。

个会把衬衫扎进裤腰里的人——赫利和陈士骏即便在需要正式着装的场合，也不喜欢这样扎——但他的性格很顽皮。他把死老鼠装进垃圾袋里，伸直双臂拎着。一头乱发、穿着时髦的牛仔裤和法兰绒上衣的二十五岁新员工迈卡·谢弗（Micah Schaffer），在一边开始录制视频。

"我们把这个发给希瑟看看。"他打趣道。

希瑟即希瑟·吉列（Heather Gillette），是最早加入 YouTube 的员工之一，也是公司为数不多的女性。她在帕罗奥多市附近长大，她的父母总是在那一带租房子住。成年后，她梦想能购买一套属于自己的房子，有空间安置她的狗、猫、两匹马和一窝她还在考虑要不要买下来的鸡。那年夏天，她找到了一个完美的地方——一块空地，位于绿意盎然的山丘脚下，上面还有一片红杉林。她兴高采烈地拿出一台小型手持录像机，想和家人分享。但她在网上搜了半天分享视频的方法，最后只找到一个看起来非常简陋的网站——MPEG Nation（视频国度），还要支付 25 美元。直到有一次去儿时的朋友凯西家做客，她才听说了 YouTube。当时，凯西的丈夫查德·赫利正安静地坐在电脑前。凯西向吉列解释道，赫利最近正在创业，做的是一个免费的视频分享网站。于是吉列出门去看赫利的公司是否需要人手。她曾从事过客户服务工作，现在正处于待业状态，考虑到那块待售的土地，她想找份新工作。"我们不需要客户服务，"赫利对她说，"**我们的网站是免费的。**"

但几周后，吉列再次到赫利家做客时，他改变了主意——他需要一个办公室经理。

作为办公室经理，吉列必须对付那些啮齿动物。她无法忍受杀生，她养的动物就像她自己的"孩子"，男同事经常拿这件事捉弄她。

* * *

但吉列有比老鼠更复杂的问题需要处理，赫利还要求她负责视频审查工作。

为了不让 YouTube 沦为一个仅靠低俗内容吸引人眼球的网站，其创始人禁止用户上传色情和极端暴力视频。尽管如此，它们还是来了。最初，工作人员轮流负责审查，在工作日搜寻违规者，陈士骏则负责在他的深夜咖啡狂欢时间巡视一遍。**他们建了一个软件系统，供观众举报引起他们不适或违规的视频。**但每天大量涌入的视频需要一个更好的解决方案。

吉列雇了十个审核员，组建了一支"审查队"[①]——他们成为互联网的第一批一线员工。他们坐在电脑前，屏幕上源源不断地出现被观众举报的视频，右上角有四个按钮，分别为："通过"——继续播放视频，"分级"——将视频标记为仅供十八岁及以上人士观看，"拒绝"——删除视频，"打击"——删除视频并处罚账号。受处罚过多，该账号就被注销了。吉列招聘了更多审核员，在晚上和周末轮流值班。她还买来一些工业尺寸的保护罩，以防屏幕被路过的人看到。一开始，这些审核员的工位在公司门口。但很快，YouTube 就决定让他们搬到别的位置去了，因为如果访客一进来，就看到一排人在审核互联网上最不想被人看到的内容，这不太合适。

迈卡·谢弗的任务是编写审查指南。他将一条规则打印出来，贴在桌子上："特此说明：对于色情视频——不能仅作'分级'处

[①] "审查队"英文为 SQUAD，由 Safety（安全）、Quality（质量）和 User Advocacy（用户倡导）的首字母组成。——译注

理，而要予以'打击'。"色情视频问题带来了一些不良后果：当YouTube向迪士尼寻求合作时，迪士尼的律师抱怨在YouTube上很容易看到成人视频中的静止画面。曾有记者在星期五上午打来电话，询问关于色情内容泛滥的问题。于是，吉列在YouTube的午餐时间猛然站起，通知办公室里的所有人，周末要清除网站上所有的色情内容。这项工作还是收到了效果：那个记者后来没有发布任何相关报道。

但审核工作很少这么简单。谢弗和YouTube的志愿律师珍妮弗·卡里科（Jennifer Carrico）花了整整一周时间，一起闭门埋头制订规则。他们在看了一些打擦边球的、荒诞的镜头后，制订了一条策略：指出各个身体部位，说说这个部位能被人用来做什么。*我们该如何处理显示这种画面的视频？*卡里科一度怀疑："我们这是打开了怎样的一个潘多拉魔盒？"

谢弗的大学同学朱莉·莫拉-布兰科（Julie Mora-Blanco）于2006年夏天加入审查队。YouTube付给她45,000美元年薪，外加健康福利和股权，这让她觉得非常不可思议。同事提醒她可能会看到各种邪恶的画面，或者说她是这么以为的。在入职不久的一天早上，她看到了一段视频，这段视频给她带来了十几年的心理阴影。"天哪！"视频一开始播放，她就哭了起来，稍后，她只能说出她看视频里有一个幼儿，在一间昏暗的酒店房间里，其他的就再也说不下去了。一位同事引导她完成了接下来的步骤：点"打击"，注销该账号，将其推送给一个监督剥削儿童行为的非营利组织，并提醒联邦当局注意。

但实际上只有那些让人产生心理阴影的视频，以及露骨的色情画面，才是审查队唯一能够明确的地带。审核员有疑问时，往往会将视频转给吉列。大多数邪恶视频，吉列都可以平心静气地观看。但任何与动物有关的阴暗内容，吉列都只能转给别人处理。她看到的少数几个视频成了她常年的噩梦主题。莫拉－布兰科和同事用黑色笑话来应对这项给人带来心理创伤的工作，但同时他们也深感自豪，因为自己的工作有助于保持 YouTube 新生网络社区的安全和洁净。

很快，吉列的工作内容又扩展了，她需要确保 YouTube 业务的合法性。一天，赫利带着一张小纸条来找她，纸条来自存放 YouTube 电脑服务器的公司，上面说 YouTube 违反了法律。"你能处理版权问题吗？"赫利问道。

从早期还在车库里办公的时代起，赫利就知道，未经版权所有者同意播放盗版视频，会承担法律风险。随着 YouTube 上的视频不断增加，传统媒体关于删除视频的要求也更加频繁。（根据后来在一场官司中曝光的即时消息聊天记录显示，工作人员对提出这些要求的人发出各种抱怨，称他们为"版权恶棍"。）但赫利也知道，如果版权所有者实际上同意，而 YouTube 根本不知晓这个情况，那么删除视频就是很愚蠢的行为。2005 年 10 月，一位名叫 joeB 的用户，上传了一段时长为 3 分钟的视频，视频非常吸引人，主角是与耐克签约的足球巨星罗纳尔迪尼奥（Ronaldinho）。这算是侵权吗？这段视频[①]一炮而红，YouTube 也对其持续推荐。他们很快得知，joeB 原来就是耐克市场部的员工。这给 YouTube 上了很重要的一课：YouTube 的确可能会对版权所有者构成威胁，但对于希望获得人们关注的企业来说，YouTube 也可以是非常有价值的工具。

2006 年年初，YouTube 又遇到了一个机会，将产生类似上

[①] 这个巧妙的营销视频成为 YouTube 上第一个浏览量突破百万次的视频。之后，博塔带着 YouTube 的创始人去波特兰拜访了耐克公司的领导。

述耐克员工自己上传视频到YouTube的效果,这次是《懒洋洋的星期天》。

美国全国广播公司(NBC)的传奇节目《周六夜现场》已进入第四个十年,越来越跟不上时代。为了实现复苏,美国全国广播公司(NBC)开始尝试播出安迪·萨姆伯格(Andy Samberg)等新演员拍摄的"数字短片"。安迪是个喜剧演员,一头蓬松的头发,下巴长得像迪士尼王子。他的剧团制作了短剧《懒洋洋的星期天》,里面有两个白人对着纸杯蛋糕说唱,还有《纳尼亚传奇》。12月短剧一出现在YouTube上就火了起来。赫利给美国全国广播公司(NBC)发了一封电子邮件:***如果你们不同意它上线,我们很乐意将它下线。请告知***。过了几个星期都无人回复。在此期间,《懒洋洋的星期天》的点击率持续攀升。后来在2月3日,美国全国广播公司(NBC)的一位律师终于回信了,语气严厉,要求YouTube下线这些短剧和所有标记为"周六夜现场"的视频。YouTube新任副总裁凯文·多纳休试图说服美国全国广播公司(NBC),保留这类热门内容有助于节目的推广。YouTube获得的好处显而易见:那个月,大多数访客都是通过在网上搜索"懒洋洋的星期天"而来到了YouTube。最终,YouTube还是删除了这些视频[①],但大多数被这部短剧吸引来的访客都留了下来。对于其他版权方的要求,吉列基本都会很快照做,这让工程师们很恼火,他们担心过多地删除视频会让人们失去上传的积极性。

到2006年,尽管YouTube偶尔会出现一些小问题,但它已

---

① 迈卡·谢弗最初负责《懒洋洋的星期天》制作团队的网站运营工作,他的哥哥阿基瓦(Akiva)也是这个团队中的一员。《懒洋洋的星期天》在YouTube上走红后,谢弗联系了在YouTube工作的马克西,询问该公司是否有职位空缺。美国全国广播公司(NBC)的事件发生后,谢弗的父亲开玩笑说,一个儿子负责在星期六制作视频,另一个儿子负责在星期一将这个视频删除。

有效控制了大部分的频繁断线问题。这些烦心事——美国全国广播公司（NBC）的短剧、业务扩张、混乱的审核——都传达出一个清晰的信息：YouTube 需要一名全职律师。

* * *

扎哈瓦·莱文（Zahavah Levine）热爱音乐胜过一切。九岁的时候，她乘地铁去费城球馆看《吻》，一边看一边尖叫："大声喊出来！"她收集了大量蓝调音乐唱片，但是在读法学院时，唱片被某个家伙偷走了。莱文有一头棕色的波浪卷发，总是斗志昂扬。在学校，她抗议南非种族隔离制度和尼加拉瓜反对派。从伯克利法学院毕业后，她随即投身于伯克利海湾对面正在发生的那场互联网大爆炸。这是一个正在向数字前沿进军的行业，急切需要律师。

当时正值轰轰烈烈的 20 世纪 90 年代。互联网曾经是大学里的书呆子和电脑迷的聚集地，如今已经进入大众生活。1995 年，有 1600 万美国人在家上网，到 1998 年，这个数字增长了近 10 倍。冲浪、购物、银行、约会等一切活动都能在网上进行。美国国会和比尔·克林顿（Bill Clinton）任期内的政府面临来自各方的巨大压力，要求他们对网络开展监管。自由市场拥护者希望减少商业障碍，媒体陈情者希望保护自己的知识产权。这导致了一系列混乱的法律的出台，其中也包括定义了现代互联网的两部重要法律。1996 年，针对网络上"淫秽和不雅"内容的《通信规范法》(*Communications Decency Act*) 出台，其中包括一个简短的条款，即第 230 节，允许网站删除淫秽内容，且网站无须为用户发布的内容承担责任。

1998 年，《数字千年版权法》(*Digital Millennium Copyright*

Act，DMCA）为歌曲和电影等知识产权所有者提供了在网上诉求权利的途径。理论上，这些法律保护了网站方免受诉讼和版权纠纷的困扰。

但在实践中，这些法律具体该如何执行还不明确。这些法规生效之前，莱文在一家律师事务所工作，该律师事务所负责起草"超级链接合同"，供链接到彼此网站的公司之间签署。但当大众上网更加方便之后，这项业务就没有存在的必要了。2001年，莱文找到了一份和她真正的爱好——音乐——相关的工作。Listen.com推出了网络音乐服务Rhapsody[1]，莱文在那里的一项主要工作就是解释版权法是如何将Napster淘汰的。

Napster是一颗陨落的互联网之星。它的免费文件共享系统深受乐迷喜爱，但被音乐界恨之入骨。18家唱片公司起诉Napster盗取版权。Napster辩称，它的工作方式就像VHS（家用录像系统）播放器，而人们并没有要求VHS制造商对他们播放的录像带负责。但法院并不认同这一点。2001年，Napster在加利福尼亚州的一项裁决中败诉，等于已被丢进了垃圾桶。莱文的新东家与唱片公司达成了许可协议，可以光明正大地提供流媒体点播服务。有关数字音乐的法律错综复杂，而她成了这方面的专家。然而，没过几年时间，这家小公司就面临淘汰，当时，微软推出了流媒体服务，Apple发布了数字媒体播放程序iTunes（每首歌售价99美分）。

克里斯·马克西加入YouTube之前在Rhapsody做交易人，当时YouTube还是个莱文从未听说过的初创公司。马克西开始给莱文发信息："我们真的需要你。公司有很好的发展前

---

[1] Rhapsody，美国的老牌音乐流媒体，是付费音乐流媒体服务的先驱。——编注

景，你要相信我。"莱文查看了 YouTube 的资料，发现它有一些与 Rhapsody 相似的领域：大量的视频都会使用流行歌曲作配乐，或者整首曲子配的都是静态图像。但 YouTube 的资料库里所包含的远不止音乐。她接受了赫利和陈士骏的面试，投资方博塔也问了她一些高难度问题。YouTube 希望录用莱文，但她的态度模棱两可，很多不确定性都是因为《数字千年版权法》。她打电话给朋友兼同行弗雷德·冯·洛曼（Fred von Lohmann），请他下班后到她常去的酒吧"Rite Spot Cafe"见面。"Rite Spot Cafe"是旧金山教会区的一家廉价酒吧。莱文打印出《数字千年版权法》的一部分内容并带了过来，把它们一股脑丢到朋友面前的桌子上。他们就着酒吧昏暗的灯光，直接从第 512 节开始读了起来。

其中写道，网站上即便有侵犯版权的内容，比如《周六夜现场》节目的一段剪辑，网站也可**不承担任何责任**，但前提是符合以下三种情况之一：（1）该网站缺乏对该内容构成侵权的"实际了解"；（2）该网站没有从侵权内容中获得任何"直接经济利益"；（3）一收到关于该内容侵权的通知，该网站就"迅速"将相关内容删除。

"这是什么意思？"莱文问道。**对于 YouTube 来说，"实际了解"意味着什么？**这个公司甚至不知道什么人上传了什么内容，更不知道版权内容的发布是否经过了授权。YouTube 已经开始在视频播放的页面上播放广告了，但还没有根据视频内容定位广告。**这样的广告费是否算"侵权内容"的"直接"所得？**《数字千年版权法》中有很多内容都是模棱两可的。《新闻周刊》上最近发表了一篇文章，将 YouTube 称为"视频版的 Napster"。**真的是这样吗？**

最后，莱文抬起头看冯·洛曼，问道："我应该接受这份工作吗?"

"当然了。"他回答。

"但他们会被告到倒闭吗?"

"谁在乎?"

几乎没人比弗雷德·冯·洛曼更了解《数字千年版权法》。他曾在该法出台后的第一个相关重大案件中为雅虎辩护。在那个案子中,雅虎因其网站销售盗版视频游戏而遭到起诉。(最终雅虎胜诉了。)他现在是硅谷著名的公民自由组织"电子前沿基金会"一名炙手可热的版权律师。电子前沿基金会的创始人之一,有些古怪的约翰·佩里·巴洛(John Perry Barlow)曾是"感恩而死"乐队的一位词作者,他谴责政府和企业试图控制网络。巴洛在1994年的一篇文章中,预测互联网将得到普及,并阐述了定义硅谷的哲学:

> 一旦互联网得到普及,信息时代的所有商品——所有曾经包含在书籍、电影或新闻通讯中的内容——都将以纯粹的思想或非常类似于思想的形式存在:电流在网络上以光速游走,人们实际上能感知到它们以发光像素或声音传输的形式存在,但永远无法触摸到它们,也无法以传统的方式"拥有"它们。

未来站在YouTube这边。冯·洛曼还知道,至少有一位"战友"已经加入YouTube了,他就是在YouTube负责制定色情内容审核指南的年轻人迈卡·谢弗。谢弗在加入YouTube之前,曾为美国早期较为出名的一个网站工作,那是一个病态的、令人恶心的图片库,建立的原因之一是为了抗议《通信规范法》。"迈卡,我们爱你,"冯·洛曼对他说,"但有些事情我们不能视而不见。"冯·洛曼告诉莱文,如果 YouTube 遭遇了和 Napster 同样的经历,她将能愉快地前排围观十年来最重要的一桩法律案件。

莱文接受了这份工作。三十七岁的莱文来到 YouTube 位于圣马特奥市的小办公室,感觉自己老得可以当奶奶了。迎接她的是一连串法律问题。一个曾经很友好的唱片公司老板现在对她大喊大叫,说 YouTube 欠了他"数亿美元!"即使是和平谈判也总有磕磕绊绊。在德国官员多次向 YouTube 提出要求后(德国法律严格禁止展示纳粹图像,但 YouTube 没有在德国设办公室,所以不必遵守这个规定),谢弗在他桌子上方贴了一张放肆的标语牌,上面写道:不要向德国人妥协。后来莱文接待了一群德国唱片公司高管,谢弗发现他们根本看不懂这个笑话,才把这块牌子摘了下来。

* * *

freddiew: A

2006 年 2 月 22 日　1:22

视频标题出现了,紧接着是拨弦声和口哨声,这是一首向意大利式西部片致敬的颂歌。两人坐在牌桌边,旁边摆放着廉价的宿舍家具。镜头给了人脸部一个特写,然后切到扑克牌筹码上。脸、牌、筹码。最精彩的场面来了:桌上出现了 8 张 A。个子较矮的那个人掀翻桌子,掏出手枪,在空中翻滚跳跃,开火……纯正的昆汀·塔伦蒂诺(Quentin Tarantino)风格。

个子较矮的那个人是 F 胖（Freddie Wong）①，他在南加州大学"新北方"新生宿舍的茶水间里拍摄了这段视频。和他同楼层的每个人都是电影专业的学生，或者想成为其中一员。他们自己编写脚本，用廉价的 Flip 摄像机拍摄，用 FireWire 导入笔记本电脑，花好几个小时编辑，然后展示出来。学校给他们的免费存储空间只有 50 兆字节，因此，为了寻找更多的空间来存储自己的作品，F 胖偶然发现了 YouTube。在那里，他找到了志趣相投的年轻人：nigahiga，一名居住在夏威夷的高中生，喜欢制作活力满满的假唱视频；Little Loca（小洛卡）——"墨裔美国女老乡"，在网上的身份是一个来自加利福尼亚乡村的二十二岁女孩。他们是制片人、导演、明星。彼此之间也有竞争，比谁的视频更古怪，更离经叛道，更吸引眼球。与《美国偶像》不同，YouTube 上没有评委，只有观众。每个在 YouTube 上观看视频的人，同时也在创作 YouTube 视频。

在圣马特奥市，YouTube 的工作人员沉迷于这场内容大爆炸中，努力跟上节奏。有一次，陈士骏注意到访客经常通过视频相互交流，就在某个星期五提出增加新功能的要求。周末，程序员们制作了一个简单的按钮，让人们可以在视频下面以视频的形式回复。上传者为了吸引注意力，就会涌到热门视频下面狂发回复。

YouTube 的系统开始奖励能够坚持的人。马克·戴（Mark Day）从格拉斯哥搬来旧金山，在市区一家既是开放麦的咖啡厅又是洗衣房的"洗脑餐厅"试演脱口秀，在那里，他面对的是台下一群漫不经心的普通观众。而在 YouTube 上，他只需要站在家里一堵亮黄色的墙壁前面录制，就有观众来看。他以一种新兴

---

① F 胖（Freddie Wong），也称"华人小胖"，在 YouTube 上创立了"Freddiew"频道。——编注

的"Vlog"风格发布了大量剪辑——直接对观众说话,语速很快,剪掉了词语之间的空白。当他的第一段视频点击率超过1,5000次时,他感到自己体内的多巴胺瞬间激增。

来自布鲁克林的体育教练兼音乐人达斯托姆·鲍尔(DeStorm Power),曾尝试在MySpace和一些不知名的音乐网站上发布视频吸引注意力。一位参加培训的客户问他是否可以线上训练,于是鲍尔在YouTube上发布了他做俯卧撑和腿部训练的不太清晰的视频,发现真有人来看。肯塔基州的一名大学生阿基拉·休斯(Akilah Hughes)梦想成为下一个奥普拉(Oprah),看到《懒洋洋的星期天》在网上疯传,她想出了在缺乏合适人脉的情况下,打造自己作品集的方法。她决定开通一个账号,每天上传视频。鲍尔和休斯这种年轻多样化的视频制作人成为YouTube最早的用户,部分原因是他们知道传统媒体对他们有多么不利。

这些开拓者在网上很轻松就找到了志趣相投的同伴。"这是为不那么酷的孩子打造的一个超酷俱乐部。"来自匹兹堡的平面设计师贾斯汀·埃扎里克(Justine Ezarik)回忆道。2006年,她开始以iJustine的身份发帖。在网站上获得一些关注后,她搬到了洛杉矶,与布鲁克·布罗达克同住一个房间,就是那个十几岁的大牙缝孩子,她发布视频的账号是Brookers。**俱乐部的孩子给自己起了个名字,叫YouTuber(被中国网友昵称"油管人")**。到了那年春天,Brookers已经成为第一位经认证的YouTube网红。超过100万人观看了她的"Numa Numa"对口型视频。YouTube在之前一年的10月开发了订阅功能,到那年夏天,布罗达克的订阅用户比其他任何人都多。美国全国广播公司(NBC)深夜节目主持人卡森·戴利(Carson Daly)看到布罗达克的视频之后,找到她,在节目里给她安排了一份工作,于是布罗达克就搬到了纽约。戴利在谈到 YouTube 时说："我喜欢这种没有中间人参与的合作，不需要任何经纪人。"

F 胖在宿舍里痴迷地看着这些明星崛起，研究那些让他们的视频像呼吸一样迅速传播开来①的方法。他在自己的账号上测试，发布了一段又一段视频。《吉他英雄》是他非常成功的一个视频。在一个朋友的公寓里，F 胖拍了 5 分钟自己玩《吉他英雄》电子游戏时炫酷的样子。他戴着太阳眼镜，一头扫把一样的黑发，在银幕上瞬间展现出一股魅力。他以非凡的技巧完成一场比赛，最后还像著名吉他手吉米·亨德里克斯（Jimi Hendrix）一样将玩具乐器摔成两半。这段视频让他在 YouTube 上火了。

在 Instagram 网红和 TikTok 明星还没出现之前，是这些有创意的年轻人发明了一种全新的成名模式，吸引了未经训练的观众，让他们一天花上好几个小时在互联网上闲逛。

但是，没有一个 YouTube 博主像布里（Bree）一样，知名度传播得如此之快。

lonelygirl 15：我爸妈糟透了……
2006 年 7 月 4 日　01:01

十几岁的布里穿着一件栗色上衣，坐在摄像机旁边，腿上放着一只毛绒玩具。棕色头发披散下来，勾勒出一张心形的小脸，精致的五官楚楚动人。"我现在真的很难过。"她悲伤地说道。

---

① F 胖后来以此为主题写了一篇大学论文。

梅斯·弗林德斯（Mesh Flinders）第一眼看到布里，就知道她会大受欢迎。弗林德斯是一位苦苦奋斗的编剧，曾在好莱坞推销自己的剧本，主角是他塑造的一个在家学习的女书呆子，沉迷于理论物理和男孩子问题。但没人想拍他的剧本，当他几乎要放弃自己的娱乐圈梦想时，他发现了YouTube，一个聚集了逃避现实的怪小孩的网站，上面发布了数小时奇怪的、自白式、实验性的视频。在一家卡拉OK，他遇到了一位搭档——迈尔斯·贝克特（Miles Beckett）。贝克特是一位正在接受培训的整形外科医生，但拍电影才是他真正想做的事情。弗林德斯提出了他的想法。"我想做关于一个消失的女孩的节目。"弗林德斯告诉他的新搭档。

他们在YouTube上开设了一个名为"longlygirl 15"的账号，并举行了一场演员试镜活动，找到了来自表演学校的十九岁的杰西卡·罗斯（Jessica Rose）扮演布里，承诺一旦试验成功，就会给她报酬。（罗斯第一次听说这个剧本时，想当然地认为这是个色情片。）当时的网络摄像机使用的是稍微扭曲的鱼眼镜头。罗斯一靠过来，五官就被放大了。"这张脸简直就是为浏览器屏幕量身打造的。"《连线》杂志这样写道。罗斯以布里的身份出现在卧室里，做的是其他YouTube博主也会做的事情：对口型，随便闲聊。她谈到了自己的朋友丹尼尔，回复了网友的评论。在7月4日的一条视频中，她抱怨父母禁止她与丹尼尔一起旅行，她身后是一张床，床上有柔软的桃红色枕头，床头柜上铺着粉红色的人造皮草。

视频拍摄于弗林德斯在皮科大道附近的公寓。他在塔吉特百货买了几百美元的东西，把房间打造成一个十几岁女孩卧室的样子。贝克特拍摄，弗林德斯则在角落里编写下一段视频脚本。两个人现在已经与一位娱乐业的律师合作，律师的妻子扮演荧幕外的布里，负责给粉丝写信，维持人设。弗林德斯本来编写了一个涉及神秘事物的复杂故事线，打算像书信体小说一样一点点展开。但他很快意识到，让粉丝参与指导剧情发展，效果会更好。有人建议让丹尼尔和布里擦出一点浪漫的火花，他真的这样写了。这感觉就像是他们在创造娱乐业的未来。

7月4日的视频在两天内浏览量就超过了50万次，观众人数与有线电视热播剧的人数不相上下。弗林德斯打电话给他的搭档，"天哪，"这位编剧惊呼道，"这比我们预想的还要快，而且效果更好。"

第 3 章

与谷歌"联姻"

罗宾·威廉姆斯（Robin Williams）——没错，就是那位大名鼎鼎的罗宾·威廉姆斯——昂首阔步地走上舞台，坐在前排的谷歌员工欢呼雀跃。

他们在拉斯维加斯的希尔顿礼堂，身后的观众是一群科技狂（大多是男性），脖子上挂着姓名牌。2006 年第一周，谷歌在国际消费类电子产品展（CES）上大获成功。谷歌的联合创始人之一、首席愿景家拉里·佩奇（Larry Page）上台展示公司的发明成果。在演讲过程中，威廉姆斯加入了他的行列。

乔治·斯特洛姆波洛斯（George Strompolos），一名"新谷歌人"——谷歌的员工称自己为"谷歌人"——坐在人群中等待"谷歌视频"的亮相。他知道，这场演示直到最后一刻才定稿。一年前，谷歌开展了第一次数字视频实验。当时的谷歌风头正劲：刚刚在纳斯达克上市，市值超过 230 亿美元，在互联网泡沫的破灭中，成了为数不多的幸存者之一。谷歌强烈渴望创新，与硅谷的其他公司一样，谷歌意识到，电视、电影和家庭视频正在向网络转移，公司必须把握住这个趋势，才能在未来几十年有立足之地。

它只是不确定该如何实现这一点。谷歌视频作为一项互联网服务首次亮相,它将电视字幕转换为可搜索的数据库,类似谷歌搜索引擎和网页之间的关系。谷歌对用户生成视频也做了尝试,但谷歌高层认为,当务之急是让专业媒体上线。罗宾·威廉姆斯一离开舞台,佩奇就公布了这个项目——全新的谷歌视频商店,这是互联网对已被束之高阁的有线电视盒做出的回应。佩奇承诺,谷歌商店里的节目应有尽有,不管是 NBA 比赛,还是《波波鹿与飞天鼠》。当哥伦比亚广播公司(CBS)的 CEO 莱斯·蒙维斯(Les Moonves)登台宣布,其电视网的一些节目也会在谷歌商店里播出时,斯特洛姆波洛斯着实吃了一惊,鼓起掌来。但是,这位新谷歌人还是觉得这太不够新颖。他很钦佩网上涌现的那些业余媒体,它们很有叛逆精神。他在 YouTube 上看到了《懒洋洋的星期天》,知道大批的年轻人都在涌向那里,他们不会来看谷歌视频,更不会被哥伦比亚广播公司(CBS)的黄金档吸引。但他和几乎所有其他谷歌人都不知道的是,拉里·佩奇也在思考同样的问题。

早在 11 月,一位副总裁就给佩奇发了一封邮件,内容是谷歌视频工作人员关于初创企业 YouTube 的讨论。佩奇浏览了一下,4 分钟后就回复了。他注意到红杉的投资,写道:"我认为我们应该考虑收购它们。"

在拉斯维加斯展会两周后,又有一封电子邮件发了出来,这次发到了 ideas@google.com,这是一个所有谷歌人都能查看的邮箱。销售助理丹·奥康奈尔(Dan O'Connell)在星期日晚间发了这封电子邮件。作为一名吉他手和滑雪高手,奥康奈尔发现,他可以在 YouTube 上看到关于自己这两种爱好的视频,甚至可以轻松上传自己的视频。"我们应该寻求与YouTube建立重要合作伙伴关系，或者在其他公司（特指雅虎）还没有收购它之前，先下手为强。"奥康奈尔写道。

第二天早上，佩奇将这封邮件转发给了他的首席律师，并加了一句："关于这件事我们进展如何？"

* * *

拉里·佩奇和谢尔盖·布林（Sergey Brin）一起发明了谷歌，人们叫他们拉里和谢尔盖。在谷歌，同事之间都是直呼其名，这是"技术咖"颠覆美国企业等级制度的另一种方式。2006年，"谷歌男孩"的故事（媒体仍称他们为"谷歌男孩"）已载入硅谷的传说。桀骜不驯的天才佩奇来自密歇根州，由两位计算机科学家抚养长大。脾气暴躁的数学专家布林跟随家人从俄罗斯来到美国。两个人在斯坦福大学的博士入学典礼上相遇了，一拍即合。"拉里和谢尔盖都受过蒙台梭利教育，如果你不知道这一点，就无法理解谷歌。"谷歌早期的副总裁玛丽莎·梅耶（Marissa Mayer）曾告诉一位记者。两个人就读的学校都致力于让孩子发展自己的兴趣，反抗权威。他们把这种理念带到了公司。"为什么工作时不能玩玩具？"梅耶说，"为什么不提供免费零食？为什么？为什么？"这两个男孩先是对网络搜索进行学术研究，之后创办了一家公司。他们从一个共同的朋友那里租用了场地，这位朋友就是苏珊·沃西基，YouTube未来的负责人。沃西基当时住着面积为2000平方英尺[①]的房子，将其中的车库租给了他们，看着他们在里面塞满了电脑服务器、设备，还带来了更多聪明又勤

[①] 1平方英尺约等于0.0929平方米。2000平方英尺约为185.8平方米。——译注

奋的人。

当时还有许多其他搜索引擎，但那些搜索引擎只能利用网页上使用的文本，将搜索结果机械地罗列出来。谷歌搜索则根据一个网页从其他网页获得的链接量，对网页排名，利用网络的递归逻辑，即利用互联网自身，来优化搜索结果。谷歌的每一次搜索都能进一步改进谷歌的工作。不满三十岁的佩奇和布林，在公司的创建文件中，附上了一份宏大到让人觉得略显荒唐的企业使命：谷歌将"把全世界范围内的信息组织起来，让人人都可获取使用"。2006年，谷歌在互联网触及范围内的一切事物上开展了这项任务，包括电子邮件、图像、地图、街道，以及有潜在法律风险的领域。一位2004年加入谷歌的律师，曾被谷歌招聘人员一脸严肃地问道："你是想加入我们扫描全世界所有书籍的项目，还是想加入我们录制全世界所有电视节目的项目？"

律师愣住了，问道："什么？"

"谷歌男孩"着眼未来，引领方向，但很少做基础性的工作。他们是愿景家，不是经理。投资者说服他们聘请埃里克·施密特（Eric Schmidt）担任CEO，施密特是一位资深软件工程师兼高级管理人员。一位早期的投资人解释道，施密特是"让火车准时运行，打破创始人之间僵局"的人。施密特和创始人之间的关系由一些副总裁组成的内部圈子维系。大部分的基础性工作都落在了玛丽莎·梅耶和苏珊·沃西基这两位女性身上。苏珊·沃西基在出租了自家的车库之后，很快就成为谷歌的第16号员工。同为斯坦福大学毕业生的梅耶负责"谷歌图书"项目，沃西基负责谷歌视频。员工亲切地称她们为"迷你创始人"——她们是精明、雄心勃勃的经营者，帮助佩奇和布林实现他们的愿景。随着谷歌的发展，这两位是为数不多的能够得到谷歌创始人关注的女性。

谷歌图书的战略简单直接，即让每张印刷页面都有一个数字化的副本。相比之下，谷歌视频则很难立足。继电视字幕业务之后，谷歌视频团队增设了业余视频业务，并于2005年4月发布了视频征集令。沃西基和一群同事聚在一起，观看第一批提交上来的视频。视频里一只毛茸茸的紫色木偶在屏幕上活灵活现，用沃西基听不懂的语言唱歌。三十六岁的沃西基身材娇小，着装朴实，留着不起眼的深褐色短发，没有任何新晋百万富翁的迹象（得益于谷歌的公开上市，她确实成了百万富翁）。她几乎没有任何媒体制作经验，这些令人困惑的紫色木偶只会证实她最初对业余视频的质疑。**什么样的人会希望陌生人在网上观看他们的视频？谁会愿意看陌生人？**

几年之后沃西基表示，当她让家里的两个孩子当观众做测试，为他们播放这段视频后，她的看法改变了。孩子们当时看了视频就被逗笑了，要求再看一遍。

但回到2006年春天，沃西基的业余视频业务如履薄冰，而且明显遇到一个问题：谷歌遭到了YouTube的痛击。这家由圣马特奥一个小团队运营的网站，每天的视频播放量高达4000万次，而且还在以惊人的速度增长。在电子杂志《石板》(*Slate*) 上，**科技作家保罗·博廷（Paul Boutin）称赞YouTube和MySpace是"下一代互联网，人们在这里贡献内容和消费内容一样简单"**。谷歌1月在拉斯维加斯的展会上亮相后，博廷曾预测谷歌的视频商店将很快取代有线电视。"我错了，"他在四个月后写道，"我认为谷歌未能成功的原因很简单——和YouTube相比，谷歌太难用了。"

谷歌CEO施密特很不开心。他通过电子邮件将这篇文章转发给了沃西基，并补充道："也许这就是为什么我们比不过

YouTube 和 MySpace 的原因。"

沃西基用她的黑莓手机迅速回复，并向老板保证，他们会将大部分烦琐的步骤取消。谷歌视频最初要求人们安装一个单独的应用程序，现在不必了。两周后，他们将拥有一个比 YouTube 更快的网络系统，带有 YouTube 风格的"标签"和视频共享等功能。沃西基表示，目前主要的问题是，谷歌本以为人们会付费下载大量的热门影视节目，但他们已经打算放弃这一战略了。"我认为我们现在做的是正确的事情，能赢，只是在时间上有些落后。"她写道。回到办公室后，她进一步向施密特保证，他们即将与维亚康姆达成协议，为谷歌提供《海绵宝宝》和《明星大整蛊》等节目。

她还有一张牌可以打："利用谷歌搜索。"也就是说，在谷歌搜索主页页面放上视频商店的链接。

然而，她的一些下属并没有即将胜利的感觉。来自得克萨斯州的年轻人希瓦·拉贾拉曼（Shiva Rajaraman）回学校继续深造后，在谷歌视频找到了一份工作。互联网公司一般在职位晋升上提供两条路径：**工程路径**——通过编写代码让技术发挥作用；**产品路径**——通过设计产品和制定策略让技术得以应用。产品经理相当于迷你版的 CEO。拉贾拉曼曾在中等规模的软件公司工作，之后进入商学院，转型成为一名产品领袖，进入互联网龙头企业谷歌。**结果呢？** 谷歌视频并不是一个令人振奋的地方。作为一名嘻哈爱好者，拉贾拉曼注意到，艺人崛起的地方现在已经不再是老牌的音乐电视了，而是在新的文化晴雨表 YouTube 上。而当他打开谷歌视频的时候，只能看到查理·罗斯（Charlie Rose）[①]。

[①] 出生于 1942 年的美国脱口秀主持人与新闻记者。——译注

谷歌还有一个明显的不利因素：不愿意发布未经审查的视频。（2005年，美国作家协会就谷歌的图书扫描项目对它提起诉讼，这让谷歌的律师神经非常紧张。）工作日时，因为谷歌视频的团队成员都会打卡上班，所以审查视频的工作能够正常进行，但是一到周末没有人上班的时候，就是另一番景象了。如果人们在星期五晚上上传了一段视频，却要等到两天之后才能在网上看到，这让人怎么忍受？尤其是在YouTube完全可以实现上传后立即可见的情况下。作为一家大胆的创业公司，YouTube可以承受谷歌这家身负重任的上市公司所无法承担的各种风险。

拉贾拉曼还发现，他的一些同事同样士气低沉。谷歌视频不是公司的利润中心，很容易让人觉得这是个浑水摸鱼的地方，一位同事就是这样。谷歌设置了奖金，奖励给推荐年轻实习生的人，于是这位同事制作了一个简单的工具，在大学生简历网站扒取信息。每到空闲时间，他都会去网站列表中提取邮箱地址，导入推荐系统，希望有学生能找到实习工作。拉贾拉曼认为，致力于"未来伟业"的人不应该是这副样子。他开始怀疑自己加入谷歌视频是个错误。

* * *

但赫利那边就完全是另外一番情形了。他原以为自己把事情搞砸了，结果却大获成功。

那是2006年7月发生在爱达荷州的事情。当时他在太阳谷，直面一群娱乐圈最有权势的大佬。太阳谷是投资银行艾伦公司每年举办庆功宴的地方。所有影视圈的高管都出席了，他们头顶上光秃秃的，身上穿着艾伦公司提供的蓝色马甲。每年夏天，艾伦公司都会挑选一些幸运的新兴企业出席会议。2006年，它选择了

YouTube。

赫利在台上展示幻灯片，这是他的营销和宣传经理朱莉·苏潘（Julie Supan）制作的。几个月前，YouTube 在给美国全国广播公司（NBC）的一封信中，介绍自己是一个简单的"网络论坛"。赫利不是一个天生容易满足的人，现在他试图增加筹码。"YouTube 是一家消费媒体公司，"他开始讲道，"YouTube 就是在线视频的代名词，我们专注于打造可持续盈利的业务。"（那个月，YouTube 实际上亏损了 100 多万美元，但他没有分享这个数据。）赫利展示的都是有利数据：每日视频观看量 8000 万次，视频上传量超过 200 万个；美国 60% 的在线视频通过 YouTube 传输。他同时也展示了谷歌视频的相关数据：17%。YouTube 是"新视频剪辑文化的发源地"，是可供各位大佬推广影视节目的平台，*是他们的合作伙伴*。他提到了 Brookers 与卡森·戴利的合作，然后试图高调结束演讲："人们希望被看见，YouTube 则为所有人提供了这样一个舞台。"台下响起礼貌的掌声。

赫利走下台后，立即为自己的平庸表现向站在附近的一位银行家道歉。根据这位银行家后来的回忆，赫利当时几乎要哭出来了。*天哪，不是吧，这真是个天才！* 银行家当时这样想。这些大佬们被一个与 Napster 同类型的、聪明的朋克小子教训了一顿，让他们意识到自己对未来的准备多么不充足。赫利摆出一副对周遭世界漠不关心的冲浪运动员的样子，看起来毫无威胁，其实是条披着羊皮的狼。一些大人物——其中最著名的是互联网亿万富翁和电影工作室老板马克·库班（Mark Cuban）——指责 YouTube 是一群盗版者。但大多数业内人士表现出善意的兴趣，甚至同情。那年夏天，时代华纳的一位高管到 YouTube 参观，注意到全公司六十个人只有十条电话线可以用，告诉记者他"忍不住为他们感到难过"。

赫利在太阳谷亮相后，媒体将他称为"硅谷金童"。他在一次活动中与比尔·盖茨（Bill Gates）聊天，还教玛莎·斯图尔特（Martha Stewart）如何开通 YouTube 账号。他见到了《星球大战》的创作者乔治·卢卡斯（George Lucas），邀请他加入 YouTube 的董事会。（卢卡斯拒绝了。①）8月，赫利的销售团队谈成了一大单广告合同，这让 YouTube 首次实现盈利。（但好景不长，第二个月又出现了赤字。）他们开始与唱片公司、电视网和手机公司谈判。赫利和陈士骏穿上黑色西装外套（下面搭配的是牛仔裤，衬衫下摆依然留在裤腰外面），在办公室廉价的红色宜家窗帘前，拍了张光鲜亮丽的照片，刊登在杂志上。

即便是丑闻，也能提升 YouTube 的知名度。那年秋天，一位目光犀利的博主发现了 longlygirl 15 及其假明星布里的真相。《纽约时报》揭露出该账号的幕后操纵者其实是一些有抱负的电影人。然而，即使这个诡计被曝光，观众依然不离不弃，他们还想知道布里接下来的故事。

然而，在这一切的背后，赫利差点丢了工作。

随着业务发展，红杉投资人博塔觉得是时候引入另一位 CEO 了。在一年前的投资备忘录中，博塔曾写道，YouTube 需要"尽快聘用"一名 CEO。红杉曾对谷歌做过同样的事，即引入施密特与其创始人一起工作。博塔打算找一位经验丰富的经理，位置在赫利和陈士骏之上。他差不多已经确定了一位人选，即迈克·沃尔皮（Mike Volpi）——网络设备提供商思科（Cisco）的高管。

---

① 据时任卢卡斯影业公司（Lucasfilm）业务发展主管的克里斯·卡瓦略（Chris Carvalho）称，YouTube 于 2006 年邀请乔治·卢卡斯加入董事会。卢卡斯影业公司、卢卡斯和 YouTube 的代表拒绝置评。

YouTube董事会的另一位成员也在思科工作。那年秋天，赫利和陈士骏在办公室附近的一家意大利餐厅和沃尔皮见面。沃尔皮的想法和硅谷的其他人一样，认为YouTube可以利用订阅功能赚钱，向影视节目收取流媒体许可费。他自认为此次会面很顺利：YouTube的人都为人随和，对网站视频上传的便捷性充满热情，这也是YouTube的独特优势。但那次见面之后，就再也没有收到YouTube的消息。

而在谷歌的家乡山景城，一切都以更快的节奏发展变化。

* * *

苏珊·沃西基春天展示给其CEO的谷歌视频功能没有一个起作用。8月，谷歌打出了它的王牌：在其最有价值、每天数百万人到访的谷歌搜索页面上，添加了谷歌视频的链接。但谷歌视频的流量几乎没有得到任何改观。一位谷歌视频员工回忆说，当时他都震惊了："我们使出了秘密武器，打开流量的水龙头开关，竟然没能起到任何作用。"

有一天，希瓦·拉贾拉曼在办公桌边，肩膀被人拍了一下。这个人是萨拉尔·卡曼加（Salar Kamangar），他身材瘦小，讲话温和，是谷歌的传奇人物，员工中没有人不知道他。卡曼加最初在谷歌做志愿者，承诺为他的斯坦福同学佩奇和布林免费工作。程序员卡曼加出生于伊朗，曾创建"关键词广告"，这是一个用于拍卖搜索广告的系统，是谷歌永不枯竭的油井。员工们称他为谷歌第三号有影响力的"迷你创始人"和"谷歌秘密总裁"。他一直在暗中关注YouTube的崛起。

"我需要做几张幻灯片，"卡曼加对拉贾拉曼说，"也许你能帮上忙。"他在那些文件中列出了收购YouTube的正当理由。

每个参与其中的人接下来几周的记忆都有些模糊。赫利四处寻求要约收购，但对方无法忽视 YouTube 日益增加的版权问题，以及不断飙升的托管网络视频带宽成本。曾斥资 5 亿美元收购 MySpace 的福克斯新闻集团前来询价。黄页出版商 R. H. 唐纳利（R. H. Donnelley）甚至已经投标。但真正重要的只有两家公司：雅虎和谷歌。

　　谷歌请瑞士信贷银行评估这笔交易。银行家们聚集在谷歌的一间会议室里，观看 YouTube 上的视频，他们被逗乐的同时也感到有些困惑——为什么这个满是愚蠢视频剪辑的网站要价如此之高？那一年早些时候，赫利和陈士骏曾与谷歌商谈过收购事宜，但他们觉得谷歌只出价 5000 万美元，太低了，他们拒绝接受。而谷歌现在的提议是 6.15 亿美元。一位银行家认为，谷歌要想说服公司股东接受这笔吃力不讨好的交易，应该没那么容易："好消息是 YouTube 还没有任何收益。坏消息是你从未听说过它。"①

　　为避免被人认出来，赫利和陈士骏将与雅虎高管会面的地点谨慎地选在了办公室附近的一家丹尼餐厅。而与谷歌高管的会面则安排在第二天。YouTube 的人开玩笑说，**如果在同一家丹尼餐厅见面，是不是很有趣**？结果他们真的这样做了。

　　10 月 6 日，星期五，赫利和陈士骏在办公室举行了一场热闹的员工会议。这是在比萨店楼上的最后一次会议。如今，YouTube 已有接近七十名员工，在旧金山一个寂静的郊区，圣布鲁诺北部，租下了更大的场地。他们喝了啤酒，还搭了一座香槟塔来庆祝这次搬迁。几个人把空饮水机翻转过来，形成一个临时的鼓圈。谢弗又拍摄了一段视频。"在这个地方，我们的工程师和

---

① 这个说法有些夸张，YouTube 还是有一些收入的。

设计师像牛一样挤在一处。"他一边说着，一边用镜头在办公室里拍摄了一圈，"内容审查队正在奋力排查色情内容。"垃圾桶里的比萨盒和中餐外卖盒都溢出来了。厕所里的卫生纸都用完了。① 一位在YouTube搬走后到访办公室的人回忆说，他在传真机上看到了堆积如山的勒令终止函。

大家都神经紧绷。雅虎虽然打算收购YouTube，但还是在近期对YouTube提起诉讼，指控其挖走了雅虎一批销售人员，但这批人现在又不得不突然打包离开YouTube。许多员工听说了关于收购的传闻，对自己的未来感到担心。每个星期五，YouTube都会有一条笑料反复出现——赫利站到椅子上召开员工会议，开场白每次都一样："大家好，我有一些激动人心的消息要宣布：我们要被易趣收购了。"（YouTube创始人对PayPal收购者易趣的反感众所周知。）那个星期五，赫利站到椅子上宣布："我们有一些激动人心的消息。"然后停顿了片刻。**这次是真的要被收购了吗？**"我们要搬到圣布鲁诺了。"办公室里一片笑声和哀号。

周末，一些员工被允许参与到真正的计划中来。一小批早期加入公司的工程师享有特别表决权股份，必须尽快签署协议。一些人一开始还以为这是一个恶作剧。

这一消息并没有告知所有人。YouTube的大管家希瑟·吉列星期一早上来到位于圣布鲁诺的新办公室，磕掉鞋子上的泥。她找到了一家银行，愿意为她理想的家提供贷款，这是在房地产泡沫中可提供"无文件"贷款的一家银行，但这些钱只够她在那里住房车，路面都还没铺，依然很泥泞。由于担心无法按时归还贷

---

① YouTube整个公司只有一个男厕所和一个女厕所，但男员工数量多于女员工，他们上厕所要排很长的队，一度为此感到很沮丧，于是都宣布自己是双性人，直到一名女员工将此事告知人力资源部，这场闹剧才结束。

款,吉列开始与一位邻居沟通,万一需要转手出售也能有所准备。到了中午时分,她还没有整理好办公室,这地方面积之大远超预期。这时,她看到一群摄影师从门口倒退着进来,接着赫利出现了,然后是谷歌的 CEO 埃里克·施密特。*啊哈!*

这些人挤进一个会议室,很快,陈士骏、博塔和一群谷歌的律师也进去了。几名正在附近吃三明治的 YouTube 员工,不得不暂时困在原地接收这条官方消息:他们现在算是谷歌的一分子了。

谷歌联合创始人谢尔盖·布林现身了,他身穿紧身黑衬衫,搭配着时髦的裤子,俨然一副时尚的亿万富翁形象。赫利和陈士骏还是他们那身打扮:宽松的黑西装、牛仔裤,衬衫下摆留在裤腰外面。陈士骏戴着一条短项链。施密特打着一条粉色的领带,身着定制西装,开玩笑说:"要在 YouTube 上亮相了,我可是为此精心打扮过的。"布林曾和佩奇一起亲自挑选谷歌的每名新员工,他跟 YouTube 的创始人打招呼,并试着闲聊几句:"你们是最近才搬来这里的?"

陈士骏笑着回答道:"大约四个小时前。"

"哇!"布林惊讶地答道。

很少有人知道这场收购差点没能成功。谷歌有一个秘密手段,可以偷偷查看使用其网络广告系统的网站的性能数据。在收购谈判期间,谷歌的一位经理偷偷查看了 YouTube 的数据,这让赫利非常恼火,威胁要中止谈判。施密特设法让赫利冷静下来并最终达成了交易。

在十八个月的时间里,在 YouTube 员工的努力下,他们的网站从一个靠陈士骏的信用卡勉强维持运营的论坛,发展成一个标价最高、热度最高、最让人难以置信的商业收购标的。施密特在

YouTube的办公室向他的新员工发表演讲。"首先,你们的表现非常出色,"施密特开始讲,"你们行动迅速,而且做得很好。我不能完全理解你们为什么能做得这么好、这么快,但我希望你们继续努力,因为我看到胜利就在前方。"他向员工保证,没有人会因此丢掉工作,谷歌将继续让YouTube作为一个"独立的公司、独立的品牌、独立的网站"来运营。布林和YouTube的员工们也简单说了几句,然后就开始接受提问。

"那么,"一个人问道,"你们打算怎么处理谷歌视频?"

* * *

那个星期一,施密特走进位于山景城的谷歌视频办公室,低调地传达了同样的消息。他表示,项目组中负责为谷歌搜索编制电视字幕索引的人员留下,其他人则收拾物品搬到圣布鲁诺去,加入YouTube。

乔治·斯特洛姆波洛斯,这位痴迷于业余视频的年轻运营人员震惊了。那种感觉就像谷歌举起了白旗认输。但另一方面,他竟然突然之间加入了流行文化和科技领域的时尚达人阵营。他环顾四周,发现所有人都还在努力消化谷歌为收购YouTube所支付的费用,因为他们现在都看到了新闻发布的那个数字:*16.5亿美元?!* 施密特后来因其远见卓识而得到赞扬,是他愿意将出价提高10亿美元,从而一举击退了其他收购者。谷歌创始人佩奇和布林在很大程度上是被人们在YouTube上搜索的行为迷住了。

再看看圣布鲁诺发生了什么。谷歌的高管和摄影机一撤离,所有人就都到附近的星期五餐厅喝酒,庆祝获得这笔财富。吉列哭了,她能保住自己的家了。根据后来的法律文书显示,赫利和陈士骏在这笔交易中每人获利超过3亿美元,第三位联合创始人贾德·卡林姆虽然已经离开，但也得到了 6600 万美元。

在赫利和陈士骏加入庆祝活动之前，一名员工提醒他们，现任老板施密特让这两位新晋的百万富翁拍一段视频。谢弗在餐厅外为他们录制。

YouTube：来自赫利和士骏的消息
2006 年 10 月 9 日　1:36

赫利开始讲道："今天我们有一些激动人心的消息要告诉大家。我们已经——"（停顿，身体后撤）"被谷歌收购了。"接着是陈士骏，他感谢观众的贡献，向观众保证这场收购将有助于解决一些技术性的问题。这段视频显然是没有剧本的，赫利开始满嘴跑火车："这太棒了，两位国王走到了一起。"听到这里，陈士骏忍不住笑了起来，转过身去背对着镜头。"我不知道，你继续说吧！"赫利继续说道，"'搜索之王'和'视频之王'已经走到一起。我们会按照自己的方式继续走下去。"他们两个都笑了起来。赫利回过头来看着镜头："我们说不下去了，就拍到这里吧。"

谢弗迅速编辑好这段视频，把它上传到了 YouTube 的官方账号上。

第 4 章

盗版？10 亿美元？

大家都来看一下这段视频。2007 年年初，YouTube 的萨迪亚·哈珀（Sadia Harper）把同事叫到自己的办公桌前，观看一段视频。在她的电脑屏幕上，一个留平头、穿着大号礼服衬衫的小孩，正在翻唱 R&B 歌手艾丽西亚·凯斯（Alicia Keys）的歌曲。"这孩子太棒了！"哈珀说。演唱者的母亲一直在发电子邮件骚扰她，让她将自己儿子贾斯汀·比伯（Justin Bieber）的视频推到 YouTube 主页上。

哈珀是 YouTube "酷猎人"团队中的一员。酷猎人团队的任务是组织整理 YouTube 上的视频，给网站把好关。在被谷歌收购前不久，YouTube 与威瑞森无线公司达成协议，可以在一些手机上安装其视频播放器，当时手机上还没有应用商店。威瑞森无线公司希望在手机里播放的内容是精心挑选过的，不同于网站上供所有人免费观看的普通版本。Apple 也想在其新推出的 iPhone 手机上实现这一点。在一次会议中，史蒂夫·乔布斯（Steve Jobs）训斥 YouTube 的员工："你们的视频太难看了。"于是 YouTube 聘请了另一位曾供职于音乐服务商 Rhapsody 的员工米娅·夸利亚雷洛（Mia Quagliarello）来担任编辑主任。她招募了约瑟夫·史密斯（Joseph Smith），也就是大家口中的"大乔"（Big Joe）。他是一位夜班视频审核员，自己也在 YouTube 上发布视频，擅长发现有潜力爆红的视频。这个团队成员的官方头衔是"社区经理"，但一名同事给他们起了个绰号，叫"酷猎人"，这更让人有认同感。

那时，YouTube 已经是一个在不断扩张的庞然大物了，来自各个领域、各个年龄段、有抱负的喜剧演员、电影制作人、音乐人、表演者、业余爱好者和狂热分子，都集中到了这里。[2006 年有一段时间，最受欢迎的 YouTube 博主中还包括一位穿着考究的英国退休老人，名叫彼得·奥克利（Peter Oakley），YouTube 账号名称是 geriatric 1927。]许多人都是通过朋友分享的链接或网络搜索来到 YouTube，在主视频旁边的"相关视频"列表里看了更多的剪辑。但还有相当数量的人是从 YouTube 网站的主页进来的，酷猎人负责挑选能够放在主页的视频供人观看。萨迪亚·哈珀是陈士骏在高中时的朋友，在谷歌收购几个月后加入了 YouTube。她整理了一份音乐、娱乐、科技和建筑类博客的列表，每天早上都在其中寻找可以放到主页上的新剪辑。每个视频都以一个小框"缩略图"的形式出现在网站上的"精选视频"横幅下，一排有十个。她的团队每四个小时调整或更换一次内容，被选中的视频背后的 YouTube 博主由此获得了一定的浏览量，一些人因此立即跃入大众视野。哈珀曾选中过一段音乐视频，里面有一个名叫"彼得·比约恩和约翰"（Peter Bjorn and John）的乐队，吹了一段旋律动听的口哨。一个星期后，德鲁·巴里摩尔（Drew Barrymore）就在《周六夜现场》节目里，穿上了印有该乐队标志的 T 恤。

酷猎人的负责人夸利亚雷洛鼓励她的团队成员录制一些自我

介绍的视频。哈珀在自家卧室里拍摄了一段视频，还加上了自己做手工的片段。做手工也是 YouTube 上一种新兴的亚文化。她征集的视频都被发送到她的电子邮箱里，就是那位加拿大小歌手的妈妈不断给她发送电子邮件的地方。哈珀不得不礼貌地告诉比伯的妈妈，他们更看重原创音乐，而不是翻唱。尽管酷猎人提出了技术性要求，但这丝毫没有影响 YouTube 的造星能力——一年后，一位唱片公司高管在 YouTube 上发现了比伯的视频并让他名声大噪。

更多编辑加入进来，每个人在网站上负责一个垂直领域。一名有电台节目经验的员工负责音乐版块。在 YouTube 上找到了自己的观众的苏格兰脱口秀演员马克·戴，被请来负责喜剧版块。来自明尼苏达州的年轻记者史蒂夫·格罗夫（Steve Grove），做事非常认真，入职后负责"新闻与政治"版块。博客重新唤起了人们关于公民新闻的崇高理想，普通人也可以利用互联网记录自己社区发生的事情、核查事实并拥有报道权。格罗夫开设了一个名为"公民电视"（CitizenTube）的频道，给 YouTube 上这群人提供了舞台。格罗夫向观众提问，他身上穿着一件白色 YouTube T 恤，"关于你家前门外面马路上的那个坑，你有什么看法？"（很少进行细节管理的赫利曾明确表示，他不希望 YouTube 主页上有政治类视频。）

YouTube 的编辑能发掘出那些尚未被公众发现的人，他们为此感到自豪。那些人愿意发布实验性的视频，而且发布的频率很高，自己承担相关风险。2007 年，一段视频在网上爆红，视频的主角是一个廉价的键盘乐器和一名娃娃脸歌手泰·桑迪（Tay Zonday）。他有一副极具魅力的男中音嗓子，创作的歌词内容奇特，但富有诗意。他的歌曲《巧克力雨》得到了数十名 YouTube

博主的翻拍。编辑团队也变得顽皮起来，策划了他们的第一次"接管"事件：在整个 YouTube 主页上，放满了这首歌的致敬版视频。一名工程师还以为 YouTube 被黑客入侵了，慌慌张张地冲了过来。这个小花招反响不错①，于是编辑团队开始定期策划其他"接管"活动。一名同事开玩笑说，如果编辑们哪天缺创意了，放一些关于猫的视频总不会错。陈士骏就很喜欢猫，整个互联网都喜欢猫。

有了谷歌的资金，2007 年 YouTube 开启大型招聘，新进了几十名员工。来自纽约州北部的网络设计师贾森·施罗克（Jasson Schrock）西装革履地来参加面试，却没想到那天是 YouTube 办公室的"睡衣日"。被录用后，他着实费了一番精力，才弄明白 YouTube 视频播放器背后杂乱无章的启动程序代码，这些代码"就像意大利面一样"搅在一起。

再来看看那些谷歌人。就在几个星期前，他们中的一些人还将 YouTube 视为盗版团伙。在收购之前，当谷歌考虑采用 YouTube 的无审查方式时，一位谷歌经理在电子邮件中表示，他担心公司会放进来"一大批伪色情、女性互殴和受版权保护的内容"。YouTube 员工与从谷歌视频新来的人员在 YouTube 办公室举行了首次会议，场面十分尴尬。陈士骏不确定他是应该握手还是出拳，那种感觉就像忙碌的父母把孩子送到这里，放下后就离

---

① 2008 年的时候，有一次编辑们用 Rickrolls 开了个玩笑。Rickrolls 是一个诞生于 YouTube 的荒诞恶作剧：某人收到一个看上去很重要的网络链接，点击之后，却发现那只不过是英国摇滚歌手里克·阿斯特利（Rick Astley）的歌曲《永远不会放弃你》（Never Gonna Give You Up）的视频。这个玩笑总能逗乐人们。哈珀半开玩笑地建议道："如果我们能在 YouTube 主页放上这个视频，一定会很有趣吧？"她的同事米歇尔·弗兰纳里打电话给阿斯特利的经纪人，恳求阿斯特利参与此事。阿斯特利最终同意 YouTube 用他的作品，但拒绝亲自参与。于是，4 月 1 日那天，YouTube 的主页上就全都是这段视频了。

开了。**你们这些孩子现在凑到一起了，好好干吧**。紧张的局面很快就被艰巨的工作任务化解了。陈士骏和赫利给谷歌的各个团队打了无数个电话，努力整合各项后台工作和商业计划。谷歌员工则深入研究了 YouTube 的代码库和数据。YouTube 团队填写了大量谷歌新员工的资料文件。（在收购当天，克莱恩曾告诉布林，大多数 YouTube 工程师都没能通过谷歌的面试，或者根本没有考虑过申请谷歌的工作。）YouTube 员工有时会觉得自己不是那块料。谷歌招聘官通常会查看 SAT 考试成绩和常春藤盟校的毕业证，让谷歌引以为豪的是公司的录取率比哈佛大学还要低。"这是一片奇怪的海洋，由学位相同的无趣之人汇聚而成，"YouTube 审核员朱莉·莫拉-布兰科回忆道，"他们会说：'哦，你也是在斯坦福大学读的 MBA？'"YouTube 的员工要么只有州立大学学位，要么干脆早早辍学，没有拿到任何学位。他们开玩笑说，自己就是大学城里的普通居民。

一些员工则遭遇了更尴尬的情况。谷歌的 CEO 施密特把当时与他约会的前电视主播凯特·波纳（Kate Bohner）[①] 带到 YouTube 的办公室，请工作人员就她的 YouTube 频道发展提一些建议。

许多谷歌人来到新的视频部门时都很不情愿：YouTube 还没有像谷歌那样为员工提供餐食和其他福利。一名从谷歌过来的员工里卡多·雷耶斯（Ricardo Reyes）觉得，新来的人就像是帝国冲锋队进攻 YouTube 的反抗军堡垒。雷耶斯曾在前美国总统布什时期的白宫做运营，在谷歌时做的是危机公关工作，对于加入 YouTube，他并没有太多选择。在那个 2 月的一个星期五下午，他带着谷歌的一些员工出去"摸鱼"，观看新上映的电影《蜘蛛

[①] 波纳和施密特的发言人拒绝置评。一位与施密特关系密切的消息人士表示，施密特带过不少人到 YouTube 办公室寻求建议。

侠》。电影结束时，他看到手机屏幕亮了起来。

"你在哪里？"电话那头一名同事问道。

"呃，"雷耶斯被抓了个正着，"我在看《蜘蛛侠》。"

"赶快回办公室。我们被起诉了，要赔偿10亿美元。"

* * *

维亚康姆没有预料到YouTube的崛起。

维亚康姆的董事长兼传奇大亨萨姆纳·雷德斯通（Sumner Redstone），将他父亲于1952年成立的连锁汽车电影院，发展成了一个媒体集团。他持有包括《南方公园》《幸存者》《海绵宝宝》及阿尔·戈尔（Al Gore）在内的各种资产。[1] 雷德斯通曾认为，互联网不过是一条"通往梦幻世界的道路"。但到了2006年，维亚康姆自己也迫切地需要这样一个梦幻世界。维亚康姆的主要业务是付费电视，于2000年发展到顶峰，在美国家庭中占有率高达83%，随后开始出现惊人的下滑。维亚康姆试图收购MySpace，但败给了其主要竞争对手——福克斯所属的新闻集团（News Corp）（雷德斯通承认那是"一次耻辱的经历"）。维亚康姆又向脸书报价16亿美元，但被这个社交网络公司拒绝了，又一次遭到了羞辱。维亚康姆音乐电视台的一些人一直在关注YouTube，其高管知道电视台节目的一些片段未经他们的许可就出现在了这个视频网站上。但维亚康姆当时将主要精力都花在对付另一个新兴企业上了，即Grokster，一个文件共享网站，也是行业鄙视的对象。（在收购YouTube之前，一位谷歌高管在电子邮件中嘲笑YouTube为"视频版的Grokster"。）

---

[1] 严格来说，是阿尔·戈尔《难以忽视的真相》背后的电影工作室——派拉蒙电影公司。

此外，维亚康姆认为YouTube的业务没有任何意义。娱乐、昂贵的产品和艺术品——这些他们竟然都免费奉送！还在旁边播放广告。"这就像在停车场给人递上车钥匙，然后在一边卖热狗。"维亚康姆公司的一位高管回忆道，他当时认为YouTube就是"几个孩子在地下室里搞盗版"。

随后，谷歌付出16.5亿美元，这些"孩子"突然加入了一家成年人开的公司。接下来发生的事情颇具争议。谷歌宣布收购消息后不久，埃里克·施密特找维亚康姆的高管商谈，提出一项协议，谷歌会为维亚康姆提供价值高达5亿美元的广告销售保障，以此免除其对YouTube的版权索赔。根据基奇·哈吉（Keach Hagey）在关于雷德斯通的著作《内容之王》(the King of Content)中所述，维亚康姆方面的报价接近10亿美元。出于价格上的差异和"其他技术性问题"，谈判陷入僵局。据另一名参与此事的维亚康姆工作人员回忆，他们后来口头达成了一致，金额接近8亿美元。据这位知情人士透露，维亚康姆团队在假期前后飞往谷歌的办公室，开了一次后续会议。已经走到了这一步，谷歌却开始撤销所有操作。"这家公司真有意思，"维亚康姆的高管观察到，"CEO都同意的事情，其他人却只当它是一个建议。"

而YouTube一方，则预见到了维亚康姆与佐伊·图尔（Zoey Tur）的到来。

图尔是洛杉矶最成功的空中摄影记者。1992年罗德尼·金（Rodney King）[①]案做出判决之前，图尔就已经在中南部地区做了

[①] 罗德尼·金（1965年4月2日—2012年6月17日），非裔美国人。1991年3月3日，因超速被洛杉矶警方追逐，被截停后拒捕袭警，警方用警棍将其暴力制服。1992年，法院判决逮捕罗德尼·金的四名白人警察无罪，遂引发1992年洛杉矶暴动。——译注

一番调查。她与罗德尼·金的邻居以及当地的"瘸子帮"成员聊天,了解相关情况,以便确定在发生暴动和警方镇压的时候,直升机应该悬停在什么位置最好。两年后,她又做了同样的事情,在最合适的时机让直升机飞到了O. J. 辛普森（O. J. Simpson）[①]的白色Bronco越野车上空。这架直升机花了图尔200万美元,但新闻频道购买图尔作品支付的费用,已经远远超过了直升机的成本。十年过去了,图尔偶然间发现了视频分享网站YouTube,几下点击后,上面就开始播放她拍摄的洛杉矶暴动和著名的O. J. 辛普森Bronco越野车独家镜头,其中一些剪辑的旁边甚至还在播放广告。YouTube既然能够设法阻止色情镜头出现在其网站上,为什么不能对她的镜头做出同样的处理呢？**这些视频,他们既没有花一毛钱,也没有冒着生命危险去拍摄**,图尔心想。她很愤怒,并于2006年夏天以违反《数字千年版权法》为由起诉YouTube。YouTube删除了图尔举报的视频,但辩称自己缺乏相应的技术和人力,无法找到每个新上传的视频。这场诉讼迟迟没有出结果。10月,图尔在开车时听广播,听到了谷歌以16.5亿美元收购YouTube的消息。"赃款！"她脱口而出。

不管是图尔的诉讼,还是与维亚康姆的幕后会议,YouTube的大多数普通员工都一无所知。2月的一个周末,前黑客活动分子迈卡·谢弗正准备出去喝酒,那个星期日有超级碗比赛,但他

[①] O. J. 辛普森,前美式橄榄球运动员,后成为影视和广告明星、体育评论员。1995年,辛普森被指控在1994年犯下两宗谋杀罪,受害人为其前妻及其好友。经过漫长的公开刑事审判后,因证据存有漏洞,辛普森被判无罪。后被害人的家人提起民事诉讼,要求辛普森支付民事赔偿。1997年2月5日,陪审团一致认为,辛普森应支付民事赔偿3350万美元。2007年9月,辛普森在拉斯维加斯被逮捕,被指控犯有持枪抢劫和绑架等多项重罪。2008年,他被判有罪,被判处三十三年监禁,九年内不得保释。辛普森最终在内华达州洛夫洛克的洛夫洛克惩教中心服刑。2017年10月1日,辛普森入狱九年后,获假释出狱。——译注

被扎哈瓦·莱文拦了下来。维亚康姆刚刚发过来10万多个视频链接，称这些视频都是在未经其同意的情况下上传的。"你能处理一下吗？"她问。谢弗和他的同事不得不分批删除它们，以免YouTube的电脑过量加载。这只是个前奏。维亚康姆将谷歌对谈判的回应解读为这个搜索公司准备和他们打官司。萨姆纳·雷德斯通本人就是一名受过训练的律师，热爱打官司。他任命的CEO菲利普·多曼（Philippe Dauman），同样也是律师出身。几年前，这两个人威胁要起诉维亚康姆的董事会，作为交换条件，维亚康姆被他们收购了。一位崇拜者称，他们"就像伦纳德·伯恩斯坦（Leonard Bernstein）和斯蒂芬·桑德海姆（Stephen Sondheim）写的音乐剧《西区故事》"。里面有一句歌词这样唱道："一日为'喷气机帮'之人，一生行'喷气机帮'之事。"

2007年3月13日，维亚康姆向谷歌索赔10亿美元。其诉讼文书的开场白读起来就像在控诉娱乐业的头号犯罪大师：

> YouTube利用技术手段大规模恶意侵犯版权，剥夺了作家、作曲家和表演者因努力和创新而应得的报酬，减少了美国创意产业的吸引力，并从他人的非法行为中获取利益。

维亚康姆的诉讼声称，在那个超级碗星期天发出通知之后，该公司还是在YouTube上发现了约15万个受版权保护的视频片段，播放量高达"惊人的15亿次"。维亚康姆并非唯一一家起诉YouTube的公司。一年后，一个联合团体发起了另一场诉讼，这个团体中包括了一支法国网球队、几家唱片公司，还有佐伊·图尔——她放弃了之前的起诉，加入了更大的团体。

这起诉讼在YouTube内部立即引发了震动。

另一位来自 Rhapsody 音乐服务的"难民"大卫·金（David King），刚在 YouTube 完成他的第一项任务，风向就变了。莱文与一些唱片公司达成了一项具有里程碑意义的协议：唱片公司同意将歌曲上传到一个数据库中，然后 YouTube 会使用"指纹"技术，在网站上查找与之匹配的相同歌曲。然后，唱片公司可以要求 YouTube 删除这些视频，也可以收取一定的广告费（至少包括没有在 YouTube 入账的那部分）。金的任务是为 YouTube 上的所有内容——不仅仅是音乐——管理一个类似数据库的系统。这是一项有趣的工作，但没有机会接触到公司的高层领导。然而在维亚康姆提起诉讼后，这个本来是为了安抚版权持有人的项目突然体现出了生死攸关的重大意义，谷歌的法律总顾问和 CEO 突然开始邀请金参加他们的秘密会议，迫切希望了解金的计划。

政治编辑史蒂夫·格罗夫刚开始工作时，每个星期都会发布几段"公民电视"视频。他本来计划将其变成一个每周播出的节目，总结 YouTube 上的时事和政治话题，就像《会见新闻界》[①]那样。但在诉讼结束后，赫利建议格罗夫低调一点，他不想让 YouTube 看起来太像电视网。

维亚康姆的诉讼犹如达摩克利斯之剑一样悬挂在 YouTube 头上，莱文和其他律师开始投入大量时间为公司辩护。关于每一段视频的每一个决定现在都有了更重的分量。问题的严重性不仅仅局限于版权问题。YouTube 很快就在急于拥抱网络世界的同时，遇到了越来越多意想不到的复杂情况。YouTube 邀请普通人参加调查，新来的设计师施罗克已经开始进行相关研究。有一次，施罗克监控到这样一组对话：同事问受访者他们喜欢看什么视频。

---

① 美国全国广播公司（NBC）的一档访谈节目。——译注

"我喜欢看铁笼格斗赛，"一名男子迅速回答，"就是动物打架。"施罗克听得目瞪口呆，这可真是出人意料。和所有研究对象一样，这名男子在离开之前签署了一份保密协议。

更黑暗的时刻到来了，其中一场悲剧与几年后在新西兰基督城发生的恐怖事件遥相呼应。2007 年秋天，一名十八岁的男子手持半自动手枪走进芬兰一所高中，在杀害了八个人之后开枪自杀。他是一个 YouTube 博主，上传过一些关于金属音乐和科伦拜恩学校枪击案的内容。在视频中，他穿着的黑色衬衫上面写着："人性被高估了。"他的视频没有被观众或 YouTube 的机器标记出来，所以未被审核员发现。这场悲剧发生后不久，谢弗收到了一封电子邮件。枪手的父亲想看一下他儿子的视频，试图拼凑出这起恐怖事件背后的真相。但那时 YouTube 已将该视频下线了，并发给了相关部门。这位父亲不断给 YouTube 发送电子邮件，提出同样的请求。

谢弗左右为难，不知是应该帮助这位悲痛的父亲，还是遵守 YouTube 关于禁止发送已被删除的视频的隐私规定。谢弗不确定如何是好，一直没有回复，最终，电子邮件再也没有出现过。

第 5 章

小丑公司

埃文·韦斯（Evan Weiss）第一次见到他的新明星，头就开始疼了。韦斯是一名经验丰富的好莱坞经纪人，曾为泰拉·班克斯（Tyra Banks）和帕梅拉·安德森（Pamela Anderson）制作电视节目，这两位都是家喻户晓的明星。但他已经受够了电视网的折磨，开始在更小的屏幕上寻找天地。一天，一个朋友向他介绍了一位 YouTube 上冉冉升起的新星。

弗雷德：万圣节的弗雷德
2006 年 10 月 30 日　4：32

一张孩子的脸，离镜头非常近。他戴着廉价的绿色假发、女巫帽子，还有牙套。他的声音很尖，而且语速超快，就像这段剪辑一样疯狂。"我妈妈带我找过几次学校辅导员，她说我有……我控制不好自己的脾气。"（暂停，尖叫）"我才没有——"（一阵混乱）镜头猛晃了几秒钟，然后又回到这孩子身上。"我好像把我妈的相机弄坏了。"他又尖叫起来。

"这太夸张了，"韦斯总结道，"有点过分。"但他的朋友坚持向他推荐这个孩子。韦斯的朋友从事授权工作，刚刚带这个孩子去了郊区的一家购物中心，在"热门话题"专卖店外签售 T 恤衫，遭到一大群年轻粉丝的"围攻"后，不得不暂时中止活动。韦斯接下来又看了这个孩子的几段视频。

他名叫卢卡斯·克鲁克香克（Lucas Cruikshank），喜欢带着相机和堂兄弟们一起在内布拉斯加州的小镇上闲逛。他不喜欢中学校园，永远无法融入其中。为了获得灵感，他看了《疯狂电视》和 YouTube 上风格鲁莽的喜剧演员 Brookers，然后创造出了自己稀奇古怪的角色，并练习拉伸自己那张有弹性的脸。"弗雷德·菲格霍恩"（Fred Figglehorn）就是他在 YouTube 上的角色，在他发现如何使用编辑软件让语速变快之后，这个角色诞生了。仅仅几个月时间，弗雷德·菲格霍恩的播放率就超过了 longlygirl 15 和 YouTube 上的所有其他账号。YouTube 资深博主（其实也不过十几岁的年纪）被这个篡位者惹恼了。YouTube 公司内部的人也感到很困惑，将其流行的原因归咎于让人难以理解的"青春思潮"。

韦斯重新分析了他对弗雷德的第一印象。根据多年的经验，他认为好的喜剧演员必然具备四个特征：（1）独特的声音——弗雷德有；（2）很受欢迎——弗雷德有；（3）有颠覆性；（4）有观点。除了花栗鼠般的尖叫声，弗雷德的滑稽戏码出奇的黑暗沉重。他的短剧涉及欺凌问题、性别问题、心理健康、虐待型父母、青少年复杂的内心生活等话题。（克鲁克香克实际上才十二岁。因为 YouTube 禁止为十三岁以下人士开通账号，他谎报了自己的年龄。）"这个人可以。"韦斯总结道，他决定和弗雷德签约。

* * *

对于谷歌而言，它根本就不确定该如何安排 YouTube 上由这群视频博主组成的"星系宇宙"，以及如何靠他们赚钱。其中一些人显然具有商业潜力，吸引的受众量与黄金时段的电视节目不相上下。但许多其他 YouTube 博主对商业主义深恶痛绝。在 2007 年 1 月的国际消费类电子产品展上，YouTube 的业务主管凯文·多纳休简要介绍，YouTube 正在"考虑"将热门剪辑转为电视频道。但这没有获得很好的效果。"boh3m3"是一个留着山羊胡子的 YouTube 大网红，对任何事情的看法都很阴暗，他发布了一段题为《亲爱的凯文·多纳休》的视频，将这位高管痛骂一顿。粉丝们也发视频回应了这种情绪，其中一名粉丝让 boh3m3 看看 YouTube 上一些关于吃了迷幻药的猫[①]的视频。这类视频让谷歌的一些人担心，新视频服务的大部分内容都不能很好地迎合广告商的需求。

一些 YouTube 博主自己尝试商业化。当时硬盘录像机（DVR）非常流行，人们可以在录播节目中跳过电视广告。这让广告界人士大为惊慌，于是发明了植入式广告，将营销信息直接放在节目中。"longlygirl 15"就为露得清植入了广告。二十多岁的布伦丹·加汉（Brendan Gahan）在旧金山一家广告公司工作。2006 年年末，他无意中听到一位合伙人因为制作预算不够而放弃了电视广告，于是提议与一些在 YouTube 上爆火的青少年接触一下。"Smosh"是伊恩·希科克斯（Ian Hecox）和安东尼·帕迪利亚（Anthony Padilla）的账号，他们俩最近刚从萨克拉门托的一个

---

① 这名粉丝还称："如果把这些内容转移到电视上，会让 YouTube 失去所有的乐趣、生命力和精华。"

高中毕业，留着夸张的发型，喜欢看《懒洋洋的星期天》，并制作了一些模仿性的视频。"冰沙王"曾付给他们 500 美元制作视频，这笔费用的金额对他们来说已经算是相当可观的了。（那时，希科克斯仍然会去查克芝士店兼职，赚取最低标准的工资。）广告人加汉请 Smosh 少年来公司开会，这还是他们第一次参加办公室会议。加汉提出以下方案：制作一段视频，只要在里面提到 Zvue，支票就归你们了。Zvue 是一款造型比较厚重的 MP3 随身播放器，是 iPod 的竞争对手。

于是，Smosh 上传了《手脚互换》，一个 3 分钟的荒诞小品，内容正如其标题所示。Zvue 在屏幕上出现了大约 18 秒钟的时间。两个 YouTube 博主赚到了 1.5 万美元。[1] 由此，网红营销的家庭作坊诞生了。

赫利最初反对向 YouTube 博主支付报酬。"我们不想建立一个以金钱激励为动机的系统。"他在一次会议上解释道。谷歌对 YouTube 的授权也不涉及金钱奖励。埃里克·施密特在收购谈判中告诉陈士骏："只要我们在一些简单的事项上达成一致，你们就可以完全自主管理这家公司。"这些事项包括：**增加用户量、视频量和播放量**。据另一位高管回忆，施密特曾表示："只要 YouTube 能发展壮大，就不要担心资金问题。"

但要想实现发展，就意味着要让人们保持上传视频的积极性。业余视频网站 Revver 是 YouTube 的竞争对手，会付费给视频上传者，一些 YouTube 大网红有时会在他们的视频中提到这件事。**赫利终于改变了主意，设计了一个名为"苹果派"的项目，给 YouTube 博主提供资金支持。"苹果派"这个名字的意思是，付**

---

[1] 生产 Zvue 的公司后来聘请了拉里·佩奇的哥哥卡尔·佩奇（Carl Page）。该公司于 2008 年倒闭。

钱给人们制作视频这件事就像苹果派一样，是地道的美国风格。

但赫利还是继续抵制谷歌对广告的要求。他特别不喜欢在视频播放前出现的"前贴广告"，认为这会破坏观众体验。同事们很少看到赫利生气的样子，为数不多的几次都和网站体验不佳有关。赫利曾在一次会议中拍摄并上传了一段视频，在上传过程中，他紧盯着秒针的走动，质问道："为什么视频还没有发布出来？"

YouTube会在其主页上播放小型的广告牌广告，但与电视不同的是，YouTube的观众并不习惯经常被广告打断。销售人员试图推销"品牌主页"服务，即公司的定制账号，比如YouTube.com/Coke，当人们进入这个网址时，视频就会自动播放，但基本没人买账。YouTube还尝试了各种办法：为最搞笑的视频举办了一场颁奖典礼，由Sierra Mist饮料赞助；设置巧妙的弹出式广告——为了宣传霍默·辛普森（Homer Simpson）的电影首映式，让他在屏幕上追着一个粉红色的甜甜圈跑。但这些广告都是时间密集型的，无法实现"规模化"，更不易得到广泛传播。这对谷歌来说是两大打击，因为它最推崇的就是速度和规模。大杂烩的方法没有奏效，加入谷歌后的前几个季度，YouTube的广告销售团队没能实现目标。

为了更好地解决这个问题，YouTube的业务部门将网站庞大的"身躯"分割开来，就好像它是一头野兽一样。首先是"头部"，包括来自电视网、工作室和唱片公司签约音乐人的顶级优质视频。然后是"躯干"，由弗雷德和Smosh等业余博主组成，他们有成为职业选手的可能性，或者至少具有一定的商业吸引力。最后是"长尾"，是谷歌目前看不出有什么经济价值的视频无底洞。（谷歌喜欢对所有的事物分级，当然也同样对这些视频分了级。9到10级的视频归"头部"，6到8级归"躯干"，其余归

"长尾"。)

从谷歌视频转来的乔治·斯特洛姆波洛斯属于YouTube 的"躯干"组。他来自丹佛,身材瘦长,十几岁的时候喜欢和朋友一起在人行道上摆一台摄像机,按下开关,把自己玩滑板的绝技录制下来,然后一起围着电视屏幕观看。谷歌鼓励员工每周抽出一天的时间来空想,这被称为"20%时间项目"。斯特洛姆波洛斯利用这段时间,为视频制作者勾勒出了一幅商业版图。在谷歌视频工作的时候,他曾成功地说服一位赞助商支持一对穿着实验袍引爆健怡可乐和曼妥思糖的视频博主。斯特洛姆波洛斯的穿衣打扮是慵懒随意风,言谈举止平易近人,这点对于一个谷歌人来说尤其明显。谷歌收购YouTube后,他给YouTube上最受欢迎的几个账号发送了自我介绍的电子邮件。一半的人都没有回复,他们以前从未收到过任何YouTube员工的邮件,所以误以为是垃圾邮件。但斯特洛姆波洛斯还是设法说服了一些人参与YouTube的第一次重大经济实验。他聚集了30个热门账号,这些账号都愿意在自己的视频旁边放置广告,或者允许广告在视频中作为弹出式小横幅出现,从而换取一份收入。这些账号包括喜剧人(Smosh和单棍剧团 Ask a Ninja),不知疲倦的视频博主(sxephil和What The Buck?),当然还有longlygirl 15。

longlygirl 15的幕后制作人向斯特洛姆波洛斯索要预付款,资助他们的录制,这种做法在好莱坞很正常。斯特洛姆波洛斯向老板提出了这个请求,但被拒绝了。原因是,在YouTube上,这属于简单的广告分成,不存在预付款之说。播放率越高,收入就越多。谷歌会从视频广告收入的每1美元中收取45美分,剩下的付给YouTube博主。YouTube于5月推出"合作伙伴计划",那些密切关注它的人其实早就预见到了:早在1月的达沃斯论坛上,有些宿醉的赫利站在比尔·盖茨旁边,透露了这个与视频制作人分享收入的计划。

* * *

YouTube 的赚钱能力也受到了影响,原因是一些技术性问题,与视频博主无关。这个问题就是:这家公司使用的是别家公司提供的机器。

在圣布鲁诺,谷歌的产品经理希瓦·拉贾拉曼加入了 YouTube 的团队,负责确定广告在网站上出现的位置和方式。早些时候,苏珊·沃西基曾找他开会。除了谷歌视频,沃西基还负责管理谷歌的许多广告技术业务。她劈头盖脸地问道:"你们为什么不使用我们自己的产品?"拉贾拉曼不得不解释,YouTube 的软件管道已经与 DoubleClick[①] 的系统错综复杂地捆绑在一起了。

DoubleClick 堪称互联网时代的"广告狂人"。这家公司创建于 1995 年,总部位于曼哈顿。公司不仅名字起得巧妙——向电脑鼠标的双击致敬,商业模式也很精明。当时,各个网站都在寻找获得收入维持运营的方法。DoubleClick 发明了一种软件,可以把数字广告牌放在网上,并向网站所有者支付空间费用。DoubleClick 还会使用 cookies(网站浏览信息数据),人们访问网页时,这些无形的代码就会附在浏览器上,跟着他们去任何浏览过的地方。比如,有人浏览了一些关于家居装饰的网站后,又点击了一篇新闻文章,这时,一波关于家具的"横幅"广告就扑面而来了。这都是拜 cookies 所赐。DoubleClick 建立了一个买

---

① DoubleClick,美国的网络广告公司,2007 年被谷歌收购,发展成为世界知名的广告技术平台。2015 年夏天,谷歌宣布将 DoubleClick 从产品组合中剔除,重新命名。——编注

卖这些"行为"广告的交易所，简直就是网络营销版的纳斯达克。2006 年，DoubleClick 实现了约 3 亿美元的收入。除此之外，DoubleClick 在麦迪逊大道上的不择手段才叫真正的勇猛，作为一支传统媒体销售队伍，他们成功说服了诸多营销主管和广告代理商把广告转移到线上。一位和 DoubleClick 合作过的银行家称他们是一群"在电话上喋喋不休的秃子"。

YouTube 被谷歌收购之前，DoubleClick 曾与它联系投放横幅广告的业务。当时，YouTube 是 DoubleClick 唯一的大客户。DoubleClick 发展得很艰难——数据收集习惯遭到监管机构调查，还被草率地出售给私募股权公司——现在又要被出售了。谷歌那时正在寻求除搜索广告之外从其他领域获取收入的方法，其高管不同意赫利的观点，他们认为 YouTube 上的视频是展示横幅广告的好地方。于是，在为 YouTube 一掷千金几个月后，谷歌又准备在 DoubleClick 身上花更多的钱。

沃西基也参与其中。根据一位参与了整个销售过程的银行家回忆，他们开过一次奇怪的会议，得以了解沃西基的一些想法。在沃西基发言之前，在场的每个人都浏览了 DoubleClick 的财务数据。沃西基说："问题的核心在于，如果把这个公司免费送给我，我会要吗？"*会场的人一片茫然*。媒体报道的标价约为 20 亿美元，而且所有人都知道，微软也在寻求收购该公司。"*她真的是在提议……不花一分钱？*"沃西基继续自言自语道。收购 DoubleClick 无疑可以带来即时收益，但这也意味着需要花很多年的时间整合公司运营的各个方面——销售团队、软件、让人头疼的人力资源问题等。如果有人直接把这个公司送给她，值得要吗？最后，她总结道："如果是免费的，我就要。"结果是：4 月，谷歌宣布计划以 31 亿美元的价格收购 DoubleClick。

十几年后，许多美国立法者都会质疑，当初为什么允许谷歌收购 DoubleClick。这笔资产数额庞大，再加上 YouTube，谷歌因此垄断了在线广告业务。但是，当时 YouTube 的商业前景看起来是那么渺茫，几乎没人把它放在眼里。

* * *

谷歌完成 DoubleClick 的收购交易后，两名员工走进洛杉矶星光大道上一座崭新的建筑。建筑的外立面是深色的玻璃板，中心有一个长方形的大洞，看起来就像一个巨大的电影屏幕。创新艺人经纪公司（CAA）总部、经纪公司以及其他梦想制造者和梦想破坏者都在这里。后来，这座办公大楼在好莱坞圈子里被称为"死亡之星"。

凯文·莫里斯（Kevin Morris）是一名好莱坞律师，曾为《南方公园》等前卫的电视节目辩护。他在办公室召开了一次联谊会，既是为了交际，也是为了开展头脑风暴，但主要还是为了缓和新媒体与传统媒体之间的关系。在谷歌收购 YouTube 一年后，好莱坞那些有影响力的经纪人已经意识到数字音乐是如何摧毁唱片业的，他们不想遭受同样的命运。莫里斯从其中一个阵营里请来了一些熟悉的面孔——电视网高管、编剧和电影明星。另一方阵营中包括红杉投资人、网景浏览器背后的软件天才马克·安德烈森（Marc Andreessen），还有两名谷歌人。

YouTube 总监乔丹·霍夫纳（Jordan Hoffner）发际线呈马蹄形，戴着时髦的眼镜，在联谊会上坐在科技公司一边。他很了解对方的阵营，在加入 YouTube 的"头部"团队之前，他曾在美国全国广播公司（NBC）工作了十二年。但自从进入科技圈，霍夫纳发现，新旧行业之间存在着巨大的语言鸿沟。在联谊会上，他尝试用很多传统媒体同行已经听过的内容来介绍 YouTube。霍夫纳走向白板，开始讲道："YouTube 上一个视频如果获得了 100 万次的播放量，就算是热门视频了，我们都同意这一点，对吧？"在座的人纷纷点头。(《查理咬我的手指》是一位英国爸爸在 5 月份上传的一段好看的家庭视频，播放量在几个月时间内达到了 100 万次。)"我们假设，"霍夫纳继续说道，"一个广告的千人成本是 20 美元。"（电视广告的销售费率称为"千人成本"，指的是在广告投放过程中，平均每一千人看到某广告一次一共需要多少成本。) 所有人都同意 20 美元对电视来说是一个可以接受的费率。霍夫纳解释道，YouTube 已经开始在视频里展示更多的横幅广告，但该网站的大部分观众都来自海外，而 YouTube 还没有在海外播放广告。为了便于计算，他把那个热门视频在美国的收视率设为 50%，在白板上做了一番计算。以 20 美元的费率计算，即便只有一半观众看到广告，YouTube 这个热门视频带来的收入也将高达 1 万美元。

现场一片沉默。

当年首播的电视剧《广告狂人》每集吸引了大约一百万名观众。每集的制作成本高达 250 万美元。当然，热门电视节目可以通过有线电视用户和插播广告来回收成本。但 YouTube 是免费的，其高层也不确定观众能容忍多少次插播广告——如果有广告的话。当 YouTube 第一次允许在 Smosh 的视频上播放弹出式广告时，该账号的青少年创作者担心会因此失去观众，就将其中的大多数广告都禁播了。即便如此，网友们仍然在评论中将其称为"叛徒"。霍夫纳希望各类媒体根据 YouTube 上的状况来调整他们的业务计划，在这个世界里，像 Smosh 这样的人才拥有知识产权，需要建立一种新的商业模式。霍夫纳的经济课让屋内在座的各位感到不安：*电视的旧模式还能维持多久？随着电视观众逐渐转向网络，接下来会发生什么？*第二年，美国全国广播公司（NBC）的 CEO 杰夫·朱克（Jeff Zucker）敦促电视行业尽快寻找在互联网领域可行的业务，以免他们最终沦落到"以模拟美元换取数字硬币"的地步。

谷歌认为无论怎样，互联网都终将成为电视的对手，但公司高层并不觉得 Smosh 这样的人或"查理咬我的手指"这样的视频对 YouTube 的业务发展能有多大推动作用。他们希望有更加受人尊敬的媒体内容并称其为"优质内容"。YouTube 的"头部"团队成员飞往纽约、洛杉矶、东京，到处游说电视网和工作室，希望他们把自己的内容放在 YouTube 网站上。谷歌的销售主管蒂姆·阿姆斯特朗（Tim Armstrong）是个爱开玩笑的人，他负责游说电视台的大金主——各大体育联盟的负责人，让他们迈出这一步。在收购 DoubleClick 后，谷歌立即又盯上了另一家广告服务公司——向电视网销售电子发票的多诺万数据系统公司（Donovan Data Systems）。它实际上相当于电视界的 DoubleClick，谷歌打算收购它，将它并入 YouTube 管理。两家公司围绕高达 20 亿美元的价格展开了激烈的谈判，但未能就一些条款达成一致，谈判最终还是失败了。

尽管如此，到 2007 年年底，谷歌还是推出了它认为会产生巨大卖点的产品：YouTube 律师和唱片公司一起开发的"指纹"服务。谷歌称之为"内容 ID"。正如其名，它可在 YouTube 上识别出受版权保护的内容，版权所有者可以将这些内容自动删除，也可以（如谷歌希望的那样）保留视频，并从该视频的相关广告中获得收益。YouTube 已经设计了一些工具，可以识别出经二次上传的音视频文件，最终识别出适用于音乐行业这个商业综合体的内容片段，由此形成了一套有史以来最强大的媒体版权体系。在YouTube的所有发明中，内容ID为其生存和发展做出了最大的贡献。

然而，在最初的时候，几乎没有视频能符合"头部"内容要求。流媒体点播视频还不成气候，网飞公司（Netflix）仍在通过邮件寄送DVD。媒体公司（维亚康姆）对YouTube没有恶意，充其量只是深感不安。"没人想当出头鸟。"一位谷歌高管回忆道。不安的原因大多是费用问题。几十年来，电视网一直在为他们的节目收取一定的许可费，即"运输费"。康卡斯特（Comcast）等有线服务供应商向娱乐与体育节目电视网（ESPN）支付费用，将其节目打包进电缆束，消费者在支付一定的费用后，即可通过有线电视盒收看这些节目。娱乐与体育节目电视网自然也希望YouTube支付这笔费用。谷歌的一些人认为，他们应该支付这笔费用，但最高管理层并不同意，因为这种支付行为违反了谷歌的一个核心原则：数以百万计的网站通过搜索引擎显示在谷歌搜索或谷歌新闻上，但谷歌并没有向这些网站支付任何费用。如果谷歌没有为这些内容付费，为什么要为YouTube上的内容付费？一旦谷歌这样做了，那么所有其他网站、报纸和博客都可以来找谷歌索要同样的费用，到那时谷歌该如何应对？所以，不能支付"运输费"。

但好莱坞的人并不总能明白谷歌的立场。乔丹·霍夫纳在创新艺人经纪公司结束演讲后，参加活动的一位一线演员找到他。这位演员被YouTube的某些魔力或者收入前景打动了，打算制作模仿查理·卓别林（Charlie Chaplin）的系列轻松短剧，在YouTube上播放。"太好了！"霍夫纳充满热情地说，"谁负责赞助？"

电影明星看着霍夫纳——这位来自一家市值超过1000亿美元的公司的员工,回答道:"当然是你们。"

"这不可能,"霍夫纳吃惊地回答,"我们只负责做广告。"

* * *

最终,向卓别林致敬的系列短剧没有制作出来。YouTube虽然设法让一些一线明星加入进来,但结果却并不尽如人意。

据谷歌前销售总监帕特里克·基恩(Patrick Keane)回忆,谷歌的业务团队此后迅速适应了YouTube这个"不受限制的上传世界"。"你能以多快的速度将视频下线?你能以多快的速度为视频辩解?广告定位真的有效吗?"这些问题的答案没人知道。与此同时,谷歌正在努力整合YouTube和DoubleClick——这两个总共花了它40多亿美元的"大奖"。"在这样一个非常'混乱'的时期,还需要花精力把这些收购来的互联网型支柱企业整合起来。"基恩说。竞争真实存在,而那些尚未起诉YouTube的媒体集团也已经在计划采取行动了。数月来,美国全国广播公司(NBC)、福克斯和索尼影业(Sony Pictures)的高管们计划推出一项网络视频服务,为他们的节目、电影和广告主提供服务。关于这个项目的消息传到了谷歌,引发一片嘲笑。音乐行业曾试着以漂泊合唱团(Traveling Wilburys)的方式传播网络音乐,却栽进去了。此外,传统媒体缺乏实现流媒体传输的技术优势。[①]谷歌有人给这个媒体项目起了一个绰号——"小丑公司"。

自大的谷歌人低估了对方的竞争力。2008年3月,当"小

[①] 有一次,时代华纳公司要求在YouTube上运行自己公司的视频播放器,YouTube的工程师不得不临时安排设备测试,但测试结果显示,YouTube播放器的运行速度比时代华纳的快得多,于是时代华纳妥协了。

丑公司"最终以 Hulu 网的形式推出时,它在谷歌上下掀起了一场轩然大波。Hulu 网在新闻稿中五次提到"优质"一词。在 YouTube 内部,人们也开始讨论是否应该推出自己的"优质"服务,以及这些优质内容究竟可以从哪里获得,"头部"团队加倍努力。在伦敦的一位高管帕特里克·沃克(Patrick Walker)听说 Hulu 网计划在英国推出时,他给自己在电视网的联系人打电话,劝他们远离 Hulu 网,以此压制对手的进攻。在美国,YouTube 差一点就谈成了两笔重大交易。他们与哥伦比亚广播公司(CBS)举行了一系列谈判,想上线《极速前进》等节目。他们飞往曼哈顿,与电视网主管莱斯·门维斯(Les Moonves)会面,敲定了一个又一个提案。有一次,在拉斯维加斯与哥伦比亚广播公司(CBS)开完会后,一位 YouTube 高管告诉一位副总裁:"交易成功了。"然而事实却并非如此。双方未能就广告销售分成条款达成一致,最终谈判破裂。让局面更为不利的是,哥伦比亚广播公司(CBS)虽然是一家独立公司,但仍处于维亚康姆的雷德斯通控制之下。据一位前电视网高管透露,在 YouTube 向哥伦比亚广播公司(CBS)示好的同时,维亚康姆的高层却表达了他们的不满。

同样,YouTube 也没能阻止维亚康姆与最后一家尚未入驻 Hulu 网的公司——美国广播公司(ABC)——达成协议。YouTube 和美国广播公司(ABC)讨论了在 YouTube 上的推广计划,《迷失》也有可能在 YouTube 上播放,这让喜欢这部剧的 YouTube 员工欢欣雀跃。但在最后一刻,美国广播公司(ABC)却与视频网站 Hulu 签署了协议。(据一位相关人士透露,谈判之所以恶化,是因为谷歌讥讽传统媒体为"小丑公司"。)

但也不是所有的媒体公司都冷眼旁观。模拟职业摔跤的

WWE[1]频道接受了YouTube。一开始，粉丝将该频道昂贵的按次收费节目上传到YouTube，并采用了一系列复杂的步骤来规避版权规定。[2]观众还喜欢米兹（The Miz）的一个数码系列。米兹原来是《真实世界》的明星，后来成了摔跤手。WWE频道借此机会，利用粉丝的热情，在YouTube上发布节目宣传片，其中包括2007年的《亿万富翁之战》，这个节目的主角是逐渐淡出真人秀的明星唐纳德·特朗普。WWE频道深知做节目的理念，借用该频道一位主持人的传记标题，可以将其总结为"争议制造财富"。这一理念后来也为YouTube所用。

就连电视女王奥普拉·温弗瑞（Oprah Winfrey）也加入了进来。2007年11月，她邀请赫利和陈士骏上她的节目。YouTube的公关人员不得不将他们拖到芝加哥参加录制。[3]赫利和陈士骏不喜欢被曝光，而且他们觉得奥普拉的受众群体和YouTube的观众不是同一类人。在节目中，奥普拉站在YouTube这两个人旁边，用她的粉红色手持相机给他们录制视频，并指出，YouTube有2亿的固定访客，视频数量大得吓人。"你们自己能看得完吗？"这位电视女王问道。

"所以我们没有时间接受访谈啊，有太多视频要看了，"赫利开玩笑说，然后严肃地补充道，"很难跟上节奏。"

但泰森（Tyson）才是当天奥普拉节目中最令人难忘的嘉宾，

---

[1] WWE，World Wrestling Entertainment，世界摔角娱乐。——编注
[2] YouTube努力删除这些视频，但粉丝们找到了应对方案：他们给这些视频加的标签是"奶酪蛋奶酥"，而不是"WWE"或"摔跤"，这增加了这些视频被发现和被删除的难度。
[3] 两位公关人员表示YouTube的这两位联合创始人不太愿意参加奥普拉的节目录制。但当陈士骏被问及这段往事时，他表示："能参加奥普拉节目的录制，我们感到很兴奋！我们提前好几天就开始彩排和准备了，这让人觉得有点不好意思。"

它是 YouTube 上一只热门的滑板斗牛犬。《滑板上的狗》这个可爱又肤浅的节目，在主流文化中定义了 YouTube。YouTube 需要花很多年的时间来证明它能提供的远不止这些。

* * *

当 YouTube 正在为如何引入广告和优质节目而苦恼的时候，商业——就像生活一样——自行找到了出路。YouTube 红人、尖嗓子"弗雷德"，终于在拉斯维加斯曼德勒湾的一个酒店大堂里，会见了有意与他签约的经纪人埃文·韦斯。韦斯在一家星巴克与"弗雷德"的创造者克鲁克香克以及他的父母坐下来商谈，尝试说服来自内布拉斯加州的这家人，将他们的儿子打造成媒体特许经营品牌。他们可以先发行一张圣诞专辑，就像"花栗鼠三重唱"那样。克鲁克香克则想拍一部电影。"当然可以，"韦斯说，"我保证做到。"

其他博主则到其他地方寻找资金或曝光机会。一些人尝试了 blip.tv，这是 YouTube 的一个竞争对手，会向上传者支付费用。YouTube 早期的一名用户 iJustine 开始"直播生活"，她把便携式相机固定在棒球帽上，用笔记本电脑记录自己的日常生活。她的视频在一个名为 Justin.tv 的新网站上播放，该网站尝试过各种商业模式，后来改名为 Twitch。

尽管如此，最大的商业势力还是出现在了 YouTube 上。米歇尔·潘（Michelle Phan）是佛罗里达州的一名艺术生，她在 2007 年开设了一个账号，录制自己化妆的视频。她会对着镜头讲解，中间还会暂停，以便介绍产品和化妆技术。她把自己化装成芭比娃娃、动漫人物等。观众很喜欢看。潘的视频催生了一种颠覆时尚的媒体现象，其他行业也有人纷纷效仿。

kravvykrav：iPod nano 视频（3g）：开箱亲测

2007年9月8日　6∶18

在一个家庭办公室里，戴有色眼镜的光头挪亚·克拉维茨（Noah Kravitz）出现在模糊的镜头中，介绍自己。他举起了一个小小的装置："Apple新产品上市了，人们趋之若鹜。"

挪亚·克拉维茨的工作是为"PhoneDog"小工具网站撰写评论。当时小型个人电子产品非常流行。他开始将自己的评论录制成视频发布出来，他对新设备的评论非常详尽，很受欢迎。YouTube寄给他一些由品牌方提供的圆筒短袜，让他送给粉丝做奖品。观众们特别喜欢看克拉维茨在视频中慢慢地拆开产品包装。有一次，他问一个粉丝为什么喜欢看这类视频。"你有那些手机，我们没有，"粉丝回答道，"我们可买不起那么多手机。看你的视频，能让我们体验到自己把手机带回家来开箱的感觉。"

开箱视频很快就会带来另一个商业转机，这是克拉维茨和任何谷歌人都没有预料到的。

第 6 章

视频审查队

"毫无疑问,我的生活已经大变样了!"

2007年7月下旬的一个星期六,克莱尔·斯塔普顿来到谷歌后不久,就给她的朋友克洛伊(Chloé)发了这封邮件。此时距离她"幸福"入住印第安泉度假胜地还有十年,距离那次反讽意味极强的旅行还很遥远。发出这封邮件之前的几个星期,她过得就像一阵旋风——大学毕业,然后穿越整个美国,正式步入职场。斯塔普顿在奥克兰长大,喜欢田径运动,还曾在剧院演出。她为人随和,有时显得憨憨的,这让她身边的人感到很放松。在北加州一个完美无瑕的日子里,二十一岁的她参加了谷歌的入职培训。她戴上"谷歌新人"帽子(帽子的样式有点傻,还安了一个蓝色的螺旋桨,新员工每人一顶),拨弄着公司发的黑莓手机。("谁能想到还有这个?"她在给朋友的邮件中写道。)有一堆协议和原则需要快速吸收,有一批新人需要认识和分析。

"谷歌!这太不可思议了,"她写道,"这里是一个奇怪的乌托邦,真的,这些人都是常春藤盟校的学生,他们被选中的原因,要么是因为毕业后获得了世界上最不可思议的履历,要么是因为有潜力。他们每个人都非常聪明,在某种程度上特别优秀,同时也很酷……这个地方充满活力,有时它的野心也很有感染力。"

斯塔普顿在宾夕法尼亚大学读大一的时候,在学院里可以访问一个由哈佛学生创办的新网站——脸书。斯塔普顿在上面发布过一些照片,内容包括她和朋友在派对上用红色塑料杯喝饮料,在公园里玩耍并摆出傻乎乎的造型拍照。当然,大部分照片都拍得不错,但从来不会过多修饰——没人觉得在大学校园之外也会有人使用这个社交网络。斯塔普顿在班上表现很好,主修英语,通读了托马斯·品钦(Thomas Pynchon)等作家的作品。她师从肯尼思·戈德史密斯(Kenneth Goldsmith),这位诗人自诩为"文本雕塑家"和网络的"激进乐观主义者"。他在校园里穿过的一件T恤衫上写着:"在互联网上不存在的事物就等于不存在。"进入大四,斯塔普顿本来考虑申请很受应届毕业生欢迎的"为美国而教"项目,但后来在校园招聘会上发现了谷歌的摊位。**何不试试申请谷歌呢?**她想。

在斯塔普顿的申请信中,她引用了戈德史密斯T恤上的那句话,还质疑了品钦和其他知识分子对"计算机时代"的蔑视,认为他们错了,因为谷歌"保持了相互关联的智力思维渠道的畅通"。就这样,她被录用了。

那一年是谷歌校园招聘的分水岭。到2006年年底,谷歌吸纳YouTube等新成员的速度非常快,公关团队人手不足,无法应对这么多工作。公司领导决定招聘一些应届毕业生来填补空缺,培训他们如何应对媒体提问,如何为公司斡旋。谷歌挑选了三十名新员工,大部分都来自常春藤盟校,斯塔普顿就是第一批。她最初的工作安排是在"内部沟通"部门,负责处理公司内部信息,而不是与记者和电视主播打交道,这让她感到很失望。但她也得到了一个有趣的任务：为谷歌的 TGIF 会议①仪式编写剧本。

每个星期五下午 4:30 左右，谷歌全体员工都会在查理咖啡馆开会。查理咖啡馆是一家办公餐厅，里面有啤酒、汽水和零食。谷歌的两位联合创始人佩奇和布林主持会议，他们站在咖啡厅最前面讨论公司的最新情况，还会表演一套贴近日常工作和生活的公司喜剧，剧本由内部沟通部门员工事先编写。早些时候，斯塔普顿曾在剧本中弄错了 Gmail 的一些技术性问题，一位创始人在表演中途突然抬起头问："这东西是谁写的？"斯塔普顿觉得自己要被炒鱿鱼了。

但她没有被炒鱿鱼，反而很快就学会了适应创始人那种书呆子风格的喜剧感，还写出了关于一组程序员能吃下多少个比萨的笑话。TGIF 大会最伟大的发明是"多莉"（Dory），这是一个（以皮克斯动画角色命名的）计算机系统，用于提交观众的问题，并对问题投票，得票最多的问题会在会上提出来。"多莉"体现了谷歌关于数据、效率和群众智慧最深刻的信念。

斯塔普顿加入谷歌的那个夏天，谷歌为其园区购买了有史以来最大规模的太阳能电池板。随着谷歌的扩张，TGIF 大会成为公司宣扬和强化其价值观的场合。在那年秋天的一次聚会上，阿尔·戈尔的电话打了进来，那天刚好是他因环保事业获得诺贝尔和平奖的日子。"我听说你今天得了个什么奖，"布林若有所思地说，"我们都很感谢你。"谷歌员工爆发出热烈的掌声。

斯塔普顿的工作是将谷歌的特殊性反映出来，并为其自身所用。除了编写剧本，她还为高管撰写宣传谷歌独特文化的电子邮

---

① TGIF，是 Thank Gods it's Friday（感谢老天，总算到了星期五）的缩写。"TGIF 会议"是谷歌内部工作例会，在星期五举行。TGIF 是谷歌内部最知名的活动之一。——编注

件,并在每周的 TGIF 大会之前发出。这些邮件的内容很吸引人,有点奇特,一位同事称之为"后现代诗"。和蔼可亲又风趣机智的斯塔普顿,很快就成了谷歌的"吉祥物"。她出现在公司内部的留言板"memegen"上,谷歌员工在上面写过"克莱尔嗑的是什么药?也给我来一份"之类的话。她为此获得了一个绰号——"谷歌的吟游诗人"。

"这就是公共关系,我认为有点像笑话,但在谷歌却是生死攸关的问题,"这位"吟游诗人"在电子邮件中向她的朋友解释道,"他们真的以为,公司的发展取决于世界看待它的方式,而公司现在享有的名望还不够。"

* * *

在离查理咖啡馆不远的地方,黄安娜(Nicole Wong)与谷歌的其他律师一起在一排桌子上并肩工作。黄安娜是一位经验丰富的律师,工作起来不知疲惫。她看到一封 2006 年年底来自泰国信息部的电子邮件,一开始还以为是伪造的,因为发件人用的是雅虎邮箱,这很奇怪。但她很快就确认了邮件的真实性,又读了一遍:泰国列出了 YouTube 上 20 个侮辱泰国国王的视频,根据泰国有关欺君的法律,这构成了犯罪行为。邮件中写道,泰国将在全国范围内屏蔽 YouTube,直到 YouTube 将这些视频删除为止。在回复邮件之前,黄安娜先拎起了电话。谷歌在泰国没有设立办事处,但雇了一名"侦察员",负责研究在泰国开设办事处的可行性。如果泰国认为这名"侦察员"应该对这个罪行负责,那就糟糕了。当时正值曼谷的深夜时分,黄安娜拨通了"侦察员"的电话。

"侦察员"一接通电话,黄安娜就命令道:"你必须离开泰国。"

泰国发送这封电子邮件的时间，是在谷歌收购 YouTube 后不久。这只是一系列令人不愉快的邮件中的第一封，它们提醒了谷歌它收购的对象是什么：一个所有人都可以访问的免费网站。这些邮件通常由黄安娜负责处理。黄安娜曾从事第一修正案相关的法律工作，2004 年加入谷歌后，迅速晋升为公司的副总法律顾问。同事们称她为"决策者"，这是借用了布什总统给自己取的绰号。（他们给她定制了一件 T 恤衫，上面是大大的女超人图案。）谷歌早年的公司宗旨是"不作恶"——一个讨厌口号的公司，为自己打出了这样一个口号。这个宗旨的本意，是为了消除人们对谷歌会利用从用户网络搜索行为中收集到的隐私来做坏事的担忧。在实践中，这句格言则代表了谷歌坚定的信念，即互联网本质上是一股向善的力量。

总的来说，在可行的情况下，谷歌员工以反对政府审查为傲。对于"决策者"黄安娜来说，这在一开始相对比较容易做到。人们通过搜索抵达网络各处，而谷歌只是负责提供索引和链接，从而可以撇清自己与其他网站的关系。但 2003 年谷歌收购了网络博客发布平台 Blogger 之后，事情变得棘手起来。Blogger 这一软件工具让发布网络日志变得轻而易举，并让谷歌获得了大量的在线内容。尽管如此，Blogger 还是可以管理的。律师可以快速分析书面文本。同一国家的人通常用同一种语言书写和阅读日志。因此，谷歌的律师们开发了一个根据国籍追踪法律风险的系统。

然后，YouTube 把一切都搞砸了。这个语系庞杂、肆意生长的视频网站使得互联网治理几乎无法实施，特别是当它在全球扩张的时候。

为了解决泰国的问题，黄安娜提议使用一种技术手段，将侮辱泰国国王的视频从泰国删除，但在其他地方仍然保留。泰国官员接受了这一提议。土耳其没有采纳类似的提议。黄安娜希望避免将谷歌的规定强加给其他国家，但她和同事讨论了在什么情况下，他们可以拒绝遵守其他国家的限制条件。"我们的任务是什么？是'无处不在，无处落网，在尽可能多的地方发展壮大'。"2008 年黄安娜在《纽约时报》的采访中表示。

* * *

在被谷歌收购之前，前黑客活动分子迈卡·谢弗曾尝试为 YouTube 的审查队编写审查标准，以便在言论自由与受人尊重之间找到平衡。这需要相当熟悉互联网上浩瀚的怪异特性。早期有一个版本的手册长达 70 页，其中包括一个名为"震惊且厌恶"的章节，指导人们如何分辨必须加以限制的视频和必须删除的视频。旨在"恶意传播对受保护群体的仇恨情绪"的视频需要被删除，而那些"观点有些偏执"的评论性视频［例如安德鲁·戴斯·克莱（Andrew Dice Clay）或安·库尔特（Ann Coulter）］，则应被标记为"评级"。

找出并划定这样的界限从来都不是件容易的事，也很难达成一致。早期的审核员朱莉·莫拉－布兰科在她的待审核视频队列中发现了一些视频，像是关于颅相学智慧的迷你纪录片。谢弗于是制定了一个宽泛的原则，即此类视频需要有足够的"教育、纪录片或科学"价值，才能继续留在线上。

工作人员为此争论不休。尽管这些审核原则略显粗糙，但审核部门感觉灵敏、反应迅速。在监视 YouTube 的同时，审查队还在网络上各个隐蔽的角落搜查，捕捉各种动态。他们曾经在查看 4chan 这个"有毒"的留言板时，阻止了一场让色情内容在

YouTube 上泛滥的攻击计划。谢弗最主要的对策之一，是针对色情内容设置"年龄门槛"，仅限十八岁及以上人士发布此类视频，不满十八岁的用户发布的此类视频将被删除。（一些工作人员注意到，这些视频在被删除之前，通常不会有人向视频上传者解释。）

谷歌为 YouTube 的审查队提供了前所未闻的资源。[1] **谷歌在欧洲和亚洲都雇了审核员，还引入了治疗师，但 YouTube 仍然对这位沉默寡言的大家长保持警觉。**有一次，一队谷歌高管经过 YouTube 审核员的办公桌，当时这些审核员正在检查一些特别令人困惑的视频，YouTube 的两名经理赶紧遮住屏幕，担心谷歌的高管受惊。

尽管如此，谷歌还是公开接受了 YouTube 上的部分内容。谷歌的宣传团队喜欢 YouTube 对富人和权贵的曝光能力，这让该网站的存在看起来更加正当合理。2006 年 8 月，洛克希德·马丁公司的工程师迈克尔·德科特（Michael DeKort）在 YouTube 上发布了一条视频，揭露该公司的违法行为[2]，这促使有关部门对这家武器制造商发起调查。同月，弗吉尼亚州的一位共和党人在参议院竞选活动中嘲讽一名印度裔美国人"macaca[3] moment"（恒河猴时刻）的视频被人从 YouTube 传到有线电视台，致使这位共和党人的竞选以失败告终。但谷歌同时也提出了一些命令

---

[1] 以前 YouTube 还在圣马特奥办公的时候，所有的审核员只能在系统里共用一个电子邮件账户来回复用户的投诉，因为这个初创公司当时只能承担得起一个账户的费用。

[2] 德科特先是向两家报社举报，但遭到拒绝，于是在 YouTube 上传了一段画面模糊不清的视频。视频爆火之后，德科特联系了 YouTube。YouTube 邀请他到圣马特奥办公室，但不确定该怎么招待他，于是送了他一件 T 恤衫和一些贴纸。

[3] macaca 是 2006 年美国网络热词，首先被前参议员乔治·艾伦（George Allen）使用。macaca 本意为"恒河猴"，被乔治·艾伦用来指代一名印度裔美国人，被认为带有浓重的种族歧视色彩。——编注

和要求，这引起YouTube审查队一些人的反感，他们认为这些命令和要求太迂腐，带有阶级偏见，甚至荒唐可笑。比如谷歌严格要求YouTube删除任何"美化"非法活动的视频，包括那些有涂鸦、喷火器和超速行驶内容的视频。谷歌的销售人员则希望YouTube删除那些会冒犯到某些广告商的视频。有一次，全体员工会议还专门讨论了关于"甩臀舞视频"的问题。

不同的地域也有不同的要求。英国人可以接受与性相关的视频，但严厉谴责YouTube上的流氓行为。英国文化大臣要求网站在带脏话的视频剪辑里打上警告标签。英国广播公司（BBC）《全景》（Panorama）节目播出了一集名为《儿童搏击俱乐部》的节目，在节目中，主持人对YouTube上包含欺凌和暴力攻击内容的视频表示震惊，并指出，YouTube只在视频被人举报后才会对其审查。英国广播公司（BBC）的记者就此向谷歌的政策主管、人脉广泛的英国人雷切尔·惠茨通（Rachel Whetstone）提出了一连串的问题。惠茨通回到加州后，敦促YouTube清理视频。YouTube经常奋起反击。谢弗会找赫利确认："嘿，我打算保留这些涂鸦视频，可以吗？"

赫利回答："可以，留着吧。"

加入谷歌后不久，审查队就有了一位新领导，汤姆·皮克特（Tom Pickett）。皮克特是一位要求严格的经营者，曾担任美国海军战机武器学校TOPGUN的飞行员。皮克特试图给YouTube略显随性的审核机制带来一些秩序，一些人尊重他的这种职业精神，但也有些人对谷歌的机械化流程感到不满。在谷歌，审核员的工作绩效是根据"审核差"来评分的，即对被举报视频做出判断需要多长时间。另一个衡量标准是"反转率"，即一名审核员的决定被另一名查看相同视频的审核员推翻的频率。"把事情做好并不等于能获得高分。"莫拉－布兰科回忆道。这让人感觉越来越不像是专业的判断，更像是机器人在决策。

* * *

精彩的关键：迷恋奥巴马

2007 年 6 月 13 日　3：19

贝斯和鼓声响起，节奏缓慢，接着一位女士出现了，她有优美的曲线，穿着紧身衬衫，涂着唇彩。"嘿，B，是我。如果你在家，就请接电话。我刚刚在 C-SPAN[①] 上看到你了。"她唱道。这是关于美国最新的热门政治人物——来自伊利诺伊州的年轻参议员巴拉克·奥巴马（Barack Obama）的一段恶搞音乐视频。

为了吸引选民，显示自己的时尚感，政客们总是追逐媒体上的潮流。上一任总统比尔·克林顿曾在《阿瑟尼奥·豪尔秀》（*The Arsenio Hall Show*）上演奏萨克斯。2008 年的流行舞台是 YouTube。在总统大选之前，六名候选人在 YouTube 上宣布了他们的竞选活动，其中奥巴马成了人们疯狂迷恋的对象，类似上面那段以他为主题的热门搞笑视频，在网上迅速传播开来。（奥巴马当选后，一些谷歌人进入白宫任职。[②]）YouTube 的政治经理史蒂夫·格罗夫对这一切充满热情。他邀请奥巴马和其他候选人来到谷歌的一个小摄影棚里接受采访，问了他们一些 YouTube

---
[①] C-SPAN：美国有线电视台。——编注
[②] "决策者"黄安娜成了奥巴马的副首席技术官。

用户提交上来的问题。2007年6月，格罗夫还把这种模式带上了电视。作为电视网中的"技术咖"，美国有线电视新闻网（CNN）全情投入这场全天候的拍摄工作，制片人在安装了卫星电视天线和电脑的巨大"选举快车"上，追踪候选人的动态。

那年7月，美国有线电视新闻网（CNN）的巴士停在了城堡军事学院外面，这是位于南卡罗来纳州查尔斯顿一所优雅的军事学校，也是举办民主党辩论的地点。美国有线电视新闻网（CNN）主持此次活动，YouTube在线直播，YouTube用户可以通过视频提问——这是非常具有谷歌特色的民主参与形式。[美国有线电视新闻网（CNN）的制片人、老电视人大卫·博曼（David Bohrman），最初希望YouTube能和他们分摊成本，但技术人员告诉他，*对不起，YouTube不赚钱*。]

格罗夫给美国有线电视新闻网（CNN）发送了3000多个视频提问，美国有线电视新闻网（CNN）不得不进行筛选。美国有线电视新闻网（CNN）的安德森·库珀（Anderson Cooper）站在一个充满未来感的时尚舞台上，宣布辩论开始。"你们接下来会看到一些未经审查的内容。"这位主持人告诉观众。库珀播放了一些被筛掉的视频：一位视频博主穿得像只小鸡；一位视频博主询问，关于让半机械人阿诺德·施瓦辛格（Arnold Schwarzenegger）成为核威慑力量，候选人有什么想法。格罗夫与赫利、陈士骏及他们的老板埃里克·施密特，一起坐在城堡军事学院的前排位置。两年前的夏天，赫利因为忙着从他刚刚起步的网站上删除盗版的美国有线电视新闻网（CNN）节目片段而疯狂。现在，他网站的标志却和美国有线电视新闻网（CNN）一起并列展示在全国观众面前。赫利和陈士骏在后台见到了奥巴马和希拉里·克林顿（Hillary Clinton）。虽然仍面临维亚康姆的诉讼，但YouTube现在已经证明，它不是只有无聊可笑的内容，它还可以为世界大事提供平台。辩论结束后，政治高手施密特侧过身来对YouTube的创始人说："先生们，你们到站了。"

然而，当YouTube的员工踏上归途，这种得意扬扬的情绪很快就不见了。飞机刚上跑道，陈士骏就癫痫发作，瘫倒在地。

陈士骏醒来后，发现自己躺在医院的病床上，既困惑又疼痛。直到他回到旧金山，才在一个神经学中心得到明确的诊断：他得了动脉瘤。陈士骏后来把这归咎于他的生活方式：每周工作长达80到100小时，睡眠少，滥饮。医生给他开了强效的抗癫痫药，他休养了一段时间，其间有几次回到YouTube参加会议和活动。2008年秋天，陈士骏的癫痫再一次发作。从那以后，这位曾经工作非常努力，让YouTube在初创期得以存活的顽皮的程序员，基本上就不再参与YouTube的事务了。

YouTube已经从一个愚蠢的视频剪辑网站，以惊人的速度发展成为世界事务的重要舞台。这一切重任现在都落到了查德·赫利肩上——至少在短期内如此。

第 7 章
新目标——盈利

"是时候关掉电视，*打开电脑了*！"

凯蒂·佩里身穿粉黑相间的闪亮数字服装，从谷歌打造的华丽舞台上潇洒地走下来，号召观众打开电脑。她径直走向一名嬉皮模样、手持"自由拥抱"标语牌的 YouTube 用户。赫利站在后台，一脸不快。

他以前不同意举办类似这样的企业盛典活动。本着同样的原则，他也拒绝将 YouTube 办公室变成制作工作室，认为这会给某些用户带来优势，但对其他用户不公平。但现在，2008 年 11 月，他寡不敌众。"YouTube 直播"举行了，这是一场盛大的宣传活动，不仅有在线直播，还在旧金山海滨请来了现场观众，佩里和一些 YouTube 红人都来了，他们还给约旦王后颁发了"远见奖"，并向观众免费发放了少量的手持摄像机。

2008 年发生了很大的变化。年初，谷歌对 YouTube 下了第一道命令——增加观众，这与赫利的想法不谋而合，他坚持不懈地做到了这一点。2008 年，YouTube 的视频流量几乎是其最大竞争对手 MySpace 的两倍，那时 MySpace 已经挣扎在垂死的边缘了。一些人把赫利的成功归因于"运气":在谷歌和全世界都想要一个运行良好的视频网站的时候,赫利正好创建出了一个。但也有人认为,是赫利的直觉和敏感性让不怎么精通技术的普通人也能轻松使用这项服务。YouTube 的一位经理大卫·金回忆说,赫利否决过一些"太古怪"或不够简便的功能。"你知道,他只是一个相当普通的家伙。"金说。在谷歌收购 YouTube 后的一场好莱坞 *GQ*[①] 派对上,人们看到赫利凌晨两点多还在和《蠢蛋搞怪秀》的一个小角色一起喝酒。有一次,在和谷歌同事一起出差的途中,赫利要求停车,下来买了个芝士汉堡——在硅谷那批注重健康的精英们眼中,汉堡就是罪过。员工们发现赫利非常平易近人,尤其是与谷歌那些木讷的高管比起来。"赫利知道什么是真正的主流,"金说,"这是他对 YouTube 的指导原则。事实证明,这非常有用。"

赫利也没有其他科技创始人那种征服世界式的自恋。谷歌收购 YouTube 之后,在《时代》周刊的年度人物封面上,赫利设计的视频播放器上显示的不是他的面孔,而是"You"这个词。他似乎对此并不介意。赫利参与了谷歌的大部分宣传活动,包括在奥普拉的节目上亮相,还参与了旨在为 YouTube 的新办公室和网站本地化版本揭幕的环球之旅。在一次疯狂的差旅中,赫利闪电般地穿越了欧洲——在柏林住了一晚,然后到了莫斯科,后来又去了巴黎,分别发布了德国版、俄罗斯版、法国版的 YouTube。当英国女王为白金汉宫开通账号时,赫利就站在女王的旁边(前一天晚上,他还和王储们一起在酒吧里喝酒)。在东京,赫利和陈士骏偶然发现了一家"YouTube 咖啡馆",这是一家餐饮店,用

[①] GQ,全称 Gentlemen's Quarterly,是一本男性时尚月刊。——编注

的正是赫利的 YouTube 标志。棒极了！在谷歌为共和党大会举办的一次招待会上，亨利·基辛格（Henry Kissinger）找到了克林顿总统曾经的助手鲍勃·布尔斯廷（Bob Boorstin）。布尔斯廷现在在谷歌负责公司在华盛顿的运营事务，基辛格请他为自己引荐金童赫利。"给我讲讲 YouTube 是怎么一回事吧。"尼克松的参谋向赫利提出请求，赫利礼貌地答应了。

但赫利这种普通人的气质在谷歌并不是很行得通，因为在谷歌需要某种程度上征服世界的自恋。谷歌以前的员工注意到赫利对管理细节不够重视。YouTube 的首任办公室经理吉列甚至想不起赫利是否曾和她开过一对一的会议。虽然谷歌后来聘请了一名管理教练，但 YouTube 当时已经深陷在企业困境中了。在斥巨资向其他国家扩张，努力了很长时间让广告模式发挥作用后，YouTube 损失了大笔资金。（第二年公司的亏损额竟高达 5 亿美元左右，是收入的两倍。）公司在管理上陷入了困境。工程师需要向山景城的谷歌高管汇报工作，那些高管负责评价他们的工作绩效，审批他们的预算。同时公司的一些关键程序也要依靠山景城：YouTube 曾经使用一种算法调试其新的"相关视频"服务，但这个算法储存在一名谷歌程序员的服务器上，所以一遇到这名程序员请病假的时候，YouTube 就会很无助。YouTube 的销售人员也要向谷歌汇报业绩。而谷歌的销售人员和工程人员都没把 YouTube 放在眼里，认为它只不过是个播放"滑板上的狗"之类视频的网站。赫利虽然在圣布鲁诺管理着谷歌的第三大支柱——视频网站，但即便如此，他也不得不向另一位谷歌高管汇报，而后者才能直接向施密特汇报。那段时间进入 YouTube 工作的一位主管，将 YouTube 称为"多头怪"——谷歌高层则认为，赫利无法独自应对这个怪物。

不仅如此，谷歌还改了之前和赫利说好的游戏规则。

2月，埃里克·施密特向YouTube下达了一道新的指令：制定一个切实可行的商业计划。施密特称这是他为谷歌那一年制定的"首要任务"，但这个指令让赫利大吃一惊。"你之前没有说过我们要做这件事。"赫利向他的CEO抗议道。

"此一时，彼一时。"施密特回答道。

到2008年3月，谷歌的股价和秋季相比下跌了40%。《福布斯》为此刊登了一篇头条文章《再见了谷歌》。批评人士指责谷歌是一匹"只会一招（搜索）的小马驹"，却驮着一堆昂贵的附带项目。尤其是YouTube，看起来很累赘。当然，YouTube的确吸引了年轻人的注意力，但另一家迅速崛起的公司脸书也是如此。

盈利——这一新命令导致的后果，是未来几年间对YouTube的运营开展大刀阔斧的改革。当一个来自谷歌的新面孔在圣布鲁诺现身时，内部人士预见到了改革的到来。他就是谷歌的"秘密总裁"、搜索广告拍卖服务的发明者萨拉尔·卡曼加。他和赫利在同一间办公室工作，有人称他为"促进者"，也有人称他为"联合CEO"。大多数人都不太理解这项安排的意义。他们猜测，卡曼加是被派来推动YouTube实现盈利的。一位新的营销总监也加入进来，并开始策划"YouTube直播"，准备在11月举办一场盛大的活动。YouTube的几个大网红都收到了邀请：奥巴马女孩（Obama Girl）、《巧克力雨》的主唱泰·桑迪、"Smosh"背后的少年以及"Will It Blend?"（这是犹他州一家生产商的账号），在镜头中，其创建人把各种物体都塞进公司生产的搅拌机里去搅拌。他们还请电影学院的学生F胖重新制作他的《吉他英雄》剪辑。F胖站在后台观看这场活动，觉得有点好笑。在这儿没有人知道他是谁。

YouTube 的其他人也和赫利一起反对这个宣传噱头。① 这样的活动"不符合我们的 DNA，"YouTube 的通信主管里卡多·雷耶斯回忆道，"它是被制作出来的，而我们从事的不是制作内容的业务。"至少当时还不是。

* * *

随着 YouTube 不断发展，工作人员发现了另一个存在问题的地方：评论区。米歇尔·弗兰纳里（Michele Flannery）总是提醒 YouTube 内容创作者（尤其是在网站上发布视频的女性用户）注意评论区。

弗兰纳里在 YouTube 的"酷猎人"团队负责管理音乐内容。她曾是当地一家广播电台的总监，喜欢在网站上寻找隐藏的秘密宝石，就像在尘封的唱片箱里寻找珍贵的唱片一样。她总在寻找标新立异的艺术家，发掘出了天才的尤克里里演奏家和独立摇滚歌手。"让视频显得个人化、私密化，"她建议在 YouTube 上发布视频的音乐人这样做，"就像是在自己的卧室里录制的一样。"在把视频推上主页之前，弗兰纳里还会提醒音乐人，他们在收到大量关注的同时，也难免会看到一些侮辱性的评论。

评论区的设置最初帮助 YouTube 击败了一些竞争对手，因为人们能够在视频下和视频制作者互动，由此培育出一批忠实的追随者，增加了用户对网站的黏性。但也有黑暗的一面。一些视频下面的聊天变成了青少年之间的口水战，或出现成堆的垃圾信息。"我们知道这是个泥潭。"YouTube 早期的设计师曲弘（Hong

---

① 据几位相关人士透露，这场活动的组织工作也是一场噩梦。他们本来想请单口喜剧演员戴夫·查普尔（Dave Chappelle）来表演，但没有成功。一名工作人员回忆说，负责这场活动的营销经理因压力过大，晕了过去。

Qu）坦言。在被谷歌收购之前，赫利和陈士骏曾让曲弘和一些同事负责调整评论区。聚合网站 Digg 在当时很受欢迎，有人提议参考 Digg 的反馈系统：使用像素版大拇指，一个朝上，一个朝下。观众可以点击图标对评论投票，让最受欢迎的评论排在最顶端。但曲弘担心，这可能会让网站上的青少年欺凌现象更加严重。"如果你读过《联邦党人文集》，就知道詹姆斯·麦迪逊（James Madison）警告过暴民统治的问题！"他在一次会议上提出这个考虑，但犹豫之后，还是决定采用大拇指方案，因为他们必须迅速设计出一个解决方案。一位工程师指出，为评论区增加权重，意味着有更多的数据可供计算机系统分析，这总是有好处的。

几年后，YouTube 把它的五星评级系统换成了在每个视频下面放两个大拇指，表示"顶一下"和"踩一下"。

很快，弗兰纳里就看到有人对她发掘出来的音乐家发起攻击。"那些评论非常糟糕，"她回忆道，"尤其当视频主角是不符合大众审美标准的女性或有色人种时。"布鲁克林黑人音乐家达斯托姆·鲍尔的视频下面，许多评论都是带有种族主义色彩的污蔑或谩骂。鲍尔最终努力摆脱了"键盘杀手"对他的影响，但回忆起那段经历，他觉得"太让人伤心了"。YouTube 确实赋予了视频博主过滤评论的权限，但他们必须勾选出所有需要过滤的关键词。iJustine 等 YouTube 博主之间会分享"坏词列表"。弗兰纳里认为，发评论的人是在从事一项粗俗的活动，挑战人们接受程度的极限，看看他们能忍受多久。最终，她完全停止了查看评论区，并建议 YouTube 博主也这么做。

亨特·沃克（Hunter Walk）则认为可以将评论区整顿好。沃克是一位身材高大、非常健谈的 YouTube 经理，拥有教科书一般的谷歌简历——曾在咨询公司工作，获得了斯坦福的

MBA 学位，对互联网的发展前景非常乐观。加入谷歌之前，他曾为"第二人生"工作，这是一款虚拟现实游戏，过早以失败告终。他在谷歌收购 YouTube 不久后转到 YouTube 工作，按照前 YouTube 开发人员克里斯·扎卡里亚斯（Chris Zacharias）的说法，他是来 YouTube 的"第一个完完全全的谷歌人"。虽然沃克的积极进取和企业作风让一些 YouTube "土著"看不惯，但他赢得了赫利的信任，成了管理产品——网站的外观和使用感受——的头号副总裁。同事们发现，沃克对业务增长有时执拗得令人恼火。正如一名同事所说，他会枪毙掉那些不能立即增加视频播放量的提议，比如可以录制卡拉 OK 表演的附加功能。但他明显很喜爱 YouTube 的独特文化，和赫利一样讨厌用广告来破坏它。在施密特的新令下，**YouTube 开始在网站上播放更多的广告，并聘用了更多能把网站变成"摇钱树"的工程师。**沃克曾经很刻薄地问候[①]其中一位工程师："你今天又在做什么破坏我的用户体验的事情？"

沃克曾安排两名员工负责缓解 YouTube 评论区的灾难，但一段时间之后，因为 YouTube 根据施密特的要求将重点转向销售工作，这两位员工又突然被调到了更能赚钱的销售部门。不久后就发生了房地产市场泡沫大破灭事件，谷歌遭受的损失虽然没有银行严重，但也不得不史无前例地中止招聘工作，并削减在全球快速扩张时期提供的额外津贴。后来，沃克在反思时，将这个关于工作调动的决定称为"YouTube 的原罪"。

---

① 后来被问起这段往事时，沃克表示："我知道我有时即便是在开玩笑，也表现得挺混的。"他补充道："但我确实认为产品负责人必须采取一些措施来保护用户，因为用户本人不能参与这些事务的讨论。但我希望我能更好地做到'对事不对人'，我知道我有时会惹恼一些负责广告业务的同事。"

* * *

那些在YouTube盈利部门工作的人,即使突然获得了许多关注和资源,仍然对生存有一种无力的恐惧感。2008年秋天,谷歌新聘请了一位经理,名叫希尔·梅罗特拉(Shishir Mehrotra),负责YouTube的广告观感工作。梅罗特拉之前在微软公司工作,来到谷歌后负责一个旨在提升电视互动性的秘密项目,但他很快就发现这是个烂摊子(谷歌联合创始人佩奇和布林不喜欢这项服务,部分原因是他们觉得电视节目无聊乏味,纯属浪费时间)。谷歌高层后来为梅罗特拉安排了一个YouTube的职位,希望他能施展拳脚。

梅罗特拉在任职初期,有一次和施密特及谷歌新任的财务总监、前加拿大电信高管帕特里克·皮切特(Patrick Pichette)一起开会。财务总监在桌子上放了三张表。第一张显示YouTube的亏损情况——每季度高达数亿美元。第二张显示人们每看一次视频,YouTube需要付出的成本。第三张表是YouTube上视频播放量随着时间发生的变化,是一条向上的曲线。财务总监虽然没有提到日渐逼近的维亚康姆的巨额诉讼,但他要传达的信息很明确:YouTube深受用户欢迎,但公司却濒临破产。财务总监表示:"这是整个地球上运营得最差的公司。"他问谷歌高层是否应该考虑出售YouTube,或者将其服务关闭。

据梅罗特拉所知,类似的质疑在谷歌会反复出现,半开玩笑半认真。几乎每个季度,谷歌的财务总监都会注意到,谷歌的互联网资产和科学挑战赛项目越来越多,包括无止境的免费网络视频、免费全球地图以及后来的自动驾驶汽车和智能眼镜等,他不知道谷歌还要资助这些项目到什么时候。谷歌很少会突然撤资,通常是让没有起色的项目慢慢自生自灭，比如谷歌视频的可搜索电视数据库项目就是这样消亡的。

然而，YouTube遇到了一个转机，幸运地躲过了类似的命运。

维亚康姆的诉讼持续了三年多时间，索赔数十亿美元，越来越让人痛苦。[维亚康姆的CEO菲利普·多曼在2008年的一次会议上斥责谷歌做盗版，之后施密特找到《纽约客》的肯·奥莱塔（Ken Auletta），咆哮道："菲利普所说的一切都是谎言！你可以引用我的这句话。"]最终，谷歌将这场纷争送到了法庭上解决。根据版权法的相关规定，如果一个网站对该网站上的侵权内容有"实际了解"，才算存在过失。于是，谷歌的律师制作了一套演示文稿，旨在说明YouTube的实际状况。他们播放了三段视频：第一段是斯蒂芬·科尔伯特（Stephen Colbert）《喜剧中心》节目中的一段经过编辑的视频，第二段是福克斯新闻上比尔·克林顿用手指戳节目主持人的视频，第三段是YouTube明星Brookers的一段低保真的滑稽片段。然后律师们问道：哪段视频可以留在YouTube上播放？哪段视频算是侵权？所有人都答错了。实际情况是：克林顿的片段在YouTube上播放已经得到了福克斯的允许。科尔伯特的片段在"合理使用"的前提下是可以的，因为版权法相关条款规定：允许视频用于学术、批评或讽刺的目的。需要下线的反而是Brookers那段视频，因为那是她在与美国全国广播公司（NBC）签约之后制作的。律师这样做是为了表明，人们无法轻易识别出谁拥有版权，谁获得了使用版权的许可，谁通过观看视频侵犯了版权。那么YouTube怎么可能做得到呢？

但YouTube真正的法律利器来自它发现的一些矛盾之处：在诉讼中被列为侵权内容的几段视频，其实已经得到过维亚康姆的批准了。在 YouTube 外聘律师的办公室里，迈卡·谢弗像法医验尸一样，仔细查看相关视频的电子表格。他的兄弟在《懒洋洋的星期天》喜剧剧团工作，他知道《周六夜现场》的营销部门并不介意其视频在 YouTube 上的快速传播，因为这能为他们带来良好的宣传效果。类似的案例也被谷歌挖掘出来了。维亚康姆旗下的哥伦比亚广播公司（CBS）发了一条视频下线通知，是名为 TXCANY 的账号发布的关于凯蒂·库里克（Katie Couric）的剪辑。谷歌发现，运营这个账号的其实是哥伦比亚广播公司（CBS）自己的一家营销代理。他们还发现，维亚康姆的员工曾到金考打印店，用打印店的电脑上传视频，以免追踪到维亚康姆本身。维亚康姆还要求下线阿尔·戈尔《难以忽视的真相》中的一段剪辑，但维亚康姆旗下的派拉蒙经典工作室却发出了一封与之互相矛盾的电子邮件，声称："这段剪辑没有问题。"

"我的天啊！"谢弗大声惊叹道，"这些人真是白痴！"

谢弗和其他几名早期的 YouTube 员工在旧金山市中心宣誓作证。公司律师事先对他们进行了培训。（"我不记得了。"这算是一个很好的回答。）在谷歌的内部网络论坛上，员工会因修复搜索错误等工作而获得一些徽章，比如"童子军"徽章，现在他们为作证也设置了相应的徽章。"除了其他一些问题，"赫利在证词中表示，"我们还意识到我们经常犯错误，经常会误删其实已经获得授权的视频，或者误删内容所有者自己上传的视频。"2010 年 6 月 24 日，曼哈顿地区的一名法官裁定，YouTube 受《数字千年版权法》"安全港条款"的保护。但这是一项即决判决，不是最终判决，这意味着维亚康姆可以将案子再转回法院。（维亚康姆确实这么做了，让这个案子又拖了三年。）但 YouTube 已经决定欢庆胜利了。YouTube 的律师扎哈瓦·莱文就这项裁决发布了一篇博客,标题为《秀出你自己》。公司网站上后来也发了一条简短的帖子,宣布:"YouTube 在维亚康姆案中胜诉。"

第二天,谷歌总部的工作人员在 TGIF 大会上举行庆祝。免费啤酒的供应源源不断。在佩奇和布林出来讲话之前,一块屏幕上播放了《每日秀》明星、维亚康姆员工乔恩·斯图尔特的剪辑。一位谷歌外聘律师拉住了谢弗,对他说:"收拾一下行李,我们去拉斯维加斯。"于是,YouTube 的几名员工一起飞去拉斯维加斯庆祝胜利。YouTube 的首任版权经理希瑟·吉列对版权问题的警惕性曾让工程师们很恼火,虽然她没有被邀请参加这次旅行,但收到了一封道歉邮件。"正是你的努力工作,"一位工程师写道,"让我们能够以如此戏剧性的方式在维亚康姆案中大获全胜。"

* * *

媒体密切关注报道 YouTube 在维亚康姆案中胜诉的消息,以及这个公司对金钱的追逐,认为这标志着互联网 2.0 的孩子长大了。在这前后,YouTube 发生了一个不那么公开但仍然意义重大的变化,那是从汽车视频开始的。

萨迪亚·哈珀是一位早期的"酷猎人",经手过贾斯汀·比伯的项目,后来又负责汽车视频的相关工作。她喜欢汽车。人们喜欢在 YouTube 上看车——赛车、悍马车爬墙、发动机的详细教程等。哈珀会定期把有趣的视频推到 YouTube 主页上。一天,一位程序员来到她的办公桌前,向她解释说,工程师们开发了一种算法,该算法可以利用观看数据来选择主页视频,从而获得最佳点击率。他们想利用某个类别的视频开展测试,比如汽车类视频。

这位程序员加载了一个通过算法选择视频的样本页。进入,刷新。重新加载后的页面上,满是汽车引擎的轰鸣声——这些视频大多在豪华车内部拍摄，镜头停留在驾驶员的脚部或下半身，驾驶员大多是女性，通常还都穿着皮衣，脚蹬高跟鞋踩油门加速。

哈珀看过这些视频，故意对它们置之不理。"这是一种恋物癖，"她抗议道，"不是我们要做的事情。"

YouTube早期的推荐算法相当简单，仅仅是一组告诉计算机该做什么的指令。其中的主要元素就是"共同访问"：当有人点击了一个视频，在页面的右侧，即"相关视频"部分，就会出现其他点击过同一个视频的观众看过的其他视频，喜欢这个视频的人往往也会喜欢那个视频。然而，实验也有出错的时候，有时会在YouTube上看到太多互联网的阴暗面。以前还在圣马特奥办公室工作的时候，程序员曾经调整过系统，导致视频点击量暴增，结果却让"相关视频"部分"基本上只剩下了胸和屁股"——一位工程师如此表述。程序员又回到了起点，在代码中添加了更多过滤器，让内容能够更加得体。如果想要让计算公式预测出特定的结果——在每天来YouTube看视频的数百万人中，预测出某个人可能会点击某个相关视频——需要的是清晰的信号和最少的干扰。YouTube上最清晰的信号是观众之前看过什么，但其他信号也很重要（比如，某个人看了多长时间的视频，是在一天中的什么时间来看的，这个人来自哪个国家，等等）。视频播放量越大，信号就越多。**谷歌为YouTube带来了更多的计算能力、编码能力和大量的信号读取器，从而让YouTube的算法得到了改进。**早期的算法连"桃子"和"屁股"都分辨不出，只能靠人工检测，但现在他们开发了皮肤检测算法，就可以自动去除不雅内容。于是，相关视频的点击量提高了。主页的算法似乎已准备好进入黄金时代。

与此同时，YouTube已经加入谷歌三年了，酷猎人的价值似乎也越来越小。哈珀和她的团队当时仍然负责编辑策划YouTube

上的内容,并在这块画布上做实验。比如,他们设置了客座编辑的角色,让罗布·赞比(Rob Zombie)和韦斯·克雷文(Wes Craven)等可爱的怪人来为万圣节设计页面。音乐内容负责人米歇尔·弗兰纳里认为,主页相当于一个虚拟的城市广场,是一个可以让观众聚集在一起,发现"普通人"的创意作品的地方,这正符合赫利最初对网站的描述。但 YouTube 转向盈利的做法,让这个目标变得支离破碎,并让正在浮出水面的双重标准暴露无遗。当 Lady Gaga 推出了热门歌曲《电话》时,谷歌的销售人员希望这段视频能在 YouTube 的主页上作为付费宣传首播。这段音乐视频以女子监狱为背景,风格粗俗又花哨。一些 YouTube 员工抗议道,如果类似的粗俗视频是业余上传者发布的,会因为"年龄限制"而被禁止播放。但结果还是 Lady Gaga 赢了。

一位销售主管曾要求哈珀在主页上放一段广告商的视频,哈珀以视频质量为由拒绝了,这位销售人员指着 YouTube 上各种各样的剪辑视频问道:"难道这些东西的质量就更好吗?"

一些 YouTube 高层一直对内容管理团队的存在心存疑虑。在与维亚康姆对抗的法庭上,YouTube 曾辩解道,除了删除淫秽内容之外,它并没有主动在网站上搜查视频。但现在却有一整个团队致力于这项工作。随着 YouTube 在全球迈开扩张的步伐,如果需要在每个国家都安排内容管理团队的话,成本就太高了,尤其是在靠软件可以更便宜地完成这些任务的前提下。此外,有一些信号表明,主页作用不大,大多数人进入主页都是为了搜索视频,而不会多做停留,也不会点击观看主页上的视频。一些员工认为,酷猎人实际上起到了"造王者"的作用,他们是在以一种隐秘的方式打造视频明星。

但对于酷猎人团队本身来说,最糟糕的是它缺乏自我测评的方法。在谷歌，一切都需要经过测评。虽然学过数学的哈珀做了一项数据分析，试图量化虚拟城市广场的影响力，但这还远远不够。

谷歌正在经历战略性的转变。公司已经决定，其视频网站应该像社交网络那样，为每一位观众提供量身定制的媒体内容。产品经理布莱恩·格利克（Brian Glick）开始与编辑团队会面，讨论如何增强主页与观众的"相关性"，主要是让算法来做更多的决定。喜剧编辑马克·戴在其中一次会议上，恍然大悟。

"*且慢，布莱恩，*"戴心想，"*你的工作其实就是要让我的工作消失。*"

不久之后，酷猎人团队就解散了，其中大多数成员被分配到营销岗位上，帮助著名品牌公司在 YouTube 上做营销。挑选视频的工作现在则轮到 YouTube 的机器来做了。

崛起

第 8 章

戴蒙德工厂

丹尼·扎平（Danny Zappin），第 08036-032 号囚犯，有足够的时间可以打发，他把这些时间都花在为其他囚犯画肖像画和打垒球上面了。和监狱里的其他人一样，他会思考自己是如何沦落到这一步的，好莱坞又是如何将他唾弃的。

就在几年前，扎平还很接近好莱坞的核心圈子。1998 年，他觉得在电影学校读书等于浪费时间，就退学了，搬到了洛杉矶。扎平身材精瘦结实，顶着一头红发，自信心十足，性格又很好斗，这让他得到了斯派克·李（Spike Lee）执导的影片《山姆的夏天》中一个歹徒的角色。但后来就再也没有其他角色找他出演了，而扎平真的很想创作。于是，他和另外两个有希望获得成功的人，一起创办了一家在线工作室，他们向"喜剧中心"提交了一个深夜试播节目，叫作《火爆秀》(The Hot Show)。["这些想法很不错。"一位电视网大亨向《综艺》(Variety) 杂志赞叹道。] 但电视网从未播出这个节目，网站的资金缩水了，扎平的银行账户更是如此。

他在演艺界没有熟人，无法走得更远。绝望之下，他的确找到了一个"熟人"——一名毒贩。毒贩让他乘飞机把毒品运到俄亥俄州,就是那个他长大的地方。这种钱看起来很容易赚,事实上也的确如此,直到警察在辛辛那提机场将他抓获。于是,扎平被关押进内利斯监狱营,一个位于内华达沙漠的空军营地。

他就这样进了监狱,在那里画画、打垒球、思考。扎平还利用这段时间,策划了自己用来冲击好莱坞的下一部作品。在监狱发的小笔记本上,他为自己创办的在线工作室描绘出一个更为大胆的愿景,这一次是在一个没有工作室领导也没有网络主管的行业。

2005年扎平出狱后,住进了过渡教习所,这里自由一点,还可以上网。他发现了MySpace和一个令人难以置信的新网站YouTube。扎平着迷了。他用在停车场工作挣到的钱买了相机,然后就是不断地上传、上传、上传。

* * *

扎平在YouTube上创造了一个人物形象——丹尼·戴蒙德(Danny Diamond),一个崇尚暴力、行为荒诞的表演者,挑衅别人和他斗舞。在居家监禁期间,扎平遇到了丽莎·多诺万(Lisa Donovan),一名来自纽约州斯卡斯代尔渴望成功的喜剧演员,她在镜头前很放得开。他们两个开始约会。丽莎的哥哥本(Ben)也是一名演员,他们都注册了YouTube,并与扎平一起发布了大量视频,主要发在丽莎的账号"LisaNova"上。丽莎·多诺万以一副冰冷天后的形象,用滑稽的方式模仿真人秀节目和其他YouTube博主。

扎平事实上成了LisaNova的经纪人,不遗余力地为她做推广。当YouTube举办喜剧比赛时,他不断地给工作人员发邮件,要求让LisaNova夺冠。YouTube在主页上为获得最多评论和点赞的视频专门留有位置，于是扎平让一位朋友编写了一个软件机器人程序，可以同时发出十条内容不同的评论。于是，LisaNova每次发布视频后，她的账号都会被评论淹没。从技术上讲，这一行为违反了YouTube的规则，但扎平从没有被抓住。

在YouTube的最初几年，对某些粉丝来说，丹尼·戴蒙德和LisaNova就等于是YouTube。传统媒体也开始行动了。曾在雅虎担任高管职务的克里斯·威廉姆斯（Chris Williams），刚刚将自己专门制作青少年内容的网络工作室Take180出售给迪士尼，并请丽莎·多诺万在其YouTube页面上推广他的网站。这段剪辑一经播出，第一天的点击量就突破了100万次，远远超出了威廉姆斯的预期。**我必须全面调整商业计划**，威廉姆斯告诉自己。他打电话给迪士尼高层，提议将其工作室的素材从他的网站上转移到YouTube。但迪士尼的律师因为担心盗版问题，拒绝这样做。而此时，扎平和多诺万兄妹正在讨论建立自己的工作室。扎平想仿照一个世纪前查理·卓别林与人联合创立的制片公司"联美公司"，让艺术家享有对电影的控制权。当时，一位工作室的负责人哀叹这是"一群疯子接管了疯人院"。

扎平的"疯子们"很快就会在YouTube上火起来，并为其惊人的商业增长速度添一把火。他给自己的工作室起了一个绰号，叫"戴蒙德工厂"，并邀请其他YouTube明星加入，和他一起做工作室的负责人，承诺他们对自己的作品享有控制权。他们是一群以越界为荣的媒体"反叛分子"。一位经常在"戴蒙德工厂"发布扮黑脸加男扮女装视频的YouTube博主，喜欢称他们的作品为"反迪士尼"——这个标签肯定很适合扎平和他的朋友们，至少在迪士尼自己主动找上门①之前的那几年时间里，的确如此。

＊　＊　＊

在圣布鲁诺，查德·赫利既疲惫又无聊。他的宝贝YouTube已经成了一种全球现象和固有的文化现象。2010年，唱片制作人在YouTube上发掘出的小歌手贾斯汀·比伯，已经推出了一张自己的双白金唱片。维亚康姆的诉讼结束了，那些家伙输了。尽管如此，赫利还是每周都会被叫到谷歌的办公室去接受批评。

YouTube有一个由谷歌高管组成的特设委员会，负责执行新的赚钱任务。每个星期三，赫利都会和他的新任联合CEO卡曼加一起开车去见他们。委员会最担心的是YouTube的"卖出率"，即向市场营销人员出售的在线广告可用时段百分比。这个指标在谷歌搜索上很有意义。比如，一家专门从事离婚诉讼的律师事务所，它可能会购买电视广告或广告牌广告，让事务所的名字广为人知。但律师事务所真正想要买的，其实是当人们搜索"最佳离婚律师"时，出现在谷歌顶部的广告。谷歌的卖出率非常高，但律师事务所认为在YouTube上投放广告没有什么用处。

在维亚康姆案结束之前，由于担心版权问题，YouTube不敢大规模播放广告。虽然网站上有大量的音乐视频，但与唱片公司的对峙也让YouTube无法在音乐视频中大规模投放广告。在谷歌收购YouTube之前，一位谷歌高管曾根据一份内部文件大致估算，到2010年，YouTube的卖出率将达到75%左右。这也太遥遥无期了。到2009年，YouTube上只有不到5%的视频符合广告要求，而YouTube仅为其中的3%找到了赞助商。谷歌高层有

---

① 扎平创办的工作室后来被迪士尼收购。——译注

时会公开对 YouTube 的商业模式表示不屑。有一次，YouTube 的一位广告经理在 TGIF 大会上发言时，通过谷歌搜索广告发家致富的亿万富翁谢尔盖·布林打断了他，讲了一个关于 YouTube 视频上烦人的前贴广告的笑话。

还有一次，谷歌几乎把 YouTube 的整个模式都摧毁了。YouTube 难以让电视网入驻的原因之一是电视网希望能够使用它们自己的视频播放器。因此卡曼加和谷歌高层投票，决定调整网站，满足电视网的这个要求。也就是说，YouTube 自己的视频会正常显示，但来自 Hulu 网、美国有线电视新闻网（CNN）等电视频道的视频，只会放上一个个的链接，看起来有点像谷歌搜索。YouTube 欧洲版的 CEO 帕特里克·沃克在伦敦一觉醒来后，得知了这样一个投票结果。他想，我们绝对不能这样做。沃克已经成功地说服了英国广播公司（BBC）入驻 YouTube，他认为欧洲媒体巨头正是认为 YouTube 是一个崭新的媒体目的地，才觉得它有吸引力。而现在谷歌居然想把它变成一个"巨大的链接引擎"。于是沃克打电话给赫利，并给谷歌的高层人士发了一封措辞严厉的长邮件，称这是"一个错误的决定"。最终，谷歌取消了这个投票结果。

类似这样的小冲突还算在意料之中，但各种董事会日程、细枝末节和指标，都让赫利筋疲力尽。一位同事说，赫利的工作日就像《呆伯特》漫画里面画的一样。终于有一天，同事们注意到，赫利结账离开了，就在 YouTube 被谷歌收购四年后，当他持有的谷歌股份变成流通股时。赫利宣布之后将专注于 Hlaska 的发展，这是他在创立 YouTube 之前，和朋友创办的一个男装品牌。一个时代就这样静静地结束了。YouTube 的最后一位创始人也离开了。尽管赫利在管理方面有一些失误之处，但相对于网站在商业意义上的成功，他更看重用户体验，这是在硅谷正迅速消亡的品质。赫利是从YouTube用户的角度运营YouTube，而他的退出则为那些用电子表格和算法等谷歌的方式运营YouTube的管理人员扫清了道路。

　　赫利的退出也把"呆伯特"的困境留给了希希尔·梅罗特拉。梅罗特拉带着微软公司沉默寡言的傲慢作风来到了YouTube，这让YouTube一些闲散成性的叛逆者有所收敛。梅罗特拉身材矮小健壮，讲起话来滔滔不绝。他的父母都是计算机科学家，而梅罗特拉自己在任何方面都有着激烈的竞争意识。他喜欢玩扑克，二十一岁时就创建了自己的第一家公司。他加入YouTube时才二十九岁，但自认为已经是个经验丰富的老手了——一位同事称他为"最老的小年轻"。他热爱复杂的技术性问题和公司制定的各种指标，喜欢在开会时背诵这些指标。

　　当梅罗特拉与YouTube的特设委员会见面时，委员会提出了一个方案解决卖出率问题：为什么不试试减少广告位的数量呢？这是一条对谷歌行之有效的策略。同样，可以思考一下离婚律师事务所渴求的客户问题。信息如果越少，搜索就会越多：如果谷歌展示的广告量减少，律师事务所就会为他们所能得到的广告机会支付更多的费用。

　　但这在YouTube上行不通。与谷歌搜索不同，YouTube没有既稀缺又有价值的资产可以提供，广告商也肯定不会主动找上门来。梅罗特拉计算了一下，发现如果与委员会的建议背道而驰，反而更有意义。也就是说，要想提高YouTube的广告销量，他应该提供更多的广告位，而不是更少。于是，梅罗特拉又去找谷歌一位头发已经花白的资深媒体人迪安·吉尔伯特（Dean Gilbert）寻求建议。

"如果你照他们说的做，但没起作用，他们就会否认自己曾经提过这个建议，"吉尔伯特告诉他，"相反，如果你不按他们说的去做，但是获得了更好的效果，他们就会觉得这是他们的功劳。所以，你只需要确保这该死的方案能奏效就行了。"

这该死的方案真的奏效了。YouTube把符合广告条件的视频比例提高到10%，其销售额开始节节攀升。"收入能解决所有的问题。"吉尔伯特注意到。

大约在那前后，YouTube也开始探索给广告主提供利用新热点的方式：植入式广告。 "性感的"汉堡公司最先做到了这一点。几年前，卡乐星汉堡与帕丽斯·希尔顿（Paris Hilton）合拍了一个电视广告，希尔顿一边搔首弄姿地洗车，一边狼吞虎咽地吃汉堡。如今，这家快餐连锁店正在筹划另一场引人注目的广告活动，打算将其新款产品以6美元的价格销售给年轻人，电视广告预算则高达数百万美元。一家广告公司建议把剩下的一小部分预算，花在不太出名的网络明星身上。谷歌挑选出九个YouTube网红给它做广告，每个人的报酬只有几千美元。iJustine和Smosh都发布了视频。另一位很受青少年欢迎的用户nigahiga，制作了一个1分钟的短片，他在自己的车上、腋下、嘴巴和胸上摩擦汉堡。按照合同规定，YouTube网红只需要说出这句口号："你是怎么吃汉堡的？"

2009年6月，当这些视频首次亮相时，身材瘦削的YouTube经理乔治·斯特洛姆波洛斯自己计算了一下，这9个视频的点击量超过了1100万次，远远超过了制作费高昂的广告的观众量。有一些没有酬劳的YouTube博主也自发制作了和这款汉堡相关的视频。斯特洛姆波洛斯总结道，电视的广告模式被打破了，YouTube才是新的黄金标准。

＊　＊　＊

　　丹尼·扎平心中的黄金标准有所不同。那年夏天，在"戴蒙德工厂"位于威尼斯的新总部的后院里，他躺在彩色的吊床上，手里拿着黑莓手机。电话那头是日本三洋电子公司的一位高管，该公司正在考虑与这位 YouTube 博主签订赞助协议。三洋的广告人提到卡乐星汉堡的推广活动，认为"这非常愚蠢"，纯属笨拙的病毒式营销，年轻观众显然是不会接受的。

　　扎平笑了，说："确实如此，这馊主意是谁想出来的？"

　　他开始在后院的木制平台上来回踱步，头顶上方挂着一块亮蓝色的冲浪板，用绳子系在墙上。扎平正在劝说三洋更有效地推广其手持数码相机产品。"我们工作室所有的大明星都会参与制作，"扎平边抽烟边说，"肯定能让产品大卖。"扎平会让 LisaNova 和其他"戴蒙德工厂"的 YouTube 博主上传视频，并邀请粉丝参加一个比赛：只要在 YouTube 上为三洋做广告，就有机会获得一台免费相机。扎平保证播放量至少能达到 1000 万次。三洋则需要付给他 6 万美元。

　　三洋的高管听起来将信将疑。

　　这时一位同事开始在后院拍摄视频。扎平注意到后，给手机开了免提，故意让声音收录到视频里去。他宣称，广告公司纯粹是在浪费钱，而且并不了解 YouTube。"我们知道什么样的东西有人看，什么样的东西没人看，"他说，"所以广告公司应该退出广告界，把业务交给我们来做。因为我们不会失败。我们从不失败，我们的 DNA 里不存在'失败'这个词。我们知道自己在做什么。"

　　扎平是在添油加醋，他经常这样。LisaNova 早在 3 月就制作了一个广告商赞助的视频，但"戴蒙德工厂"还从没有过类似的业务。这些 YouTube 博主为自己的梦想刷爆了信用卡，负债累累。尽管如此，时机对他们还是有利的。房地产泡沫的破裂让经济自由落体般下滑。公司迫切需要消费者，人们迫切需要一份工作。自从 YouTube 开始通过合作项目向视频博主支付报酬后，那些本来将发视频视为一项娱乐爱好的人，开始把它当作可能赖以维生的手段。精明的扎平对此心知肚明。他把一些 YouTube 博主招至自己麾下，承诺会给他们名气、电影合同和商品线。扎平特别喜欢夏伊·卡尔（Shay Carl）——爱达荷州一位留着胡子、性情粗暴的 YouTube 博主，他辞掉了餐馆里的工作，在 YouTube 上以 Shaytards 为名，频繁发布搞笑的家庭视频，获得了不少流量。扎平隔壁的房子开始出售了，他想让卡尔搬过来，还打算让整座房子里都住满 YouTube 博主，这比社交媒体网红纷纷涌入豪宅早了十年时间。卡尔还没有同意，扎平就付了定金。扎平还有很多其他冲动的举动。YouTube 大网红（昵称：sxephil）菲利普·德佛朗哥（Philip DeFranco）告诉人们，YouTube 资助了他 10 万美元，用于升级电影设备。扎平知道后也恳求 YouTube 给他同样的资助，而他一拿到钱，就开始大肆挥霍。他聘请了曾做过电影律师的斯科特·卡茨（Scott Katz）做他的合伙人。卡茨研读了 YouTube 发来的合同，发现并没有像他们设想的那种预付款，要在视频上传六十天之后，才能收到钱。"他总是还没想好就行动。"卡茨回忆道。

但卡尔确实搬进了隔壁房间，而且谷歌的钱也到账了。扎平给自己的公司起了专门的名字，叫"创客工作室"（Maker Studios），然后开始四处搜罗工作人员。他飞到纽约，试图劝说卡乐星汉堡背后的经纪公司董事埃兹拉·库普斯坦（Ezra

Cooperstein）加入。"老兄，你必须加入我们。"走在市中心的路上，扎平催促道。

"我们正在为 YouTube 打造'联美公司'。"库普斯坦真的加入了。YouTube 喜剧比赛的负责人杰本·伯格（Jeben Berg）也加入了。伯格很快注意到，丹尼·扎平的行为就像仁慈版的费金（Fagin）[①]，他把有前途的 YouTube 博主吸引到洛杉矶，还为他们提供住宿。扎平会对他们说："来吧，我会照顾你。"这些人在加入后，并没有明确的职位分工，工作人员统称他们为"FOD"，意思是"丹尼的朋友"。扎平凭直觉经营他的企业，不讲科学，随心所欲，与谷歌截然相反。

从电视界来的新人有些不知所措。米基·迈耶（Mickey Meyer）是一名电影学院毕业生，曾在《白宫风云》剧组工作，他加入创客工作室后负责制片工作。他走进临时搭建起来的工作室，一下呆住了。"有照明设备吗？"他问，"我在哪里搭建设备？"回应他的是茫然而困惑的眼神。扎平的员工只有从家得宝超市买来的廉价灯具和从纺织品商店买来的绿幕。迈耶发誓，他之前得到的信息是每周付给他 2000 美元的工资。不可能，每月 2000 美元还差不多。

但是，迈耶还是受到了一些触动。在之前的工作中，迈耶曾为一家颇受欢迎的真人秀衍生剧制作过一个广告，当时他必须同时听取十个不同的人对每一个小细节的指导。而在创客工作室，他们要做的就是拍视频，发布到 YouTube 上，然后拍更多的视频。处处充满了创造力。*很有感染力*，迈耶想。于是，他留下来了。

[①]《雾都孤儿》中的老教唆犯。——译注

8月，创客工作室在YouTube上发布了《僵尸接管了YouTube!!!》，一石激起千层浪。这段4分钟的视频中，出现了十一位YouTube大网红，他们在北好莱坞的一个电影摄制场拍摄，还招募了粉丝做临时演员并化装成僵尸。创客工作室的"The Station"频道成为YouTube的大热门。于是，位于林荫大道419号的创客工作室总部成为YouTube的文化中心，名人和追随者纷纷来到这里，拍摄视频或只是想被人看到。《好莱坞报道》称其为数字时代的嬉皮士区，只不过这里对烈性酒的需求大过迷幻药。一位网络高管记得，扎平曾在下午2点的会议上开了一瓶龙舌兰酒庆祝。后来，当扎平不得不卖掉公司总部的那套公寓时，这位把好莱坞的银幕带到YouTube上的家伙，将责任归咎于"派对开得太多"。

律师卡茨认为扎平的牛仔风格和人格分裂差不多。他有时冷静沉稳，但当他感到沮丧时，就会尖叫，强迫人们服从他。他活成了自己YouTube角色的样子。每当这种情况发生时，卡茨都会试图打破紧张的氛围。"嘿，大家看！丹尼·戴蒙德来了。"卡茨唱道。这一招有时能够奏效，有时则不起任何作用。曾发掘出尖嗓子弗雷德的经纪公司Collective和更多YouTube博主签了约，并注意到了创客工作室的崛起。Collective的高管丹·韦恩斯坦（Dan Weinstein）与扎平多次会面，商讨关于合并的细节。最后，韦恩斯坦提出了一个报价，但扎平觉得太低了。

通常在商务谈判中，不受欢迎的报价会遭到买方的还价或礼貌拒绝。扎平则采取了与众不同的方式。他通过电子邮件回复，里面是一个YouTube链接。韦恩斯坦点击查看视频：丹尼·戴蒙德的脸猛然撞向镜头，来了一段李尔·韦恩（Lil Wayne）的说唱——"于是我把世界捡起来，砸到你的头上去"。

第 9 章

书呆子战士

不远处，在洛杉矶市中心的一套公寓里，《吉他英雄》明星F胖与其他三位渴望成功的电影制作人一起，开始了在YouTube上的辉煌岁月。他们分担房租（每人375美元），吃饭问题大部分时间是靠街角一辆墨西哥玉米卷餐车解决。冬天，电脑因播放可视化图像而发热，他们则用手在电脑上摩擦取暖。他的住所是一个开放式阁楼，这让他的父母很担心。来过的朋友们都很疑惑："你们这里难道没有*墙*吗？"

F胖为史诗影业[①]制作特效，这是一家低成本的DVD电影[②]制作公司。他经常在YouTube上发布视频，YouTube成了他自己的电影制作游乐场，但从未想过在YouTube上获得职业发展——直到他遇到了来自布鲁克林的YouTube博主达斯托姆·鲍尔。他们两个都曾在冬奥会期间被招募到温哥华担任"品牌大

[①] 该工作室拍摄了电影《熊》（*Bear*），讲的是两对夫妇被迫抗击一头聪明的灰熊的喜剧故事，片子里那头灰熊是真的。事后，F胖总结道："遇到真熊可不是什么好玩的事情。"

[②] 不经过院线上映直接制成DVD的电影。——译注

使",为那些不想花钱请明星的公司提供廉价、高度数字化的宣传服务。鲍尔参与了YouTube的合作伙伴计划,他给F胖算了一笔账,告诉他点击率可以转化为谷歌的收入。他们俩虽然都不知道其中的全部潜力,但都听说过YouTube大网红迈克尔·巴克利(Michael Buckley,账号:What the Buck?)就是靠这笔收入买了房子。

F胖没有必须要赚几百万的需求,但确实想拍自己的电影。他打电话给大学室友兼合作者布兰登·拉奇(Brandon Laatsch),提出了全职做YouTube的想法。"我们完全可以这样做。"F胖热情满满。

freddiew:火箭跳
2010年9月1日　01:35

这是真人版电子游戏。F胖和他的盟友身穿迷彩服,在废墟中枪战。炮塔上的枪手将他们一个接一个地干掉,非常血腥。只留下F胖孤身挺立。他的头上出现了一个卡通版的思想泡泡:"如果他能像在电子游戏中那样,让自己出现在枪手上空呢?"于是他真的这样做了,伴随着戏剧性的背景音乐腾空而起。他胜利了。

视频的拍摄背景是一个朋友家附近的废弃场地,当地人称之为"坟场"。F胖和他的朋友们搬来了摄像机、沙袋、绿幕、蹦床、气枪和一个空的军用级火箭筒。拍摄了五个小时后,他们又开车回去,在笔记本电脑上校正色彩并编辑内容。F胖还找到了一位作曲家,谈妥价钱(500美元)后,发给对方一段带时间编码的视频。一周的工作制作出 95 秒的视频，一部迷你电影。在以前的宿舍里，F 胖曾经靠一个视频一炮而红，但**如今的 YouTube 感觉像是一个只有发布精心制作的视频才能赢得忠实观众的地方。YouTube 的算法和资金可以让他们为制作迷你电影而投入的时间和精力得到相应的回报——至少目前如此。**

此后，F 胖的团队每周制作一个视频：真人版视频游戏，内容包括烟火爆炸，甚至是跳伞特技。F 胖提出了一个关于"YouTube 公路之旅"的想法——驾车环游全美，拜访粉丝，并制作他们想要的视频。他给他在 YouTube 里唯一认识的一个人——乔治·斯特洛姆波洛斯——打电话讲了这个想法。

"太酷了，"斯特洛姆波洛斯回答，"你需要什么？"

斯特洛姆波洛斯获得批准，可以支付广告预付款（算下来是 60,842 美元）。F 胖用这笔钱购买了新的相机、灯具和一辆房车。来自密西西比州的一名粉丝发邮件表示，他可以用狙击步枪打掉放在 F 胖头上的西瓜，于是 F 胖到粉丝那里，把这段视频拍了下来（加了特效）。在巴伦西亚，YouTube 博主发明了"过山车日"，活动在一家游乐场里举行。F 胖在那里参加活动时，收到了一名年轻粉丝送给他和拉奇的礼物，是一张花了三天时间绘制出的他们两个人的卡通版肖像。F 胖兴高采烈地对着镜头展示了这幅画。制片工作室鼓励他制作一些廉价的 DVD 电影，但他拒绝了。在 YouTube 上，F 胖拥有完全的控制权。他可以模仿独立导演，只不过比他们更跟得上时代潮流，大导演塔伦蒂诺可没有让粉丝冲自己的脑袋开枪，更没有粉丝送给他亲手绘制的卡通版屏幕形象。

而且与好莱坞不同的是，YouTube 提供了数据。YouTube 博主可以实时监测观众看了什么，逗留了多长时间，是什么吸引他们点击视频。"好莱坞是一个充满了巫毒和古老传统的世界，*而YouTube 与之不同，我们之所以在某个周末发布某个视频，完全是因为数据显示，在去年的同一个时间，这个视频获得了很好的反响*，"F 胖说，"在硅谷，你可以重复利用以前的工作。"F 胖只是没料到重复的速度会这么快。

* * *

在开始公路旅行的几个月前，F 胖到世纪广场地下室参加了有史以来最大规模的 YouTube 博主聚会。与世纪广场一街之隔的，是创新艺人经纪公司总部所在之处——"死亡之星"大厦，那里聚集了很多好莱坞的经纪人。在酒店里，YouTube 博主查看了会场介绍：

> 世纪广场曾两次作为格莱美奖颁奖仪式的举办地，六位美国总统曾在此下榻。确实，有很多名人来过世纪广场，有很多盛大的活动在世纪广场举行，但这里从未举办过像 VidCon[①] 这样的盛会。

汉克·格林（Hank Green）和他的兄弟约翰（John）决定在没有任何资金支持，也无法保证能成功的情况下举办 VidCon，并写下了这段赞词。汉克和约翰那时已经是 YouTube 的元老了。三年前，当时他们不到三十岁，在 YouTube 上注册了 vlogbrothers 这个账号，只进行"无文本交流"。部分算是新型网络日志，部分算是行为艺术。汉克是一位活泼、多产的博主，约

---

① VidCon，美国网红大会。——编注

翰是一位写青年小说的作家,已经拥有了庞大的青少年粉丝群,他的第四本书《星运里的错》于2012年出版,很受欢迎。兄弟俩头脑机智,相貌英俊,并不招人讨厌,而且丝毫不掩饰他们的认真态度。他们的话题很广泛。他们是骄傲的书呆子和互联网"土著"。汉克在他的木吉他上潦草地写着这样一句话:"This Machine Pwns N00bs[①]。"

他们的视频有很多忠实观众。兄弟两个称他们的粉丝为"书呆子战士",并开始和粉丝直接互动。"我们基本上只是聚在一起,"汉克在一段视频中解释道,"玩得很开心,与全世界的破事作斗争。"

"'全世界的破事'是什么?"他的兄弟问道。

"这很难准确量化,"汉克回答,"就是全世界所有糟糕的事都集中在一起。"他们的内容对早期 YouTube 上那些笨拙的、书生气的流行文化的爱好者很有吸引力。[②]2007 年,在《哈利·波特》系列最后一本书出版的前三天,汉克上传了一首他为这本书的出版创作的歌曲。YouTube 的酷猎人把这段视频推上了主页。那段时间,无论是在线上还是线下,没有什么比对《哈利·波特》的痴迷更狂热的了。两年后的一次粉丝聚会,格林兄弟被邀请担任嘉宾,这让他们灵光乍现,于是聘请了同一拨组织者为 YouTube 博主也组织一次这样的活动。

他们邀请了能够请到的所有 YouTube 网红,每张门票定价为 100 美元("业内"人士票价为 210 美元)。约有一千四百人到场——基本上一半是粉丝,一半是 YouTube 网红,这两者之

---

① This Machine Pwns N00bs 是汉克·格林发行的唱片名。——编注
② 在 VidCon 议程事项的第三页,汉克提到了《哈利·波特》《黑客帝国》《公主新娘》《指环王》。

间的界限非常模糊。对于许多经常访问 YouTube 网站的人来说，VidCon 是他们第一次与这个亚文化群体的其他成员见面的机会。汉克·格林趁机接近他最喜欢的一些网红，其中包括他崇拜的 iJustine。当一名粉丝被选中摸一摸爱搞怪的网红沙恩·道森（Shane Dawson）的头发时，人群发出一阵披头士狂热般的尖叫。"我突然觉得自己一个人在卧室里拍视频也没那么瘆人了。"道森在酒店的舞台上说。

F 胖主持了一场研讨会，主题为"没那么特殊的特效"。YouTube 博主和青少年粉丝们玩了"卡尔文球"，这是《卡尔文与霍布斯虎》（Calvin and Hobbes）里一款自己制定规则的游戏。一支乐队与一名穿着丁字裤的男手风琴手一起表演起来。人们拿着胶片相机挤在舞台上。丹尼·戴蒙德跳了舞。人们在后台集体拥抱。"这是一种纯粹而珍贵的感觉。"劳拉·切尔尼科夫（Laura Chernikoff）回忆道，他是 vlogbrothers 的粉丝，受雇参与这次活动的组织工作。对于许多人来说，VidCon 让他们对 YouTube 的想象照进了现实——那场面"感觉就像一群有创造力的怪人汇聚在同一间屋子里"，汉克·格林后来表示："到目前为止，这是我参与过的最神奇的事情。"

有二十四名 YouTube 员工购买了 VidCon 的门票，但那里并不是他们的主场。一些参加活动的人不禁注意到，这与他们的日常工作形成了鲜明的对比。安迪·斯塔克（Andy Stack）刚刚加入 YouTube，负责管理其合作伙伴计划。7 月，他长途跋涉来到洛杉矶，与一家大型工作室会面，该工作室正在与 YouTube 协商将其部分娱乐内容放到 YouYube 上。会议于下午 4 点钟开始，持续了很长时间——双方围绕着版权和广告问题，就什么有效、什么无效、什么应该有效等展开了辩论。看上去没有人想待在那里。会议结束后，筋疲力尽的斯塔克开车去了世纪广场酒店，看到了 VidCon 的工作人员，还见到了他喜欢的 YouTube 网红，每个人都很享受在那里的时光，感觉很来电。"帮助这些人获得成功，才是值得我做的。"斯塔克告诉自己。

* * *

有个人明显缺席了 VidCon。2010 年，YouTube 上的霸主是雷·威廉·约翰逊（Ray William Johnson），但他不是"书呆子战士"中的一员。

约翰逊是一位独来独往的科学家，一头浓密的黑发打着发胶，脸部轮廓分明，自大程度堪比丹尼·戴蒙德。2009 年，约翰逊开设了自己的账号后，很快就推导出了该网站两个简单的逻辑：人们是来看热门视频的，尤其是普通人发布的；人们喜欢笑，尤其是笑普通人。他想出了一个策略，决定把 YouTube 上的热门剪辑混搭组合，然后加上一些有趣的评论。他是 YouTube 上最有趣的家庭视频界的鲍勃·萨盖特（Bob Saget），只不过更为粗鲁奔放。（当时 YouTube 上最常见的一个搜索词是"搞笑"。）约翰逊还推导出了一些其他结论：如果观众在搜索热门视频时或在"相关视频"部分，看到了他在热门视频基础上制作的视频，这将为他带来巨额收益。YouTube 的算法很喜欢他的风格，帮助他实现了破纪录的订阅量增长。

约翰逊还利用"合理使用"规则躲过了《数字千年版权法》的重锤，因此他的视频能够一直播放，并持续赚钱，经常比他用来拼凑视频的原始视频获得的流量还多。一份报告称，他每年从视频广告中获得的收入让他成为 YouTube 上第一位百万富翁。"我只是一个有娱乐爱好的普通人，这个爱好刚好让我足不出户就能赚到100万美元，"他在播客中说道，"我应该为此道歉吗？如果你感到嫉妒，也可以来做我正在做的这件事啊，你可以比我做得更好。"他创办了一家制作公司，名为Equals Three（等于三）。经纪人丹·韦恩斯坦带约翰逊和音乐电视网开会，准备制作一个节目，但音乐电视网希望未来几年能分得一部分他的收入。约翰逊觉得自己足不出户就能在YouTube上赚到更多的钱，于是拒绝了他们。

然而，在YouTube上赚钱可能很复杂。YouTube会支付报酬，并提供报税表，但需要博主自行处理税款问题。2010年，约翰逊认识了一位早期专为YouTube处理财务问题的人员大卫·西弗斯（David Sievers），二十二岁的内布拉斯加州人，正在接受会计培训。西弗斯为内布拉斯加州的一位朋友丹·布朗（Dan Brown）处理了税务问题。丹·布朗在YouTube上发布他如何破解魔方的视频，因此一举成名。YouTube这个名利场圈子不大，西弗斯很快就有了更多YouTube网红客户，这其中就包括科学家约翰逊。

同年晚些时候，约翰逊和西弗斯一起前往洛杉矶，宣传一部网络连续剧。西弗斯从未去过洛杉矶，约翰逊在那里请他喝了人生中第一杯玛格丽塔酒。在旅途中，他们两个遇到了暴脾气、红头发的丹尼·扎平。西弗斯回到家后，扎平给他发了一封长信，毫无保留地讲述了他的人生故事——贩毒罪、被好莱坞拒绝、YouTube版"联美公司"的来龙去脉——并邀请他加入创客工作室。西弗斯接受了这份工作，搬到了西部，还带来了雷·威廉·约翰逊以及他赚到的那一大笔钱，他们一起加入了在好莱坞的这群YouTube"乌合之众"。

西弗斯搬到洛杉矶之后，参观了创客工作室的办公室——办公室里没有办公桌，无线网络连接的信号很差——而屋顶酒吧，在那里可以俯瞰大海，还能看到在威尼斯海滩上举办的狂欢节。活动很有感染力。

创客工作室一直在寻找更多的明星加入。西弗斯的新老板们想知道，除了会计，YouTube 还有哪些东西让他特别感兴趣。西弗斯承认，自己喜欢看 YouTube 博主玩电子游戏。

* * *

正当这帮人在威尼斯海滩一带蓬勃发展的时候，媒体也在发生巨大的变化。谷歌从数据中看到了这一点。从 2009 年开始，电视收视率开始下滑，持续下滑了一两个季度，然后干脆直接跌落悬崖。到 2011 年，美国人电视机的拥有量在经历了二十年的增长后开始下降。降幅虽然不大，但很明显。互联网占据了一席之地。那一年，YouTube 自创建以来第一次见证占据电视收视率排行榜榜首的不再是《美国偶像》。就在两年前，全世界都在 YouTube 上免费观看一位外表端庄娴静的苏格兰人苏珊·博伊尔（Susan Boyle），在《美国偶像》的英国版节目中引吭高歌《我曾有梦》。想成名不再需要《美国偶像》，不需要节目请来的苛刻评委，也不需要在黄金时段播放。美国收视率最高的节目变成了《周日足球夜》，因为它没有在线直播的途径。

YouTube 用户还看到了另一个没有被谷歌完全把握住的转变。和有线电视一样，YouTube 上的视频内容不必像广播电视那样，需要照顾庞杂的大众口味，它可以朝着各种有趣的方向发展。但 YouTube 博主吸引到的不只是小众粉丝，他们正在建立和培育具有强大纽带的社群，有望成为有亲和力、有影响力的人物，就像奥普拉或真人秀明星一样，但只会让人觉得更亲密，更容易接近。F 胖和粉丝之间靠共享创意连接起来，格林兄弟靠的是共同的求知欲——这样的互动形式和电视截然不同。YouTube 博主可以利用他们的舞台，为复杂的世界，或者说是复杂的互联网赋予一定的意义。雷·威廉·约翰逊用他的热门视频混搭做到了这一点。YouTube 的酷猎人曾经帮助人们筛选网站上的内容，但如今他们已经消失了。YouTube 上的内容虽然丰富，但也很混乱，容易让人迷失方向，难以吸收。人们希望找到一个能带着他们一起兜风的人。

第 10 章

"油管人"有了自己的频道

菲利克斯·卡尔伯格 2006 年曾试图登录自己的 YouTube 账号，但突然之间忘记了密码，因此没能上传视频，于是他就看了一些别人的视频。四年后，他就读于家乡瑞典的查尔姆斯理工大学，终于开始发布自己的视频了。他戴着黑色的大耳机，金棕色的头发乱蓬蓬的，就在宿舍的桌子上录制。他给自己起了一个荒诞的名字 PewDiePie——与"cutie pie"（甜心派）谐音——上传了自己玩电子游戏的视频。有观众来看了，卡尔伯格带着皈依者般的热情登上了这条船。

PewDiePie：使命召唤·黑色行动·押注比赛·武装竞赛
2010 年 12 月 16 日　3:12

"今天我们要庆祝一下，因为我有一百个订阅者了。"我们能看到卡尔伯格的虚拟枪，但只能听到他的声音。他讲一口流利的英语，但带有瑞典口音，还夹杂了一些网络语言。他巧妙地干掉了敌人。"你们中的一些人一直在问我，"他说，

"你是想出名吗?"又干掉一个敌人。屏幕上显示:耻辱。敌人降级!"不,我不是想出名,"他继续说道,"我做这件事的唯一原因是这很有趣,你们是这乐趣中最大的一部分。"游戏结束。"明天再继续和大家聊。"

* * *

YouTube 下一次翻天覆地的转变,完全始于一家公司的侥幸发现,但这开启了 PewDiePie 的职业生涯。这家公司的名字叫引擎电影(Machinima),创建于 2000 年,是一个致力于将视频游戏的相关技术应用于电影的网络论坛。它的名字就是把引擎(machine)和电影(cinema)拼在了一起。在过去十年间,这个论坛演变成了一家制作工作室,为游戏玩家制作素材,并冒着风险将所有素材免费放到了 YouTube 上。**引擎电影的董事长将 YouTube 比作继广播和电视之后的第三波大众媒体浪潮,认为它掀起了一场淘金热。**引擎电影从游戏和媒体行业中招聘了年轻又廉价的员工(大部分都是男性),从事必要的掘金工作。

卢克·斯特普尔顿(Luke Stepleton)在加入引擎电影之前,曾在《美国偶像》工作,上司是制片人马克·伯内特(Mark Burnett),唐纳德·特朗普就是靠他上了电视。在引擎电影位于伯班克的办公室,斯特普尔顿的新老板让他坐在桌边,查看他们上传到 YouTube 的内容,命令道:"告诉我们这里面还缺少什么。"斯特普尔顿认为,引擎电影缺少的是人们在朋友家玩游戏的那种感觉。图像技术和游戏机的发展,让视频游戏从笨拙的像素模型变成了精致的虚拟世界,并由此催生了一套庞大的亚文化。玩家不仅仅购买新游戏,他们还上网观看其他狂热玩家怎么玩,由此获得更多的游戏技巧,或只是为了寻开心。YouTube 上的一些普通人,如昵称为"Hutch"或"Blame Truth"之类的用户,会录制自己玩《使命召唤》和《战争机器》等游戏的视频,加上一些有趣的评论和笑话。这些画面低质的视频的播放量,比引擎电影制作的精美产品要高很多。

他们甚至使用的不是同一个 YouTube! 在屏幕上,所有 YouTube 视频播放的界面都是一样的,但在后台,YouTube 为一些合作伙伴提供的是不同版本的界面:一个带有定制软件的界面,用户可以跟踪其视频的表现数据,如果有其他账号盗用了他们的内容,他们可以提出版权遭侵犯的申诉。引擎电影的界面就是这个定制版的。一天,在狭小的办公室里,斯特普尔顿看到一名同事在摆弄像素和下拉按钮,开通了一个新的 YouTube 账号,并做了一个实验。**引擎电影的特殊"合作伙伴"账号是否可以与普通账号合并?**事实证明,可以实现。于是,这个普通账号突然也成了 YouTube 的"合作伙伴",这意味着它可以在视频里播放广告了。**竟然还可以这样!**

发现了这个漏洞之后,斯特普尔顿意识到,引擎电影不需要再费心制作什么轰动的 YouTube 热门视频,也不需要再招募 YouTube 网红来制作视频,它只需要把类似"Hutch"和"Blame Truth"这种现有大网红纳入自己麾下,把他们的普通账号与自己的特殊账号连接起来,就可以把他们的成功算到自己头上。"我可以让你的播放量在一天之内上亿。"斯特普尔顿告诉他的老板。

YouTube 员工并不知道媒体公司可以聚合其他的 YouTube 账号,他们的软件当然也不是为此而设计的。但当他们意识到存在这种可能性的时候,引擎电影已经开始大批招募 YouTube 大网红了。**引擎电影给了他们加入 YouTube 广告计划的权限,并**

形成该网站未来五年的主导商业模式。引擎电影的年轻员工在 YouTube 上仔细寻找上传游戏视频的人,然后和这些人签订框架协议,他们就可以在其定制软件下发布视频了。引擎电影负责处理可能出现的任何相关版权问题,交换条件是分得该账号的部分收入。① 很快,引擎电影就以每月一千名的速度签约 YouTube 网红。

那个昵称为 PewDiePie 的瑞典孩子,就在 2011 年左右的那一批签约用户之列。

* * *

引擎电影的发现刚好符合萨拉尔·卡曼加为 YouTube 制定的新战略:向电视发起一场精心策划的猛击。据一名前同事介绍,YouTube 的这位新任 CEO、谷歌的第九号员工,是个从"谷歌模子"里刻出来的人。卡曼加喜欢计算机、逻辑系统和国际象棋。用硅谷的行话来说就是,他是一个"系统思想家"。(丹尼·扎平则称他为"天才机器人"。) 卡曼加性格内向,有时过于谨慎。有一次,他与一位媒体高管会面时,在记事本上草草记了一些笔记。对方问他记了什么,卡曼加回答道:"我不会告诉你的。"谷歌的很多人都知道,他是一个非常有经验、非常富有的企业传奇人物,和其他谷歌高管一样,他在软技能上并不擅长。有一次,在与一位著名的商业伙伴通话之前,卡曼加问一位副总裁:"我需要表达出什么样的情绪?"但在需要时,他也能与人闲聊几句。卡曼加体形修长,眉毛的颜色很深,笑的时候会露出牙齿。Gawker(捆客网)认为他

---

① 大多数游戏玩家在视频中用到受版权保护的游戏时,可以利用"合理使用"这个标准免遭索赔,但这条法律依据并不牢靠,尤其对于十几二十岁的年轻 YouTube 用户来说。

可以称得上是硅谷的"钻石王老五",还爆出过他曾与伊万卡·特朗普(Ivanka Trump)约会[①]的八卦。

2010年年底,当卡曼加全面接管YouTube时,公司举行了庆祝活动。那一年,公司收入超过了10亿美元,给员工发了奖金,还按照惯例组织了一次拉斯维加斯之旅。但那时已有麻烦潜伏其中了。人们在YouTube上观看视频的时间增长曲线开始趋于平稳。大多数访问者现在都只是在工作间隙或学校课间时看一段热门视频,然后就离开网站了。虽然那些狂热的粉丝,比如"书呆子战士",仍然如饥似渴地观看视频,但普通观众每天只看5分钟。人们以前用来看电视的时间似乎逐渐转移到了提供邮寄DVD服务的网飞公司,这家公司最近开始通过网络点播流媒体节目,威胁性很强。

YouTube再次朝着提升网站品质的方向努力。在公司内部,人们对这一挑战的措辞与众不同:*我们怎样才能不再做"滑板上的狗"?*这些热门的低俗视频在初期有助于YouTube的崛起,其联合创始人查德·赫利在拜见英国女王时,还为她播放了一段婴儿大笑的热门视频。但对于广告业来说,热门视频就没什么用了。营销人员一般会提前几个月时间订购商业广告,也就是说,秋季播出的电视节目,他们在春季就敲定了"握手协议"。YouTube无法提供任何这类保证,谁知道下一个婴儿大笑的视频会出现在何时何地。

因此,YouTube需要重新设计网站,提升可预测性,增加在观众和广告商中的熟知度,也就是说要更像电视。为此,卡曼加借鉴了有线电视的理念,YouTube用户不应该注册"账号",这

[①] 据与卡曼加关系密切的消息人士透露,他们没有约会过,但确实是朋友关系。

是一个互联网2.0术语,他们应该拥有的是"频道"。频道甚至可以吸引最狭隘的利益群体,这是YouTube在经济方面得天独厚之处。因为有线电视网将电视信号从转发器传输到卫星,一周七天、一天二十四个小时不间断地播放节目,成本很高,需要有足够多的观众才能支撑这些支出。而在有线电视界,由制作人决定哪些节目能够播出、获得多少收入、播放多长时间。但YouTube并不需要这些,而且它的播放时长是无限的,就像一条没有任何红绿灯的高速公路。最小的细分市场也能在YouTube上生存,几乎没有成本。为了能够清楚地解释这个模式,卡曼加拿自己的爱好举例子,比如,他喜欢玩风筝冲浪,有时会和他的工作伙伴拉里·佩奇一起享受这项奢侈的运动。"有线电视没有风筝冲浪频道,没有滑雪频道,也没有钢琴频道,"卡曼加在采访中表示,"而现在,我关注的这些话题都在YouTube上找到了归属。"他的副手梅罗特拉更为精辟地总结道:"网络视频之于有线电视,正如当年有线电视之于广播。"梅罗特拉这样告诉广告商。有线电视曾将三个老牌电视网拆分成数百个频道,创造出细分的受众群体,可以让广告商更有针对性地营销——户外运动狂热爱好者、家庭购物者等。YouTube会再做一次类似的事,聪明的资金应该尽快加入进来。

YouTube利用引擎电影的侥幸成功来了个顺水推舟。比如像娱乐与体育节目电视网这样的有线电视网有娱乐与体育节目电视网2台、娱乐与体育节目电视网体育频道等,如果YouTube博主拥有个人频道,那么赞助了很多频道的公司就相当于电视网,即"多频道网络"(multichannel networks),简称MCN。个人工作坊如雨后春笋般一夜间涌现出来。

在洛杉矶,丹尼·扎平就转为采用这种新兴模式。他已经为创客工作室招揽了一支由 YouTube 网红组成的梦想团队。现在，拥有了一家 MCN 公司，他可以招入更多网红，并给他们带来更多业务。（创客工作室的其他人后来认为，MCN 这个概念是该工作室首先提出的。）

YouTube 的一些人并不知道该如何处理这些新的卫星业务。MCN 虽然后来很让人头痛，但在当时算是紧急填补了一个空白。谷歌并没有直接和镜头前这些人才打交道的经验，他们是一群行为不可预测、不理智、脾气暴躁的表演者。谷歌的人甚至不熟悉 YouTube 网红那些做派。F 胖的经纪人丹·韦恩斯坦曾代表他的另一位客户给 YouTube 的工作人员打电话，这位客户是 YouTube 大网红 the Annoying Orange（烦人的橙子），拍摄的视频是关于一些会说话的"毒舌"水果。"等一下，你说你是谁来着？"一位 YouTube 主管问道。

"你知道乔治·克鲁尼（George Clooney）是有经纪人的吗？"韦恩斯坦解释道。"the Annoying Orange 也有经纪人，就是我，你要找他得先找我。"

卡曼加和谷歌的工作人员知道的是 0 和 1 的二进制——他们了解的是类别，而不是人。MCN 为他们解决视频制作者的管理问题提供了一个便利的方案。YouTube 迅速开始向其他合作伙伴施压，迫使他们也适应这个模式。莎拉·彭纳（Sarah Penna）在洛杉矶经营一家经纪公司，一直与 YouTube 用户合作，制订商业计划并拓展新领域。YouTube 曾为她报销机票，让她到圣布鲁诺参加广告商的活动。有一天，YouTube 告诉她，除非她把公司转为多渠道网络，否则可能不会再给她提供这样的福利了。YouTube 向韦恩斯坦的公司发出了同样的通知，该公司后来转型为 MCN 公司，名叫"Studio71"。这些新公司可以为 YouTube 的"躯干"

部分提供内容,即大量市场化的业余视频。

现在,卡曼加需要的是有人来复苏 YouTube 的"头部"。

* * *

罗伯特·金奇尔(Robert Kyncl)为两件事而生:滑雪和打赢比赛。他在捷克斯洛伐克长大,十几岁时就读于一所公立寄宿学校,接受奥运滑雪训练。后来,金奇尔获得奖学金前往美国读书,把自己强烈的竞争意识发挥到了演艺事业上。他从一家经纪公司的收发室起步,后来在 HBO[①] 电视网找到了一份工作,再之后到了网飞公司,负责与电影公司、电视网签订许可协议。虽然网飞公司并不算是真正的好莱坞,但金奇尔由此了解了经纪人、演员这些群体和工作室环境——至少比谷歌的员工更熟悉。金奇尔长着一个方下巴,男中音,说话干脆利落,身材修长瘦削,走路大摇大摆。

YouTube 于 2010 年聘用了金奇尔,当时公司还在进行重大调整。随着维亚康姆的诉讼案结束,YouTube 又找到了一个拉拢传统媒体的好机会。谷歌已将其负责电视硬件项目的高管迪安·吉尔伯特安排到了 YouTube,负责内容部门("头部")和运营部门("躯干"和"长尾")。吉尔伯特是一位久经沙场的有线电视老手,对于硅谷的"所有内容均为平等的"理念并不买账。"不是所有像素都一样。"他告诉员工。他招募了一些媒体人,负责筛选 YouTube 上的精华内容,在网站上建立起电视广告主能分得出的类别。他说服 YouTube 收购 Next New Networks 工作室,这是一家由资深电视人创办的工作室,经营着几个 YouTube 热

[①] HBO,全称 Home Box Office,是总部位于纽约的有线电视网络媒体公司。——编注

门频道，其中包括制作"奥巴马女孩"的频道，他还为渴望成功的 YouTube 博主编写了一本"策略书"。（谷歌高层很喜欢这本策略书——终于有"成文法"了。）吉尔伯特让他的团队去联系各大体育联盟——虽然老板喜欢的是风筝冲浪频道，但 YouTube 还是希望能有更多符合大众品味的体育节目。[谷歌的高层在这方面帮不上什么忙，美国人的娱乐活动不是很有谷歌风格。一名员工记得，拉里·佩奇在一次会议上将国家橄榄球联盟（NFL）和足球混为一谈[1]。当时，YouTube 的团队设法让佩奇就流媒体权利问题，与国家橄榄球联盟的委员罗杰·古德尔（Roger Goodell）举行会谈。[2] 但这个消息让媒体提前知道了——谷歌怀疑这是国家橄榄球联盟故意泄露的，目的是在与电视提供商的谈判中，获取更为有利的条件。佩奇很生气，取消了这场会议。]

金奇尔在这项调整计划中的任务是将好莱坞拉拢过来。在他加入之前，YouTube 的工作人员会飞到洛杉矶，对着那些大佬做一番宣传，然后再飞回来，得不到任何回应。他们的部分问题是，谷歌和其他空降好莱坞的科技公司一样，要求经纪公司和工作室签署烦琐的保险合同和供应商协议，而这些其实都是工作室不需要的。金奇尔开设了 YouTube 在洛杉矶的第一家办公室。一位著名的经纪人表示，金奇尔很快就取消了关于签署这些协议的要求，于是这些中介机构就更愿将他们旗下的大牌影视明星提供给 YouTube 了。

一名前同事回忆道，在 YouTube 内部，金奇尔的到来"就

---

[1] 国家橄榄球联盟，National Football League，简称 NFL。美式橄榄球和足球都是 football，因而有人会混淆。——编注
[2] 谷歌 CEO 佩奇从未保证会到场，因为他有一个习惯，就是从不通过回复谷歌日历上的会议邀请确认自己的出席情况。

像一把大锤"砸了下来。金奇尔明确表示,为他工作的人应该和他一起去洛杉矶,然后他就立即开始和新加入的成员争起了地盘。YouTube 新收购的 Next New Networks 工作室,办公地点在曼哈顿,金奇尔这把"大锤"与这家工作室的领导在那里共进午餐时,直言不讳地评价道:"如果换作是我,我是永远都不可能收购你们的。这次的收购真是太愚蠢了。"金奇尔由此和 Next New Networks 工作室团队在纽约开始了长达数年的战略和资源竞争。不过,金奇尔的竞争对手没有一个比他在 YouTube 坚持的时间更长。

但这个来自东海岸的新成员确实帮 YouTube 解决了内部的一个争论:如何称呼网站上这些人。最初,YouTube 上的所有人——包括视频制作者和视频观看者——都被称为"用户"。后来出现了一些明星用户,公司就尝试使用一些其他称呼。"YouTubers"这个叫法不太确切,因为有些是电影制作人,有些是化妆师,有些只是拥有摄像头的怪咖。"合作伙伴"听起来则过于企业化。在 Next New Networks 工作室,用户有"观众"(audience)和"创作者"(creators)之分。**"创作者"是一个包罗万象的词语,把制作网络媒体内容的一切相关元素都囊括在内,于是被 YouTube 采用了。**

Next New Networks 工作室的一些员工注意到收购者的另一个奇怪之处——YouTube 公司里很少有人会真正花时间观看 YouTube 网站上的内容。

* * *

在好莱坞,金奇尔的第一步是复制网飞公司的策略。他花了几个月的时间与媒体公司谈判,希望他们将内容提供给 YouTube 即将推出的按次计费新服务。一些电视上的主打节目,如《周六夜现场》和深夜脱口秀,已经开始将一些片段挂到网上。如果资金到位,其他节目似乎也愿意跟进。但像《广告狂人》这样的大型剧目受到复杂的垄断性协议限制,而且大型工作室仍然对YouTube有所疑虑:当金奇尔和吉尔伯特到迪士尼与一位高管开会时,迎接他们的却只有一群律师。谷歌也曾试图收购网飞公司,但没能成功,于是就与网飞公司谈判,希望将其内容全部放在YouTube上。(当时,网飞公司的网站经常崩溃,而YouTube网站已经很稳定了。)这两次谈判都失败了,金奇尔的按次计费项目也就此告吹。

在见到昔日的青少年偶像布莱恩·罗宾斯(Brian Robbins)后,金奇尔就调整了计划。

罗宾斯体形修长,皮肤黝黑,本身就是一副深受好莱坞青睐的形象。和过去他在电视上大火特火的时代相比,罗宾斯并不显老。当年,他在美国广播公司(ABC)的电视剧《班头》中,梳着胭脂鱼发型[①],身穿皮夹克,迷倒了一群里根时代的青少年。由于长大后不再适合饰演类似角色,罗宾斯就转到了幕后,从事导演和制作工作,推出了一些热门作品,如《校园蓝调》,也留下一些败笔。在与金奇尔建立联系之前不久,罗宾斯接到了他的经纪人的电话,让他去见一个尖嗓门的YouTube红人,名叫弗雷德·菲格霍恩。

"我的职业生涯到头了吗?"罗宾斯回应道,"你要把我介绍给一个YouTube网红?"

经纪人希望罗宾斯能让弗雷德出演电影,但罗宾斯对此深表怀疑。直到他们一家人在迈阿密海滩度假期间,他的想法才有所

---

① 男子发型,前面和两侧是短发,脑后是长发。——译注

转变。当时，罗宾斯正悠闲地躺在枫丹白露豪华酒店的沙发上，发现他的两个十几岁的儿子对套房中的大屏幕电视视而不见，而是一直盯着电脑看YouTube。罗宾斯问孩子们："你们知道弗雷德是谁吗？"他们立刻模仿了弗雷德的尖叫声，还一字不差地背出了几句台词，就像他们的父亲能背出自己喜欢的电影台词一样。罗宾斯又问了他们——他的目标观众群——一个问题："你们想看弗雷德演的电影吗？"

"今晚就能看到？！"

罗宾斯成功了。他出资100万美元拍了《弗雷德大电影》，获得了300万美元的票房收入。[1] 电影上映后，罗宾斯在推特上看到这部电影在全球的流行趋势，这是互联网时代的《西斯科和艾伯特》(Siskel and Ebert)。罗宾斯制定了一个计划：为青少年短视频制作投资100万美元，只要设定一定的制作标准，就会有更多的"弗雷德"涌现出来，从而带来更多的收益。他向尼克国际儿童频道（Nickelodeon）提出了这个关于短视频的想法，但遭到了拒绝，所以他开始自主开发，给节目起了一个泡泡糖式的名字"AwesomenessTV"（精彩电视），并精心制作了一套全是高清版视频、专为公司高管展示用的演示文件。罗宾斯在YouTube的好莱坞办公室向金奇尔展示，为了获得更好的效果，他还用上了自己的大电脑屏幕。

金奇尔很喜欢这个想法——一位经验丰富的好莱坞明星拥有一系列适合YouTube的节目。金奇尔让下属调整了一下罗宾斯的演示稿，用它来解释"头部"团队的宏大策略。"要想在这个地

---

[1] 评论人士狠狠地批评了这部电影。（它在影评网站烂番茄上的评分为0。）但它在有线电视上获得了很好的反响，首次播出就吸引了700多万观众，成为在电视上排名第一的电影。

方建立信誉，"金奇尔告诉员工[①]，"你就得说到做到。"根据他的计划，YouTube 将资助罗宾斯这样的大老板为 YouTube 制作原创的高清内容，通过这样的方式制作出质量有保证的节目，广告商就会排队前来赞助。谷歌的收入来自广告费预付款，就像 F 胖为其公路旅行获得的 6 万美元一样——但是会比那个多很多。于是，金奇尔提议资助 20 个频道，每个频道 500 万美元。

为了找到值得接受这笔资金的人，金奇尔从数字初创企业和电影工作室招募了一些资深人士，组建了一个——用其中一位成员的话说就是——"秘密黑色行动组"，这项计划不能被竞争对手知晓。黑色行动组一开始选了 YouTube 上 200 个热门类别——包括马术爱好者、计算机迷和时尚爱好者——最终缩减至 20 个。在搜寻内部数据、寻找趋势的过程中，他们发现谷歌的数据挖掘非常粗放：有一张 YouTube 流量模式图表显示"军事"类的标题非常集中。这是怎么回事？原来是机器将所有玩《使命召唤》这个游戏的 YouTube 博主都归到"军事"类了。

有时，金奇尔会要求他的团队去"哈德逊新闻"（Hudson News）找灵感。哈德逊新闻是一家标准的机场杂志销售商，每种兴趣爱好都有一本与其相对应的杂志售卖。金奇尔的团队听取了 500 多条提议，每天以 30 分钟一轮的频率在循环进行，甚至像鲁伯特·默多克（Rupert Murdoch）这样的出版界大佬也在其中。（作为谷歌的宿敌，默多克在社交场合认识了金奇尔。）金奇尔想拉拢的人中，还包括像 *Vice* 杂志的创始人之一谢恩·史密斯（Shane Smith）这样的媒体神童。*Vice* 原本是一本朋克杂志，正在改头换面，改造为朋克风格的网络电视。史密斯曾在拉斯维加

[①] YouTube 主管杰米·拜恩在 2020 年 9 月的采访中提供了这条信息。但 YouTube 的一位发言人表示，金奇尔不记得自己曾经说过这句话。

斯阿丽亚酒店的一间套房里与金奇尔和帕特里克·沃克开会。会议刚开了5分钟，史密斯就插话了。① "你们喜欢赌博吗？"他问。谷歌的人给了他肯定的回答。史密斯拍了拍手，让人送来一张私人赌桌，上面放了5000美元的赌注，他建议大家一边玩21点，一边继续聊。*Vice* 得到了YouTube的资助。

在激烈的争辩后，YouTube决定其提供资助的方式应逆好莱坞之道而行：YouTube仅对视频内容享有一年的权利，且不参与任何股权。金奇尔批准了一系列旨在吸纳名人成为YouTube博主的提议：为沙奎尔·奥尼尔（Shaquille O'Neal）开设喜剧频道，为麦当娜（Madonna）开设舞蹈频道，为托尼·霍克（Tony Hawk）开设滑板频道。谷歌提前出售广告位，预测收视率会很高。广告商蜂拥而至，迫不及待地想要赞助一线明星。在首次亮相之前，金奇尔在谷歌的曼哈顿办公室接受了《纽约客》的采访。谷歌曼哈顿办公室的一些会议室是以热门电视节目命名的，金奇尔坐在"考斯比一家"（Cosby Show）会议室，神气十足。"这肯定不容易做到，"他说，"但是，正如一位刚刚在一家电视网找到工作的朋友所说：'你们这些人至少能得到实实在在的好处。'"

在YouTube内部，金奇尔为他看好的这个项目打了另一个比方。它的代号是"灯塔"——YouTube拥有美丽的海岸，但好莱坞需要一盏明灯的指引，才能抵达这个海岸。一位经理直接将金奇尔的计划描述为："企图将一个迷你版的网飞硬塞进YouTube。"对公司一些人来说，为精挑细选的频道提供资金就

---

① 帕特里克·沃克在2021年2月的采访中提供了这条信息。但YouTube的一位发言人在一份声明中表示，金奇尔不记得这次会议，而且他"不赌博"。作者多次向 *Vice* 的代表提问，但都没有得到回复。另一名YouTube员工记得曾在拉斯维加斯与谢恩·史密斯一起赌博，但是是在另外一个场合。

像是一种特惠待遇。在和维亚康姆打官司时，YouTube 还不太敢自己制作节目，以防遇到法律问题。而现在，员工们却开始纠结一个烦人的问题：我们到底是媒体公司，还是科技公司？

* * *

当然，媒体公司里是很爱聊八卦的。10 月，当 YouTube 敲定其资助频道名单时，消息就泄露了出去。《华尔街日报》的一名记者开始四处打探，YouTube 高管将内容人员和律师召集到圣布鲁诺的一间会议室开会。他们担心，如果将关于资助频道的消息公开，可能破坏尚未完成的交易。员工被告知，他们只剩下 24 小时的时间来签署合同，否则可能就没机会了。"红色警报来了！"有人大叫。所有人都冲向电话。

大约在那前后，一位得知该项目的 YouTube 大网红告诉金奇尔的团队，如果他们把所有钱都给了名人和传统媒体，而不给 YouTube 用户，可能会导致很糟糕的后果。果然，就在 YouTube 员工四处寻找可以资助的 YouTube 红人时，另一场争夺战也开始了。引擎电影和创客工作室已经确定可以得到这笔资金。YouTube 的一位代表给"书呆子战士"视频博主汉克·格林打电话，迅速向他解释了"黑色行动"项目，告诉他："如果你能在周一之前交给我们一个提案，我也许能让你比他们先拿到这笔钱。"那天已经是星期五了。格林花了一个周末的时间为 YouTube 的两个教育节目 *SciShow*（《科学秀》）和 *CrashCourse*（《速成课》）制作演示文稿。他在最后一张幻灯片上键入"预算"，敲进去一个总数。YouTube 真的把这笔资金给了他。

对于许多人来说，黑色行动项目是一个巨大的失败。最初有 100 个频道获得了资助，第二年 YouTube 又资助了一批频道。一位高管讽刺金奇尔"花起钱来就像喝醉了酒的水手一样"。视频首播后,才发现没人想看麦当娜和沙奎尔这样的名人。批评者指责金奇尔沉迷于好莱坞,却忽视了网站上生机勃勃的创作者。支持者则认为这笔资助是 YouTube 的一项刺激计划,商务活动的注入提高了 YouTube 在好莱坞和麦迪逊大道的知名度。布莱恩·罗宾斯称赞金奇尔此举"相当高明"——"他唤醒了广告界,并将不合法的平台合法化"。所有人都同意,为数不多的因获得资金支持而蓬勃发展的频道,来自像格林兄弟这样本身已经是 YouTube 网红的创作者。YouTube 用户对 YouTube 的理解往往比 YouTube 公司本身更深入。"我们发现,我们的超能力来自创作者,"曾负责频道资助工作的高管伊万娜·柯克布赖德(Ivana Kirkbride)回忆道,"YouTube 不能失去自己的本色。"

然而,这个教训花了几年的时间才得以修正。

对于第一个得到资助的频道项目,金奇尔的团队请知名导演来制作《假发》(*WIGS*)——一部由朱莉娅·斯蒂尔斯(Julia Stiles)等电影明星主演的网络剧。但这些高端频道没有关注到网上流行的特定话题或主题,这意味着 YouTube 的推荐系统(播放量的主要驱动因素)会忽视这些视频。与此同时,一个来自墨西哥的博客频道 Werevertumorro 也获得了资金,这个频道制作的视频虽然很简单,却在流量上击败了好莱坞明星。金奇尔感到非常沮丧,在去圣布鲁诺的途中,他问 YouTube 经理,为什么《假发》在搜索结果中出现的频率不高。**为什么 YouTube 的主页看起来像是为十五岁男孩而建的?**

经理们只能耸耸肩。搜索结果和主页上的内容都是 YouTube 的算法做出来的,人们只要跟着点击就是了。

第 11 章

言论自由原则

1951年11月18日,爱德华·R. 默罗(Edward R.Murrow)向美国千家万户播报了关于朝鲜战争的新闻,这标志着电视业走向成熟。美国人都知道默罗。十年前,他在伦敦的屋顶上通过广播报道了希特勒的恐怖行径和诺曼底登陆日。1951年,他在哥伦比亚广播公司(CBS)的晚间电视节目《现在请看》(See It Now)获得首播,节目报道了美国最近这场战争丑陋的一面,重点关注了美国的年轻士兵。"他们可能需要输血,"默罗对着镜头说,"你能贡献一些吗?"在此之前,电视节目主要以米尔顿·伯利(Milton Berle)和杰克·本尼(Jack Benny)等喜剧演员闻名。《现在请看》首播后,一位新闻同行告诉默罗,他已经记不起自己有多久没有享受过"能如此密集地吸收到丰富能量"的半小时了。

YouTube 的"默罗时刻"发生在2009年6月19日,当时它播放了正在伊朗发生的革命。

伊朗人已经开始发布用手机拍摄的清晰度不是很高的视频了,内容是街头抗议事件以及和当局的冲突。涓涓细流汇聚成奔涌的激流。这次的事件成了全世界最轰动的新闻，但有线电视网由于经费削减，很难开展报道。而 YouTube 的通信主管里卡多·雷耶斯接到了一通电话，对方是一位困惑的美国有线电视新闻网（CNN）制片人。"你们获得的内容比我们还多，"制片人说，"怎么做到的？"

雷耶斯向他解释了 YouTube 的工作原理，并邀请他们前来参观。6 月 19 日，沃尔夫·布利策（Wolf Blitzer）的晚间节目中播出了在 YouTube 总部拍摄的一段视频。一名摄像师在桌面显示器前架设好机位，将镜头拉近，从圣布鲁诺为数百万名观众拍摄德黑兰街头实景。雷耶斯让一名美国有线电视新闻网（CNN）记者看一看谷歌地图上的德黑兰，每个上传的视频片段中的地点都在上面，其中许多片段都包含了令人不安的冲突场面。YouTube 新的政策主管、从谷歌调来的维多利亚·格兰德（Victoria Grand）告诉记者，通常情况下，这些视频都会被删除。"YouTube 不是一个要让人震惊的网站。"但是，她继续说道，网站对"明显具有纪录片目的"的视频进行了豁免——这种媒体内容应该让世界看到。

"所以，沃尔夫，"记者总结道，镜头切回到演播室里的沃尔夫·布利策身上，"这真是 YouTube 的一个分水岭时刻。"

* * *

马克·利特尔（Mark Little）在都柏林的家中观看了在 YouTube 上爆发的绿色革命。二十年来，利特尔一直在爱尔兰电台工作，负责报道伊拉克和阿富汗的战争。预算削减使他无法前往伊朗，但他在 YouTube 上看到了原始的现场视频，被其潜力惊呆了。如果可以这样，谁还需要驻外记者呢？

社交媒体正在成为一种全球现象。2009 年，推特从一个小众技术网站一跃成为大众现象,脸书推出"点赞"功能,其用户基数增加了近3倍,达到3.5亿。社交媒体取代了新闻报道的即时性、主播的权威性,以及目击者叙述的情感分量——一小部分新闻行业资深人士被社交媒体的力量深深震撼,利特尔也在此列。迈克尔·杰克逊的去世,让利特尔再次受到了社交媒体力量的震撼。当时他正在爱尔兰参加一场婚礼,年轻的与会者在交流关于这位流行乐之王去世的消息。"你怎么知道的?"利特尔问其中的一个年轻人。"推特。"对方回答。10分钟后,纸媒报道了杰克逊去世的消息,而此时,婚礼上的宾客们已经在和着《颤栗》跳舞致敬了。

对利特尔来说,这一切真是醍醐灌顶。在互联网上,任何人都可以报道新闻,人们也认可这些报道。他想,如果人人都能讲故事,人们该相信谁?作为对这个问题的回应,利特尔组建了数字新闻编辑室,名为Storyful,通过验证社交媒体上传播的内容的真实性和重要性,来过滤来自世界各地的社交媒体输出。他招聘了少量员工,并向新闻媒体推荐Storyful,称它是数字时代的国际新闻部。很快,利特尔联系上了YouTube的年轻政治经理史蒂夫·格罗夫。格罗夫在编辑团队解散后,加倍努力地与外部团体建立合作伙伴关系,让YouTube成为严肃媒体的目的地。

不久之后又发生了突尼斯街头小贩的自焚事件,在埃及,抗议者涌上街头,YouTube上短时间内增加了10万个视频,YouTube在埃及的使用率大增。格罗夫打电话给负责Storyful美国业务的美国有线电视新闻网(CNN)资深人士大卫·克林奇(David Clinch),询问Storyful是否能够帮助整理大量涌入YouTube的突尼斯小贩自焚事件视频。克林奇挂了电话之后,立即打给在爱尔兰的利特尔,转达了YouTube的这个请求。

"他们会付钱吗？"利特尔问。

克林奇愣了，说："我不知道。"

YouTube 确实付钱了，每月 1 万美元左右，并明确表示该公司希望编辑人员筛选来自中东的内容。但 YouTube 自己不会这么做，它聘用的是工程师，不是记者。而且根据维亚康姆一案的经验，YouTube 希望尽量避免给人留下任何有编辑人员在控制内容的印象。然而，谷歌认为突尼斯的事件是让 YouTube 借此摆脱"滑板上的狗"这一形象的大好机会。在 2011 年的第二届 *VidCon* 上，卡曼加就这个主题发表了演讲。他的一些下属事先感到很紧张，老板的确很聪明，但同时也很笨拙。他试图在让"头部"团队赢得声望和利润的同时，也让"躯干"团队那些自由奔放的创作者能感到快乐。在 VidCon 的舞台上，卡曼加展示了 YouTube 网站令人震惊的统计数据：每分钟上传的视频时长可达 48 小时，每天被观看的视频量达到 30 亿个。**一个世纪以来，媒体一直试图让"普通人"参与进来，"但直到今天，普通人才真正在 YouTube 上成为媒体。你们不仅仅是在看新闻，同时也在播报新闻"**。然后，他把 YouTube 上的喜剧演员 "the Annoying Orange" 请上了舞台。

与此同时，不断有新闻视频从匿名的、不可信的账号中涌入 YouTube。Storyful 的工作就是查证这些视频的真伪，以便 YouTube 提供给数百万人观看。

利特尔的团队在位于都柏林的小办公室里进行他们的辨别视频真伪的调查取证工作。例如，他们会寻找一些有辨识度的地标，然后在谷歌地图和照片分享网站中搜索该地标。他们通过脸书上的帖子和一些卫星图像，确认了事件的时间和地点。然后他们发现了另一段视频，是用运动相机从事件现场的不同角度拍摄的。查证完成。后来，使用 YouTube 上传视频的人也注意到了这些要素，于是在开始拍摄视频时，他们会先在晨报上取个景（确认日期），然后将镜头转向一座人们容易认出的地标（确认地点）。利特尔对此大为赞叹。Storyful 让新闻影片有了新的拍摄方法。他称之为"当下的档案，令人惊叹的互联网"。为历史撰写初稿的不再是爱德华·默罗和沃尔夫·布利策，而是一些不知名的 YouTube 账号。

YouTube 似乎很愿意为事件现场播报提供平台。尽管在事后看来，不和谐的迹象从一开始就存在。当 Storyful 第一次向 YouTube 的工作人员展示其工作流程时，克林奇听到一名谷歌程序员对由专家审查视频的提议表示不屑——我们有专门的算法做这件事。

* * *

YouTube 的指导方针从不是铁定的。在公开场合，该公司将其作为明确的原则，但私下里却一直模棱两可。就像一年后，歌手罗宾·西克（Robin Thicke）为他的歌曲《模糊的线条》（*Blurred Lines*）发布了一段视频，视频中模特们赤裸着上身走来走去。YouTube 以暴露女性胸部的画面有违指导原则为由，撤下了这段视频。但一些工作人员认为，这首流行歌曲显然符合该公司为视频创建的"艺术"豁免规则。在某次讨论这个问题的会议上，YouTube 的一位高级律师兰斯·卡瓦诺（Lance Kavanaugh）边开车边通过电话参会，当时一名同事不得不尴尬地向他描述整段视频的内容，以便他决定走猫步的半裸模特算是艺术还是色情。据一位当时在场的人士透露，一位高管赞同撤下这段视频，理由是："我妻子绝不会看这个。"但 YouTube 又把这段视频放了上去。后来，YouTube 的政策负责人维多利亚·格兰德在演讲中使用"模糊的界限"来形容 YouTube 严格的审查流程。

虽然 YouTube 依靠流行明星衡量其"艺术"价值，但对有政治或文化敏感性的视频则采取了更为自由放任的态度。格兰德在 2014 年的一次演讲中，将互联网称为"思想的市场"。

后来，当《查理周刊》杂志社遭到袭击时，谷歌买了一些杂志放在办公室里展示，以此表明其支持言论自由的姿态。

* * *

马克·利特尔注意到了另一种令人不安的力量。他的团队开始鉴定出假视频了。

一开始，Storyful 揭穿的只是一些小花招，比如在飓风艾琳过境期间，一条鲨鱼在被洪水淹没了的高速公路上游来游去的画面被疯传。一段视频声称拍摄的是一条河流 7 月份的样子，但当时那条河流实际上已经干涸了。Storyful 的工作人员感觉到有不对劲的地方，联系了其他调查员。他们还发现了一些视频的原音被配音覆盖。

但那时，利特尔遇到一个更为紧迫的问题：YouTube 希望 Storyful 能赚到有意义的钱。"有些内容开始让人觉得反感了，"利特尔被告知，"如果 YouTube 上都是让人不适的内容，那么孩子们就不会再看了。"优先事项不断发生变化。YouTube 曾希望关注世界大事，但似乎公司已经得出结论，支持新闻节目对它而言太过沉重了。YouTube 第一个赞助利特尔的人史蒂夫·格罗夫，已经转去谷歌的下一个重点项目——名叫 Google+ 的社交网络。利特尔后来的赞助人则试图朝着收购 Storyful 的方向努力，但始终没有成功。最终，一位 YouTube 经理建议利特尔稍微转变一下模式。**不如建立一个 *MCN* 公司?**

从一个外部人士的角度,利特尔觉得 YouTube 内部似乎有些混乱。殊不知,YouTube 自身在内部也开始有这种感觉了。

第 12 章
这能让船开得更快吗

拉里·佩奇身穿黑 T 恤和牛仔裤，对着麦克风轻声说话。他快四十岁了，头发已经花白，声音变得沙哑，听起来有点像"青蛙科密特"，这是声带疾病的征兆。但谷歌的这位联合创始人面带微笑，甚至显得有些得意扬扬。他的公司发展速度非常快，不得不将每周的 TGIF 大会转移到校园里一个大型露天剧场举办。佩奇在一个高高的舞台上主持会议，对面是一排排聚精会神的员工。

佩奇重新担任了 CEO。埃里克·施密特则在 2011 年初卸任 CEO 职务，担任董事长。（"谷歌不再需要成年人的日常监督了！"施密特发了这样一条推特。）作为 CEO，佩奇最担心的不是经济崩溃——2010 年谷歌销售额创下 290 亿美元的纪录——而是创新之死。也就是说，谷歌有可能变成下一个微软。微软曾经在技术领域占据统治地位，现在却变得庞大臃肿又官僚主义，它错过了在互联网和移动通信领域的两大消费趋势，目前的存在就像一个寓言故事，只能起到给人敲响警钟的作用。随着脸书和 iPhone 的崛起，佩奇担心谷歌可能也会走同样的下坡路。他阅读了一些关于成功的、有创新精神的 CEO 传记，还拜访了病中的 Apple

创始人史蒂夫·乔布斯。乔布斯告诉他,谷歌的战略"铺得太开了"。佩奇告诉下属,谷歌必须"集中力量办大事"。他取消了数十个项目,把投资集中在几个重点项目上,比如安卓——他非常重视的移动设备项目。一旦接受委员会的管理,谷歌的管理模式就变得更像 Apple。佩奇说过的话被奉为"拉里主义"。比如,所有人都应该"不安于现状","理性地藐视不可能"。"拉里主义"最重要的一条是"10 倍令"。意思是说:*既然你正在做那件事情,为什么不干脆把它的效果做大 10 倍呢?* 当谷歌的新网页浏览器 Chrome 未能实现其既定的使用目标时,佩奇反而要求制定更高的目标。当制造自动驾驶汽车的机器人专家造出可以在大学校园等封闭环境中行驶的车辆时,佩奇要求让车辆可以在各种道路上行驶。这就是"*10 倍令*"!

在 YouTube 内部,佩奇的"10 倍令"推动了在商业目标和公司运营方面的大举改革。短短几个月,YouTube 就为规模扩张和更多经济活动打好了基础,这超出了所有人的想象。这些变化有助于 YouTube 在商业上获得巨大成功,但也促成了一些不正当的激励措施,公司很快就因此陷入争议。

这一切都是从试图遵循一条"拉里主义"开始的,即"理性地藐视不可能"。每当重返 CEO 职位的佩奇与员工谈话时,他都会提醒员工,谷歌的野心是向几乎没有人看到其可能性的市场机会扩张。名为"Google X"或"登月工厂"的实验室里停放着一些无人驾驶汽车。谷歌还发起了研究人类寿命的实验——或者如果你愿意的话,可以称之为解决死亡问题的实验。在纽约,一群设计师和广告人组建了谷歌的创意实验室——一个旨在从技术中捕捉艺术感的工作坊,Apple 就曾因此获得了许多赞誉。

谷歌的吟游诗人、TGIF 大会的编剧克莱尔·斯塔普顿即将前往位于纽约的工作坊工作。她在动身前参加了最后一场 TGIF 大会。当佩奇向他的大部队讲话时，身穿白色上衣的斯塔普顿在台下靠墙而站，不希望被任何人注意到。佩奇脱离了剧本，在台上用他那科密特青蛙般的嗓音呼吁道："让我们为克莱尔·斯塔普顿以及她写的那些超级棒的电子邮件鼓掌，好吗？"斯塔普顿尴尬地捂住了自己涨得通红的脸。

"她显然有点害羞，"掌声落下后佩奇说，"看来她更喜欢通过电脑表达自己。"

过了几年，斯塔普顿在转到 YouTube 工作后，很喜欢回忆这段往事，这是她在谷歌工作期间最后几个亮点中的一个，之后事情就开始偏离正轨了。

* * *

佩奇回归后，YouTube 的彻底转变开始于一个天真烂漫的装置：办公室滑梯。

它在 2011 年夏季的一个星期一首次亮相，鲜红色的滑梯，巨大又滑稽——这个工业游乐场设备安装在 YouTube 新的办公场地，一次可以容纳三个人一起从三楼滑下。YouTube 员工人数增长得很快，于是买下了这处更大的房产，位于圣布鲁诺第一个办公室的对面。这座三层楼曾是 GAP 公司的总部，里面有一个宽敞的中庭，那是迎客区，从那里可以看到上面的几层楼，四周是高大的窗户，这让它看起来就像一个购物中心。滑梯是卡曼加计划的一部分，为了让 YouTube 的工作空间更有谷歌风格。谷歌在其他地方的办公室还有按摩室和私人厨师，这些特别的福利让公司成为舒适、令人向往的地方。在新的办公场地，YouTube 还有一面攀岩墙和巨大的电视屏幕（上面播放的是 YouTube 上的视频）。会议室的名字则根据热门视频不断更新。在一个星期一，滑梯正式亮相，YouTube 的所有人——从程序员到新来的身穿白色厨师服的公司厨师——都挤在栏杆旁，观看卡曼加和两位同事为他们的新福利揭幕。他们三个人手拉着手，以惊人的速度滑了下来，老板最后还尴尬地摔了一跤。

卡曼加的副手希希尔·梅罗特拉无法忍受这个滑梯的存在。并不是因为滑梯所代表的谷歌精神（Googliness），而是因为他的管理计划被这个滑梯破坏了。"指标狂魔"梅罗特拉希望给 YouTube 的办公桌装上轮子。因为谷歌有个理念——人员调动能激发创造力，在这个理念的指导下，YouTube 每隔几个月就会调整员工的座位安排。而对于后勤人员来说，这就是一场噩梦。梅罗特拉认为，如果能给办公桌装上轮子，就能减少调整座位带来的干扰。但是 YouTube 的不动产部门拒绝了这个建议，因为他们担心带轮子的桌子可能会不小心滑下滑梯。

桌子算是固定住了，YouTube 也停滞不前了。

2011 年结束时，梅罗特拉和公司其他领导对 YouTube 的停滞状态深感担忧。谷歌中最聪明的那些人都想为它的"登月工厂"或其他比较酷的项目工作。相比之下，YouTube 就像一个没有明确目标的谷歌合资团队。它有各种各样相互竞争的项目和利益——"头部"和"躯干"之间有竞争，新的秘密音乐服务［代号：Nirvana（涅槃）］和不再是秘密的"黑色行动"之间也有竞争。老员工觉得 YouTube 失去了一些原有的特点和魅力。"我们似乎变成了视频界的沃尔玛超市。"2010 年离职的开发人员克里斯·扎卡里亚斯回忆道。

随着 YouTube 的发展，试图对系统耍花招儿的视频上传者也越来越多。丹尼·戴蒙德并不是唯一一个在网站上发布虚假评论的人。有人根据 YouTube 主页上预览缩略图的显示方式猜测到，在视频标题中添加"……"可能会提高点击率（例如《震撼新作！快来看贾斯汀·比……》，点击进去，才会发现实际上并不是比"伯"）。2010 年，Apple 的 iPad 首次亮相，这是一款出色的平板电脑，人们只需触摸屏幕随意翻动，就能完成原本需要在电脑上才能做到的事情。数字盗版者发现，可以利用 iPad 把电影画面倒置过来发布，这样就可以避开 YouTube 的版权过滤器。YouTube 的程序员不得不修补这个漏洞。于是，一场没完没了的"打地鼠"游戏开始了，对手是试图卖弄技巧或篡改规则的狡猾的创作者。一位高管将他们比作"围栏旁的迅猛龙"。

其中有一群人特别麻烦。当时，YouTube 只允许参与了合作伙伴计划的创作者选择视频的缩略图，但其他用户发现了胸部视频帧会被自动提取为缩略图的规律。一群女性充分利用了这个规律。她们穿着低胸衫，盯着镜头，确保缩略图框中出现的是胸部画面，然后作为回复发布在热门视频下，这就算是搭上了热门视频的便车。那年夏天，这些"回复女孩"在网站上大肆泛滥。十五岁的男孩不可能不点击，YouTube 的算法系统不可能不推广。大多数点进去的观众会立即离开，但 YouTube 是从视频一开始播放就开始计算观看次数的。[在某些方面，这些女性就像硅谷有名的"增长黑客"(growth hackers)[①]，但与程序员不同的是，她们因为持续不断地做这件事而收到了死亡威胁。]YouTube 编写了专门的代码来阻止这些"回复女孩"。尽管如此，这一现象还是让公司内部的人普遍意识到，根据点击量来评判视频是行不

---

① 增长黑客是介于技术和市场之间的新型团队角色，主要依靠技术和数据的力量来达成各种营销目标，而非传统意义上靠砸钱来获取用户的市场推广角色。——译注

通的，点击量是个坏指标。

谷歌讨厌坏指标，要求每个部门每年起草年度业务目标。随着2012年逼近，YouTube 的董事们也聚在一起，带着笔记本电脑和瓶装水，坐在远离滑梯的会议室里，起草他们的年度业务指标。

当时 YouTube 的管理者都是男性。以卡曼加为首，他的性格最为内敛，是为数不多的能与佩奇交流的人之一。他的副手们则更活泼，更有主见，也更爱争论。当时在 YouTube 工作的一些人认为，**YouTube 的文化有很强的大男子主义倾向。他们信奉的是"努力工作，努力玩耍"**。梅罗特拉以爱玩竞技扑克游戏闻名，他经常熬夜在网上玩，喝苏格兰威士忌，熬到凌晨三四点才睡觉，休息几个小时之后就上班了，还能精力充沛地在下属之间周旋。职业生涯正值上升期的罗伯特·金奇尔完全跟得上好莱坞喧闹的节奏。迪安·吉尔伯特则被称为"拍桌官"。（在一次大吵大闹的关于奥运会直播的会议上，梅罗特拉站起身来，像棒球裁判一样，绕过会议桌径直走向吉尔伯特，对他咆哮道："我也会大喊大叫！"）在东京一场臭名昭著的聚会上，YouTube 员工纵情狂欢，把钱包和钥匙都弄丢了，还差点打起架来。有的员工在酒吧被抢劫了，但还是继续留在那里喝酒。这里很少有人谈论自己的孩子或家庭生活。即便在这样一个开放的时代，一名男经理离婚了都没告诉同事，因为他从定期工作评估（"校准会议"）中得知，谈论这样的私人话题，可能会让自己显得比较软弱。"我们可是宇宙的主人啊！"这名经理回忆道。

金奇尔通常会在周中从好莱坞飞过来，与其他高管会面，开展辩论。他们的工作是为 YouTube 撰写"谷歌福音"，即"目标与关键成果"（objectives and key results），神圣的 OKR。佩奇在谷歌早期就采用了这种管理框架，它渗透到了各方面。简而言之，OKR追踪了成功的轨迹和获得成功的方法。设置的目标必须能够激励人心，关键成果需要时间表和数据支撑。每个谷歌员工都有自己的OKR，按姓名排列在一个内部列表中。他们的升职、声望和奖金（有时可达七位数）都和OKR捆绑在一起。佩奇不在CEO位置上的时候，就已经使用OKR来行使权力了，当他返回CEO的岗位后，更是要求员工制定更为积极进取的目标。其中一个恒定不变的目标是提高搜索结果出现的速度。佩奇告诉员工，谷歌应该"让网页出现的速度就像翻杂志一样快"。佩奇很少到YouTube总部视察，有人记得，他在担任CEO期间只去过两次，但在鲜有的几次视察中，佩奇总会提到这项要求：让视频的加载速度更快。员工记得佩奇曾有一次在会议中间停下来，抱怨YouTube的缓冲速度，称之为"全谷歌范围内最大的问题"，这让YouTube感到非常尴尬。

因此，YouTube的宇宙大师们齐聚圣布鲁诺，希望能制定出让佩奇满意的OKR，解决其"回复女孩"的标题党问题，改善其停滞状态。他们思考能实现在硅谷备受推崇的"超增长"的方法。

YouTube的领导者们围绕三个故事展开讨论，寻求灵感。第一个故事来自欧洲的一位高管。他刚刚读了一本新出版的励志书，讲的是英国奥运赛艇队的故事。英国奥运赛艇队曾在2000年的奥运会上获得金牌，他们在训练时信奉一个简单的理念："这能让船开得更快吗？"每一个决策都是围绕这个理念做出的——桨手坐在什么位置，怎么锻炼，吃什么早餐，等等。赛艇队的一名成员写了一本关于这个理念的商业畅销书。"这能让船开得更快吗？"这名奥运选手写道，"如果可以，那就去做吧！"书中到处都是关于设定"疯狂目标"和培养"冷静头脑"的建议，还用上了"高绩效对话"和"重整旗鼓的能力"等企业专用语，堪称企业高管的猫薄荷。

他们喜欢的第二个故事和碳酸饮料有关。几年前，可口可乐公司的高管担心与百事可乐的激烈竞争会让公司的发展陷入停滞，于是决定重组。可口可乐认为，他们的目标不应该是碳酸饮料的市场份额，而是"胃容量大小"。这家软饮料公司随后收购了一些水和果汁品牌，彻底改造了自己。"我们的'胃'是什么？"YouTube的老板们在会议上问。

第三个灵感来自金奇尔。这位曾经的高山滑雪运动员讨厌优柔寡断，觉得公司总部的曲折路线阻碍了他的团队的发展。"你不能一直这样对我们——不告诉我们什么是重点。"金奇尔对同事们说。他经常提起他的老东家网飞公司。网飞公司的CEO曾设定过一个疯狂的目标，即数字用户量达到2000万。这个当初让人觉得遥不可及的可笑的目标，在那年1月份真的实现了。

可口可乐的"胃"对于YouTube来说是什么？这个问题很快就得到了答案。YouTube在数字视频方面的业绩超过了Dailymotion和blip.tv等竞争对手。它的"胃"显然是电视，一个价值4500亿美元的市场。和网飞一样，YouTube也可以设置疯狂的目标，YouTube的高管们为此使用了一个风靡技术界、毫不掩饰其大男子主义色彩的用语——"宏伟、艰难、大胆的目标"（big、hairy、audacious goals，简称BHAG）。但是，"船"的事就比较难了。梅罗特拉打开了YouTube的指标列表，这个表格名叫"RASTA"[①]，上面列有YouTube跟踪统计的所有数据，包括浏览量、订阅量、独立用户、新用户、日活跃用户、点击率、浏览时间、访问时间、喜欢、不喜欢、评论等——这张列表似乎

---

① 这个工具的名称缩写一开始非常长，但有人喜欢拉斯特法里（Rastafarian）文化，所以就用了"RASTA"这个名字。

可以无穷无尽。为了能真正聚焦，让船开得更快，他们觉得必须在这些目标中挑选出一个最重要的。

* * *

在 YouTube 的领导开会期间，克里斯托斯·古德罗（Cristos Goodrow）发了一封电子邮件。为了获得最高关注，他把邮件发给了所有领导，并起了一个引人注目的标题：《观看时间，只有观看时间》。

在来 YouTube 工作之前的二十多年里，古德罗为硅谷的公司和谷歌搜索编写软件。在 YouTube，古德罗负责搜索和"发现"。YouTube 称其系统为"发现"，该系统让视频像深埋的宝藏一样浮现出来。古德罗留着海军陆战队队员一样的短发，身材也像海军陆战队队员一样。作为一位数学家，他立即意识到 YouTube 的问题所在，而且发现 YouTube 缺少明确的行动指令，建议重新调整 YouTube 的机器，让它们只青睐一项结果：人们观看视频的时间长度。"在所有其他条件都相同的情况下，我们的目标是增加观看时长。"他在电子邮件中写道。古德罗喜欢和其他程序员讨论这个想法，争论世界上最大的两个搜索引擎——谷歌和 YouTube 之间的区别。他让同事在 YouTube 上输入"如何打蝴蝶结"，设想搜出来的结果是两个视频：一个视频时长 1 分钟，是一个关于打蝴蝶结的简短教程；另一个视频时长 10 分钟，在教程中揉入了笑话，也许还有歌曲。"你更喜欢哪个视频？"古德罗问道。

"当然是第一个。"一位谷歌同事回答。

愚蠢的谷歌。古德罗更喜欢第二段视频。这违背了谷歌的逻辑：当网络冲浪者在搜索框中输入信息时，谷歌衡量成功与否的标准是把他们送到另一个网站的速度（如果可能的话，最好是送到为谷歌支付广告搜索费[①]的网站）。但**古德罗认为，从逻辑上讲，在 YouTube 上，人们逗留的时间越长，说明他们越快乐。"这是一个良性循环。"**他后来在一本关于 OKR 的管理学书籍中写道，"我们的工作是保持 YouTube 对人们的吸引力，让人们在 YouTube 上多待一段时间。"古德罗把他的电子邮件调整成一份很长的开放式文档，挂在谷歌的内部留言板上，这种积极进取的行为会受到谷歌的奖励。（一位曾经的同事调侃古德罗是个"全优生"。）

在 YouTube 的高层看来，古德罗的建议似乎言之有理。他们也就打蝴蝶结的视频问题辩论起来，并一致认为，奖励视频观看时长比奖励点击量的做法要好。他们还讨论了其他指标，包括年收入至少六位数的创作者应占多大比例，以及广告销售额的指标问题。但他们形成了一个共识：谷歌的劲敌、冉冉升起的脸书，不仅账号数量多，而且能让人们保持参与度，电视当然也做到了这一点，因此，YouTube 应该着力于推广能让人多看一会儿的视频，从而保持人们的参与度。

这能让船开得更快吗？既然可以，那就去做吧！

现在他们只需要确定一个"宏伟、艰难、大胆的目标"了。他们经常谈到，希望有一些有"黏性"的东西——目标是可以让观众保持关注，并将其作为一种持久性的企业战略。他们做了一些计算，结果显示，人们在互联网上最常去的脸书（脸书和谷歌的关系相当于百事可乐和可口可乐的关系）每个月吸引大约 2 亿小时的用户时间，非常有黏性。电视是个大胃王，占据了美国普

[①] 或者说谷歌至少曾经这样做过，但后来它开始通过搜索结果鼓励用户使用自己旗下的服务，这在公司后来遭到的反垄断诉讼中成为一个争论的焦点。

通民众一天中4~5个小时的时间，这还要取决于是谁在做这个计算。YouTube上当时每天的视频浏览时长约为1亿小时。那么，就把1亿小时乘以10吧。

梅罗特拉离开会议室，直接奔向他的数据科学家。"观看时长达到10亿小时意味着什么？"他问，"我们什么时候有可能实现呢？"

* * *

在次年于洛杉矶举行的YouTube年度领导峰会上，梅罗特拉宣布了新的OKR：YouTube将努力在未来四年里，实现每天10亿小时的观看时长。"听着，我知道你们心里都在想什么，"梅罗特拉开始说，"你们肯定觉得这不可能。"梅罗特拉在接受过数据科学家的培训后，像一位激动的TED演讲者一样向观众讲话。他带着观众一起计算，并解释道，每天10亿小时，将是脸书浏览时长的5倍，达到互联网上最长观看时长。然后他还补充了一句俏皮话："虽然仍然只占电视的20%，但我们的胃口就这么大。"

接下来的几个月时间，YouTube的所有团队都逐渐得知了这个大胆的目标，其目的是让YouTube能够赶上拉里·佩奇为谷歌制定的其他宏大目标。现在，广告销售人员的业绩指标变成了每小时观看能带来多少收入，参照有线电视的标准判断。据计算机网络部门估计，每天达到10亿小时的观看时长，意味着YouTube要消耗的整个网络带宽是目前的近两倍之多。为了模拟这种情况，该部门绘制了一张轨迹图，他们称之为"刷爆互联网之图"。古德罗手下的程序员开始重新设计YouTube的搜索和推荐系统，以便推广有望产生最长观看时长而不是最多观看次数的视频，即那些能让他们的船开得更快的视频。

但是有一个团队对此事并不热衷。陈冰（Bing Chen）最近刚刚加入YouTube，负责与YouTube上最热门的创作者合作。2012年年初，他收到了梅罗特拉的电子邮件，邀请他前往圣布鲁诺一个被开玩笑地称作"产品窝"的会议室开会。在设定这个大胆的目标之前，YouTube希望在其算法中进行测试，看看把观看时长放在首要位置能产生怎样的效果。在"产品窝"里，陈冰得知他有五天时间为创作者准备一份解释说明，告知他们将要发生的改变。陈冰在震惊中离开了。他知道，许多YouTube用户已经学会了如何在一个奖励观看次数而不是视频长度的系统里发展，甚至以此谋生。这个改变可能会在一夜之间让他们所有的努力化为乌有。

陈冰和他的同事艰难地组织语言，终于写出一篇博客文章来发布这个消息。文章写完后，他们决定不在上面署名。他们料到这件事的进展不会很顺利。

第 13 章

游戏视频的兴起

**2012 年 3 月 9 日 YouTube 团队发的博客：
《关于相关视频和推荐视频的调整》**

你上一次来频道里冲浪时，是喜欢（或记得）匆匆浏览过的那 20 个电视节目，还是喜欢（或记得）那些让你从头看到尾的节目？你会把匆匆浏览过的那 20 个视频推荐给朋友，还是会把你真正全部看完的那些推荐给他们？为了让你在 YouTube 上观看到更有趣、更难忘、更值得分享的视频，我们正在更新"相关视频"和"推荐视频"，以便更好地为观众提供喜爱的视频。

特雷弗·奥布莱恩（Trevor O'Brien）坐在 YouTube 一个玻璃镶板的会议室，看到一位同事在外面疯狂地上蹿下跳。那是一位负责付费创作者相关事务的经理，看他的口型似乎正在叫特雷弗的名字。特雷弗——特雷——弗！奥布莱恩走出会议室查看情况，那位经理告诉他："你的算法有个问题。"

奥布莱恩负责 YouTube 的搜索产品。他整个人就像是从谷歌产品经理的模子里刻出来的——非常健谈，熟悉软件，人际交往技能比程序员要好。YouTube 将系统模式改为侧重于观看时长这个指标之后，立即给某些创作者造成了不利影响，一些工作人员还没有为此做好准备，于是就将责任归咎于电脑漏洞。但系统的确是按照预设模式运行的，机器现在推荐的都是能长时间吸引眼球的视频，疯狂点击会受到惩罚。《大卫看牙医之后》是关于一个可爱的小孩子的热门视频，孩子的爸爸惊慌失措地联系 YouTube：该视频有播放广告的资格，但浏览量几乎腰斩。虽然没有人在后台"分析"页面上为创作者更新"观看时长"数据，即使更新"观看时长"数据也无济于事，因为创作者能看到"浏览量"数据。他们看到了浏览量暴跌，但却不知道为什么。

YouTube 必须让创作者相信，观众即便点击了视频，也并不一定会留下来把视频看完。奥布莱恩建议同事们这样告诉创作者："相信我们，优质的浏览是我们关注的重点。"

没过多久，奥布莱恩自己就被推进狼口了。他飞到洛杉矶，向 YouTube 最大的制作人解释，为什么 YouTube 对他们的业务造成重创。奥布莱恩会见了迪蒙德传媒的人。迪蒙德传媒公司旗下拥有一些 YouTube 大号，比如发布工厂风格短视频的 eHow，专为搜索实用性教程的用户制作内容（《如何给狗洗澡》《如何当餐厅服务员》等）。迪蒙德传媒一度声称自己是 YouTube 最大的视频供应商，但现在它的流量锐减。为了解决这个问题，迪蒙德传媒提出制作时间更长的视频。奥布莱恩解释说，这不一定能起作用，因为注重观看时长，是为了奖励那些人们真正想看的媒体内容。他把 YouTube 的推荐系统比作餐厅评论员的推荐系统。"我们只是为了确保人们能找到最好的视频。"他说。

在与另一家 YouTube 大型工厂"引擎电影"的会面中，奥布莱恩向该游戏网络的一位高管做了那套常规性的解释，但这位高管希望奥布莱恩能告诉他答案。引擎电影应该换一些作品吗？应该把视频的引子部分拍得更长吗？

"不是的，"奥布莱恩回答，"你不像机器一样思考。"

机器喜欢的是那些能让人们忍不住持续观看并能因此在 YouTube 上留下来的视频。奥布莱恩给他提了更多的建议。比如，发表评论比点赞要花更多时间，所以算法给评论的权重比给点赞的权重多。后来，令奥布莱恩惊讶的是，这位高管来圣布鲁诺拜访，还带来了根据奥布莱恩的建议为引擎电影办公室制作的精美海报。奥布莱恩心想，为了能赢，他们真是每一个词都听进去了。

* * *

这不是 YouTube 创作者第一次感到被 YouTube 背叛。前一年夏天，YouTube 对网站施行了昵称为"宇宙熊猫"（Cosmic Panda）的时髦大改造。他们表示这是一次急需进行的全面设计改革——因为科技博客 TechCrunch 称 YouTube 网站"非常丑陋"。这同时也是一次集中性的尝试，是为了让观众的注意力不要仅仅集中在靠点击率上热门的视频上。**YouTube 很快就在主页上增加了一栏，突出展示频道，作为 YouTube 宇宙的导览［代号：Hitchhiker（搭顺风车者）］，还增加了一些功能，让每个观众都可以根据自己的浏览历史和浏览习惯进行个性化订阅，就像脸书一样。**

乔·宾纳（Joe Penna）是一位和蔼可亲的巴西音乐家和定格动画师，在 YouTube 上的昵称是"MysteryGuitarMan"（神秘吉他手）。他经常与F胖合作，优雅、迷人的短视频让宾纳成为YouTube上为人们熟知的明星。在VidCon上，他在YouTube演示"宇宙熊猫"弹吉他伴奏。所有人都鼓起了掌，YouTube还发放了熊猫形象的赠品。然后，宾纳回到家中，看到自己的浏览量暴跌了约60%，这是因为新的网站设计让观众远离了像他这样的热门创作者。几个月后，当YouTube开始重视观看时长时，这一趋势更加恶化了。宾纳的经纪公司Big Frame（大框架）跟踪了几个YouTube博主的数据，发现其浏览量都差不多在一夜之间大幅下降。YouTube发了一篇博客介绍这个转变，但里面并没有提供什么有用的建议：

> 如何适应这些变化？做你一直以来做的事——制作吸引人的精彩视频。不管你的视频的长度是1分钟还是1小时。

宾纳的大多数视频长度只有1分钟，但都是他花了几个小时甚至几天时间制作出来的，这样人们才会前来观看。"它掀起了一场风暴，"Big Frame的联合创始人、乔·宾纳的妻子莎拉·宾纳（Sarah Penna）回忆道，"对于那些真正有创造力的人来说，它相当于把房间里的氧气都给抽空了。"Big Frame的一位客户受到了更大的打击。2012年年初，达斯托姆·鲍尔的音乐频道每月能获得约900万次浏览量，这让他成为YouTube上最著名的黑人创作者之一。出道以来，鲍尔的技能越来越丰富，他每段视频的开场白用的都是一句标志性的口号："世界，你怎么了？又是一天，又是一个挑战。"他还将自己包装成一个独特的品牌，这种做法多年以后才得到普及。但是YouTube突然改变了算法，他的浏览量和收入都没了，他的账号到处都是问题。有一年多的时间，鲍尔和莎拉·宾纳都在与 YouTube 的工作人员进行拉锯战，直到 YouTube 的一位代表终于承认确实存在问题。

撇开故障不谈，YouTube 对其新算法百般维护。在算法推出后的一段时间里，整个网站的浏览量下降了 25% 左右。由于广告销售与浏览量挂钩，YouTube 的总收入也随之下降。**但对 YouTube 来说，为提高质量付出代价是值得的**。它的新系统的确在很大程度上打压了"标题党"的气焰，如"回复女孩"等。总体而言，从理论上、计算上来说，这都是为人们提供他们真正想看的视频的最佳方式。如果代表某些创作者（如鲍尔）进行干预，则会违背 YouTube 的公平立场。

但从外人的角度来看，确实好像是 YouTube 抛弃了鲍尔这位为数不多的黑人商业伙伴。鲍尔写了专栏文章，历数自己所做的努力，标题为《我能指望 YouTube 吗？》：

> 有些人认为这很容易。"你只需要制作视频，然后发布到 YouTube 上，对吧？"错了。这是一份全职工作……和电影或电视不同，YouTube 上没有淡季……当一切正常时，你就站在世界之巅。然而，因为这已经成为我们的工作，成为我们生活中的一大部分，一旦出了问题，YouTube 就变成了活生生的地狱。

鲍尔很快就停止在 YouTube 上发视频了。

其他人则努力寻找适合这个新时代的视频形式。订阅量最大的账号 Smosh 开设了一个游戏频道作为短剧的补充。经纪人丹·韦恩斯坦正在为 YouTube 上热播的《超级开饭时间》（*Epic Meal Time*）准备一档电视节目，这是一个顶级的肉食类烹饪节目，但浏览量也暴跌了90%。"the Annoying Orange"——YouTube的CEO一年前在舞台上向人介绍的这个会说话的水果频道，也遭受了浏览量的下降。

一些YouTube博主确实发现了一些有效的对策：制作类似调频广播上播放的那种节目时间很长的每日脱口秀——这种视频形式很快就会大规模爆发。

F胖从小道消息得知了YouTube在算法上所做的改变。YouTube的大部分内部运作方式，什么方法有用，什么方法没用，都作为民间智慧在聚会或派对上、在YouTube内容创作者中口口相传。"现在要变成这样了。""真的吗？你怎么知道的？"没有人真正知道。但几个月后，主要方法明确了：只有观看时长有用。F胖在YouTube起步时，仔细研究过让视频一夜疯传的原理，经过测试，他得到了正确的公式。现在这个公式让人感觉非常简单，他意识到："我们只需要增加几分钟的时间。"一位曾与F胖共事的经纪人回忆道，YouTube的转变吸引了一些高产量、低成本视频的创作者，"让他们平步青云"。然而不久之后，F胖就注意到信任赤字越来越大。**YouTube发布了一项新功能，让创作者可以自主设定上传时间，可以在观众观看率最高的时刻定时发布视频。**这虽然很方便，但F胖认识的人中没有一个使用这项功能，因为他们太担心机器会把一切都搞砸了。

F胖还注意到另一个变化。在第一届VidCon上，他羡慕地看着几十名渴望成功的YouTube博主手持摄像机在酒店里四处奔走，互相给对方拍摄。2012年，VidCon将举办地换为迪士尼乐园附近的阿纳海姆，F胖看到的则是成群的参会者手持相机，保持一臂距离，将镜头对着自己。

*　*　*

YouTube 转为以观看时长为重点之后，"Let's Play"这个类型成为最能盈利的视频形式。这个系列是游戏玩家录制自己玩热门游戏或极为怪异的游戏，并邀请粉丝观看的视频。类似《我的世界》这种新奇的游戏正处于爆发期，为电脑量身打造了各种版本，价格高昂的游戏机不再独步天下。视频游戏中还融入了叙事元素，让玩家恨不得一口气刷完。

"Let's Play"类型出现了一位冉冉升起的大明星。

PewDiePie：趣味游戏蒙太奇！
2012 年 10 月 28 日　11：00

这是一段集合了很多热门视频的剪辑，比热门电视节目的评分还高。菲利克斯·卡尔伯格，即 PewDiePie，出现在屏幕的一角。他一头金发，胡子拉碴，戴着巨大的耳机，正在解说屏幕上出现的游戏，连笑带骂，模仿《南方公园》的卡特曼（Cartman）。20 多个游戏视频的片段拼接在一起。"我现在太害怕了。"他一边说，一边讲解着一个杀人的恐怖游戏，这是他擅长的领域。（继续发出尖叫声。）9 分钟后，卡尔伯格打开了粉丝寄来的包裹，里面是一只避孕套。"兄弟们，保持精彩。"他读道，露出了像高飞狗（Goofy）一样的笑容。

卡尔伯格非常适应 YouTube 的转变。YouTube 想要更多海外的创作者，卡尔伯格正是如此，而且他凭直觉就理解了 YouTube

的目的。他在一个每周更新的新系列《与PewDiePie一起过周五》中，开始更多地展示自己，直接对观众讲话。"我的粉丝并不怎么在意视频是不是专业的高端制作，"他在一次采访中表示，"是电脑屏幕前的那份孤独感，让我们走到了一起。"也许更为重要的原因是，PewDiePie的游戏视频在搜索结果中出现的频率很高。在他这段蒙太奇视频下面，列出了他玩过的一系列游戏的链接和标题。YouTube的系统抓取了这些关键词，当人们搜索这些游戏或观看类似的视频时，PewDiePie的视频就会被展示出来。

在YouTube不断发展的商业活动中心，所有人都注意到了这一点。游戏玩家吸引了大量年轻的男性观众，这对某些广告商来说是件好事。在丹尼·扎平的创客工作室，这些商业领袖们注意到，和其他玩家相比，蓝眼睛、帅气的卡尔伯格吸引了更多的女性观众。

对于创客工作室来说，"Let's Play"给它提供了一个彻底改变商业模式的机会。创客工作室招募了更多的YouTube网红，甚至包括一些名人，如史诺普·道格（Snoop Dogg），让他们在新办公室里拍摄视频，那里有一块高大的绿幕。2011年年初，创客工作室的网络中已经有150个频道，每月在YouTube上的浏览量超过3亿次，可以和整个电视网相较。扎平已经获得了150万美元的风险投资。但创客工作室许多频道制作视频都需要脚本，成本很高，来自YouTube的广告收入并不总能覆盖其费用支出。一旦YouTube转为以观看时长为重，经济问题就变得不容忽视了。游戏玩家则只是把自己一边玩游戏一边聊天的样子拍下来，也许会做一些剪辑，添加一些动画，但他们通常会直接把视频上传到YouTube，不需要任何制作费用，也不需要高大的绿幕，粉丝们却能看上10分钟或更久。YouTube早期的税务员大卫·西弗斯已经开始运营创客工作室的新游戏项目，曾经的教会青年领袖也迷上了这位爱爆粗口的"Let's Play"大师——PewDiePie。

面对YouTube的转型，加上风险投资目标带来的新压力，创客工作室对游戏网络引擎电影发起了一场突袭。创客工作室承诺给这些YouTube内容创作者提供更好的财务条件，以此吸引他们加入。在这场突袭的过程中，创客工作室的管理层注意到，引擎电影与卡尔伯格签订的"永久性"合同并不十分严谨，这让卡尔伯格得以逃脱。卡尔伯格一脱离引擎电影，就与创客工作室签了约，之后PewDiePie的浏览量继续一路飙升。在卡尔伯格的订阅量超过300万后，创客工作室决定为他举办一个派对，让这位游戏玩家位列YouTube的上层梯队。创客工作室的工作人员为派对制作了一张庆祝这个订阅量的宣传单，但后来又不得不将其销毁，因为就在他们策划派对的过程中，PewDiePie的订阅量超过了400万，而且还在继续上升。最终，他们举办了一场庆祝600万订阅用户的派对。

创客工作室在卡尔弗城租了一个仓库，雇来了卖墨西哥煎玉米卷的卡车，邀请了几百号人。卡尔伯格受宠若惊，他没有什么别的要求，只是对一位工作人员说："我听说在美国，你们可以把脸埋进蛋糕里。"工作人员真的这么做了。

* * *

2012年4月12日YouTube团队发的博客：
《成为YouTube创作者，给你带来更多回报》

我们的合作伙伴已经开始制作能够吸引到大量忠实观众

的视频了，同时他们还建立起了自己的事业。但我们知道，还有更多的创作者尚未施展自己的才华。不管他们的目标是什么，我们都想帮助他们实现。

对 YouTube 来说，那个春天异常忙碌。在算法改变一个月后，公司又做了一项惊人之举，同样产生了重大影响：YouTube 打开闸门，让几乎每个人都有了赚钱的机会。

五年前，YouTube 开始与少数创作者分享广告销售收入，这类创作者的数量后来增加到了约 3 万。但 YouTube 的领导们对此并不满意。首先，经济机制没起作用。麦迪逊大道的营销人员已经开始在 YouTube 上预热，但 YouTube 这项服务的影响范围非常广，还吸引了海外观众，但因为 YouTube 还没有在那里铺设数字管道，无法播放很多广告，甚至可能一条广告都不能播。另外，一些创作者担心会冒犯到他们的观众，还是关闭了广告功能。这种情况使得 YouTube 上可供使用的广告位相对其盈利能力来说非常短缺。几年前，吉尔伯特与 YouTube 的特设委员会发生争论时，梅罗特拉也遇到过类似的困境。很显然，有一个类似的解决方案：为广告提供更多空间。

此外，这个领域似乎有失公平。创客工作室和引擎电影这样的 MCN 公司一举占领了数百个频道，部分原因是这是一种能让很多 YouTube 博主最容易获得报酬的方式。MCN 公司由此成了网红孵化者。YouTube 不喜欢网红孵化者。卡曼加和梅罗特拉经常宣扬他们的一个原则，即 YouTube 应该提供"一个公平的竞争环境"。一个公平的竞争环境能让创作者、公民、化妆视频博主与名人、新闻主播、时装设计师平起平坐。对于某些因算法的改变而焦头烂额的 YouTube 内容创作者来说，让更多人有机会分享广告收入相当不公平。但对于以整体数据为研究对象的 YouTube 来说，这就像是在四处散播财富。

因此，YouTube 开始允许所有上传者申请广告权限，只要他们不经常违反版权规定，或不违反其他关于反对仇恨言论或暴力画面的规则。于是，有播放广告权限的频道数量从 3 万个增加到了 300 多万个，一夜之间，YouTube 笨重的"躯干"和"长尾"部分迅速膨胀起来。毫无疑问，这是在大众媒体和互联网自治领域最大胆的一项实验，创造出了有史以来最庞大的网络经济体之一。

事后看来，许多参与其中的人都会发现，让数以百万计的人在谷歌的支持下几乎不经过任何审查地"秀出自己"，这种做法存在一些缺陷。YouTube 的一些人后来表示，他们曾提出要为广告的播放设置门槛，比如需要达到一定的浏览时长。内容部门主管迪安·吉尔伯特则重申了他的理念，即"像素各有不同"，不同类别的视频有不同的广告费率。但主张公平竞争的一方占了上风。

在回顾的时候，有人还回忆起他们犯的一些其他错误。YouTube 没有将观众举报为"不合适"或"不受欢迎"的视频的观看时间比重计算在内。在准备广告扩大计划的时候，工作人员没有充分讨论究竟谁有权"通过网站访客赚钱"。他们最主要的担心是，许多创作者会意识到，他们无法获得足够的关注量来赚取赖以维生的收入。大多数人都赚不到钱，但许多人仍会尝试。

第 14 章

没有"营养"的儿童视频

哈里·乔(Harry Jho)读了一封邮件,但他并不相信里面所写的内容。这是 YouTube 公司的"人类"员工发来的吗?不是机器?他早就放弃了和 YouTube 公司的任何人说话。有一次,在一个活动中,一位员工递给他一张名片,这是一个充满希望的迹象。但当他低头去看名片时,发现上面只有一个电子邮箱地址——support@google.com,没有任何人名。

哈里·乔在华尔街工作,在美国银行担任证券业务律师。他还和妻子索娜(Sona)一起经营 YouTube 频道"鹅妈妈俱乐部",上面有一群五颜六色的动物唱童谣。20 世纪 90 年代,这对夫妇曾在韩国做英语老师,后来哈里进入银行业工作,拥有哈佛大学教育研究生学位的索娜,则为公共电视台和当地的公共电视网制作节目。乔夫妇是韩裔美国人,他们有两个年幼的孩子。他们注意到儿童电视节目上很少出现韩国人的面孔。作为教育工作者,他们还发现了电视节目在教学方法上的不足。为了学习,应该让孩子们看到嘴唇的动作,但巴尼(Barney)的嘴从来没有动过,"小小爱因斯坦"则主要在展示玩具。于是,他们建立了"鹅妈妈俱乐部"，投资了一家工作室，并聘请了一批各具特色的演员穿上动物服装，演唱《可爱的小蜘蛛》和《滴答滴答钟声响》。就像天线宝宝一样，但不至于那么笨拙。乔夫妇计划向家长们出售DVD，引起他们的兴趣，并考虑制作一个电视节目。他们发现YouTube是个存放视频的好地方，于是2008年哈里·乔在上面开了一个账号，并没有过多考虑其他问题。

两年后的一天，哈里·乔下班后看了一下账号的数据：1000次浏览。第二天他又看了一下：1万次。他发现YouTube上没有什么其他的儿童视频。他想，也许我们可以成为第一个在YouTube上制作儿童视频的人，不用做电视节目了。至少在尼克国际儿童频道占领这一领域之前，他们是第一个这样做的人。

那是2011年的春天，来自YouTube的"人类"发电子邮件邀请乔前往谷歌的曼哈顿办公室。工作人员向乔展示了他们重新设计过的网站，并分享了一些技巧。最后，乔问了一个他很想问的问题："你为什么找到我们？"

"你们有望成为全纽约市最成功的YouTube博主。"这位工作人员回答。这对于乔来说算是个大新闻。

哈里和索娜都是专业人士，说话温和，戴着眼镜，穿着得体，看起来更像家庭教师协会的家长，而不是YouTube上的网红。iPad早在一年前就问世了，这为那些被蹒跚学步的幼儿折腾得筋疲力尽的父母提供了一个便捷设备。YouTube很快就添加一个自动播放功能，可以自动连续播放视频。和谷歌的人开完会之后，乔夫妇账号的流量继续上升，YouTube给他们开通了广告权限。一年后，YouTube开始优先考虑观看时长，很快就出现了鹅妈妈俱乐部的同类账号。最开始出现的是BluCollection，这是一个匿名账号，视频中只显示一名男子的双手在地板上挪动玩具的画面。

乔夫妇看着这些视频一个接一个地出现在他们视频旁边的边栏中，类似的视频紧随其后，占据了整个边栏，之后他们就看到这些视频占领了YouTube。

* * *

家长和一些官员一直很关心孩子们在看些什么节目。20世纪70年代，一个由一些倡导者和教育工作者组成的联盟，曾推动电视网播放动画片《芝麻街》，还推动政府对儿童电视节目中的商业活动加强监管，他们担心孩子们无法将节目本身和广告区分开来。星期六上午播出的动画片中禁止推销产品。1990年的一项法律，即所谓的《儿童电视节目规则》[1]，进一步要求面向儿童广播的广播公司必须播放一定时间的教育节目，并对广告的播放频率设定了时间限制。电视网曾试图违反规则，但监管机构威胁要吊销其营业执照。

然后，网络空间就来了。1995年《时代》周刊上一张令人警醒的封面显示，一个金发男孩坐在键盘前，眼睛里闪烁着恐怖的微光，下面写着"网络色情"一行大字。"当孩子们接触了网络，他们会看到人类性行为中最丑恶的一面吗？"《时代》周刊问道。然而，负责管理现代互联网的立法者太过于关注性和暴力内容带来的威胁，以至于忽视了一些其他问题[2]，例如媒体上教育内容的平衡问题，以及无节制消费主义对成长的潜在影响。隐私维权人士担心，像谷歌的网站浏览信息数据等网络追踪程序无处不在，

---

[1] 最终规定每周播放3小时的"教育"节目，商业广告每小时只能播放12分钟，周末更少。
[2] 极端保守的家庭研究委员会（Family Research Council）负责人在表示支持1996年制定的《通信规范法》（*Communications Decency Act*）时说："我希望这个国家能够重视孩子、尊重美德。"

他们敦促国会监管儿童上网浏览的行为。还有一些网站公开邀请孩子们分享各种个人信息，用于营销目的。电影《永远的蝙蝠侠》的一个宣传网站上写道："网络的好公民们，请帮助戈登警长完成哥谭市的人口普查。"1998年，维权人士获得了一个小小的胜利——《儿童在线隐私保护法案》发布了，该法案禁止网站收集十三岁以下未成年人的信息用于有针对性的广告宣传。但这项法案没有把执法权交给电视监督机构（联邦通信委员会），而是交给了一个完全不相干的机构（联邦贸易委员会），而且法案中没有任何关于电视教育节目或商业广告的规定。传统媒体上至少还有关于人员的规定，比如加利福尼亚等州对儿童演员在影视节目中出演的时间加以限制，并为他们的收入设立了一些保障措施。互联网上则没有这些规定。

但孩子们显然正在涌进互联网，大型儿童娱乐中心也迫不及待地跟着他们一起转移到了网上。

YouTube很早就发现了这种迁移的趋势。YouTube副总裁凯文·多纳休曾是卡通频道的制作人，在YouTube被谷歌收购之前，他建议YouTube的创始人制作一个儿童版的YouTube网站。YouTube的创始人让他和公司律师聊一聊，律师让他打消了这个主意。根据《儿童在线隐私保护法案》的要求，YouTube要想做成儿童版的网站，得像耍杂技一样操作一番，而YouTube当时人手有限，并且需要把所有的法律资源都集中在解决版权问题上。YouTube还要求上传视频的人必须在一个选项上钩选，声明他们已年满十三岁。网站的服务条款声明，该网站只适用于十三岁以上的人群，因此理论上它必须做到这一点。

谷歌也得出过类似的结论。它的宿敌雅虎，曾经运营过一个儿童网站（少年雅虎）。每年都有几次，谷歌中会有人提议建一个儿童版的谷歌搜索。问题的症结始终没有得到解决：怎样确定什么样的内容适合儿童？在 BluCollection 出现之前，乔夫妇并不孤单。谷歌中一些做了家长的员工发现了一些明显是为幼儿制作的童谣、基础教学和玩具剪辑，对它们的质量感到担忧。"简直是一堆垃圾。"一位母亲回忆道。

任何关于清理垃圾的提议都必须由产品经理亨特·沃克经手，他曾试图取消整个评论区。沃克认同 YouTube 的青年文化，了解孩子的世界；他在商学院读书期间，曾在美泰公司[1]实习，还在一家儿童书店打过工。然而，当同事们提议建一个儿童版的 YouTube 时，他拒绝了，理由是，YouTube 根本没有足够的优质儿童素材，充其量只能做成一个糟糕版的有线电视。（维亚康姆旗下有尼克国际儿童频道，因此 YouTube 没法获得尼克国际儿童频道的节目资源。）YouTube 上有一些经典的电视节目，如在第二届 VidCon 上播放过的《芝麻街》片段，但 YouTube 称这些节目为"怀旧内容"，而不是儿童内容。员工知道像弗雷德这样的年轻人很受欢迎，但弗雷德的观众大多是已经厌烦了电视的十几岁的青少年，而任何十三岁以下的孩子都会在成人的监督下看 YouTube 上的视频，就像网站上那些字体小到难以辨识的条款中所规定的那样。

但越来越多显然是为小学生甚至学龄前儿童制作的内容不断涌入网站，YouTube 的一些员工觉得他们必须得做点什么了。2011 年年初，沃克因手腕反复疼痛性劳损，休养了一段时间。那年秋天，他带着一个还不太成熟的想法回来了——"YouTube 向善"（YouTube for Good）。这是一个拼搭项目，目的是为活

---

[1] 全球最大的玩具生产商之一。——译注

动人士、非营利组织和学校改进相关功能。大多数学区都屏蔽了YouTube，对它的免费网络心存戒备。但教育类视频正在蓬勃发展：格林兄弟有自己的节目，对冲基金分析师萨尔曼·可汗（Salman Khan）[1]开始在可汗学院频道上传数学课程，成为硅谷致力于颠覆高等教育浪潮的一部分。于是，沃克牵头为这些创作者起名"教育博主"（EduTubers），给他们提供工具，帮他们获得关注。他游说学校和政界人士，告诉他们YouTube能给学生带来的好处。YouTube认为，如果允许YouTube进入校园，YouTube上会出现更多优质的儿童内容。

沃克"YouTube向善"项目的另一个目的是让网站看起来更加体面。程序员制作了一个工具，可以对视频中的人脸做模糊处理，这样抗议者上传视频后，就不必太担心会给自己带来不良影响。某个团队开发了一个功能，可以将YouTube视频的相关推文和其他在线聊天内容发布到网站及其主页上，让人有一种新闻网站的感觉。早些时候，为了推广频道创意，沃克将YouTube命名为"世界的客厅"（让电视一边儿待着去吧）。现在，他又把这里打造成了"世界的教室"和"世界的城市广场"。

然而，就在YouTube试图打造一个教育和健康的形象时，却没想到一头奇怪的野兽已经出生在其围墙内，而且正在朝着另外一个方向猛冲。

* * *

一如既往，这头野兽首先在数据上体现出来。YouTube的一些酷猎人，即以前的主页策划编辑，已经转移到一个名为

---

[1] 可汗是梅罗特拉的大学同学，在YouTube上很受欢迎。

"YouTube趋势"的营销部门工作。每个星期,这个部门都会发出一份当前趋势报告,将网站上新的时尚趋势汇总起来。业务人员还会监控网站上的前一百名广告收入排行榜。有一个奇怪的频道开始出现在趋势报告上,而且在收入榜上的排名上升很快。

DisneyCollectorBR:巨人公主、健达奇趣蛋、迪士尼《冰雪奇缘》艾莎安娜、米妮米奇、培乐多、惊喜蛋

2014年3月24日 14:27

"嗨,伙计们,迪士尼收藏家来了。"我们看到了两打大小不一的玩具蛋,包装上印有各种熟悉的儿童娱乐形象。听声音是位女性,语调轻快,略带口音。我们看不到她的脸,相机只拍到她的手,指甲涂成了黑色,上面有精致的迪士尼公主头像。她有条不紊地报出每个玩具蛋的名字。"米老——鼠。"她开始打开玩具蛋的包装,首先剥开金属箔外壳,发出柔和清脆的声音,然后是巧克力层令人愉悦的爆裂声,接着是小塑料壳,里面装着一个玩具——发现宝藏了,然后轮到下一个玩具蛋。

YouTube上还从未出现过像DisneyCollectorBR这样的力量。截至那个夏天,该频道最受欢迎的视频是一个4分钟的开箱视频,浏览量高达9000万次。总体而言,这个频道所有的视频总共被观看了24亿次。YouTube的在线公告牌Tubefilter将DisneyCollectorBR列为收视率第三高的频道,仅次于PewDiePie和创作歌手凯蒂·佩里。很快,该频道就跃居第一。据一家研究公司估算,该频道每年能从YouTube获得1300万美

元的广告收入。这些视频中包含了一些不可思议的新内容，以一种很少有人能够完全理解的方式，触碰到儿童大脑中的神经元。YouTube 里当然没有人能够理解。"我想她是悄悄溜进了孩子们的脑海中。"一位营销人员告诉记者。几年前，开箱视频就已经在技术评论圈开始流行了，iPod 和智能手机是被人追捧的对象。现在，意大利开发的一种边际产品——健达奇趣蛋，具有了图腾般的意义。美国官方禁止售卖健达奇趣蛋，认为里面的小玩具有让人窒息的危险，于是紧跟 DisneyCollectorBR 潮流的博主，开始在易趣上购买这些玩具蛋，就像在走私一样。

创客工作室的员工密切关注着这一时尚潮流，将这些频道称为"手频道"。其他 YouTube 博主则更喜欢称它们为"无脸人"。与早期的 YouTube 热门视频一样，这些频道通过谷歌的中央走廊，即其搜索功能来获取浏览量。看看 DisneyCollectorBR 视频下面的标签大杂烩：

公主蛋、冰雪奇缘蛋、史酷比狗、凯蒂猫、愤怒的小鸟、小公主苏菲亚、小熊维尼、玩具总动员、培乐多惊喜

这简直是把关键词烩成了一锅汤。玩具开箱视频的标题也遵循类似的逻辑：《巧克力玩具惊喜 Mashems&Fashems DC 漫威复仇者联盟蝙蝠侠绿巨人钢铁侠》《迪士尼宝贝弹出式玩偶复活节彩蛋惊喜米奇高飞唐老鸭布鲁托小飞象》。这些标题不是为目标观众或者他们的父母制作的，而是专为算法设计的——让机器抓取数据并储存进去。和许多媒体巨头一样，迪士尼也拒绝在 YouTube 上发布有价值的内容。因此，当人们在搜索栏中输入"冰雪奇缘艾莎"或"漫威复仇者联盟"时（漫威于 2009 年被迪士尼收购），机器向他们展示的都是这些不露脸的视频。

YouTube 的好莱坞团队中有一个人在看到这种趋势时感到非常沮丧,心想,*算法真是糟透了*。更多邪恶的东西还在 YouTube 的边缘地带徘徊。一位公关人员曾查阅观众向 YouTube 的审查团队举报的视频样本。《兔八哥》是一部很容易吸引小孩子的动画片,被剪辑成了暴力的第一人称射击游戏。那名员工觉得"这也许不会给孩子们带来心理创伤,但真的让人觉得*很奇怪*"。然而,与即将出现的怪现象相比,这还算是相对温和的。

大多数无脸频道,如 DisneyCollectorBR,同时也是匿名的。早期的明星虽然使用化名,但通常真的想让自己的真实姓名为人所知,至少让人记住他们的脸。他们有经理、经纪人、粉丝和推特档案。而且为了赚取广告收入,YouTube 博主必须向 YouTube 提供他们的真实姓名和电子邮件地址,但出于安全原因,YouTube 不会让员工获取此类信息。DisneyCollectorBR 让 YouTube 遇到了前所未有的问题:对于自家网站上这个最受欢迎的频道,YouTube 几乎一无所知。

YouTube 的一个"人类"现在又打电话找哈里·乔,这次是问他另外一个问题:"你知道 DisneyCollectorBR 背后是什么人吗?"

* * *

乔即便可以从谷歌获得收入,也没有辞去银行的工作,因为谷歌的收入很不稳定。在有些时候,一般是夏季或假期,乔夫妇的频道从 YouTube 广告中能赚到 70 万美元,这是一笔巨大的收入,但在其他时候,这笔收入可能会下降到 15 万美元。这样他们怎么能雇用大量员工,并确保他们的稳定工资呢?如果 YouTube

是他们唯一的收入来源,"我们会被收入压力逼疯的。"乔回忆道。

创客工作室的一位代表在乔的频道启动后给他打来电话。乔很感兴趣,直到第二次和第三次接电话,每次都是创客工作室不同的招聘人员打来的,乔才意识到他们只是在按照名单挨个打电话。他参加了 YouTube 的活动——VidCon 和 Kidscreen Summit(世界儿童荧屏峰会),后者是一个儿童节目活动。他们还询问其他创作者,加入 MCN 公司对他们有什么好处。回答是**并没有多少好处**。YouTube 对他更加热情了,但并没有给他的节目任何优待,或者说至少它的机器没有这么做。曾经有一次,鹅妈妈俱乐部的 YouTube 页面被一部新的恐怖电影宣传片占领了,是新版《驱魔人》。就在《蹦蹦跳跳找伙伴》(*Skip to My Lou*)这首儿歌旁边,一个被恶魔附体的女孩在尖叫。乔想,*我们是一个儿童频道啊,没人想看这种内容*。他向 YouTube 投诉,但没有什么用。最终,他找到了一个解决办法:如果他为*自己的频道*购买广告,在 YouTube 页面上播放,不仅能让驱魔人消失,还会让自己的流量大涨。

到了 2014 年,健达奇趣蛋已经全面占领 YouTube。它们先是进入"相关视频"侧边栏,进而进入孩子们的视野,这个路径已经相当清晰。乔夫妇在曼哈顿办公室开了一次会。他们查看了 DisneyCollectorBR 及其模仿者制作的精彩的、充满关键词的视频。"这些视频制作成本不高,"乔观察到,"我们也可以布置一个房间,花几千美元把这些玩具买来。"他们又看了看侧边栏。

最后,一位当时也在办公室里的朋友插嘴说:"这就像是色情片,玩具色情片。"

他们就此打消了制作此类视频的念头。

＊　＊　＊

　　当这些"无脸视频"在 YouTube 上传播开来，另一件事发生了：公司里有孩子的员工开始多了起来，越来越多的大孩子开始要求家长给自己买一个看视频的设备。

　　硅谷长期以来一直广为流传一个颇具讽刺意味的育儿理念，即避免使用自己的发明成果。据报道，史蒂夫·乔布斯限制自己的孩子对技术的使用。和乔布斯一样，YouTube 的工作人员在工作中花费大量时间检查代码和商业计划，就是为了让人们花更多时间看 YouTube，但在家里却让自己的孩子远离 YouTube。该网站对青春期前的儿童的吸引力显而易见，他们的大脑就像海绵一样迅速吸收各种内容。一些员工觉得自己好像是在烟草公司工作。YouTube 的管理者们以及忠实的谷歌人，都试图对这个问题做出测算，并将其转化为一个指标。

　　他们想出两种分类方式："美味"和"营养"。过去人们嘲笑电视节目是"给眼睛吃的泡泡糖"，这些节目丰富多彩、内容甜腻、吸引人，YouTube 上很多内容也表现出这些特点，但 YouTube 同时认为，它上面也有相当多的视频非常健康，有教育意义。（如果把这些视频的时长加起来，肯定比电视上的多。）"美味"类视频肯定能让观看时长数据更好看，但一些员工担心这种模式并不能持续。**大吃一顿零食后，难道你不会觉得内疚吗？**如果人们在看了几个小时的开箱视频后，也会有同样的感受呢？如果父母发现孩子沉迷于那些不露脸的视频后，把他们的设备没收了呢？"只有当人们在看完一段视频后仍然觉得满意，而不只是看了视频的开头或一半，我们才能取得长期成功。"梅罗特拉在圣布鲁诺的一次会议上告诉工作人员。（沃克离开后，梅罗特拉接管了产品和工程工作。）YouTube 统计人们观看时长，但工作人员希望用更定性的方法来评估"营养"类视频。"YouTube 向善"团队设计了一些调查问题，问题会在一些视频结束时弹出。上面有一些小的复选框，问题是："如何更好地利用你的 1 小时时间？"

· 阅读
· 健身
· 看电视
· 看 YouTube

YouTube 不是电视，不能给"营养视频"专门分配一个黄金时段。相反，**沃克建议给这些视频一个"营养分数"**，比如，可汗学院和格林兄弟之类创作者的教育视频，在 YouTube 的搜索和发现系统中应该享有更高的权重。在会议和内部通信中，YouTube 称这是给网站添加"花椰菜"（虽然有时是"被巧克力包裹的花椰菜"）。一些人起草了"花椰菜"OKR。负责管理不断壮大的创作者队伍的"躯干"部门，计划让"营养"类视频在观看时长中占到 30%。负责 YouTube 搜索和广告的程序员也都讨论了如何实现这个目标。

然后，他们又遇到了一个致命的转折，于是这些讨论渐渐地没了声音，最终未能在全公司范围内设定目标和关键结果。

同样的问题也曾困扰过谷歌搜索儿童版：*到底什么是"营养"？如何决定什么有"营养"？视频质量能写进算法吗？应该这样做吗？*一些负责 YouTube 教育项目的员工，转而开发一款适合儿童的特殊应用程序。沃克离开了公司。公司没有设定任何指标。"如果想不出测量它的方法，"一位高管回忆道，"就假装它不存在。"

此外，更多更为重大、更为不堪的纷争牵扯了圣布鲁诺每个人的精力——这些纷争不仅在谷歌外部存在，也在其内部出现了。

第 15 章

五大家族

2012 年一个星期五的深夜，萨拉尔·卡曼加给弗朗西斯科·瓦雷拉（Francisco Varela）打了一个电话。瓦雷拉是 YouTube 的一位副总裁，负责处理 YouTube 与商业伙伴之间的关系。YouTube 的 CEO 卡曼加感到有些不放心，问瓦雷拉："关于此事，你有把握吗？"

公司正准备大赌一场。几年前，YouTube 与 Apple 达成协议，在限定国家的每一部 iPhone 手机上预装 YouTube 的应用程序，相当于为 YouTube 带来数百万的关注量。作为交换条件，Apple 可以分享 YouTube 的一小部分销售额，并且，因为这桩交易是在史蒂夫·乔布斯的任期发生的，而乔布斯非常痴迷于设计，Apple 就主导了 iPhone 手机上 YouTube 应用程序的设计权。（乔布斯于 2011 年去世。）YouTube 的工作人员认为，对于 YouTube 想要实现的一些新的应用功能，Apple 上线的速度不够快，有时甚至完全忽略它们。随着互联网的使用迅速转向手机这个载体，YouTube 担心自己的命运完全控制在 Apple 的突发奇想之下。卡曼加的手下劝他，要求 Apple 放弃随 iPhone 附带的

YouTube 应用程序，收回应用程序的控制权，他们打赌消费者会自己下载 YouTube 应用程序。

瓦雷拉的团队曾在智能电视上对 YouTube 应用程序下过类似的赌注，而且他们赢了。但 iPhone 带来的观众比电视要多数百万人。"萨拉尔，你一个用户都不会失去的。"瓦雷拉向老板保证。

这次又赌赢了。Apple 退出后，YouTube 在 iPhone 上的使用量几乎没有发生任何变化，这证明了 YouTube 在人们生活中的核心地位。第二年，网站月访问者达到十亿人。很快，销售 iPhone 和智能电视的购物中心就开始囤积附带网络连接功能、视频显示器，以及各种观看 YouTube 视频的新型音箱和冰箱了。

让 YouTube 在各种各样的小程序上显示并不是件容易的事——整个公司都忙着重新制作和营销在 iPhone 上的应用程序，与大多数电子产品合作伙伴谈判的过程就像在拔牙。

然而，把所有这些事情的压力相加，都没有处理和谷歌其他部门关系的压力大。

当时，谷歌就像一个"封邑"大集合，各个封邑负责运行不同的互联网服务：搜索、地图、浏览器、广告。大多数部门都在阿尔法型人格高管领导之下，这些高管是拉里·佩奇管理委员会的成员，也就是让人垂涎的"L 团队"。没有哪个"封邑"像安卓部门那样独立。安卓的领导者安迪·鲁宾（Andy Rubin）是一位才华横溢的程序员和机器人迷，他通过向众多试图与 Apple 竞争的手机制造商提供免费操作软件，建立起自己的谷歌封邑。（作为交换条件，安卓要求手机制造商预装谷歌应用程序。）安卓员工在谷歌有他们自己的特色自助餐厅——那里有鲁宾最喜欢的特别定制的日本料理——并践行像 Apple 一样的工作文化，疯狂地围绕着一个人转。又瘦又高、秃顶、戴眼镜的鲁宾，甚至连样子看起来都有些像乔布斯，据说他还有一些和乔布斯类似的技术天才故事。更糟糕的情况还在后面。

鲁宾从 YouTube 招募了几名员工，其中包括 YouTube 的首任律师莱文。他们准备打造一个音乐和电影的数字商店，相当于 Apple 的 iTunes。鲁宾的程序员控制着 YouTube 在安卓手机上的应用程序，而 YouTube 的几位总监认为，应该让 YouTube 负责运营谷歌的音乐服务才对——在转向以观看时长为重点后，音乐视频得到爆炸式的发展。他们还认为，YouTube 应该控制自己的应用程序。他们敦促卡曼加与鲁宾对抗。卡曼加本来不喜欢与人发生冲突，但还是这么做了，然后筋疲力尽地回到圣布鲁诺。

到 2013 年，YouTube 几乎与谷歌的所有其他部门都陷入了令人疲惫的纷争。他们和安卓部门在音乐和应用程序上大打出手，和网络部门争夺带宽，和搜索部门争夺工程师，和销售部门争夺控制权。谷歌的销售团队希望将广告打包出售，包括视频在内，但 YouTube 的高层不想妥协，他们希望按照电视的模式销售广告，包含佣金和预付费。辩论有时还会发展成激烈的争吵。当时谷歌的 L 团队里没有女性，一位曾经的总监称他们为"男人的房间"。

不过，YouTube 最糟糕的一战是关于 Google+ 的，这一战让他们心力交瘁。

谷歌曾将社交网络作为其绝对的首要任务。脸书就像杂草一样疯长，人们在脸书多待 1 分钟，就相当于在更广阔的互联网——谷歌的大集市上——少待 1 分钟。从 2011 年开始，佩奇将他的整艘船调头转向 Google+。与脸书一样，Google+ 邀请人们在上面分享他们的情感世界和空虚无聊，添加好友，并使用真实姓名在线互动。谷歌非常担心网络和网络广告会被社会关系和社交网络吸引,从而将谷歌抛弃。每个员工的奖金和OKR都与他们对Google+业务增长的贡献捆绑在一起。

Google+就像瘟疫一样席卷了YouTube。这场"瘟疫"始于重新设计——为人们量身定制推送和视频。之后,YouTube的程序员被要求在网站上添加一些G+小工具,鼓励人们分享广告,因为脸书有"分享"广告功能(实际上没有人会分享YouTube的广告)。诸如"YouTube向善"在主页上整合推文和在线聊天等项目,都被暂时搁置了,以便为Google+让路。新的命令从高管层传达下来。有一次,高层人士曾严肃地讨论,可否将YouTube上的全部内容,移植到Google+的视频网页上,这样YouTube也就终结了。虽然卡曼加成功地拒绝了这项安排,但这个辩论本身表明,尽管卡曼加名义上是YouTube的CEO,但他最终还是要受谷歌的控制。

几年后,Google+项目宣告失败,事后回顾,失败是由多种因素导致的。YouTube前产品总监亨特·沃克回忆道,Google+意识到自己不是脸书的竞争对手后,就像僵尸一样生存在"集体幻觉"中。一些人认为是自上而下的命令存在问题,其他人则指责这家公司没有计算社会关系的基因。谷歌人给谷歌起了一个绰号,叫作"博格人"(Borg),源自《星际迷航》中没有感情的半机械人。"博格人的头脑不理解什么是情绪,什么是社区。"谷歌当时的人力资源总监拉斯洛·波克(Laszlo Bock)回忆道。

谷歌这个"博格人"也完全忽视了它已经拥有的社交媒体。**从技术上讲,YouTube的大部分运营都像是标准的、单方面的广播媒体,或准社交网络,即一种心理现象,观众会发现自己对一位并不认识的表演者产生了亲密感。**YouTube虽然放弃了一些互联网2.0的社交功能,但仍然是一个每天都有数百万人在上面发生互动的地方,形成了有信任感和很强的忠诚感的深层次社交网络。但这方面的考虑并不是谷歌计划的一部分。2013 年年底，YouTube 开始要求观众使用 Google+ 账号登录，否则就无法发表评论。它还将 Google+ "超级用户"的评论放在视频下方比较靠前的位置。这立即激怒了 YouTube 领地上的属民。YouTube 的第三位联合创始人贾德·卡林姆去读研究生后，就消失了，现在他又回到了网站上的第一个视频，也就是他自己发布的那条视频，并在下面评论："我为什么需要有一个 Google+ 账号才能对视频发表评论？"

　　YouTube 创作者也需要注册 Google+ 账号才能管理自己的频道。谷歌吹嘘自己在社交网络方面获得成功——"每月 3 亿活跃用户！"——但没有提到他们中有多少人是被迫加入的。"都是 YouTube 用户！"VidCon 的创始人汉克·格林回忆道，"谷歌看不到自己已经拥有了什么，只看到自己还缺少什么。"YouTube 的许多早期团队成员将这种对网民的忽视，视为对他们文化的严重否定。一些人认为这对于更广泛意义上的互联网来说，是一个可怕的转变——互联网已经开始认为业务增长比对普通人的关注更重要了。（脸书后来就是一个很好的例子。）"**这就是所有社交媒体的命运。你从一个小团体开始，培养出一个社区，然后变得非常强大，最终抛弃了这个社区，获得了一个平台。**"YouTube 早期审核员朱莉·莫拉-布兰科表示。她后来去了推特工作。

　　另一个更为黑暗的现实出现在 Google+ 的全盛期。约纳坦·尊格（Yonatan Zunger）是一名谷歌程序员，负责运营其社交网络机制。他经常到圣布鲁诺去，向那些越来越不想配合的听众传达 Google+ 的命令。在为 Google+ 工作时，尊格注意到一个令人不安的趋势：人们在 Google+ 上发布的帖子内容非常不堪，要么是愤怒，要么只是为了发泄情绪——徘徊在违反仇恨言论规则的边缘。他在 YouTube 上看到了同样的事情正在发生。如果视频违反了规定，YouTube 会将其删除，除此以外，所有视频都是在一个公平的竞技场上存在。例如，有的视频声称犹太人大屠杀是伪造的，这虽然挑衅了 YouTube 的言论规则[1]，但不算是违规。在与 YouTube 政策团队的一次讨论中，尊格建议他们为这些有争议的视频增加第三个层面的规定：视频可以保留，但要在内部提示，这些视频已经接近违规线。如果该账号频繁探触规则的底线，就停止推荐。政策部门的工作人员辩称，这类干预行为会违反 YouTube 对言论自由的承诺，甚至可能更糟的是，会涉及法律责任保障问题。在公司算是统治阶级的工程师群体对此表示赞同。工程总监克里斯托斯·古德罗后来解释说，公司那时力争平等对待网站上的所有视频。"如果一个视频不值得推荐，它就不会出现在 YouTube 上。"这是古德罗当时的说法。

后来，当灾难发生，当 YouTube 有更多的视频问题需要处理时，古德罗和他的同事们终于认同了尊格的建议，但为时已晚。

* * *

在 Google+ 蚕食了 YouTube 一部分的同时，MCN 公司则给 YouTube 的另一部分带来了灾难性的破坏。

开启了 YouTube 合作伙伴计划的经理乔治·斯特洛姆波洛斯，很早就投身于这场淘金热。2010 年，他离开谷歌单飞。他搬到洛杉矶，在丹尼·扎平的沙发上凑合了一段时间，考虑是否加

---

[1] 2013 年前后，YouTube 员工与欧洲的一个犹太人非营利组织开会，探讨公司"值得信赖的标记者"项目。这个项目为某些团体提供了更多工具，用以标记出那些令人不安的视频。一位与会者回忆道，该非营利组织恳求 YouTube 删除那些否认大屠杀的视频，但 YouTube 礼貌地拒绝了。

入创客工作室，但他最终非但没有加入创客工作室，还创建了一家名为 Fullscreen（全屏）的 MCN 公司，与创客工作室展开竞争，Fullscreen 的办公室就设在创客工作室以东几英里[①]的地方。与好莱坞的人相比，斯特洛姆波洛斯沉着保守，比较谷歌化。与扎平经营一家具有反叛精神的工作室不同，斯特洛姆波洛斯想要的是一台上好了油的机器。早期的数字媒体企业高管马克斯·贝纳托（Max Benator）将这两人比作他们行业的史蒂夫·乔布斯和比尔·盖茨。斯特洛姆波洛斯向投资者推荐他的网络 flywheel（飞轮），这是技术界的一个流行术语，指的是他会和 YouTube 的频道签约，给它们提供一些软件小工具，帮助它们发展——比如，在视频中弹出框用于插入其他已经编辑好的剪辑——由此获得的收入将用于和更多的频道签约。他还打算建立一些子网，让明星创作者进一步招募其他创作者，比如 Dr. Dre（德瑞博士）就是通过这种方式从一个说唱歌手变成嘻哈大亨的。

在 Fullscreen 成立后不久，斯特洛姆波洛斯联系了 YouTube 的一位老同事杰米·拜恩（Jamie Byrne），告诉他 Fullscreen 已经和数万个频道签了约。拜恩对此毫不知情。Fullscreen 和其他网络就在 YouTube 的眼皮底下爆发了。

然而，Fullscreen 的"Dr. Dre 策略"很快就迎面撞上了 YouTube 上那难以驾驭、难以预测的现实世界。

谷歌崇尚的是可以实现规模化的软件和商业模式，以同一种模式大规模开展业务，将成本和干预最小化。MCN 公司实现规模化的秘诀如下：获得尽可能多的频道、浏览量和广告，然后重复上述步骤。Fullscreen 有一个"锅炉房"[②]，规模化就在这里

[①] 1 英里约等于 1.609 千米。——译注
[②] 锅炉房，boiler room，指组织中不起眼但真正起作用的部门。——编注

产生。在好莱坞南部的卡尔弗城,Fullscreen 二十多岁的年轻员工,在一个面积约 2000 平方英尺[①]的仓库里工作。他们坐在一排又一排放满了电脑显示器的长桌边,每个电脑屏幕上显示的都是 YouTube 排名前 10 万的频道列表。(这个列表上的频道排名最终扩充为前 100 万。)每位招聘人员每天需要联系 1000 个频道——发"冷邮件"[②],发短信,打电话。曾经一度,总共五十名员工中几乎一半的人都在做频道签约工作。

那时,YouTube 已经创建了一个简单的软件流程,YouTube 博主只需点击三次即可加入 Fullscreen。问题是,其他 MCN 公司也有这种三步单击工具。于是,一场战争开始了。这是一场规模之战,但实际制作视频的创作者却几乎没有得到任何实惠。

在 YouTube,支付主管安迪·斯塔克在查看创作者提交给他的文件时,注意到了这场正在酝酿中的冲突。游戏网络引擎电影在合同上声称 YouTube 支付的千人成本为 2 美元,即为每千次视频浏览支付 2 美元。如果创作者与引擎电影签署多年期合同,他们将获得千次 3 美元的保底收入。**条件真不错,对吧?**(随后,引擎电影的工作人员衡量成功的指标变成了退出 YouTube 的博主人数。)斯塔克进入 YouTube 内部系统里点击几个链接查看,发现这些创作者实际上靠自己能赚到更多,而且不用把收入分给这些 MCN 公司。这其实是笔糟糕的交易。

但大多数博主都无法接触到相关的 YouTube 工作人员。他们只能私下里分享小道消息,只能接触到那些不断提出更多要求的 MCN 公司招聘人员。在好莱坞,经纪人和代理人对每一份制片合同,都会按一定比例抽取分成。MCN 公司最初会抽取 YouTube

---

① 2000 平方英尺约为 185.8 平方米。——编注
② 泛指所有关系不是特别熟,但想要对方帮忙的邮件。——译注

的广告费（70%给创作者，30%给MCN公司），但随着竞争愈加激烈，它们很快就放弃了这种做法。引擎电影提供保底收入。作为反击，创客工作室向游戏玩家提供更好的广告分成条件。还有更多新成立的MCN公司突然带着更有吸引力的条件出现了。80%都给到创作者！90%！95%！每一家都在争夺一片薄薄的YouTube蛋糕。MCN公司往往宁肯赔钱，也要签下创作者，只是为了不让他们落到竞争对手的手里。

当丹·韦恩斯坦试图招募一名YouTube网红加入他的MCN公司时，发现引擎电影支付给这位网红的报酬是YouTube广告收入的两倍。韦恩斯坦认为这太疯狂了。他们怎么做到的？

只要YouTube的广告费率能够不断地提高，这种商业模式似乎是可行的，因为广告商不断地从电视转移到YouTube，而MCN公司仍然是少数能从中得益，或有权限享受其他商业津贴（如代言协议）的组织之一。然而，当YouTube的广告项目向大众放开之后，MCN公司的经济状况就危在旦夕了。有权限播放广告的视频增加，导致广告价格大幅下降，MCN公司再也无力疯狂撒钱，也没办法再大摇大摆地做中间人了。和MCN公司签约合作的诸多年轻创作者遭了殃，尤其是他们几乎没有任何法律援助。得克萨斯州的视频博主卡莱布·纳辛（Kaleb Nation）接到了签约方引擎电影的电话，对方通知他，尽管对他有费率担保，但他的收入还是将减少到目前金额的六分之一。"你们不能那么做，"卡莱布·纳辛抗议道，"这违反了我的合同条款！"但根据合同里让人难以理解的条款，引擎电影确实可以这么做。上当受骗的创作者给这家公司起了个外号——"引屎电影"。纳辛最终和引擎电影解除了合同，但其他人未能如愿。

MCN公司的很多人都觉得是YouTube的条款不好。YouTube

不断重新安排网络下的基础，在不做任何通知的情况下调整某种算法，或颠覆其原有的经济模式。有时 YouTube 还会抄袭 MCN 公司的做法。Fullscreen 推出了屏幕弹出功能，而 YouTube 在六个月后，也发布了自己的版本。最终，YouTube 在其网站后台添加了一个按钮，创作者只需简单点击一下，即可退出 MCN 公司。这些 MCN 公司一度被认为是媒体和好莱坞的下一个先锋，但它们发现，想要在 YouTube 上建立起这样的业务是不可能的——至少无法直接这么做。"这是我一生中最接近庞氏骗局的一次经历，"一位 MCN 公司高管回忆道，"我们把别人的作品和频道收过来，告诉他们我们会帮他们赚到更多钱。其中少数人确实赚到了，但大多数人都没有。"

丹·韦恩斯坦曾经召集过一次聚会，呼吁 MCN 公司之间彻底休战。他邀请了另外四家顶级的 MCN 公司参会。他称这五家为"五大家族"。[1] 这是对该行业黑手党氛围的一种暗示。这群人在洛杉矶附近开了几次会，尝试确定一个可行的佣金模式和竞争模式。但一个模式都确定不下来。韦恩斯坦意识到，大部分 MCN 公司都是靠投资者提供的资本建立起来的，它们其实都在寻求退出之道，希望被收购，从而给投资者带来回报。

* * *

与此同时，旨在赋予 YouTube 创作者力量和控制权的 MCN 公司正在分崩离析。

---

[1] 斯特洛姆波洛斯挖走了创客工作室的高管埃兹拉·库普斯坦，另一家 MCN 公司"AwesomenessTV"也想聘请他。引擎电影参加韦恩斯坦这场会议的代表是该公司董事长的侄子，创客工作室的代表克里斯·威廉姆斯则是韦恩斯坦的表亲。

创客工作室的一位投资者马克·苏斯特（Mark Suster）最初的投资条件是，曾经沦为阶下囚的丹尼·扎平不能担任创客工作室的CEO。但苏斯特是一位倾向于让公司的创始人管理公司的风险资本家，所以他最终还是改变了看法，让这位非传统意义上的骗子重新回到CEO的职位。

即便如此，还是被搞成了一团糟。苏斯特给这位重新上任的CEO发了一封关于召开董事会会议的电子邮件，扎平只回复了一行字："不要指挥我。"

丹尼·戴蒙德对商业纠纷并不陌生。他与YouTube的好莱坞业务负责人罗伯特·金奇尔曾发生过多次激烈的争吵。扎平让YouTube创作者掌管并运营工作室的计划，从一开始就引起了分歧。几位明星很早就离开了创客工作室，理由是在业务上存在分歧。另一名成员起诉了扎平。傲慢的YouTube喜剧演员雷·威廉·约翰逊大吵一场，退出了创客工作室，指责这家工作室要求他交出更多的收益和对知识产权的控制权。当约翰逊拒绝照做时，令人尴尬的事就发生了。2012年12月的一个深夜，扎平给约翰逊发了一条短信："你（原文如此）缺乏诚信，真可悲。准备开战吧……"

约翰逊公开了这一切，将这场战斗在博客和脸书上记录下来，并谴责扎平使用"残暴手段"。扎平在给创客工作室员工的一封信中回应了约翰逊的指控，并提到他之前一次入狱的经历。"能有第二次机会，我再激动不过了。"他写道。那时离第二次机会真不远了。

扎平和他的女朋友兼创客工作室联合创始人丽莎·多诺万分手了，同事们看着他变得越来越情绪化，态度反复无常。随着大量资金流入YouTube的MCN公司，创客工作室现在有了更高的价值。在和约翰逊闹纠纷期间，创客工作室正准备从时代华纳和其他投资者那里筹集资金，他们对创客工作室的估值为2亿美元。让丹尼·戴蒙德继续掌舵不再符合经济利益的需求。苏斯特引入了伊农·克雷兹（Ynon Kreiz），一位精明的以色列电视台高管，非常擅长企业转型工作。2013年4月16日，扎平递交了辞呈，创客工作室董事会投票决定任命克雷兹为CEO。然而，扎平随后就惊慌失措起来。根据他的讲述，他发现克雷兹和董事会与他的联合创始人秘密勾结，让他退出，从而获得更多的股份。（克雷兹和其他人对此表示否认。）扎平起诉了创客工作室、创客工作室的董事会和他的前女友，指控他们涉嫌欺诈和"密谋驱逐"自己。扎平败诉了。及至此时，创客工作室的所有创始人都已经离开了创客工作室的管理层，扎平想要建立YouTube版"联美公司"的愿景也不复存在。

在这次磨难中，扎平还失去了另外一项宝贵的财产：新领导人接管创客工作室后不久，扎平原来在YouTube上的频道就从网站上被清除了。

* * *

然而，创客工作室最闪亮的明星变得越来越耀眼。

PewDiePie：关于我，你不知道的事
2013年8月9日　5:48

菲利克斯·卡尔伯格出现在光线充足的特写镜头中，面带微笑。今天他要告诉粉丝们二十个真相。他最初靠自己的Photoshop技术赚钱，并用这些钱买了一台电脑，开始

在 YouTube 上发布视频。十四岁时,他在网球比赛中赢得冠军。他不爱吃蔬菜。"我的书呆子气遗传自我妈妈。"他声称。他喜欢"电台司令"乐队。他在现实生活中"很少说脏话"。"关于足球和汽车的知识,我女朋友懂得比我还多。"他结束了这场慈善活动,向观众友好地挥了一记招牌动作"兄弟拳",视频结束。

六天后,PewDiePie 击败 Smosh,成为 YouTube 上订阅量最大的频道(订阅量达 11,915,435)。在接下来六年的动荡岁月里,卡尔伯格一直都保持着这个地位。

第 16 章

把观众留下来：算法与广告收入

英格丽·尼尔森（Ingrid Nilsen）的粉丝，真正的粉丝，对她的生活了如指掌。他们了解她早上的常规护肤步骤和晚上的卸妆仪式，知道她最喜欢什么遮瑕膏、眼线膏和洗发水。他们知道，她是多么厌恶公开演讲，多么讨厌自己的顽固性粉刺，她父亲的去世对她产生了怎样的毁灭性打击，她刚刚勉强从高中毕业（成绩单上都是 C 和 D），毕业后，她抑郁又恐惧，来到了 YouTube。

尼尔森是个混血儿（母亲是泰国人，父亲是白人），在奥兰治县长大。她发现杂志上的美容贴士并没什么用，对她有价值的建议都来自 YouTube 上一些和她长相相似的女性，也就是被称为"美容大师"的那些网友。2009 年的一个晚上，二十岁的尼尔森"在一个黑漆漆的地方"——她后来告诉观众——熬夜创建了自己的账号"Missglamorazzi"，这个名字的灵感来自 Lady Gaga 的一首歌。她在自己家里拍摄了第一个视频——《如何打造完美红唇》。当时台灯的背景光效果很差，她离摄像头也太近了。尼尔森身材娇小，热情洋溢，是一个天生适合上镜的人。她用青少年的语言风格就很多话题即兴侃侃而谈，比如怎么化妆，各种护发产品有什么特点，等等。

　　酷猎人团队注意到化妆教程类视频在 YouTube 上兴起，这些教程恰好符合公司"如何"（how-to）类视频的标准，就像是为搜索功能量身定制的。但这些视频之所以对人更有吸引力，很大程度上是因为这些 YouTube 博主拍摄的教程任何人都能学会，虽然画面算不上高清优质，但让人有亲密感，觉得安心。"他们提供了一个安全的空间，让人们可以在里面放心地练习、失败，以及嘲笑自己。"尼尔森出道那年，一位时尚观察家在《纽约时报》上解释道。YouTube 开始重视观看时长后，美妆博主在 YouTube 的排行榜上一飞冲天。尼尔森发布的视频可以长达 10 到 15 分钟，而且不怎么需要剪辑。除了化妆技巧和护肤方法，她还将视频题材扩展到服装、食物和更多个人化的内容（《关于我的 50 件小事》《顽固粉刺 + 清洁日》《TMI[①] 标签》）。最初，时尚行业并没有意识到这类内容的吸引力。尼尔森曾见过一位著名杂志的美妆编辑，这位编辑批评尼尔森不怎么发布明星走红毯风格的视频。"你这样永远不会成功。"编辑这样对尼尔森说。

　　在参加 YouTube 的活动和创作者竞赛时，尼尔森发现自己周围都是一群喜剧演员和音乐人。尽管美妆博主很受粉丝欢迎，但并没有得到 YouTube 很多支持。"他们没有完全理解这个流派。"尼尔森回忆道。最终，YouTube 的"躯干"团队意识到了其中的商业潜力。后来，尼尔森等创作者开始制作开箱视频，就是把从商店买来的每件物品的包装慢慢拆开。YouTube 给这些视频加上了"style"标签。再后来，尼尔森和她的同类创作者发布视频的次数更加频繁，内容涵盖的范围更为广泛，为了更好地反映出这

---

① TMI，网络流行词，饭圈用语，最早为英语口语 Too much information（信息量太大）的缩写，后引申为说得太多太具体了。——编注

类视频的特点,YouTube 将其归到"生活方式"类。这个类别深受 YouTube 的算法喜爱。

*　*　*

YouTube 的算法越来越强大。Storyful 的创建者、爱尔兰记者马克·利特尔在一段 YouTube 的自定义频道 Leanback[①] 宣传片中,第一次见识到算法的强大力量。**观众点击一段视频后,就会有一段接一段的视频自动连续播放**。"再也不用拿着鼠标点来点去了,"一个悦耳的声音在宣传片中解释道,"你只需要靠着椅背坐好,欣赏节目即可。"利特尔在谷歌的曼哈顿办公室里看了这段宣传片,他感到有些不安。做新闻的理念是,你总是首先把最重要的新闻告诉人们,让他们在继续自己的生活之前知晓一些重大事件。*而这就完全不同了*,他想,*这是让人进来之后永远不要离开*。人们对某类视频看得越多,YouTube 就会把更多同类的视频推送给他们。利特尔回忆道:"这是在挖兔子洞,一开始没有污泥,但污泥随后就会灌进来。"

当时,这项服务功能是和互联网向善项目打包推出的。乔纳·佩雷蒂(Jonah Peretti)是一位瘦弱的嬉皮士,经营着一个名为 BuzzFeed 的新闻聚合网站,他也在纽约参加了 Leanback 功能演示会。BuzzFeed 将很快推出一个新闻编辑室,将网络的裂变式传播能力与严肃的新闻报道结合起来。利特尔的公司被迫像 MCN 公司一样运作,也采用了 BuzzFeed 的方法。为了给其更为严肃的工作提供资金,Storyful 的工作人员到处搜寻让人看了感到快乐的热门剪辑。他们找到了《感动宝宝》——一位母亲拍摄

---

① Leanback 是 YouTube 开发的个性化频道,它向用户提供可自定义的、简洁的视频观看体验,向用户推荐个性化内容。——编注

的宝宝听到自己唱歌时感动得热泪盈眶的视频。他们打电话给这位母亲，询问是否可以在她的视频里播放广告，广告收入双方各取一部分，他们还会向电视节目推荐这段视频，从而增加浏览量。Storyful 称这种做法为"胭脂鱼发型"——正面用于工作，背面用于派对。

新闻媒体留的也是"胭脂鱼发型"。由克里姆林宫出资的电视网"今日俄罗斯"特别擅长在 YouTube 上做这种事，它将政治性报道与标题党相结合。（这种算法上的炼金术，让"今日俄罗斯"曾经在 YouTube 的排行榜上好几年都位居前列。）

Leanback 功能没能在 YouTube 上持续太长时间，但这个概念留了下来。越来越多的观众在看完一个推荐视频后，接着又看了下一个，观看时间更长了，同样重要的是，数据也更多了。在圣布鲁诺，YouTube 的工作人员虽然很少看视频，但他们一直在监控视频数据。他们尤其关注的是广告和浏览量数据的波动。广告太频繁会导致观众流失：YouTube 不像电视广告一样有固定的节奏。在YouTube 上，广告大约每 7 分钟出现一次，但这个数字既不统一（一些频道的无广告窗口时间更长），也没什么效率（因此让谷歌很恼火）。在梅罗特拉手下工作的程序员阿列克谢·斯托尔布什金（Alexei Stolboushkin）建议，让 YouTube 的算法来做决定。

于是，让 YouTube 获得了最大收益的商业举措之一开始运行了，这也表明 YouTube 通常并不清楚自己的机器在做些什么。这项功能被称为"动态广告加载"功能（代号：达拉斯）。大约在这个时期，机器学习在谷歌风靡一时。机器学习作为人工智能的一种形式，多年来仅仅停留在理论层面，缺乏足够的计算能力和大量的数据投入。而谷歌这两样都有。在此之前，大多数软件都是硬编码[①]。(*如果*……，*那么*……。比如，*如果*观众看到了英格丽·尼尔森的这段视频，*那么*就播放那个广告。)机器学习系统则会为自己编写程序，检测数据中的模式，例如，识别照片中的人脸或视频中的小细节。学得好的机器会比人类还聪明，至少在特定任务上如此。这些机器系统所做的决定往往是令人费解的，甚至连把它们设计出来的人类也无法理解。YouTube的工程师建议大量收集观看模式数据，从而建立一个模型，来预测出不会导致观众流失的最佳广告播放率。每个机器学习模型都需要目标和条件。梅罗特拉绘制了一张图表，其中一个轴表示"观看时长"，另一个轴表示"收入"。梅罗特拉告诉他的程序员们，为了取得平衡，他可以接受减少1%的观看时间，获得2%广告的增长，但观看时长不能减少更多了。

工程师们测试了"达拉斯"[②]，调整了某些观众的体验，但没有提前告知这些观众。在梅罗特拉每个星期五召开的YouTube数据会议上，他们展示的结果令人百思不得其解：机器竟然找到了一种方法，在播放更多广告的同时，也增加了观看时长。

"这两者怎么可能都是正增长？"梅罗特拉问道。

"不知道，"一位工程师回答，"可以出货了吗？"意思就是，*我们可以在所有视频中都使用这个功能了吗？* 梅罗特拉要求他们下周再来汇报一次，为系统的行为找到一个解释。当他们下周又来报告的时候，还是同样的结果。更多的广告，更长的视频观看时长，原因不清楚。

---

① 硬编码是将数据直接嵌入到程序或其他可执行对象的源代码中的软件开发实践，与从外部获取数据或在运行时生成数据不同。——译注
② YouTube和大多数互联网公司一样，会在用户不知情的情况下进行设备测试。出于对照实验的目的，YouTube对一小部分观众常年屏蔽广告。

程序员最终还是推断出了机器的逻辑。**如果 YouTube 在观众刚访问网站的时候就播放广告，观众很可能就会离开网站。但等到观众留下来，看了 10 分钟、20 分钟视频的时候播放一则广告，这时观众对广告干扰的容忍度就提高了。机器推导出了一个公式，可以让人们观看更多的视频剪辑，并最终达到播放更多广告的目的。**这个公式与 YouTube 在这一时期推出的一项新功能——"可以跳过的广告"，很好地结合在一起。通过这个功能，观众可以将广告跳过不看，广告商只需要为观众没有跳过的那些广告付费，这意味着广告必须非常吸引人（除非观众懒得跳过，或者是不认识"跳过"按钮的孩子）。YouTube 的销售人员喜欢这种形式：因为如果人们没有跳过耐克的广告，阿迪达斯又不想落后的话，就可能在 YouTube 的广告拍卖中出价高于耐克。一位曾经的高管回忆道，自那之后，YouTube 的业务变成了"一列停不下来的货运列车"。

首席工程师斯托尔布什金被要求在圣布鲁诺的 YouTube 全体员工会议上谈谈"达拉斯"。他只有 10 分钟的时间，所以简单地打了一个比方，这个比喻很适合用在由算法带来的大笔收入上。*想象一下：视频是食物，广告是酒。*他开始在台上这样讲道。达拉斯就是一个机器人侍酒师，将正确的食物挑出来，和酒搭配。在一块屏幕上，工程师展示了一张牛排大餐的图片，边上的水晶玻璃杯里倒进了玛歌酒庄的葡萄酒。

* * *

尽管 YouTube 改进了算法，但它的观众还是逐渐被吸引到网站上一个日益发展壮大的角落。

粉丝们知道 YouTube 上有一个网红 Stef。他是一个秃顶、矮壮、慈祥的加拿大人，说话带有爱尔兰口音。他谈论自己悲惨的童年、约会和婚姻，还有一些重大而严肃的话题，内容无所不包。他讲话的方式让人觉得他似乎就在你的对面。他的观众是一些年纪轻轻但总感到愤愤不平的男性，这些人正在经历一个艰难的人生阶段，Stef 向他们保证，走到隧道的尽头，就一定能看到光明。他们听得很认真。

斯蒂芬·莫利纽克斯（Stefan Molyneux）曾经在信息技术行业从事商业工作，快四十岁的时候摇身一变，成了一位喜欢高谈阔论的大师。和其他在网络繁荣时期靠计算机大赚一笔的人一样，他爱穿宽松的马球衫，陶醉在自己的嗓音中。2005 年，他创办了"自由域电台"，这既是一个播客，也是一场运动。此后不久，他在 YouTube 上开通了账号，利用模板发布了一些容易被人搜到的视频，如《哲学入门》以及托尼·罗宾斯（Tony Robbins）式的励志自助讲座，其中很多视频都长达一两个小时。几年后发生了金融危机，莫利纽克斯谈到了随之而来的经济阵痛和社会反常现象。"大学生有权利感到抑郁，"他告诉观众，"他们的社会是不可持续的。"他还以评论《哈利·波特》和《星球大战》的方式录制了演讲视频。一些观众认为他分享的一些个人生活片段和他的世界观同样有吸引力。西弗吉尼亚州的凯勒布·凯恩（Caleb Cain）从大学辍学了，他喜欢"死肯尼迪乐队"和迈克尔·摩尔（Michael Moore）的纪录片，他在 YouTube 侧边栏中发现了莫利纽克斯，这位大师在谈起妻子和女儿时流露出的那种幸福感，让他非常羡慕。"*这些东西我都想拥有，*"凯恩告诉自己，"*如果我看更多的视频，就能像斯蒂芬一样了。*"

莫利纽克斯在 YouTube 上一开始并没有很强的政治性。如果说到政治话题[①]，他算是一个自由意志主义者或"无政府资本主义者"。但政治开始悄悄地溜进来了，特别是在美国选出一位黑人总统之后。

斯蒂芬·莫利纽克斯：你被奴役的故事

2010年4月17日　13∶09

这看起来就像一部关于人性和经济的纪录片，画面色调柔和，还使用了一些资料影片，带有抨击性。莫利纽克斯先是上了一堂教科书式的历史课，内容是关于奴隶制如何演变到了现代社会，然后才开始了他的抨击。"没有什么比这更远离现实了。"他告诉我们。视频中出现了动物被关在笼子里的画面。"在你们的国家，你们的税收农场，"他这样吐槽道，"农民给予你们某些自由，但这不是因为他关心你们的自由，而是因为他想增加自己的收入。"镜头切换到抗议活动，一张海报上是奥巴马总统的形象，下面写着"法西斯主义"。"你看出来了吗，"莫利纽克斯问道，"你生在一个怎样的牢笼里？"

那时，莫利纽克斯已经开始引起一些家长的担忧。英国议员芭芭拉·威德（Barbara Weed）的儿子突然离家出走，只留下了一张纸条，上面写着："请不要联系我。"威德警惕起来，她发现儿子和其他人一起听从了莫利纽克斯在播客中的建议：如果无法通过治疗或其他方式解决问题，就离开自己的原生家庭——莫利

[①] 莫利纽克斯在一份声明中写道："我主张建立一个无国籍社会，因为我相信互不侵犯原则是道德哲学的基础，这个原则反对使用武力。"

纽克斯称之为"deFOO"。莫利纽克斯和他的妻子，一位名叫克里斯蒂娜·帕帕多普洛斯（Christina Papadopoulos）的治疗师，在网上和在家中举行的聚会上宣扬这个观点。[①]（加拿大的一个心理学委员会后来谴责了帕帕多普洛斯的失职行为。）他们邀请听众为一些特别课程捐款，这些课程不在 YouTube 上发布，但他们会将捐款 500 美元以上的粉丝订阅级别设为"哲人王"[②]。早在 2008 年，当威德将她的故事公之于众时，报纸在报道莫利纽克斯时使用了"邪教"一词。

YouTube 没有关于调查其创作者在网站之外所作所为的规定。上传视频的人那么多，YouTube 连自家后院都管理不过来。但像"达拉斯"这样的系统，可以让 YouTube 更好地为其视频博主赚取广告费收入，而且，当时 YouTube 倾向于让所有的创作者都有获得收入的机会。

这些事发生时，人们还没有把愤愤不平的网民当作一股不可阻挡的政治力量，尽管已经出现了这方面的迹象。"我敢肯定，有一些婚姻就是因为女权主义而破裂的，"莫利纽克斯在 2008 年对一名加拿大记者说，"但女权主义并没有因此被定义为邪教。"

[①] 莫利纽克斯在一份声明中写道，他"从未鼓动成年人离开家人。我只是提醒人们，在受到持续和严重虐待的情况下，离开可以作为一种选择。我的建议是先尝试与父母交谈，并单独或与家人一起咨询专业人士。这既不是什么激进的做法，也不是秘密。"他还提到，费尔医生（Dr. Phil）也有类似的建议。关于对帕帕多普洛斯的指控，莫利纽克斯写道："我妻子最终受到了谴责，但主要问题在于，如果人们被家人虐待，离开家可能的确是个比较合适的做法，但我妻子在提供建议之前，没有从问问题的人那里了解清楚事情的全部来龙去脉，而且没有充分讨论。"
[②] 莫利纽克斯在一份声明中表示，这是一个关于柏拉图的笑话，"我强烈反对极权主义哲学家"。

第 17 章

"谷歌之母"接手 YouTube

苏珊·沃西基的航班被取消了。那是 2010 年，她来 YouTube 之前。沃西基要到华盛顿特区参加《财富》杂志"全球最具影响力的五十位商界女性"年度排名的庆祝宴会。巴拉克·奥巴马会到场发表演讲。这是沃西基第一次登上《财富》杂志的排行榜，但出于工作压力和家庭责任，她觉得并不值得为此再订一趟航班。

离谷歌在初创时期租用她的车库已经过去十年了，沃西基还是梳着同款的金棕色波波头发型，没什么太大变化，并且仍然对谷歌怀有崇拜之情。对于谷歌而言，她是一个完美的运营者，能带动公司运转，达成各项指标。在谷歌视频让位于 YouTube 之后，沃西基转而负责堪称谷歌油井的广告业务。她负责运营 AdSense[①]，这是谷歌用来将数字广告牌覆盖到网站上的系统。沃西基因在谷歌创始期发挥的作用而被授予了谷歌"创始人奖"，这项奖旨在奖励把公司当作自己的事业一样负责的员工。谷歌的高管队伍中没有几位女性，沃西基就是其中之一。

---

① AdSense 是谷歌旗下的一个互联网广告服务。——编注

但这个精英群体中的其他人却比沃西基得到了更多的公众关注。谷歌女销售谢丽尔·桑德伯格（Sheryl Sandberg）曾在脸书担任第二号职位。桑德伯格是一位天生的政治家，她经常在硅谷的家中举办社交聚会。因曾在脸书任职，杂志愿意为她刊登特稿，并不乏赞美之词。她在《财富》2009年的权力人物排行榜上位列第22名。玛丽莎·梅耶也在这个排行榜上，她是谷歌的产品负责人，和沃西基一样，也是公司俗称的"迷你创始人"之一。梅耶和桑德伯格在镜头前和舞台上，都可以表现得自然、自信，沃西基则偶尔会显得有些呆板。高管层中对女性的评分标准有所不同，比较看重她们的媒体曝光率和舞台表现力。谷歌宣传团队的任务之一，就是让沃西基在更多的舞台上亮相，在媒体中更有存在感。曾经有一段时间，当人们在谷歌上搜索沃西基的名字时，跳出来的第二个搜索结果是Gawker一篇文章的链接——《苏珊·沃西基的弥天大谎》，文中指责她编造了自己在AdSense创立过程中的角色。"是的，"她向记者史蒂夫·利维（Steve Levy）坦白承认，"这确实让我很烦。"但谷歌从未挑战过其搜索结果列表的神圣不可侵犯性，即便是让自家公司高管厌烦的搜索结果也不例外。

沃西基最终在2010年登上了《财富》排行榜，位列第四十三名，比桑德伯格低了二十七位。梅耶则排在第四十二名。

沃西基错过航班后，她的一位公关人员温柔地建议道："您差不多该出发了。"桑德伯格和梅耶可能都已经到了，开始社交了。于是沃西基还是去了。

* * *

苏珊·黛安·沃西基1968年出生于加利福尼亚州圣克拉拉市，那里是硅谷的核心地带。后来人们认为她的家庭背景非常出色。她的父亲斯坦利（Stanley）是一位粒子物理学家，天主教教徒，在克拉科夫①长大，那个地方就在通往奥斯维辛的火车轨道旁边。纳粹霸占了斯坦利的家，之后他逃到了瑞典。苏珊年轻时，斯坦利当上了斯坦福大学的物理系主任。苏珊的母亲埃丝特（Esther）出生于纽约下东区②的一个俄罗斯犹太移民家庭，长大后成了一名活跃的记者和教育家，因在斯坦福附近的帕洛阿尔托高中任教而闻名于硅谷。沃西基夫妇生了三个女孩，她们的年龄差距不大。他们并不富裕，经常需要收集商超优惠券，对收入和开支精打细算，最终得以将几个孩子抚养成材。苏珊四岁时，上的是斯坦福大学的幼儿园。有一天在停车场里，她冲到妈妈身边，告诉妈妈："我们今天吃棉花糖了，我吃到了两个。"埃丝特很快得知，原来她的大女儿参与了一项心理学实验。斯坦福大学教授沃尔特·米歇尔（Walter Mischel）将孩子们带到一个放着零食的房间，告诉他们，可以马上吃，但是只能吃一个，也可以过15分钟之后再吃，就可以吃到两个。这项著名的研究得出一个结论：四十年后，当时愿意等待的孩子在成年之后身体更健康，认知能力更强，社会竞争能力更强，烦恼也更少。小苏珊等待棉花糖的时间比任何其他学龄前的儿童都长。

米歇尔的研究结果后来受到了质疑，但仍然成为其早期参与者认知中的一部分。埃丝特在她的育儿书《如何培养成功人士》中记录了这个关于棉花糖的故事，并写道："苏珊是我认识的最有耐心、最有逻辑性的人之一。没有什么能把她吓倒，她自制力很强，身边都是值得信任和尊重的员工。作为一名年轻女性，她已经具备了这些特质，并不是因为生来如此，而是因为已经练习了

---

① 波兰的一个城市。——译注
② 纽约市曼哈顿区沿东河南端一带，曾为犹太移民聚居地。——译注

很多年。"

苏珊在哈佛学习历史,还在印度做过一年摄影记者。但很快,她转向了更为实用的领域,获得了经济学硕士和商业硕士学位,并进入技术行业开启职业生涯。她嫁给了技术专家丹尼斯·特罗珀(Dennis Troper),特罗珀后来也加入谷歌和她一起工作。她的妹妹珍妮特(Janet)成了一名流行病学家,最小的妹妹安妮(Anne)先是在华尔街工作,后来回到家乡加入"硅谷王室"。安妮与人共同创立了基因检测公司23andMe,还嫁给了谷歌的谢尔盖·布林,他们在巴哈马群岛举行了一场非传统式的婚礼。安妮和蔼可亲,很有魅力,容易获得赞美。《名利场》杂志称她为"穿勃肯鞋[①]的詹妮弗·安妮斯顿(Jennifer Aniston)",还有一本杂志称她为"全美国最大胆的CEO"。相比之下,苏珊则显得矜持、谦逊、有责任心,是一位"典型的长姐",一位熟人这样评价。

YouTube加入谷歌后,沃西基还帮助谷歌完成了对DoubleClick的收购,并通过把横幅广告放在几乎任何有需要的网站上,让谷歌变成了广告巨头。也许最关键的是,她的话拉里·佩奇能听得进去。沃西基是"拉里耳边的低语者",曾在谷歌做总监的金·斯科特(Kim Scott)说。"人们无法说服拉里,她却总能做到。"斯科特回忆道。沃西基性情平和,很少把自己的观点强加于人,也不爱出风头。有一次,在谷歌Zeitgeist会议上——这是公司专门为希望与谷歌高管交流的大亨、政客和名人举办的年度活动——一位与会者看到沃西基在安静地做笔记,身上穿的还是她在附近登山时的同一套衣服。没有人认出来是她。但在有需要时,沃西基还是能展现出自己精明的一面。谷歌以前一位高管记得,

---

[①] 勃肯鞋,一种宽平底的皮凉鞋。——译注

他们曾和谷歌的宿敌——鲁伯特·默多克的新闻集团，开会讨论一项业务安排，对方态度非常强硬，于是沃西基冷冷地回应："好吧，我们就是不会付钱给你们，这听起来怎么样？"

谷歌的宣传并没有突出沃西基精明的一面，而是强调了她适应性强、性格温和（勤奋、没有威胁性、忠诚）等特征，这些特征让她在这个以男性为主的行业中占据了一些优势。她的公众形象开始形成。圣何塞的报纸《水星新闻报》（*The Mercury News*）在2011年的一篇正面的人物报道中，给沃西基贴上了"你从未听说过的最重要的谷歌人"的标签。文章中引述了她同事的话，称赞沃西基从来不会把功劳都算到自己头上。但文章同时又称沃西基在DoubleClick和YouTube的收购案中发挥了重要作用，尤其是在收购YouTube的过程中，但很多当时参与其中的人都不记得她曾做过那些工作。

那篇文章真正的焦点在于母性。沃西基是谷歌第一位生孩子的女性，她为谷歌制定了产假政策，这是谷歌男孩们没有考虑到的问题。文中写道，2011年，沃西基已经有四个孩子了，作为一名"足球妈妈"①，她会开着自己的丰田汉兰达四处接送孩子。"我的孩子们知道我每天晚上都会回家吃饭。"沃西基说。这似乎是个明智的宣传策略：沃西基可能很"无趣"。"但当她谈起自己作为母亲的角色时，就生动一些了。"一位曾经的商业伙伴回忆道。《财富》杂志称她为"谷歌之母"。《福布斯》有篇文章谈到她"不是很注意自己的穿着"，在办公室里穿的是牛仔裤和连帽衫。文章还引用了一位匿名前同事的话，将沃西基比作彼得·塞勒斯（Peter Sellers）在讽刺电影《富贵逼人来》中扮演的角色"园丁

---

① 非常重视小孩休闲活动，亲自开车接送小孩参加运动、活动的母亲。——译注

畅斯"。关于沃西基的所有文章和许多在饮水机旁的闲聊,都难免会提到她的车库,谷歌最初创业的地方就在她的车库,那是她为天才男孩们筑的巢。(谷歌后来将这块地买了下来,并在谷歌地图上将其标记为"沃西基的车库"。)这其实在某种程度上弱化了沃西基作为高管的成就和个性,一些人肯定会因此不把她当回事。(一位同事后来嘲笑她是"最幸运的车库主人"。)虽然她与谷歌创始人早期的亲密关系很重要,但那并不是裙带关系的标志,而是对她在公司地位的解释。拉里·佩奇和谢尔盖·布林尚且如此年轻,就已经如此成功富有,受到万众瞩目,围绕在他们身边的那些能人,都是他们在成功之前就认识的。"沃西基恐怕是两位创始人在这个星球上最信任的人了,"谷歌早期的销售总监帕特里克·基恩(Patrick Keane)表示,"无论遇到多大的困难,沃西基都不会惊慌失措。"

在谷歌工作了很长时间的人力资源主管拉斯洛·波克于2016年离职了,他将谷歌比作一家家族企业。佩奇和布林在2011年调整了谷歌的股权,让自己拥有的投票权是普通股东的十倍。沃西基的丈夫和妹夫也在谷歌工作,母亲则被聘请为教育项目顾问,谷歌还投资了安妮的公司。"在一家家族企业里,"波克说,"忠诚才是让人获得最多回报的关键。"

* * *

然而,到了2013年,苏珊·沃西基发现自己深陷谷歌家族竞争的泥潭。她身处佩奇的L团队,团队成员之间经常发生争吵,自己部门里也有人挑战她的地位。

斯里德哈·拉马斯瓦米(Sridhar Ramaswamy)是一位戴眼镜、很严格的谷歌工程师,在广告部门得到了晋升,与沃西基平起平坐。他们两个风格迥异。拉马斯瓦米关心细节，喜欢钻研计算机代码，对各种指标了如指掌。沃西基则被同事们描述为一个考虑"大局"的人，喜欢将细节交给忠诚的下级去处理。（一名曾经的谷歌员工回忆说，他曾交给沃西基一份有 60 页幻灯片的商业提案，沃西基只看了 5 页，就转向一位副手，询问他的直观感受，然后就提前结束了会议。）她和拉马斯瓦米之间还有过激烈的争执。沃西基希望利用人们在谷歌上的搜索词条，优化谷歌在网页上运营的横幅广告。如果广告商能够根据人们的搜索行为在网络上定位消费者，他们可能会愿意付给谷歌更多的钱。拉马斯瓦米反对这样做，他既有商业上的考量——横幅广告比较便宜，他觉得这样做会影响搜索广告较为丰厚的利润空间，也因为许多程序员都非常厌恶这一点——如果人们在网上到处都能看到和自己搜索词条相关的广告，可能会被吓跑。佩奇一直主张将搜索数据与其他一切分开。但其他人，如沃西基，认为这不符合广告行业的趋势，因为广告行业需要更多的数据。

2013 年年底，佩奇为确定公司的长期发展方向（他称之为"谷歌 2.0"）召开了一系列会议，在此期间，这两个人的纷争达到了顶峰。一向比较内敛的拉马斯瓦米激动起来，据报道，在一次会议上，他指责沃西基"隐瞒了自己的真实意图"。除了参加这种活动，这两位高管总是避免与对方同时出现在一个房间。广告部门的员工记得，他们每星期二都会和沃西基一起开总结会，然后星期四再和拉马斯瓦米开一遍。沃西基手下的一个人说，沃西基最生气的时候是那个人也为拉马斯瓦米的一个项目工作。（"苏珊和我有不同意见，"拉马斯瓦米后来表示，"但都是关于政策和商业决策的分歧，不涉及个人恩怨。"）最终，佩奇不得不在他们两个中间选择其中一位来经营他的广告业务。

与此同时，沃西基的妹妹安妮和谢尔盖·布林正在经历一场剧情非常狗血的离婚。谷歌的联合创始人、喜欢异想天开的布林，爱上了一名二十多岁的营销人员，她为谷歌眼镜（Google Glass）做模特。谷歌认为这个愚蠢的头戴式装备是计算机的未来。这名营销人员同时还与谷歌安卓部门的一位高管约会。2013年8月，布林和安妮·沃西基公布了离婚的消息，并通过一名公关人员表示，他们"仍然是好朋友和好伙伴"。安妮在闺蜜的陪伴下逃到斐济，做瑜伽放松身心，布林则去了"火人节"（Burning Man）。两人分手的事情和尴尬的四角关系在谷歌是一个反复出现的八卦话题，这让气氛变得更加紧张。佩奇是个非常忠于家庭的男人，这之后有一段时间，他都拒绝和他的联合创始人讲话。沃西基告诉一些心腹，她讨厌这样的离婚，尤其讨厌布林在这个事件中的行为。

对于YouTube而言，比起谷歌的家庭纷争，更令人难以忍受的是其日益严重的官僚作风。2011年，YouTube在洛杉矶的员工凯瑟琳·格蕾丝（Kathleen Grace）在建议卡曼加成立YouTube制作工作室时，向他展示了一些图片：先是大门紧闭的好莱坞工作室——派拉蒙电影公司和环球影城，然后是完全开放的YouTube空间模型（口号："我们才是那个会说'同意'的地方"）。卡曼加在30分钟内就批准了这个提案。而三年后，当格蕾丝提出一个成本更为低廉的项目，希望获得批准时，却不得不向一个由十五人组成的委员会递交了四次提案。（该委员会成立的目的是解决YouTube项目太多的问题。）与此同时，YouTube的管理层觉得，与其说他们是获得授权的高管，还不如说他们在进行穿梭外交，不得不向谷歌的各个部门卑躬屈膝。梅罗特拉曾向卡曼加抱怨道："这是在逼着我做好我根本就不想做的事。"

2013年这一年，YouTube员工很少能见到他们的CEO。卡曼加大约每星期只出现在圣布鲁诺一次，他似乎对YouTube越来越不感兴趣。（一位总监曾在旧金山机场偶遇卡曼加，当时卡曼加背着双肩包，正准备开始徒步旅行，向他挥手致意。还有人记得，在一场关于"YouTube Kids"[1]的重要会议上，他们的老板却在漫不经心地浏览自己的脸书页面。）但卡曼加很担心谷歌也变得庞大臃肿。每个星期一，他都会参加为期一天的L团队"谷歌2.0"会议，佩奇喜欢在会上提出一些想法，希望谷歌能找回以前创业时期的灵活性。卡曼加还在私人时间与佩奇一起头脑风暴，讨论更大幅度的公司重组问题。

总而言之，YouTube的二号人物梅罗特拉实际上掌管了公司的各个方面。内容总监迪安·吉尔伯特已经退休了，大部分决定都由梅罗特拉做出，管理层人员对他越来越忠诚。卡曼加开始带着他的这位副总裁参加与佩奇的一对一会议，有时自己甚至都不露面。所有人都猜测，卡曼加很快就会离开，由梅罗特拉接棒。

然而后来，计划却改变了。

十多年来，梅罗特拉一直与比尔·坎贝尔（Bill Campbell）定期会面。比尔·坎贝尔是一位强硬的商业老手，在硅谷人人都称他为"教练"。坎贝尔曾指导过拉里·佩奇、史蒂夫·乔布斯和许多在经营方面经验不足的科技大佬。佩奇请坎贝尔指导YouTube的创始人，并经常把一些自己不想亲自出面的有难度的谈话交给坎贝尔处理。2014年年初，坎贝尔请梅罗特拉把他们的常规聊天时间提前，并改为在线上举行视频会议。（当时这位教练已经生病了，两年后因癌症去世。）梅罗特拉加入了视频会议，他

---

[1] YouTube推出的面向儿童的视频平台。——编注

在事前已经准备了一系列棘手的管理问题。

"事实上，我要和你聊些别的事情，"坎贝尔开始说道，"没有其他人会告诉你这件事。拉里选择了其他人来管理 YouTube。"

梅罗特拉非常震惊地问道："谁？"

"沃西基。"

* * *

2014年2月，YouTube 的一些员工到谷歌的苏黎世办公室参观，那里的装修风格是公司版的糖果乐园，有很多弹珠机，一个乐高游戏室，一个酒窖，供小憩使用的泡沫浴，还有一个塑料滑梯。YouTube 的员工们与当地同事一起喝酒到深夜，这时收到了一连串消息。*新的 CEO 上任了。等等，是谁？什么情况？*

消息传到圣布鲁诺时，大多数人都感到非常震惊。一位很少有人合作过，甚至见都没见过的谷歌高管要来执掌大权了。

与沃西基关系密切的人知道，她一直不满足于现状，渴望担任一个更高级别的管理职位，就像她的许多同龄人一样。到了2014年，她与广告工程师拉马斯瓦米的关系更加难以维持下去。沃西基私底下打算加入特斯拉，担任首席运营官，这是"PayPal 黑手党"老成员埃隆·马斯克（Elon Musk）下面的第二把手。但佩奇希望她能留下来。佩奇知道卡曼加已经想要离开了，而且那时佩奇也已经开始策划自己的退出——他会将谷歌交给一位值得信赖的副总裁，桑达尔·皮查伊（Sundar Pichai）。在一次谈话中，佩奇的人力资源主管拉斯洛·波克建议，可以让沃西基到 YouTube 任职，这样更方便佩奇为自己选择的继任者扫清道路。于是，佩奇最终决定让沃西基去 YouTube 任职。佩奇最终还是亲自告诉了梅罗特拉这个消息，对他说："继续做你正在做的事情就好。"

在媒体和一些 YouTube 博主眼中，让谷歌广告业务负责人来运营 YouTube，表明谷歌准备通过 YouTube 获得更多收入。佩奇在给《纽约时报》的一份声明中表示："苏珊能够理性地藐视不可能。"（关于沃西基任职的文章配错了照片，刊登的是安妮的照片，不是沃西基。）在 YouTube 总部，梅罗特拉在和大家分享这一消息时流下了眼泪。沃西基发表了简短的演说，之后就开始和各个团队开会。当她和"算法监督员"兼"观看时长啦啦队队长"克里斯托斯·古德罗开会时，古德罗准备了一套 46 页的幻灯片。第 5 张幻灯片展示的是他们在每日 10 亿小时观看时长这个目标方面取得的进展。"顺便说一下，我们落后的可不是一点半点。"古德罗告诉他的新老板，"我很恐慌，希望你也有点恐慌。"他不喜欢无法完成目标的感觉。

在硅谷，新任高管通常都会改变公司的原有路线，以便留下自己的印记或显示自己的权威。在加入 YouTube 后，沃西基会见了谷歌网络部门的员工，后者请她也这样做。因为 YouTube 宏大的观看时长目标给公司的服务器带来了巨大的压力，他们吓坏了，希望这个计划得到控制，以便缓解带宽压力。

没有证据表明有任何人提醒过沃西基，这些目标会给 YouTube 带来不同的压力。优先考虑参与性和最大限度地增加商业资金，等于是在给即将发生的灾难铺平道路。当时，沃西基不同意网络部门员工的意见，她说："我们还是要暂时保留这个计划。"

发 展

第 18 章

顺"管"而下

谷歌的"吟游诗人"克莱尔·斯塔普顿现在某种程度上算是一个"酷猎人"。

斯塔普顿虽然没有听说过这个绰号,但知道 YouTube 有一个团队在被整合到营销部门之前,曾经担任过更为积极的编辑角色。斯塔普顿 2014 年年初进入 YouTube 的营销团队,人力资源部的一位同事建议她申请"策展战略经理"的职位。查看职位描述后,她问自己:*"简直了,这是什么?"* 尽管如此,她还是接受了这个职位。第一周,YouTube 安排她去巴黎,见一见为推荐系统编写代码的工程师。这些程序员讨论了各种进入算法的信号,但并没有解答关于她的工作是什么的基本问题。一位来自伦敦的同事通过公司的聊天工具给她发了一个链接,算是拐弯抹角地回答了她的问题。斯塔普顿点开链接,发现是一篇人类学家写的文章《关于狗屁工作现象的讨论》:

就好像是有人为了让我们所有人都整日辛劳,专门编造出一些毫无意义的工作。而这里,正是谜之所在……一大群

人聚集在地狱里，把大把的时间花在一项自己既不喜欢也不特别擅长的任务上。

斯塔普顿在位于纽约的谷歌的创意实验室只工作了不到两年时间。这是一个有点像 Apple 的神奇部门，尝试采用 Apple 著名的工作狂风格，迫使员工在深夜和周末加班。但他们并不是在发明 iPhone，而是在重塑品牌、制作"实物模型"以及其他几个前途未卜的项目——像谷歌的许多项目一样。斯塔普顿注意到，实验室最倚重的不是像她这样的正式员工，而是外包人员，这些人不享有谷歌的股权或任何福利，戴的工牌颜色都和他们的不一样。斯塔普顿在加州时，感觉谷歌通信团队的工作处处充满挑战，她可以致力于一些有意义的工作，而且那个由女性高管管理的部门就像一个"母系氏族社会"。而在这里，她只是觉得毫无管理可言。为了赢得男性上司的青睐，她曾经问同事有没有什么窍门。"他是一个混男人堆的男人，"她的同事说，"他是真的只喜欢和那些可以下班后跟他一起喝啤酒的家伙一起工作。"

斯塔普顿在快到三十岁时，离开了谷歌的环境，在布鲁克林安顿下来。在这里，她吃的是从农场直接运到餐桌的食物，穿的是开司米羊毛衫，看的是大名鼎鼎的电视节目。她曾一度考虑离开 YouTube，但还是因为其文化魅力而留了下来。那时，这里还是一片文化的汪洋，每天都能有新发现。ASMR[①]视频（低语声和噼啪声，某些听众为此欢欣沉醉）在网站上大为流行。吃播

[①] ASMR 是自发性知觉经络反应（Autonomous Sensory Meridian Response）的简称，自发性知觉经络反应也称耳音、颅内高潮等，指人体通过视觉、听觉、触觉、嗅觉等感知上的刺激，在颅内、头皮、背部或身体其他部位产生的令人愉悦的独特刺激感。——译注

（mukbang[①]）也颇受欢迎——观众看别人狼吞虎咽，满足自己贪吃的好奇心。吃播类视频是从韩国电视台引进的，在YouTube上，它的内容更为狂野、混乱。斯塔普顿的部门负责追踪趋势，像旁观者一样做记录。她的任务是管理"焦点"页面（youtube.com/youtube）上的内容，这个网页上都是公司认为值得推荐的视频。

她精挑细选，在为视频播放列表编写描述文本时，用的是异想天开、表现力强的风格，她以前用这种风格为谷歌编写TGIF大会的剧本时，赢得了不少好评。但她现在的经理却劝她："语言要直截了当，不要表现出任何个性。听起来应该像是电脑生成的文本一样。"

"我的风格就是有个性！"她反对道。

她被告知，**YouTube必须作为一个中立的平台运营，避免发表主观评论，以免陷入法律纠纷**。事实上，在斯塔普顿加入后不久，YouTube网站上就出现了一种新趋势，早期的一些法律纠纷与这种趋势相比就是小巫见大巫，这让YouTube行事更加谨慎。

斯塔普顿的想法被经理否定之后，就开始不管不顾了。她开始编写一系列邮件简报，名为《顺"管"而下》。她在里面罗列出一些精选的视频链接，捕捉到了YouTube往昔的一些神奇魔力，就像汪洋大海中清新的小水滴。在斯塔普顿选取的视频链接中，有可爱的猎豹幼崽、配着柴可夫斯基音乐的袋鼠拳击、鼓手巧妙演绎拍卖牛的拍卖师。"愿流媒体与你同在。"邮件以此作为结束语。在斯塔普顿选取的链接中，虽然电视节目片段多于YouTube本身的明星视频，但这并没有什么关系，因为YouTube本身也

[①] "mukbang"，吃播。由"吃饭"的韩语读音"meokneun"和"播放"的韩语读音"bangsong"结合而成。——译注

有这样的发展趋势。公司几位高管订阅了她的邮件简报。斯塔普顿在那年的电子邮件中写的最后一段话，反映出她的公司传递出来的是怎样的信息：

大家假期愉快！

　　严肃一点……今年人们在 YouTube 上观看视频的时间已经超过 720 亿小时——其中大部分都是无聊的流行文化碎片——我们可能的确看得太多了。可供人们观看的东西越多，就越难真正看到些什么，但人们看得越仔细，能看到的就越多——有一句老话差不多是这么说的。

　　告别 2014 年，希望在肤浅的看东西的习惯中，能有些许深度留下来；希望在这个超级麻木的时代，在那些模糊的镜头和碎片化的电影剧照中，也可能有一些有意义的东西闪烁着。也可能没有。★小心翼翼地离开电脑★

* * *

　　到 2014 年，一句真言在 YouTube 流传开来：**笑话，威胁，得到公认**。这是一句企业真言，用来解释一个企业在其生命周期中所处的阶段。

　　希希尔·梅罗特拉从他以前在微软的一位领导那里学到了这个理论，然后传授给了他的团队。"最开始，你是一个'笑话'——没有人相信你，"梅罗特拉解释道，"然后你变成了一个'威胁'——每个人都害怕你。之后你就'得到公认'了——每个人都认为你做什么都能成功。"YouTube 知道自己的**"笑话"**阶段——那时它以"滑板上的狗"的视频闻名，还是谷歌合资团队的一个笑柄。"威胁"是分阶段逐渐到来的，首先是维亚康姆，随后是 Hulu 网以及各家传统媒体等,他们笨手笨脚地破坏这场互联网派对,或无视它,但都没有成功。而 YouTube 这艘船一旦启航了,"得到公认"阶段就开启了:**YouTube 是由大众主导的媒体,成本极低,代表着娱乐业的未来。**

随着 YouTube 的模式建立起来,其他行业也纷纷出击。斯蒂芬·斯皮尔伯格(Steven Spielberg)的工作室——制作出《怪物史瑞克》和其他特许经营品牌的梦工厂动画公司——斥资 1 亿美元收购了 AwesomenessTV,这是 YouTube 为青少年打造的网络。美国电话电报公司则投入更多的资金收购了 MCN 公司"Fullscreen"。迪士尼也准备打开它的支票簿。网飞和其他网络程序开始招募 YouTube 明星。谷歌计划斥资近 10 亿美元收购备受玩家欢迎的直播网站 Twitch,将其与 YouTube 合并,但在价格上有所犹疑,还担心可能会受到反垄断审查,谈判最终破裂了,Twitch 转而被亚马逊收入囊中。脸书也试图在视频业务上有所发展。

苏珊·沃西基在"得到公认"阶段成了 YouTube 的领导者。她不需要从头开始凭空构想 YouTube 的商业计划,她需要做的其实是给 YouTube 的发展添加更多燃料。截至 2013 年,YouTube 每年仅有 30 亿美元的收益,仍然只在电视市场中占据很小的一部分。商业媒体奚落 YouTube 虽然坐拥 10 亿观众,但没有什么利润。沃西基作为 YouTube CEO 的首次重大亮相,是站在麦迪逊广场花园的舞台上参加 Brandcast 活动。Brandcast 是 YouTube 的一项年度活动,旨在向广告商展示其节目,就像电视网所做的一样,但是更有 YouTube 风格。沃西基在舞台上宣布了 YouTube 的一项最新服务:谷歌优选(Google Preferred)。这是一种可以让广告商在 YouTube 上最受欢迎的视频里投放价格更高的广告的服务，是 YouTube 长期努力打造优质节目框架的成果。但这可是 YouTube，所以这些节目并不是由公司亲自挑选的，而是交由一个算法逻辑来完成这项工作，但沃西基并没有透露半点关于这个算法逻辑的信息。"我们正处于一场视频领域的重大革命中。"这位新任 CEO 告诉观众。随后，法瑞尔·威廉姆斯（Pharrell Williams）演唱了《幸福》。

娱乐圈的重心正在转移。那年秋天晚些时候，沃西基在旧金山参加了一场《名利场》杂志举办的时尚活动，与她的新同行们——HBO 和有线电视巨头探索通信公司（Discovery Communications）的 CEO——分在同一个小组。这些男性媒体负责人穿的是牛仔裤和乐福鞋，这是标准的硅谷风格。沃西基穿了双高跟鞋，搭配款式简单的银色连衣裙。小组主持人问她：**十年后有线电视还会存在吗？**沃西基狡黠地笑了笑，回答道："也许吧。"《纽约时报》在那一年的晚些时候刊登了一大篇关于沃西基的人物特写，指出沃西基"已经悄然成为世界上最有影响力的媒体高管之一"。沃西基身着深蓝色的连衣裙，为这篇文章拍了照，她明显已经怀上了第五个孩子。

然而，沃西基在 YouTube 内部并没有受到所有人的热烈欢迎。

沃西基在公司第一次发表演讲时，延续了她一贯不太打磨语言的风格——夹杂着许多"嗯""就像"等。观众中一位女性初级员工觉得这种满不在乎的风格让人很受鼓舞，"看上去很棒"。当时大多数 YouTube 员工担心的其实都是一些小事：在沃西基召开的第一次全体员工会议上，获得员工投票最多的一个问题是为什么 YouTube 的自助餐厅把希腊酸奶换成了普通酸奶。一些传统媒体人看好她的到来，认为这表明谷歌对 YouTube 有信心。尽管赫利和卡曼加有时被介绍为 YouTube 的"CEO",但从严格意义上讲,他们不是,谷歌给他们的职位级别是"高级副总裁"。沃西基则正式获得了"CEO"的头衔,这表明她在谷歌企业体系中享有很高的地位。YouTube 的创作者关系总监蒂姆·谢伊(Tim Shey)回忆道:"感觉就像是装甲部队来了。"在 YouTube 的其他人看来,沃西基有点像一个闯入者,一个可能迷恋好莱坞守旧势力的人。[据另一位总监回忆,布拉德·皮特(Brad Pitt)是最早一批祝贺沃西基履新的人,这让她非常激动。]在完成 CEO 的交接工作后,梅罗特拉休了六个月的假,思考自己下一步的去向。沃西基劝他留下来帮自己站稳脚跟,但梅罗特拉还是离开了,而且在一年内,他的大多数副手也都走了。一些人觉得"得到公认"这个阶段非常无聊。YouTube 的一位总监曾成功地让几乎所有的手机,以及所有可以想象得到的小工具上,都安装了 YouTube 的程序。但当飞机上的小屏幕中也出现了 YouTube 时,他退出了。**他觉得这里已经没有可供他去征服的领域了**。许多人都效忠于梅罗特拉,他没有得到提拔,这让他们感到愤愤不平。

其实,让他们愤愤不平的也可能是新老板的谷歌精神。

谷歌精神在早期是公司的有形资产。长期担任谷歌人力资源主管的拉斯洛·波克在一本关于管理的书中写道,**谷歌聘用员工时看重的是"谷歌式"特质:谦逊、尽责、"能够适应不确定性"**。比如,愿意在工作场合滑滑梯而不因此感到羞涩——这就很"谷歌"。**谷歌风格(Googley)的人才还有一句箴言:"勿谈政治,用数据说话。"** 在收购 YouTube 之前的一场辩论中,一位谷歌高管质疑该公司是否应该从盗版内容中获利,他在邮件中问道:"这算是谷歌风格吗?"但随着时间的推移,"符合谷歌风格"也演变成了一类人的绰号,这类人盲目崇拜谷歌的管理文化和体系,会为了更大的谷歌事业隐藏自己的个性，显得有些神秘。"我无法告诉你她是个怎样的人，"一位与沃西基共事多年的人说，"她就像一块白板。"

美国公司会用"分层"这个词委婉地表示一种非常尴尬的降级情况，就是当有人被安排在你上面的位置时，你就相当于被降级了。谷歌自然是根据资历和指标情况来决定员工的职级。合资团队 YouTube 的许多经理相对于谷歌的其他部门来说，级别都比较低。沃西基搬到了圣布鲁诺，她在办公室的书架上摆满了儿子成人礼的照片，还有一盒她多年积攒起来的谷歌名片。她还不断地从谷歌引入管理人员，包括副总裁、高级总监和杰出工程师，这就相当于让 YouTube 的管理人员"分层"了。整套团队的调整让 YouTube 的一些人觉得公司明显更加企业化了。一位工作人员回忆起自己当时的感觉：**大楼被谷歌渗透了**。沃西基喜欢值得她信赖的顾问，这种管理方式得到了一些人的欣赏。但有一位 YouTube 经理也在大批离开的人员之列，认为这等于喜欢"唯唯诺诺的马屁精"。一些人认为，这些新来的人表明沃西基打算在 YouTube 上复制她运营谷歌广告业务的方式。沃西基在 YouTube 休产假期间，每周只通过电话拨入参加一个业务会议，这是一个专门讨论高端广告业务的核心会议。

然而，就在公司艰难过渡的同时，一场新的噩梦突然扑面而来。

2014 年 8 月份在 YouTube 上发布了一段恐怖视频。

接下来，源源不断的包含暴力画面的恐怖视频让 YouTube 不得不采取行动。谷歌在巴黎市中心有一个豪华的办公室，那个星期几乎所有在巴黎办公室的员工都突然间变成了内容审核员，即便那不是他们的本职工作。他们建了一个大型电子表格，追踪每一个重新上传的恐怖视频。YouTube 业务团队中，一名当时负责查看这些恐怖视频的员工回忆说，这些宣传视频的电影化程度令人震惊。让人抓狂的是，上传者将真实的新闻片段拼接到这些视频里，让它们更加难以被 YouTube 发现。这名工作人员后来想到了翻看静止帧的方法，这比动图带给人的创伤要轻一些。他们一脸痛苦地查看这些视频——新闻主播、新闻主播，还是新闻主播……暴力画面出现了！**打击。然后继续检查下一个视频。**一名同事注意到，审核员们在看了一系列这样的视频后，一脸苍白地坐在办公桌前。

* * *

在欧洲大部分地区，YouTube 受到批评的原因是审查不够。谷歌在欧洲大陆的良好信誉已经开始下滑。欧洲政客指责这家"不作恶"的公司逃税、无视隐私、行为像垄断者。谷歌在欧洲的员工被指责是"山姆大叔"的资产。

2015 年 1 月，谷歌代表被传唤到布鲁塞尔的欧洲议会，解释 YouTube 上为什么会存放如此多的恐怖主义视频。（YouTube 当时在欧洲没有负责政策事务的员工。）在解释 YouTube 那难以控制的规模时，谷歌的一位经理引用了一个在未来几年中都会一直用到的数据，她说，YouTube 每分钟都有 300 小时时长的视频上传，审查这些视频"等于在打电话之前就要审查通话内容"。

再来看看圣布鲁诺的情形。YouTube 的宣传人员觉得他们每天都要应对一场暴行。员工向沃西基简要介绍了视频审核的过程，一位副总裁记得当时沃西基的面部表情逐渐凝重。YouTube 会豁免一些具有"教育"或"纪录片"意义的视频，这些视频虽然可能含有暴力或极端主义内容，但会加上警告屏幕。YouTube 的核心策略是保护言论自由，这非常符合谷歌风格。律师们认为一条古老的法律格言非常有道理："阳光是最好的消毒剂"[①]。当网上出现阴暗的角落时，最好的办法不是将这些角落遮盖或隐藏，而是让阳光洒向其他地方。"强制性的沉默不能解决问题，"谷歌的律师德拉蒙德在一次关于视频审查的演讲中表示，"科技是让我们能够接触到全世界身处危险中的年轻人，让他们远离仇恨和激进主义的最好的工具之一。"YouTube 的工作人员开展了头脑风暴，想办法招募创作者将"阳光"洒向其他地方。

一位谷歌经理试着向欧洲反恐协调员吉尔斯·德·科乔夫（Gilles de Kerchove）提出"阳光法"，他问德·科乔夫，是否可以帮助谷歌制作有反制作用的视频，也许他们可以说服一些 YouTube 网红来帮忙。德·科乔夫的一位同事和 YouTube 的头号网红一样都是瑞典人。

这位谷歌经理随后转向这位白发苍苍的反恐官员，恳切地问道："您知道 PewDiePie 是谁吗？"

[①] 借用了路易斯·布兰代斯（Louis Brandeis）法官关于司法工作的一句格言，有改动。

第 19 章
YouTube 的头号网红 PewDiePie

PewDiePie：Vlog——新加坡，兄弟无处不在！
2013 年 5 月 29 日　6:23

镜头里拍的是粉丝——人们发出尖叫，场面非常喧闹，还有保安——这位网红正在录制视频。菲利克斯·卡尔伯格到新加坡领"社交网络明星奖"。我们——卡尔伯格可靠的兄弟军——和他在一起。我们见证了他的抵达，他在异国他乡高楼的阳台上休息。我们看到他在游泳池里游泳，吃饭，被粉丝包围，享受这一切。"我刚刚下楼到酒店大堂，"卡尔伯格对着镜头说，"那里大约有上百个粉丝，我一下去，他们就开始尖叫。我都震惊了，从没想到在新加坡能有这么多朋友。"

毫无疑问，PewDiePie 仍然是 YouTube 宇宙中那颗最耀眼的恒星。卡尔伯格的粉丝，他的"兄弟军"，现在越来越多地在屏幕上看到他的个人生活。他们认识了卡尔伯格的女朋友，一位名叫玛丽亚·比索宁（Marzia Bisognin）的 YouTube 博主，这次她和卡尔伯格同游新加坡。粉丝们和卡尔伯格交流关于游戏的看法，卡尔伯格在镜头前更加自如大胆。如今，在线游戏文化持续蓬勃发展。由于人们对网络上流行文化的迷恋，自制游戏视频也得到了蓬勃发展。人们在脸书上为冰桶挑战疯狂，社交新闻网站 Reddit 和新闻聚合网站 BuzzFeed 等则捧红了日本柴犬和暴躁猫。和其他 YouTube 网红一样，卡尔伯格也加入了这一行列。2013 年流行起"哈莱姆摇摆舞"，卡尔伯格梳着马尾辫、穿着粉红内裤和胸罩参与了这股热潮，有数百万人观看。但他赖以维持生计的仍然是玩恐怖游戏，在家制作成本低廉的视频。卡尔伯格的经纪公司创客工作室，即将获得一笔意外之财，让他获得更大的名气。

2014 年，华特迪士尼公司收购创客工作室，出价超过 5 亿美元。创客工作室起步于丹尼·扎平在威尼斯海滩的后院，后来发展成一个旗下控制了约五万五千个 YouTube 频道的媒体巨头。《纽约时报》在关于这桩交易的报道中，提到了 PewDiePie 和创客工作室在数字领域的成就——"想象一下他们能为钢铁侠、米奇和尤达大师做些什么吧。"一位经纪人热情地说——但文章中没有提到扎平、LisaNova，也没有提到创客工作室的任何一位初期员工。

这场收购有一些方面让卡尔伯格觉得不错。其他 YouTube 网红都搬到了洛杉矶，性格内向的卡尔伯格则定居在伦敦南部的海滨休闲小镇布莱顿。（YouTube 在内部文件中对卡尔伯格的描述是一名"宅男"。）卡尔伯格每次去加州，通常都会要求去迪士尼乐园——在那里他能享受贵宾待遇。但这家企业霸主并不是总能让人心生敬畏。比如有一次 PewDiePie 在 YouTube 发布了一个新的系列视频，想让兄弟们见识一下互联网离谱的一面。在其中一段视频里，卡尔伯格和另一位玩家在玩一款描绘迪士尼《冰雪奇缘》角色的视频游戏，他们全程都在傻笑。迪士尼公司里有人注意到了这段视频，发给了 CEO 鲍勃·伊格尔（Bob Iger），伊格尔对此非常不满，深更半夜打了一通电话给创客工作室的总监，总监向伊格尔解释卡尔伯格的创作意图，表示卡尔伯格是为了嘲讽扭曲的网络文化，并向伊格尔保证，这位 YouTube 大网红实际上是《冰雪奇缘》的忠实粉丝。迪士尼建议卡尔伯格删除这段视频，卡尔伯格照做了。最终，在品味和文化上的分歧让卡尔伯格永久性地切断了与迪士尼的联系。

尽管如此，PewDiePie 在那时仍然被认为是一位有天赋的表演艺术家，是新媒体的化身。YouTube 办公室里到处张贴着卡尔伯格的海报。传统媒体要么欣赏卡尔伯格的魅力，要么对他不屑一顾。新加坡之行几个月后，《综艺》杂志上一篇关于 PewDiePie 的报道这样写道："来认识一下这个满口胡言的小丑，他给西方文明的发展踩下了急刹车。一个你从未听说过的人是如何让自己的视频浏览量达到 26 亿次的？"文章问道，"显然，是因为他就像一个十足的白痴一样胡说八道。"据一位与卡尔伯格共事的人透露，卡尔伯格很讨厌这篇文章，并对其作者怀恨在心多年。尽管如此，在被迪士尼收购后，卡尔伯格还是接受了更多的采访。他对《华尔街日报》表示："拥有这种影响力很酷，但同时也有点吓人。"《华尔街日报》刊登了一张卡尔伯格头戴花环的照片，标题是《YouTube 上最大的红人靠玩游戏一年就能赚 400 万美元》。媒体曝光了 YouTube 博主的收入，这让卡尔伯格和他的同行深感愤怒，媒体的这种做法让他们觉得不受尊重。在某种程度上，YouTube 博主习惯于控制自己的频道，他们的频道非常受欢迎。但他们没法控制媒体怎么写，因此对媒体非常反感。

然而，即使YouTube博主的观众数量已经超过了电视节目，传统媒体还是将他们视为新奇事物。YouTube早期的现象级人物MysteryGuitarMan在美国有线电视新闻网（CNN）上亮相时，他的经纪人兼配偶莎拉·彭纳告诉制片人，不要问他赚了多少钱，**没有人会问乔治·克鲁尼（George Clooney）这个问题**，但美国有线电视新闻网（CNN）还是问了。2015年，卡尔伯格出现在《斯蒂芬·科尔伯特晚间秀》。这位瑞典人穿了一套清爽的蓝色西装，梳着大背头，看上去十分紧张，他的父母乘飞机过来参加录制。"感谢互联网允许他们的国王在这里度过今晚。"电视主持人在开场时这样说，然后请卡尔伯格解释一下，为什么人们喜欢看他玩电子游戏。"我从事的是世界上最棒的工作。"卡尔伯格回答。科尔伯特提醒观众，前一年卡尔伯格赚到的钱和"'气白玩美元[①]'谐音"。

YouTube从未承认过关于卡尔伯格收入的问题，但能有这种关注度肯定让公司感到高兴。几年前，还没有人觉得YouTube能够成功，更不要说成为专业媒体的大本营了。现在，这里竟然有一个YouTube博主，从事一份收入高达"气白玩美元"的工作。在幕后，YouTube启动了一项计划，为包括卡尔伯格在内的顶级红人配备专门的业务经理。虽然PewDiePie这个账号从未制作过反恐视频，但卡尔伯格参与了YouTube宣传片的录制。从2010年开始，YouTube的酷猎人开始制作年度好视频回顾、《YouTube回放》，会有大量创作者出镜。YouTube用户对这些剪辑很是着迷，非常关注谁出现在里面了（或谁没有出现）。2015年，也就是在公司成立的第十年，卡尔伯格出现在

---

① 气白玩美元，700万美元的谐音。——编注

《YouTube 回放》的中间部分,他冲着公司的标志挥了一记著名的"兄弟至上拳"。

* * *

在卡尔伯格家以西 100 英里[①],英格兰南部一个平静的小镇上,大卫·谢拉特(David Sherratt)开启了他的 YouTube 之旅。谢拉特非常聪明,性格有点孤僻,在学校的生活也有点无聊。2010 年,谢拉特十三岁的时候,掉进了 YouTube 上迷人的游戏世界,他喜欢《我的世界》《使命召唤》之类的游戏。虽然大多数玩家在流媒体中都是闲聊,但谢拉特看到过一位玩家在几段视频中谈论哲学问题,YouTube 之后就开始给他推送更多关于哲学的视频。**他点击了**。从哲学开始,谢拉特很快进入了"YouTube 怀疑论者"的世界,谢拉特虽然从小就没有宗教信仰,对这个话题也不是特别感兴趣,但这些视频博主聪明又敏锐,谢拉特看了觉得很是有趣。

谢拉特并不孤单。对于某些思想敏锐但又有些迷茫的年轻人来说,YouTube 上的怀疑论者让人激动。波士顿的娜塔莉·韦恩(Natalie Wynn)是一名早熟的十九岁钢琴学生,她开始大量观看理查德·道金斯(Richard Dawkins)和萨姆·哈里斯(Sam Harris)等著名无神论者的视频。粉丝们把这些人的演讲和辩论视频上传到 YouTube,还加上了吸引人眼球的标题。韦恩发现了一些说服力很强的视频博主,比如 Thunderf00t,他们制作视频用的是蒙太奇和模仿法(比如有一个 48 集的系列视频,名为《人们为什么嘲笑创造论者?》)。YouTube 将这些自由思想家提升到了与博

---

① 100 英里约为 160.9 千米。——编注

学的学者相同的地位。他们的视频还涉及一些沉重的话题，如自由意志和人性，将学术讨论（或伪装成学术讨论的形式）与令人捧腹的网络恶搞结合在一起。观众通过发表评论和回复视频的形式展开辩论。对于韦恩来说，这就像在 YouTube 上参与了欧洲 17 世纪的咖啡馆文化。韦恩和谢拉特密切关注这些辩论，了解了其中的所有人物，就像是咖啡馆的常客一样。

和普通观众不同，这些人不是随便来 YouTube 看一段教程视频、听一首歌或看一段热门剪辑。谢拉特当时还不到二十岁，人很瘦，肤色苍白，留着棕色的短刘海。他在房间里不停地听他最喜欢的 YouTube 博主的节目，玩电子游戏时视频就在后台播放。他用 iPad 上的一个应用程序把视频下载下来，上学路上、午餐时间和空闲时间都在听。凯勒布·凯恩是加拿大游戏大师斯蒂芬·莫利纽克斯在美国西弗吉尼亚州的粉丝，他也看了这些怀疑论者的视频，工作时一有机会就会戴上耳机，每天听 12~14 个小时。《纽约时报》的记者凯文·鲁斯（Kevin Roose）发现了凯恩的故事，在他笔下，这些人形成了"YouTube 圈子"，他们把网站当作"折射一切文化和信息的棱镜"。鲁斯这样传神地描述：

想象一下：如果发生了一种基因突变，让所有在 1995 年之后出生的人都能看到紫外线，这些人通过紫外线确立了自己的身份，开始自称为"紫外线人"，开始不相信任何仅能在可见光谱范围内制作出来的媒介产品。作为一个眼睛正常的"老一代人"，你经历的这种变化就像缓慢的认知衰退一样。随着世界上越来越多的活动在紫外线下进行，日复一日，你就会越来越难以看到这个世界。

如果说一些 YouTube 圈内人——书呆子战士和 PewDiePie 兄弟军——是因为共同的兴趣或粉丝关系而结缘，那么 YouTube 的怀疑论者则是围绕着共同的想法走到了一起，或者至少他们对主张和捍卫这些观点有着共同的热情，这种热情通常都声势浩大，深得算法喜爱。

在某个时刻，咖啡馆中聊天的风向变了。

谢拉特记得从 2012 年开始，网上的无神论者分化了。当时有一名成员大胆提出，除了有组织的宗教问题外，还应该解决种族主义和性别歧视等问题。其他人却不同意，由此分裂出了怀疑论者亚文化。但在此之前，某些东西就早已在这场运动中潜伏，一股丑陋的厌女症暗流现在开始奔腾了。早在 2011 年，一位颇受欢迎的怀疑论视频博主——Amazing Atheist（惊人的无神论者）——就发布了一些关于"女权主义的失败"的视频，并在日间电视节目《饶舌的女人》中播出。有位女性发布了一条 Vlog，内容是关于一次不舒服的性遭遇，理查德·道金斯回应道："别再抱怨了，好吗？"韦恩看到，创造论恶搞者 Thunderf00t 之类的 YouTube 博主开始恶搞女性。YouTube 向谢拉特推荐了 Sargon of Akkad（阿卡德的萨尔贡）的视频，这是一位啰唆的英国人，他将女权主义称为"一种有毒的、病态的意识形态"。谢拉特觉得这位博主的愤怒很有趣、很泄愤。于是，他开设了一个 YouTube 频道［昵称：Spinosaurus（棘龙的亲属）］，制作了一些视频，包括《女权主义就是恐怖主义》等，人们可能会出于好奇或愤怒而观看这些徒有其名的东西。虽然人们看了之后觉得很生气，但每看一次也增加了一次浏览量。上大学后，谢拉特开始出现在英国小报上，成为一名新男权运动的代言人。他穿着皮夹克，脸上挂着淡淡的怒容，摆出一副不近女色的骄傲处男形象，免得被人诬告强奸。

* * *

在YouTube出现之前，在无监管媒体历史上的最后一个重要时刻，迎来了一大群吵闹饶舌的谈话者——这股巨大的煽动性政治力量主要是针对女性的进步而兴起和壮大的。一切都是从拉什开始的。

1987年，联邦通信委员会取消了"公平性原则"，这是一项要求广播公司对有争议的问题必须从两方面报道的规定。次年，失败的电台音乐节目主持人拉什·林堡（Rush Limbaugh）首次推出了一个全新的AM电台脱口秀节目。拉什·林堡将杂谈节目主持人的风格带入政治话题，打造了一整套满是性别歧视的媒体品牌（"极端女权主义者"之类），主要面向那些感觉自己被主流媒体忽视了的保守派听众播放。拉什·林堡与粉丝之间建立了情感上的联结，粉丝们虔诚地收听他的节目，还会打电话进来交流。为了与调频广播（FM）和有线新闻竞争，更多的调幅电台（AM）也开始播放拉什·林堡和与他同类型的能吸引大批听众的节目。有些电台使用一个叫作"收听时间"的指标，来证明这种节目存在的合理性。鲁伯特·默多克将福克斯新闻描述为"带视频的脱口秀"。到2007年，在工作日播放的广播脱口秀节目有91%被划归为保守派风格。

也许这就是为什么这些谈话者最初没有涌向YouTube的原因。多年来，坚克·乌伊古尔（Cenk Uygur）都觉得自己是唯一一个在YouTube上存在的谈话者。这位信奉自由主义、能言善辩的资深电台节目主持人，于2005年将他的新脱口秀节目《年轻的土耳其人》搬上了YouTube。这个节目把经常抨击媒体和政客的左派观点与吸引人点击阅读的小报风格娱乐相结合。乌伊古尔很少在 YouTube 上看到保守派的杂谈节目,直到这个网站转为重视观看时长后,这类节目才"开始在 YouTube 上遍地开花"。很多视频都是在模仿乌伊古尔的节目或借用他的名字,加上"年轻的土耳其人"或"坚克·乌伊古尔"的标签,以便能够更频繁地出现在搜索结果和推荐视频里。乌伊古尔经常奋起反击。当时,YouTube 上几乎没有主流新闻频道,这为杂谈节目在政治话题领域提供了很多机会。乌伊古尔注意到这些新来者的一些奇怪之处,他们的一些节目似乎与现实非常脱节。"拉什撒谎时,会扯到一些模棱两可的东西,"乌伊古尔回忆道,"这些家伙纯粹是在凭空捏造。"

加拿大励志自助哲学家斯蒂芬·莫利纽克斯也加入了这个行列,发布了一段反驳《年轻的土耳其人》的视频。但莫利纽克斯和反社会正义战士大军其实还要等到一个更大的导火索出现,才有可能引爆一切,这个导火索就是"玩家门"(Gamergate)事件。

大卫·谢拉特眼看着"玩家门"传播开来,他尽自己所能追踪这场人为制造的网络争端。根据谢拉特掌握的信息,事情的起因与一位女权主义视频游戏设计师有关,她的一位前任情人给她写了一篇讨好性的媒体报道,随后,和这个丑闻相关的 YouTube 视频和网络论坛帖子都遭到了攻击,或者被完全删除。*这似乎不太对*。事件的细节虽然难以理解,但其中的愤怒不难理解。一些女性批评电子游戏对女性角色的呈现方式,但这只会让男性玩家更加愤怒,强化了他们对政治正确性以及女权主义文化横行的看法:*社会正义战士已经开始破坏电子游戏了。*"玩家门"中的核心丑闻——一款视频游戏获得了有失偏颇的报道——虽然并不真实,但这并没有阻止"玩家门"像病毒一样扩散开来，迫使游戏行业的一些女性在受到骚扰和死亡威胁后不得不躲起来。拉什·林堡的文化战争转移到了网上，像互联网本身一样被放大，难以驯服。

"玩家门"主要是在 4chan 等社交网络和静态网页上发酵起来，但在 YouTube 上，这桩不断演变的互联网丑闻为视频博主提供了大量素材，让他们能够制作出一些有新闻价值的、吸引人的长视频，算法喜欢这类内容。莫利纽克斯大师变得更加尖锐、更加愤怒，开始制作一系列名为"真实新闻"的视频，借用被拉什·林堡证明行之有效的策略，将自己塑造成主流媒体的忠实反对者。莫利纽克斯发布的视频标题经常是"关于……的真相"。比如，关于马丁·路德·金的真相、关于《冰雪奇缘》和《神奇女侠》的真相（这两部电影均被认为是女权主义的特洛伊木马）。莫利纽克斯说，媒体强行让人接受这些内容。对于亲切地称他为"斯蒂芬"的粉丝来说，这个说法很有说服力。"我是在追求真相，"莫利纽克斯的忠实观众凯恩后来回忆道，"斯蒂芬说：'来吧，来看看这个山洞，那里有知识，真相就在下面。'"

2013 年，关于乔治·齐默尔曼（George Zimmerman）的审判开始了，这一案件引发了全国的关注。谷歌人举行了他们自己的"连帽衫游行"，这个系列的游行发生在全国各地，为遇害的佛罗里达州青少年特雷沃恩·马丁（Trayvon Martin）抗议。在 YouTube 上，莫利纽克斯发布了一段长达 35 分钟的视频，起了一个标志性的标题：《关于乔治·齐默尔曼和特雷沃恩·马丁的真相》。他利用齐默尔曼的证词（后来在法庭上引起了争议）来妖魔化媒体、单身黑人母亲和说唱音乐。在其他视频中，莫利纽克斯还谈到了智商上的种族差异，他使用了一种委婉的说法，叫作"种族现实主义"，相当于在鼓吹优生学。莫利纽克斯还盯上了难民危机,"我不知道是不是因为欧洲的出生率下降太快了,以至于没有一个政客在乎他们的孩子会在怎样的一个世界中长大,"莫利纽克斯在一段视频中怒斥道,他怒视着镜头,"但我在乎!我在乎!"

* * *

彻头彻尾的恶意总能在 YouTube 上找到栖身之地。2007 年 4 月,YouTube 还在忙于和谷歌整合时,南方贫困法律中心发布的一份报告中记录了新纳粹主义视频的盛行,著名的怀疑论博主,如英国前喜剧演员帕特·康德尔(Pat Condell),早在 2010 年就开始频繁发布视频,攻击伊斯兰教。怀疑论粉丝娜塔莉·韦恩回忆道:"没人往别的地方多想。当然,他是对伊斯兰教大放厥词,但我们是无神论者,这就是我们要做的事。"**只要这些人没有违反 YouTube 定义宽泛的仇恨言论规则,思想市场就欢迎他们的存在。**

广播脱口秀已经占据了二十多年的主导地位,YouTube 本可以对这些极端政治的威力提前进行准备,但隐居在自由主义的加州,YouTube 的管理层很少与极右人物,甚至文化保守主义者接触。"没有人知道该如何与右翼打交道。"一名工作人员回忆道。在很长一段时间里,最让人讨厌的角色仍然留在 YouTube 的隐秘角落和犄角旮旯里。不管怎样,他们中的大多数也都在脸书和推特上。

但与其他任何在线网站不同的是,YouTube 已经开始向其内容制作者付费了,且奖励时间长、吸引人的内容产出。它还建立了一台机器,可以将这些视频推荐给想要观看它们的合适的观众——这台机器即将变得更加强大。

第 20 章
YouTube 的推荐系统：
机器知道你想看什么

马修·蒙格林克（Matthew Mengerink）于 2015 年年底加入 YouTube。之前二十多年，他从事的是严肃编程和软件工程师管理工作，在 PayPal 和易趣有很长的职业生涯——沃西基看重的正是这种背景。YouTube 之前制定了每天 10 亿小时观看时长的宏伟目标，现在这个目标很快就要达到了，公司正在朝着目标前进。沃西基建立了一个谷歌式的激励系统：在负责每个目标的员工姓名旁边，用红、黄、绿三种颜色标注出完成该目标的进度。程序员天生是一群爱竞争的人，他们明白自己的职业价值、奖金、升职等问题都取决于是否能达到那个绿色的部分。

当蒙格林克加入时，他们也正需要提振自己的士气。沃西基选出的第一位工程负责人、来自谷歌的温卡特·潘卡帕克森（Venkat Panchapakesan）因患癌症去世了，这让整个部门陷入动荡。蒙格林克以副总裁的身份加入 YouTube，负责带领他们实现 10 亿小时的目标，并处理大量的问题。YouTube 并没有像它之前开玩笑所说的那样破坏互联网，但离破坏互联网也不远了。

蒙格林克很震惊地得知 YouTube 消耗了多少互联网资源，又有多少视频其实只有一两次点击量，大量的视频被标记为私人视频，大多数观众都无法观看。YouTube 提供这个功能的目的本来是允许一些视频可以仅与特定观众分享，但它也因此被当成免费存储空间了，有些公司竟然把全天的监控视频都放到了 YouTube 的服务器上。

蒙格林克新团队中还有很多人，一直在为另一个让人筋疲力尽的目标工作：将十年前联合创始人陈士骏搭建起的网络架构转换为更为稳定的编程语言。作为一个编码项目，这相当于将《战争与和平》从一种语言翻译成另一种语言，然后再将关于这本书所有的读书报告都翻译一遍。这类工作不需要任何创新，很容易让人偷懒。"小心从谷歌招来的人，"一位同事提醒蒙格林克，"他们把 YouTube 当成退休的地方。"

但也有一个领域确实能让人耳目一新：一种形式新颖又神奇的人工智能风靡整个硅谷。蒙格林克在一次"设计概述"会议上见证了人们对这项技术的迷恋。谷歌像举行仪式一样举办"设计概述"会议，人们聚集在会议室里，仔细检查谷歌搜索页面或其他服务页面在外观上的变化，即使最细微的调整也不放过。这次特别会议是关于一个已经上线的变化，庆祝技术方面的进步。在会议室尽头的一块大屏幕上，一名员工把 YouTube 网站投屏上去：是人们熟悉的界面，一行行视频整齐排列，一共有六行，小箭头指向右侧，邀请观众点击查看更多视频，页面上还有视频标题、频道名称、观看次数和红色的订阅按钮。工作人员说："如果我们将机器学习功能移除，页面就会变成这个样子。"点击后，界面上就只剩下了 YouTube 的标志和起到分隔作用的细线条。如果没有机器智能，YouTube 就只剩下一片空白：这真是视频的末日。

* * *

2014年3月,也就是蒙格林克加入YouTube的前一年,谷歌CEO拉里·佩奇坐在温哥华的舞台上,试图解释这场智力革命。佩奇穿着蓝色T恤、灰色夹克,夹克没拉拉链,这是一些亿万富翁和艺术家喜欢的舒适随意风。佩奇的一些下属把他善于计算的头脑比作"瓦肯人"[①],他额前有刘海儿,穿着未来主义风格的服装,看起来确实很像斯波克[②]。佩奇讲话时离麦克风很近,声音从已经部分麻痹的声带中发出,头发几乎已经全白了。佩奇的对面,在一张白色小桌子的另一侧,坐着查理·罗斯,他的穿着像平常一样随意,没有系领带,也没有系衬衫的第一颗扣子,仍然是美国人理性声音的代表。(还要再过三年半的时间,让他名誉扫地的性骚扰报道才会出现。)

TED这场活动的主题是关于谷歌的未来,但罗斯不得不问起谷歌的过去。他提到了爱德华·斯诺登关于美国国家安全局的泄密事件,以及谷歌对此表示震惊的反应。佩奇微笑着提到在TED上流传的一张照片,照片上像素版的斯诺登通过电话会议机器人出现在手机屏幕上,谷歌的另一位创始人布林在斯诺登旁边露齿而笑。"我觉得非常失望。"佩奇表示,他的笑容渐渐消失,称政府未经授权的窥视对"正常运转的民主"构成了威胁。佩奇在讲话时不会顾及人们通常遵守的外交礼仪,这种坦率只有谷歌创始人才能做到。"我很难过,"佩奇继续说道,"谷歌的立场是保护你

---

① 瓦肯人是虚构科幻电视剧《星际迷航》中的一种外星人,发源于瓦肯星(Vulcan),以信仰严谨的逻辑和推理、去除情感的干扰而闻名。——译注
② 《星际迷航》主角之一。——译注

们,"(瞥向罗斯)"而我们的政府用户却在秘密推进一些不为人知的行动,这让我们的工作变得毫无意义。"佩奇显得很疲惫,他从不会因为政治话题和登上舞台而感到兴奋,这是他接受的最后几场采访之一。十七个月后,佩奇把谷歌交给桑达尔·皮查伊,自己从此退出了公众视线。在台上有那么一瞬间,佩奇看起来生机勃勃,显露出在谷歌的黄金时期他那为人所熟悉的"谷歌男孩"魅力,当时他谈到谷歌最新收购的一家公司DeepMind(深度思维)。这是一家研究人工智能的伦敦公司,但还没有卖出过任何产品或服务,谷歌为此支付了6.5亿美元。佩奇对着麦克风轻声说:"DeepMind的过人之处,在于它解决了'无监督'学习问题。"罗斯不明白这是什么意思,佩奇提议:"也许我可以播放一段视频?"

在他们身后,一块屏幕亮了起来,上面开始播放老式的街机游戏。DeepMind构建了一个计算机模型,可以在没有任何指令或监督的情况下独立操控游戏进程,就像以前的国际象棋计算机一样。《耐力赛》《河流突袭》《战争地带》等经典街机游戏在屏幕上一个个接连出现。"系统和你们一样,看到的都是像素,"佩奇讲道,"但它*使用同样的程序*学会了玩这些游戏,比人类的表现还要好,我们以前还没有用计算机做到过类似的事情。"接着,屏幕上出现了《拳击》——一个很老的雅达利[①]街机游戏,一片俯视角度的绿色画面,拳击手由两条曲线表示,他们正在一决高下,但尚未决出胜负。"系统计算出自己可以将对手击败,电脑控制的是左边那个,"看到自己的拳击手将对方击败,佩奇笑着说,"它就是要赢得高分。"

---

① 美国一家电脑游戏机厂商。——译注

谷歌虽然长期以来都在研究超人类智能，但并未将这些工作公之于众。2011年，公司秘密安排了一批程序员到其"登月计划"实验室工作，致力于开发可以模仿人类思维方式的计算机系统，这个团队自称为Brain（大脑）。计算机系统在检测人类语言和图像内容方面取得了一些进展，它们可以在国际象棋中击败人类对手，但这些成就还是不够强大，它们还无法像《星际迷航》中那样对话，而且能力都被限制在特定范围内。比如，一个模型如果接受的是国际象棋训练，那它就不会下跳棋。如果训练一个模型找出"四条腿，尖耳朵，有胡须和尾巴"，它就能识别出照片里的猫，但如果再给它看狗的照片，它就只会回答：*这不是猫*。计算机需要通用的智能，为了实现这一点，Brain团队开始重新研究一个被搁置了很久的概念。从20世纪40年代开始，计算机科学家开始梦想建立一个基于"神经网络"的机器智能模型，它包括一层层的数学模型，可以像人类大脑一样处理数据——视觉、声音和概念。这样，机器就可以在没有指定标签（如猫、国际象棋皇后等）的情况下学习了。但人类大脑可能有一千亿个神经元和数万亿个突触连接，而计算机并没有足够强大的能力对此复制，因此"神经网络"一直是一个休眠的理论——直到互联网开始蓬勃发展，计算机获得了强大的力量。谷歌将其早期用于这个目的的系统称为DistBelief，以"分布式训练"命名，是一种让机器集群互相配合的做法，难度非常大。*如果真能成功，那是多么不可思议啊！*

　　Brain团队的程序员最初与佩奇和布林在同一个楼层工作，他们经常讨论发表于2005年的一篇神经科学论文，这篇论文的研究对象是癫痫病患者，了解他们如何识别人或物体。当向患者展示特定面孔时，比如《老友记》中的女演员珍妮弗·安妮斯顿

（Jennifer Aniston），他们大脑中与形成记忆相关的神经元就会被激活，当患者看到安妮斯顿与埃菲尔铁塔的合影时，同样的神经元也会被激活，这表明大脑会产生联想，并为联想的内容编码。谷歌的程序员想知道，机器是否也能完成类似的任务，神经网络能独立对一个熟悉的物体图像或熟悉的概念编码吗？这需要向神经网络展示大量图片。

幸运的是，谷歌拥有有史以来最大的视频图像库，一个巨大的人类经验库。Brain 研究员从 YouTube 上获取定格画面——特别是关于猫的视频中的定格画面，上传到神经网络。数以百万计的图片被输入机器，它们都没有附带任何和猫的特征相关的标签。谷歌已经建立起这样一个"神经网络"，虽然它比我们的大脑容量小得多，但它拥有的神经元和突触数量是以前的计算机的一百倍。它学会了独立识别一只猫。

"系统还会学习'猫'是什么，"两年后，佩奇在温哥华向查理·罗斯解释道，"那非常重要。"从初建谷歌开始，佩奇就很关注人工智能。早在 2002 年的一次采访中，佩奇就曾表示，如果想要让网络搜索真正有效地为人们提供想要的结果，就需要了解"世界上的万事万物"，就需要人工智能。十年后，佩奇准确地预测，机器学习将大行其道。亚马逊发布了一项语音识别小工具，名为 Echo（回声）。脸书的马克·扎克伯格公布了"年度生活改善目标"，打算用一年时间发明出人工智能管家。科技公司提出了"移动设备优先"的口号，这标志着他们已经适应了智能手机的世界，谷歌则宣布了自己是"人工智能优先"。

街机拳击游戏的视频在 TED 舞台上播放结束时，佩奇歇了口气。接着，他对罗斯说："请设想，如果你的日程安排和信息需求都受到了这种智能的影响，那会怎样？我们真的只是刚刚开始。"

谷歌的各个部门很快就重新制订了业务计划和OKR，尽可能多地融入人工智能元素。这些成果首先体现在谷歌搜索上，即便是输入一串令人难以置信的长问题（*比如，《老友记》中扮演瑞秋妈妈的女演员在哪里上的大学？*），它也能给出答案。把这个问题翻译成法语，*也没有问题*。神经网络还在谷歌的垃圾邮件过滤器、广告定位器和数码相簿上发挥了作用。

在YouTube上，神经网络则被接入了推荐引擎。

* * *

可以把YouTube的推荐系统想象成一个巨型多臂分类机器。它有一个任务：预测人们接下来会看什么视频，并将这个视频推送出去。YouTube的电脑程序从一开始就努力实现这一点。但Brain神经网络[1]还可以预测和分类，这是容易出错的人类和功能较弱的代码无法做到的。就其本质而言，人工神经网络的行为往往是其工程师也无法立即理解或完全理解的。

蒙格林克加入YouTube的时候，Brain神经网络已经投入使用了。观众对此毫无察觉，除非他们注意到，越来越多符合自己品位的视频被推送到自己面前。人工神经网络学会了当人们在手机上观看视频时，向他们展示较短的视频，而当人们在YouTube的电视应用程序上观看视频时，则向他们展示较长的视频，这两种做法都能提高总的观看时长。人工神经网络还学会将分集视频自动排序。它将一个一个点连成了线，并对它们编码。当人们观看《复仇者联盟》的相关剪辑时，人工神经网络察觉出他们也会对小罗伯特·唐尼（Robert Downey Jr）的剪辑感兴趣。这看起

---

[1] 指Brain团队开发的人工神经网络。——编注

来似乎并不是什么难事——毕竟他是热门电影中的大牌明星——但想象一下在数百万个视频、数千个话题、数十种语言中做到这件事。两年后，Brain神经网络每天可以推荐大约两亿个各种各样的视频，覆盖七十六种语言。

人工神经网络还发现了一些公式。"如果我在一个喜剧演员那里看到了这段视频，我们的推荐系统很善于告诉人们：'这里还有一个和它差不多的视频。'"一位YouTube总监告诉记者，"但谷歌Brain模型可以找出其他与这个演员相似，但又不完全相同的喜剧演员——这才是一种更为密切的联系。即便是不太明显的模式，它也能够识别出来。"在谷歌内部，程序员们称这是从仓库中挖出宝石，为观众提供了一项重要的服务。（毕竟，音乐视频的数量非常多。）工作人员努力找出"门户视频"，这些视频能让人不断返回。"然后你就上钩了，"研究该系统的工程师杰克·波尔森（Jack Poulson）回忆道，"我一直觉得这样做有点奇怪。"YouTube在其组件中添加了更多的机器学习模型，直到整个网站都是靠模型在运转，正如在"设计概述"会议上所演示的那样。

蒙格林克心中开始有所疑虑。他已经围绕机器学习研究了很长时间，知道大多数机器犯错误的原因并不是它们没有像人类一样思考，反而是因为思考得太像人类了。人工智能也可以有性别歧视、种族歧视，也可以非常残忍，就像我们一样。"任何暴露出偏见的东西都会被机器快速挖掘出来。"蒙格林克后来表示。

YouTube的审核员们被无穷无尽的视频分析折磨得疲惫不堪，如果能借助机器识别，那么做出决定的速度就会快得多。但是，蒙格林克发现，YouTube上还有莫利纽克斯这种直视你眼睛的视频博主，他们表达的是痛苦和愤怒，但会很小心，避免使用诽谤性的恶毒语言，也不会彻底呼吁暴力行为，以免视频被 YouTube 删除。如果 Brain 神经网络的任务被设定为观看时间最大化——事实上的确如此——那么这类视频的表现可能会很好。

YouTube 已经开始过滤宣扬恐怖主义的视频，按年龄对某些剪辑加以限制，或将其删除。在一次会议中，蒙格林克提出，也应该使用类似的处理方式把其他形式的激进主义视频埋藏起来，让它们少出现在搜索和推荐中。蒙格林克建议："让这些视频很难被找出来。"如果有人看了一段公开批评美国黑人的视频，为什么不推荐给他一段正面展示黑人历史的视频呢？这样的视频有很多。蒙格林克被告知，这种调整可能会被视为反对言论自由，是谷歌希望避免的，而且可能会破坏搜索的神圣性。蒙格林克反复听到人们表达一种担忧："这不是很符合谷歌风格。"*有什么数据来支撑这一论点？* 另一名 YouTube 员工记得，当她反对某一项决定后，同事们会指责她不"积极"、不"谷歌"。有一次，还有人说蒙格林克的立场"令人毛骨悚然"。

蒙格林克的同事们并非不知道这些令人反感的视频的存在，他们已经开始讨论给亚历克斯·琼斯（Alex Jones）这样麻烦的创作者以"罚下场"的待遇。亚历克斯·琼斯是一位阴谋论者，他的脱口秀节目 *InfoWars* 在 YouTube 上吸引了大量观众。有些人看这个只是为了娱乐，其他人可能会接受他的想法，机器无法将这些人区分开来。当时，一位应聘者在面试 YouTube 的一个高级职位时，被问道："我们能对亚历克斯·琼斯做些什么？"

对于这类问题，正确的答案是，**YouTube 应该尽量减少干预行为，如果调整推荐方式，感觉上就像在干预**。这的确反映出 YouTube 不会对观众的自由意志施加道德判断。蒙格林克被告知:"如果有人看那种视频,那也是他们自己的选择。"

在认真查看网站后,蒙格林克意识到这个论点的逻辑在哪里出了问题。"这个逻辑不能用在孩子身上。"他说。

第 21 章

玩玩具的小男孩与 YouTube Kids

　　YouTube 的第二个十年中出现的最大网红出生于 2011 年，刚三岁零五个月大，就出现在 YouTube 上了，他打开新玩具包装时的样子被妈妈拍了下来。

瑞安玩具评论：玩乐高得宝数字小火车的孩子

2015 年 3 月 16 日　15：13

　　"嗨，瑞安！""嗨，妈咪！""你今天想要买个什么玩具呢？"瑞安·卡吉（Ryan Kaji）正蹲在塔吉特百货的过道里。瑞安长得很可爱——花栗鼠一般的小脸蛋上长着酒窝，棕色的眼睛大大的。他当时正在玩两辆红色的卡车玩具，但一听到妈妈说要买玩具，就不管这些小卡车了，因为他心里已经选好了自己想要的玩具。接下来，我们跟随瑞安离开塔吉特百货，回到他的家里。在视频剩下的 14 分钟里，拍的内容是瑞安慢慢打开乐高火车玩具的包装，练习从 1 数到 10，然后拉着火车在地毯上开了起来。

小瑞安的父母是在得克萨斯州读大学时认识的，当时 YouTube 还处于起步阶段。瑞安的父亲史昂（Shion）出生在日本，是个非常喜欢表演节奏口技的 YouTube 博主。他与妻子洛恩（Loann）是通过"万智牌"游戏认识的，这是一个书呆子气的早期网络纸牌游戏。瑞安是他们的第一个孩子，喜欢在 YouTube 上看比他稍微大一点的孩子的频道，比如 EvanTubeHD，一个专门拆装"愤怒的小鸟"周边产品的小家伙。瑞安的父母后来表示，他们给儿子拍视频是为了给在海外的家人看。

瑞安在 YouTube 上首次亮相后，卡吉夫妇在接下来的六个月时间里，上传了 100 多个瑞安的视频。大多数时候，瑞安都是同时在玩一到两个玩具（托马斯小火车或培乐多彩泥）。那年 7 月，洛恩拍了她学龄前的儿子玩"巨型闪电麦昆蛋惊喜与 100+ 迪士尼汽车玩具"的视频，瑞安因此一炮而红。这个视频用上了那些不露脸的热门开箱频道的要素：标题是关键词大杂烩，视频里有一大堆玩具，还有人们熟悉的特许经营品牌。瑞安的巨型红蛋玩具几乎和他一样高，里面装着皮克斯惊喜玩具，并带有皮克斯电影标志。一年后，这段视频的浏览量超过了 5 亿——这个数字人们简直前所未闻。自那之后，瑞安的频道每天的浏览量都能超过 1900 万次，是 PewDiePie 的两倍。这段巨蛋惊喜视频给瑞安和他的父母带来了意想不到的名声和财富，引领了一代 YouTube 童星风潮。

"我不知道为什么会有那么多人喜欢这个视频，"瑞安的父亲向记者坦承，"如果让我来做，我会做更多那样的视频。"

* * *

在瑞安首次亮相的一个月前，YouTube 宣布了一条消息："今天，我们将推出'YouTube Kids'，这是谷歌专门为小朋友设计的第一款产品。"随着业余人士制作的儿童视频如杂草般狂生，YouTube 正在努力建立起一个秩序。**它的新手机应用程序会从 YouTube 网站选取一系列视频，配以更大的按钮，很像泡泡，更方便小手指来使用，还有内置的定时器和声音设置供家长使用。**"现在，家长们可以放心了，YouTube Kids 中的内容已经被缩小到了适合儿童观看的范围。"公司一位主管在博客中写道，但博客中没有提到的是，负责缩小内容范围的是算法，而不是人类。

这个应用程序供人免费使用，但像 YouTube 一样，上面会播放广告。该公司认为，这能让所有家庭都有机会获得奖励金，同时，它也打算充分利用孩子身上的商业潜力。2014 年，公司给营销人员准备的一份文件中称，要想把之前十二个月内所有的"开箱"视频都看完——小工具开箱、护肤霜开箱、玩具开箱等——需要七年时间。在与广告客户沟通时，YouTube 工作人员会小心翼翼地避开"K"（Kids）字，而将其称为"共同观看"，指的是家长与孩子一起观看，因为从法律上讲应该如此。"谷歌优选"中的视频广告费比较高，其中有一个版块被标记为"家庭和儿童"，YouTube 没有透露这个版块具体包括哪些频道，但网络杂志《节目过滤器》（*Tubefilter*）曾做过一些调查，发现了一张清单，上面包括"鹅妈妈俱乐部"和无脸视频女王"DisneyCollectorBR"。在《今日秀》节目中，有位男士表示，自己的孩子非常喜欢看 DisneyCollectorBR 的视频，他称那些开箱视频为"学步儿童的美好时光"。人们之所以爱看开箱视频，可能是多巴胺或镜像神经元在发挥作用——当我们在执行一个有明确目标的任务，或看到别人这么做时，这些细胞就会得到激发。**看看这个惊喜蛋里有什么！**孩子们观看这些视频，究竟是出于真正的兴趣，还是因为 YouTube 一个接一个地不停播放？这是一个新的现象，还没有得到充分研究，更何况 YouTube 基本不与外部研究人员共享任何数据。

哈里和索娜夫妇经营鹅妈妈俱乐部的地方在华尔街上一幢大楼的第十层，办公室里摆满了哈里律师事务所使用的跑步机办公桌，一排排五颜六色的服装，还有为 YouTube 录制童谣视频时需要使用的绿幕。哈里在法律工作的间隙，会时刻关注 YouTube 上起起伏伏的趋势变化，有时网站会在一夜之间面目全非。YouTube 上的"相关视频"区域，曾一度被儿歌《手指家族》全面占据：卡通手在屏幕上摇摆，唱的是《咩，咩，小黑羊》的调子，每根手指都代表一位基本家庭成员。哈里追溯到这个趋势的源头是一个韩国的古早视频，之所以得到疯传，可能是因为其中的"爸爸手指"留着胡子（哈里猜测这可能是无意之举）。孩子们似乎很喜欢这首儿歌和那些摇摆的手指，这些视频的确天真烂漫，但不是很有教育意义。但其中还掺杂了一些其他因素。人们发现"手指家族"视频很受欢迎后，大量类似的视频纷纷涌现，其中多数都是动画版，也有的是真人装扮一番后亲自表演。哈里·乔意识到，YouTube 的机器将大量视频的出现视为一个积极信号，于是开始大力推广这些视频，由此又吸引了更多同类视频的出现。最后，乔夫妇也制作了一段"手指家族"视频。

乔夫妇在 YouTube 上的同类频道突然多了起来。有的家庭结成联盟，有的家庭彼此争夺广告费。梅丽莎·亨特（Melissa Hunter）性格外向，是曼哈顿一家房地产公司的运营总监，在诊断出多发性硬化症后，不得不离职。"妈妈现在不能离开家，这个夏天你有什么想做的事吗？"梅丽莎·亨特问自己八岁的孩子。梅丽莎和孩子都喜欢在 YouTube 上看制作玩偶的视频，*不如试着自己录制一些？* 她们开了一个频道，名为"Mommy and Gracie"

（妈咪和格雷西），评论各种玩偶，使用的是早期 YouTube 上那些傻傻的即兴风格。随着视频浏览量的增加，梅丽莎·亨特还为制作儿童视频的 YouTube 博主开设了一家 MCN 公司，因为她发现，大多数频道经营者都没有多少媒体或商业经验。许多早期的 YouTube 博主年纪都只有二十岁上下，梦想是在好莱坞或时尚界闯出一片天地。现在这些 YouTube 博主都已为人父母，身上背负着抵押贷款，还要攒钱供孩子上大学，有些人会辞去本职工作，依靠越来越高的 YouTube 广告收入过活。

小瑞安的巨大成功不仅帮 YouTube 吸引来了更多的学步儿童，还为这个公司带来了很多收益。艾萨克·拉利安（Isaac Larian）是一位玩具业的巨头，他的 MGA 娱乐公司制造了贝兹娃娃（Bratz dolls）。拉利安从自己的孩子那里得知，YouTube 上流行玩具开箱视频，于是让公司设计了一款专门用于开箱视频的玩具——"惊喜娃娃"（L.O.L. Surprise），这是一种糖果色的大眼睛娃娃，装在不透明的包装里。（"就像人们在吃了迷幻药之后看到的东西。"一位记者这样描述。）如果是在电视上做广告，拉利安必须提前几个月安排订购事宜，但 YouTube 不同，这家公司可以向他提供即时的产品反馈。为了推广新产品，拉利安将这些玩具分发给一些大型儿童频道，包括 CookieSwirlC（一个匿名玩具管理员）。惊喜娃娃很快就成为美国最畅销的玩具之一，销售额超过 40 亿美元。其他玩具商也加入进来，付费请 YouTube 博主在屏幕前玩他们的产品。

哈里·乔预料到了这个趋势，毕竟在电视上，玩具也是一个颇受欢迎的门类。但他同时还发现了另一个更加令人不安的现象。大型动画工作室开始在海外纷纷涌现，在 YouTube 上争夺学龄前的观众。数字动画软件开发成本低廉，编程简单，以至于有些视频看起来甚至不是人工制作的，儿童视频源源不断地由动画工厂生产出来。虽然 YouTube 有关于禁止上传过多雷同视频的规定，但当动画师学会如何对产品稍加调整之后——比如每个"手指家族"的成员样子都不同——这项规定实施起来就更难了。内容工厂总是发布廉价又低质的视频，虽然成年观众一般都会无视这些视频，让它们下沉到网站底部，但孩子们就没有这么强的判断力了。2015 年，也就是 YouTube 发布 YouTube Kids 的那一年，哈里·乔眼睁睁地看着这些针对儿童制作的视频大肆传播，"就像没有任何抗体能抵御的病毒一样"。

* * *

与此同时，在圣布鲁诺，YouTube 再一次调整了战略。**公司计划将其最大的三个类别——儿童、音乐和游戏——都转为应用程序。**沃西基特别关注音乐视频的潜力。人们特别爱看《江南 Style》和里尔·乔恩（Lil Jon）《为什么拒绝》（*Turn Down for What*）这类音乐视频。为什么瑞典的一家小公司 Spotify（声破天）能在这场音乐流媒体的比赛中胜出，而 YouTube 的初次尝试却未能成功？ YouTube 的 Music·Key（音乐钥匙）每月收费 9.99 美元，可提供无广告观看该网站上所有音乐视频的服务，但并没有很多用户买账。其中最主要的原因是，YouTube 难以决定哪些剪辑算是音乐视频，哪些不算。负责好莱坞事务的罗伯特·金奇尔本人对此深有体会：他女儿在测试这项音乐服务时，怎么也找不到《冰雪奇缘》中的歌曲。"对她来说，这算是音乐。"金奇尔告诉一位记者。因此，YouTube 调整了方案：整个网站——里尔·乔恩、游戏玩家、玩具开箱、杂谈节目等——都打包在一项付费免广告的服务中，就像网飞或 HBO 那样。公司称之为"YouTube 红"（YouTube Red），取"红毯"之意，他们一开始并不在意这个名字和一个流行的色情网站非常相似。[这项服务后来改名为"YouTube 优享"（YouTube Premium）。]

沃西基接管 YouTube 之后，金奇尔继续留在 YouTube 工作，并升职为"首席业务官"，负责管理与好莱坞、唱片公司以及创作者之间的关系。他关于《冰雪奇缘》的故事同时也被用作一种谈判策略。为了"YouTube 红"项目，他的团队已经成功说服了几乎所有的老牌媒体巨头，他们同意精选一些内容放到 YouTube 上，唯一不肯配合的是迪士尼。2013 年，《冰雪奇缘》成为迪士尼票房最高的动画电影，并推出一系列相关的特许经营产品。YouTube 上虽然没有《冰雪奇缘》，但有很多粉丝制作的相关节目，而且几乎每个儿童频道，从小瑞安到那些不露脸的 YouTube 博主，都借着这股热浪，发布了艾莎手办、艾莎玩偶、艾莎卡通、艾莎服装，以及有艾莎标题和标签的视频，供机器读取。

在洛杉矶，创客工作室作为华特迪士尼公司在数字领域的继承者，积极履行新职责，开启了一场玩具评论家狂欢。创客工作室的高管克里斯·威廉姆斯第二次拜访迪士尼期间，和五个著名的开箱频道签了约，这些频道会为创客工作室制作内容并发布在 YouTube 上。威廉姆斯还试图将开箱女王"DisneyCollectorBR"招至麾下，他设法联系上了这个账号背后的那位女士——在他之前，没有一位记者能联系上这位女士。尽管这位女士拒绝加入创客工作室，但威廉姆斯说服她把频道名称中"迪士尼"几个字删除。2015 年 2 月，《每日邮报》曝光了这个账号的创作者的身份，她可能是 YouTube 上收入最高的表演者，曾经演过成人电影，现在成了小报的谈资。这也提醒人们，YouTube 网红的身份是没有经过任何审查的。

当创客工作室的员工加入迪士尼时，他们被告知，这家具有传奇色彩的工作室打算对YouTube全力投入，这下《冰雪奇缘》《星球大战》和体育节目的粉丝们有福了。(娱乐与体育节目电视网也属于迪士尼旗下。)迪士尼在YouTube上仅小心翼翼地发布了少量的电影预告片和电视网络宣传片。但当YouTube发布YouTube Kids时，迪士尼的警报拉响了。迪士尼的一位律师打电话给负责督办迪士尼与YouTube整合事务的创客工作室员工大卫·西弗斯，要求他解释"到底发生了什么"。联邦法律规定，"以儿童为导向"的内容，以及为不满十三岁的观众制作的媒体内容，在电视上播放时必须遵守严格的规定，并且不得在网上追踪观众的使用习惯。然而，YouTube Kids的算法却从迪士尼的电视节目中抓取了几段剪辑，这些内容迪士尼并不认为是"以儿童为导向"的。律师和西弗斯约定每周开一次电话会议，检查YouTube Kids中的内容，如果出现迪士尼认为不妥的内容，YouTube会私底下安排员工将其删除。

至于YouTube应用程序中的其他客户，就没有享受到这种优质服务了。另外，一个东海岸的组织也注意到了这个问题。米拉麦克斯影业公司曾经的影片发行人乔希·戈林（Josh Golin），发起了一项非营利性质的运动，名为"童年远离商业化运动"，其宗旨正如其名称所示。虽然戈林的大部分工作都集中在电视领域，但当YouTube Kids推出后，他深入研究了这个互联网版的电视。两个月后，戈林致信联邦贸易委员会，称这个YouTube应用程序上到处都是"不公平和欺骗性的营销内容"，其中的玩具视频相当于长时间不间断的广告。信中称，YouTube Kids上的大部分内容，永远无法在电视上得到合法播放。

律师们经常会发来这种措辞严厉的警告函，因此硅谷或华盛顿特区的人，很少会把这些警告放在心上。戈林于是继续挖掘，发现了更多能引起媒体关注的材料。一个月后，戈林的团队又写了一封公开信，指出他们在 YouTube Kids 上发现了品酒视频、电锯教程、由伯特（Bert）和厄尼（Ernie）主演的以赌场为背景的滑稽模仿剧、关于恋童癖的笑话剪辑，还有一个视频标题竟然是《来场盛大的迷幻之旅？》(One Huge Acid Trip?)。信中还放上了一些关于这个应用程序的评论截图，其中有一条投诉称，一个四岁的孩子看了一段《小猪佩奇》(Peppa Pig) 的视频后，YouTube Kids 的算法竟然给他推荐了一段色情动画。家长问道："是谁在过滤这些视频？"

YouTube 为这些错误道歉，表示进入应用程序的视频都是由机器自动过滤的，但过滤的速度远远跟不上人们上传新视频的速度。

然而，到了 8 月，即戈林发布第二封信之后，才过了三个月的时间，这场纷争基本上就已经被人遗忘了。《时代》周刊的一位记者去采访 YouTube 的十周年庆祝活动，这场活动的地点位于 YouTube 办公室后面的户外区域，沃西基平时会在这里主持"YouTube 星期五"——谷歌风格的每周员工会议。据《时代》周刊报道，在这场派对上，有"一个充气城堡、一台冰沙机、一些大型桌游、很多红色糖果，还有一位 DJ"。沃西基戴着头盔在巨大的充气池中玩"崩溃"（Meltdown）游戏，这是一项躲避旋转的螺旋桨的游戏。(沃西基很熟悉什么是尴尬的感觉。谷歌有一项传统，如果员工填写了 98% 以上的调查问卷，谷歌高管就会穿着舞台装来上班。在这种场合下，沃西基通常都会穿一件动物连体衣。)

除了充气池，沃西基告诉《时代》周刊，她最喜欢的YouTube视频是约翰·奥利弗（John Oliver）在HBO上的一段吐槽，说的是强制性带薪产假的价值。八个月前，沃西基的第五个孩子出生了，谷歌提供十八周的产假，她只休了十四周。据《时代》周刊报道，沃西基在养育孩子方面的经验"如今成了一种商业优势，她的许多想法都可以首先在自己孩子身上做实验"。金奇尔形容他的老板是"一个非常普通的人——知道那些普通的问题对很多人而言意味着什么的母亲"。

* * *

虽然YouTube决定将YouTube Kids全权交给算法运行，对所有人免费开放，但这种做法并不是所有人都同意。几年后，几名员工表示，他们当时提出应该筛查或编辑应用程序的内容，但被否决了。公司知道学龄前儿童喜欢在YouTube上看关于火车的视频，如果由人工来策划和编辑，那么那些非动画版的视频或看起来不符合儿童节目标准的视频，就不会出现在这个应用程序中。但YouTube最基本的魔力不正在于其不可预测性吗？为什么不能让孩子们看到其他形式的视频？一些员工指出，由于人们在YouTube上喜欢的一种消遣方式是看灾难片，这将不可避免地导致火车失事的视频出现在儿童面前。一位反对YouTube将YouTube Kids上的内容全权交由算法决定的谷歌主管，得到了一条谷歌风格的回复：信息越多越好。

确实，谷歌的大部分业务都基于这样一个不太站得住脚的信念——公众了解的信息越多，就会越明智。

YouTube上的确还有一个致力于在线教育的群体，就掩埋在火车残骸和玩具拆箱视频之下。公司早些时候曾尝试走进学校，虽然没有成功[1]，但"教育博主"——一个拥有教学背景（或书呆子式的学术兴趣）的创作者群体——得到了蓬勃发展。汉克·格林和约翰·格林将其成功的教育系列视频扩展为一个全新的儿童节目。另一些人则借助奇特有趣的动画或探索频道让人惊掉下巴的风格，来解释一些科学概念，但在其中加入了更多理论性的细节。很多人都从 YouTube 广告中赚足了钱，得以全职制作视频。相比 YouTube 上的其他网红，他们年龄稍大，人生经验丰富，可以不理会 MCN 公司的邀约。[美国公共电视网（PBS）曾提出一个 MCN 的概念，但没什么人响应，因为 YouTube 博主认为该电视网的节目相当缺乏创意。] 教育博主希望在网上获得娱乐的同时，实现职业发展，但他们似乎还受到另一种信念的驱使：让人们获取更多信息，并把事情做对。有些人开始习惯于在视频下面直接列出资料来源，尽管 YouTube 没有要求或鼓励这种做法。

许多人似乎也意识到了，一种对科学的潜在威胁正在网络上生根发芽——阴谋论。阴谋论在 YouTube 和社交媒体上得到了新生和支持，这种噪音很快就会开始将人们的理智淹没。

YouTube 上总会出现一些对现实表示怀疑的视频。《脆弱的变化》(Loose Change) 是一部早期有影响力的"9·11""阴谋论"电影，在登录 YouTube 之前，先是在谷歌视频上疯传。工作人员没太注意这部电影，也没考虑过压制它的传播势头。YouTube 前通信主管里卡多·雷耶斯回忆道："当时人们有一种看法：'群众会知道真相，他们有自我纠正的能力。'"一名员工

---

[1] 2012 年，YouTube 组织了一场教育活动，邀请教育部门的官员和视频博主参加。一名教师抱怨在和学生一起看 YouTube 视频时，竟然看到了龙舌兰酒的广告。还有一位与会者抱怨道："如果我的孩子在学校被迫看到多力多滋薯片广告，我发誓我会起诉那个辖区。"

发现，UFO和其他超自然主题的视频越来越多，就提议为这些内容设置一个适当的类别，类似于电视界的Syfy①，YouTube则可以在战略上支持相关的创作者。但这个提议没能付诸实践。此外，定义什么是"阴谋"比定义什么是"适合儿童"的内容更为棘手。所以YouTube就让一切顺其自然了。

尽管如此，教育博主还是尝试有所行动。一些人发布了精心制作的视频，揭露网站上那些声称气候变化的骗局、说地球是平的或其他很明显是谎言的视频。来自亚拉巴马州的航天工程师德斯汀·桑德林（Destin Sandlin）在一段视频中解释了他们的做法，他的用户名是SmarterEveryDay（每天聪明一点点）。桑德林指着自己的徽标——他最喜欢的作家C. S. 刘易斯（C. S. Lewis）创作的一只会击剑的小老鼠雷佩契普（Reepicheep），他的妻子把这个角色的形象绣在了他录制视频时穿的马球衫上。桑德林笑着说："即使没有获胜的把握，雷佩契普也敢于向对方发起挑战。违背了真理的人就是敌人，必须受到攻击。"

YouTube的部分员工发起了一些项目，以便更好地为这些教育博主做推广。沃西基说她非常喜欢看教育博主的视频，特别是瑞典发明家西蒙娜·吉茨（Simone Giertz），她发布了一系列顽皮的"废柴机器人"视频。但这些推广项目从未得到重大支持，沃西基也没有要求公司上下通力合作，让这些教育类创作者展现在年轻观众面前，或者让网站上那些全盘接受阴谋论观点的观众看一看——至少在被迫采取行动之前，她没有这样做。

因为当时公司还有其他业务需要优先处理。

---

① Syfy，美国全国广播公司（NBC）环球集团旗下的有线电视频道，专门播放科幻、奇幻、惊悚等电视影集。——编注

第 22 章

创作者的困境：赚钱越来越难

TheGridMonster：
2014 年的 VLOGMAS[①] 来了！！！

2014 年 12 月 1 日　16：28

出现在画面里的是英格丽·尼尔森，Missglamorazzi 是她的第二个频道，在这个频道上她会发一些 Vlog 和个人生活记录。这个视频的开头有一段前奏："我会每天为大家发布 Vlog，直到圣诞节到来。"英格丽没有化妆，以便让"皮肤呼吸"，她在家里走来走去，告诉我们，她的 Brandy Melville 牌高领毛衣很舒适，拖鞋是从塔吉特百货买的，她现在得去购买一些杂货。在去全食超市的路上，她把手机放在方向盘后面，继续录制。"你们要做的，就是坐下来享受这段旅程。"回家后，她打开购物袋并分享了做饭的过程。我们瞥到了她的男朋友克里斯（Chris）——他不是"油管人"，尽管他非

---

① VLOGMAS，视频博客季，VLOGMAS=video（视频）+blog（博客）+Christmas（圣诞）。——译注

常喜欢用社交软件Snapchat。像往常一样,英格丽要给粉丝送礼物了,这次是身体乳液:观众需要访问她的Instagram,才有机会赢得这些礼品。她要下线了,跟大家告别:"明天见!"

2011年,英格丽·尼尔森开创了"VLOGMAS",这是一项节日Vlog挑战活动,她于此很擅长,而且在最初一段时间也很喜欢这项活动。每年都有更多的视频博主加入进来,几乎每个月份都有类似的活动考验博主的耐力。随着尼尔森年龄的增长,她在节日期间需要做的事也越来越多,慢慢觉得"VLOGMAS"不再那么有趣了。每天都要录制内容吸引人的视频,这让她觉得这是一份单调乏味的工作。

年近二十六岁的尼尔森现在算得上YouTube的元老级人物了,她属于第二代视频博主,把平台当作全职工作,而不仅仅是跳板。那一年的早些时候,尼尔森签了一份代言协议,成了首位担任彩妆品牌CoverGirl品牌大使的"油管人"。根据协议要求,她需要为在药店售卖的美妆品牌拍摄视频。曾经对她嗤之以鼻的美容杂志,现在不断打电话找她。人们给像尼尔森这样的创作者起了一个新名字:网红。

从2014年开始,沃西基推出了一项广告项目,即向主流受众推广这些网红。《综艺》杂志那年夏天发布的一项调查显示,相比詹妮弗·劳伦斯和约翰尼·德普等一线明星,美国青少年更熟悉Smosh和PewDiePie等YouTube网红。这项调查结果在YouTube的办公室迅速传播开来,证实了其新信念的正确性,即拉拢名人的旧策略已经不再适用了,YouTube已经有了自己的名人。沃西基的这个广告项目名为"Spotlight"(聚光灯),将

YouTube名人的形象大量投放在广告牌上、地铁列车和电视广告里，最开始是三位女性"生活方式"类视频博主——分别以化妆、"开箱"和烹饪视频闻名。公司给这些有商业吸引力的明星起了一个新的名字："本土创作者"。他们都是在YouTube上土生土长的明星。

所有这些新的推广活动都吸引了更多"油管人"来追名逐利，这让一些资深"油管人"感受到了巨大的压力，并竭力追赶。

* * *

奥尔加·凯（Olga Kay）在YouTube上成名的时间比大多数"生活方式"类视频博主都要早，也比其他人更加勤奋努力。凯最开始是在YouTube上发一些杂耍表演的视频——她十四岁那年就加入了祖国俄罗斯的马戏团。后来她很快就喜欢上了Vlog那种亲密感，于是发了一些自白日记、滑稽小品等。凯身材娇小，长了一张心形脸，精力无穷，成为YouTube上的第一批杂牌主力军。她与LisaNova一起录制过创客工作室的视频，还在VidCon的舞台上耍剑。除了她，没有一个YouTube博主在来参加VidCon时还要带着iMac电脑。很明显，那是因为她已经自学了视频剪辑，而且在会议期间也不停止工作。

当时，为了赚钱，YouTube博主需要真正的订阅者。凯发现可以通过一些个性化的服务来吸引更多人订阅她的频道。每当有人订阅了她的频道，她都会到那个人的YouTube页面留言："感谢您的订阅，来自俄罗斯的爱。"其他人可能会看到这条留言，并因此来到她的页面。然后她再重复这套做法。凯在家里看电影的间隙会去留言，在日常的电视制作工作间隙也会去留言，有时一小时能发几百条。

"感谢您的订阅,来自俄罗斯的爱。"

慢慢地,她有了一些收获。凯收到了来自 YouTube 的第一张支票:54 美分。这很好,明天就变成 5 美元了,她告诉自己。有些日子,制作 YouTube 视频会耗费她十二个小时的时间。截至 2014 年,她在 YouTube 上获得的收入已经连续三年超过 10 万美元了。这笔收入看起来相当可观,但那是在税前,在商品投资前(她卖自己的商品)以及雇编辑之前。而且要想获得这么多收入,她需要每周制作 20 个视频,发布在自己的各个频道上。这就像是一种新的工作。

然后,第二代"油管人"出现了,各种有内容需求的社交类应用程序也都来了。随着 YouTube 转为以观看时长为重,凯也调整了自己的策略,开始上传游戏视频和化妆视频。在参加 YouTube 组织的一些活动时,凯了解到自己的粉丝大多是十几岁的女孩。当时三十岁出头的凯拍了一些视频,表明女性气质也可以是非传统的、古怪的、有瑕疵的,以每周一次的频率发布,直到她发现这种方法没用了,为了保持关注度,她必须得天天发。

奥尔加·凯:我还没准备好!!!

2015 年 1 月 21 日 4:29

她将 iPhone 保持一臂远的距离,躺在沙发上自拍。"我为什么要录这个视频呢?因为我起了很多痘痘,我只是想让大家看看我脸上的痘痘是什么样子的,起太多了。"她指了指嘴唇上方左侧的一个痘痘。"我和大家没什么两样。"她继续说道,发这个视频的另一个原因是,她已经录好了两个非常棒的视频,但还没完全制作好。"所以我想发一些东西给大家看,让大家知道我还在这里。"

* * *

2015年4月,YouTube邀请了一百多位YouTube网红到它在曼哈顿时尚区的一个工作室,参加首届"YouTube创作者峰会",这是YouTube自己举办的视频类会议。会上提供了丰富的餐饮,还有大卫·布莱恩(David Blaine)的魔术表演,但没有疯狂的青少年粉丝。尽管是来参会,创作者们仍然觉得有必要录些东西。一位视频博主拍了这顿大餐,还给了英格丽·尼尔森一个镜头。尼尔森穿的是灰色连帽衫,随意地坐在那里吃沙拉,她按照提示表演起来,满面春风,轻松说笑。

尼尔森在离开峰会时,感觉备受鼓舞。YouTube为他们提供了视频制作方面的技巧,真心为这些敬业的视频怪咖感到骄傲,而且终于将他们当一线明星对待。YouTube也认为这次聚会很成功。在公司内部,工作人员经常讨论创作者成功的两种路径:一种是《周六夜现场》模式——表演者将YouTube作为通往影视圈的跳板,另一种是奥普拉模式——创作者们在YouTube上建立了一个有自己忠实观众的帝国。来参加这场峰会的都是迷你奥普拉。

峰会也提醒了YouTube,要注意自己背后日益激烈的竞争。几乎每个来参加峰会的"油管人",都会在某个时刻掏出手机,来张自拍,发到Instagram上。当时涌现出一批热门的社交应用程序:Instagram、Snapchat以及提供6秒钟短视频服务的Vine。人们只需要一部手机,就可以在这些应用上发布内容,而在YouTube上还要用到摄像机和编辑软件。雄心勃勃的创作者觉得自己必须在所有应用程序上都占有一席之地,全天候在线。好在这些应用程序还没有开始向创作者付费,从而减少了YouTube

的一些担忧。但 Hulu 网创始人开发的新视频服务 Vessel，已经开始向创作者付费了，而且还和尼尔森这样的大网红签了约，要求她向其提供独家内容。YouTube 的业务人员一开始并没有把 Vessel 放在眼里，直到他们听说拉里·佩奇很担心这个问题，于是赶忙制定了一套策略来打击竞争对手。（该策略在公司内部被称为"白金策略"，即为一些明星提供大笔广告费预付款，以换取他们对 YouTube 的忠诚度。）

但没有一个对手像脸书那样让 YouTube 担忧。

2012 年，脸书以 10 亿美元的价格收购了 Instagram——这个价格现在看起来是捡了大便宜。Instagram 是继 YouTube 之后，最受年轻人欢迎的应用。曾经有一段时间，脸书对于 YouTube 来说，是一个有用的对手：在这个社交网络上得到分享的 YouTube 视频通常都会大受欢迎，就像 YouTube 早期在 MySpace 上那样。2014 年左右，YouTube 的管理人员注意到，来自脸书的视频流量开始减少，慢慢地就没有了。这是因为这家社交网络有了自己的视频播放器，而且似乎更倾向于推送使用自己视频播放器上传的内容，而不是 YouTube 这样的外部服务。脸书还计划在 Instagram 上添加直播功能和视频功能。那时，Google+ 已经沦落到了苟延残喘的地步。"谷歌在社交领域一败涂地，现在脸书又来抢视频的地盘了。"一位 YouTube 经理表示。

脸书的重大突破是它与电视界的先行者尼尔森合作推出一套系统，让营销人员在同一套收视率系统，在电视和脸书上投放广告。本质上，这等于是让 YouTube 走开。这难不倒沃西基，毕竟她的大部分职业生涯都是在这样一个靠不住的数字广告世界度过的。沃西基下令建立更多系统来捆绑 YouTube 频道，像电视做的那样。她还收回了 MCN 公司的广告运营控制权。YouTube 曾允许 MCN 公司随意出售广告，但现在不会继续这样做了。MCN 公司之前已经被 YouTube 的各种调整措施折腾得不轻，现在又在 YouTube 与脸书关于在线商业广告的新一轮竞争中进一步受挫。事态的紧迫性显而易见。创客工作室的大卫·西弗斯回忆道，以谷歌当时的体量来看，他们不能输掉这场战争。

然而在这场战争中，YouTube 感觉自己处于劣势。虽然人们在 YouTube 上看视频的时间越来越长——2011 年平均每天只有 5 分钟，2015 年仅在手机上的观看时长每天就能达到 40 分钟——但脸书的广告收入要高得多。这样的差异在一定程度上激发了沃西基作为 YouTube 的 CEO 的第一个宏伟目标：**2015 年制定的"2020-20 计划"，即五年内实现 200 亿美元的收入。**

社交应用程序堪称促进人体分泌多巴胺的小机器，它们给 YouTube 带来的竞争，也可以解释沃西基作为 YouTube 的 CEO 的另一个主要任务。任职初期，沃西基查看数据后得出结论：YouTube 非常善于让现有观众观看更多视频，这非常有利于实现观看时长的稳步增长并最终实现 10 亿小时的目标，但在提升每日观众量方面，YouTube 并不擅长。关于这个问题，拉里·佩奇有一条著名的理论："牙刷测试"——只有当人们像用牙刷一样频繁使用谷歌的产品时，这些产品才有存在的意义。因此，沃西基要求工程团队调整推荐算法，多推荐能不断吸引观众来看的视频。

这就是 YouTube 优待"迷你奥普拉"的原因。YouTube 希望能帮助明星创作者成为他们自己的媒体制作人，从而可以与电视的日输出量和广告费相匹配。为了做到这一点，YouTube 需要与明星建立更为紧密的联系，尽管必须首先克服他们之间相当大的文化差距。沃西基请谷歌员工阿里尔·巴尔丹（Ariel Bardin）来 YouTube 做高管。巴尔丹上任之后，先到各地去拜会一些

"油管人"。他在洛杉矶约了马修·帕特里克（Matthew Patrick）见面。帕特里克曾经是位音乐剧演员，他的频道 Game Theorists（游戏理论家）知名度很高，是以戏剧的形式谈论关于游戏、科学和 YouTube 的各种问题。[①] 一见面，帕特里克先问了巴尔丹一个问题："你平常喜欢看哪些 YouTube 频道？"

"Vice。"巴尔丹回答。

听到这个答案，帕特里克愣了一下。Vice 是一个来自布鲁克林的时尚频道，在从 YouTube 获得资助后，又从更多的外部渠道筹措了资金。在大多数"油管人"眼中，一些装模作样的频道在资本的支持下占领了他们的网站，Vice 就是其中一个典型代表，真正热爱 YouTube 文化的人不会去看那些频道。"好吧，还看其他什么频道吗？"帕特里克继续问道。这位高管答不出了。

在第一届创作者峰会上，帕特里克坐在前排，旁边有位 DJ 正在调试音乐。所有参会的创作者都知道帕特里克在 YouTube 上的用户名是"MatPat"，但 YouTube 公司不知道。会议正式开始，巨大的屏幕上展示了一些创作者的照片。Smosh！iJustine！轮到 MatPat 时，照片上的那个家伙却不是帕特里克。场面尴尬。

金奇尔上台了，他那低沉的男中音响起来："这里有很多我喜欢的创作者，比如——"意味深长的停顿。

帕特里克不禁怀疑，难道金奇尔一个名字都想不起来？最后，金奇尔终于想到了汉娜·哈特（Hannah Hart），毕竟这位 YouTube 红人的广告被 YouTube 投放得满城都是。

* * *

[①] 帕特里克同时还为 Big Frame 公司工作，这家早期的经纪公司旗下有尼尔森、达斯托姆·鲍尔和 MysteryGuitarMan 等人。

菲利克斯·卡尔伯格打扮成洋娃娃的模样出现在画面上，他正在被鞭打，他必须服从扩音器里传出的命令，发出命令的是他自己的声音。一切都非常超现实。

在 YouTube，当沃西基正在为脸书苦恼时，困扰罗伯特·金奇尔的是另一个问题：他的老东家，网飞公司。2013 年，这家流媒体服务公司首播的原创剧集《纸牌屋》成为大热门。同时，亚马逊也开始制作流媒体节目，优雅地迈进电视的黄金时代，并享有盛誉。YouTube 为什么就不行？靠一线明星获得流量的计划失败后，金奇尔又想到了一个新策略——YouTube 将出资打造自己的节目，名为《原创》(*Originals*)，由观众喜爱的创作者出演，仅供付费订阅者观看。网飞和亚马逊使用的是传统媒体模式，即让节目主理人和制片人决定故事的情节和出演的明星。关于这种模式的财务价值，维亚康姆的大佬萨姆纳·雷德斯通曾提出过一个著名理念："内容为王。"YouTube 则为进入这个"纸牌屋"时代提出了自己的理念："观众为王。"

所以，这就是为什么 YouTube 的观众会看到，卡尔伯格在 2016 年年初首播的 YouTube 原创真人秀节目 *Scare PewDiePie* 第 9 集中，挨了鞭子。

这部剧由创客工作室制作，让卡尔伯格在真实世界中模拟他视频中的恐怖游戏。*Scare PewDiePie* 基本上借鉴了电视真人秀的手法，第 9 集后面还会演到卡尔伯格靠生肉和蟑螂来破解谜题，模仿的是《谁敢来挑战》(*Fear Factor*)。卡尔伯格鼓起勇气出演了这部剧，但并没有获得热烈的反响。也许因为卡尔伯格扮演的是他自己，一个矜持、有点尴尬的 YouTube 博主，而不是他在屏幕上那个颇为卡通化的疯子形象 PewDiePie。尽管制作精良，但这部剧给人的感觉就像是老掉牙的电视节目。卡尔伯格身边的人注意到，参与这部剧的拍摄耗尽了他的精力。

随着YouTube推出了十几部这样的《原创》节目，许多人注意到其中有一个很核心的矛盾。YouTube本身不惜成本，希望打造出光鲜亮丽、活力满满的外部形象。公司在洛杉矶将一个面积40000平方英尺[①]的飞机库，改建成了一个设备先进的制作工作室，名为"YouTube Space"[②]，供一些创作者使用。但YouTube的算法却与它南辕北辙。算法想要的是观看时长和每日浏览量，能满足这个需求的视频通常制作成本低廉，却能被算法推到前面。一位YouTube高管后来不禁感慨道，YouTube负责创作者的团队，其工作内容已经从培养人才和创造力，变成了"寻找符合标准的人"。

对于许多"油管人"来说，YouTube独立性和易进入的基本文化，也开始与大众媒体广告业务对立起来了。"当你以专业的方式做这件事时，既要保持真实性，又要具备吸引力，这变得非常困难。"VidCon创始人汉克·格林在一段名为《YouTube实话时间》的视频中抱怨道。奥尔加·凯一直都能感受到这种矛盾的存在。她的订阅者数量不够，没能被邀请参加明星峰会，尽管她接到了电影工作室和MCN公司的邀请。他们想要的是好莱坞风格的作品，但凯知道YouTube的粉丝和机器并不喜欢这些内容。他们希望她在家录制对着镜头讲话的视频，并对发布频率有一定的要求。凯继续以每周大约20个的频率发布视频。朋友们约她出门，她只能这样答复："如果你们要去的那个地方不能让我录视频，我就只能继续待在家里生产内容了。"

凯偶尔会去YouTube的洛杉矶工作室，有时是去那里制作视

[①] 40000平方英尺约等于3716平方米。——编注
[②] 订阅人数超过一万的频道可以申请在YouTube Space录制视频。

频,但大多数情况下是因为有临时需要咨询的事项。有一个 MCN 公司想要和她的游戏频道签约,她将相关文件交给 YouTube 的经理安迪·斯塔克。

斯塔克查看了她提供的数据,告诉她:"这样你会损失很多钱。"建议她拒绝这个提议。斯塔克和谷歌的其他人一样,认为加入 MCN 公司没什么好处,他们不仅合同有问题,做事方式也像黑手党一样,另一名 YouTube 工作人员则称 MCN 公司为"寄生虫"。

尽管如此,YouTube 作为一个人才管理平台,缺点也越来越明显。斯塔克负责管理向 YouTube "长尾"部分数百万创作者付费的系统。当谷歌的律师打电话来提醒他,因为这些款项已经开始在谷歌的日常收入中占据很大的比重,需要采取新的合规措施时,这一群体的规模之大着实让斯塔克吃了一惊。所有这些"油管人"的资金流动和频繁更新的内容,都需要系统来记录。其他公司可能为这项管理工作设立一个呼叫中心或雇用一些专业的团队,但这不是谷歌的风格。"谷歌解决问题的方法是把问题抛给机器,而不是人。"斯塔克表示。一个工程师团队为此建立了一套计算机系统来处理相关的需求,无须打电话或诉诸人工服务。但机器可能会让创作者陷入困境。在沃西基的领导下,YouTube 的系统更加严格地识别可能会冒犯到广告商的视频(这些视频中一般都会设计过多的咒骂或讽刺性内容),并将广告从这些视频里删除。但这个系统在取消创作者的收入后,并不会通知受影响的创作者,也不会给他们一个解释。在一次会议上,斯塔克恳请相关同事改进他们的做法。"即便是被捕,至少也会接到个电话吧。"斯塔克说。

机器有时还会把事情搞砸。有一次,YouTube 更新了皮肤检测算法，可以自动将色情视频或性虐待视频标记出来并删除。但这个功能将尺度卡得过严，这项更新一经推出（事先并没有公开宣布），YouTube 上几十名健美运动员突然发现，他们的视频不见了。这是因为系统无法区分色情和速比涛（Speedo）的紧身泳裤，所以让健美运动这个受人欢迎的视频门类遭了殃。YouTube 员工凯瑟琳·格蕾丝见证了这一切，她意识到，算法也不是什么都懂。

格蕾丝负责 YouTube 洛杉矶工作室的运营工作，创作者不仅会去那里拍摄视频，还会去那里发泄情绪。一位女性 YouTube 博主因为自己不断下降的浏览量而倍感沮丧，她告诉格蕾丝，自己制定了反弹计划：她打算花六周时间，拍 300 多个视频，然后每天发布一个，同时创建一个完全独立的 YouTube 节目。这位创作者打算开启"10 倍"模式。自 YouTube 成立以来，格蕾丝就一直负责网络视频的制作和指导工作。得知这位创作者的计划后，她心想，这也太疯狂了。另一位博主发布的常规视频时长都已经超过了 10 分钟，长到足以让算法获得提升，她因此疲惫不堪，忍不住流下了眼泪。格蕾丝表示："这种枯燥的重复性工作只会给人带来痛苦，没有任何创造性可言。"另一位负责创作者管理工作的 YouTube 员工陈冰做了一项实验，试着自己经营频道，频繁发布视频。尽管当上了男主角，但他很快就放弃了。"这项工作太耗费时间了，怎么干都干不完。"他对同事说。

斯塔克在本职工作之外，将自己位于好莱坞山的住所改造成了一个"炼金坊"，他把这里想象成艺术家的创造天堂。他邀请了一些音乐人和"油管人"来做客。奥尔加·凯第一次来到这里时，看到斯塔克的样子，不禁目瞪口呆。当时斯塔克穿着短裤，还涂了蓝色的指甲油，和平时在工作中的保守形象判若两人。和许多谷歌人一样，斯塔克也会经常去"火人节"。2013年，斯塔克又将自己的"炼金坊"改建为"减压室"。每次 VidCon 大会结束后，他都会邀请"油管人"过来喝几杯，在这里欣赏风景，远离人群、摄像机和上传视频的压力。

如果一周只需要做 20 个视频发布在 YouTube 上，凯也许还可以继续勉强维持下去。但所有其他社交应用程序都希望在视频领域分得一杯羹，它们也开始征集内容了。凯在打了一个关于 Snapchat 的电话后终于失控了。这款即时通信应用程序发明了一种名为"Stories"（故事）的模式，可以让人们分享"阅后即焚"的照片或视频。一位品牌代表问凯，是否可以拍 5 个视频，每个视频 10 秒钟，他们会为此提供 7000 美元的赞助费。

这是一笔相当不错的收入，但凯一想到这件事，手就会发抖。即便是只需要再录 50 秒钟的视频，她也感到愤怒和恶心。她就是拍不下去了。她想，我不干了，这没什么好处，难道我到四十多岁时，还会想做这件事吗？六十多岁呢？总是要靠镜头谋生，总是为了获得人们的注意力而重塑自我吗？不。"我想过上正常的生活。"她这样决定。

* * *

YouTube 虽然意识到自己的创作者经济模式出了问题，但它还有另一个更为紧迫的企业问题需要处理。

2015 年 8 月，拉里·佩奇宣布成立 Alphabet，这家新的控股公司将把他的帝国拆分为几家独立的公司：谷歌、自动驾驶汽车、智能自动调温器等。这个消息震惊了全世界（以及大多数谷歌员工）。YouTube 就像一个天然形成的独立体，它的名字与众不同，办公室也独立在外。YouTube 的领导层考虑脱离谷歌，成为由Alphabet直接控股的一个独立公司。佩奇已将自己任命为Alphabet的CEO，而不是他在谷歌的继任者桑达尔·皮查伊。沃西基则希望能继续直接向佩奇汇报工作。但最终的决定是，考虑到YouTube与谷歌的业务和体系之间已经有了非常错综复杂的联系，无法完全分开，所以YouTube还是继续留在谷歌。

那一年，沃西基还聘请了两位新的高管，负责塑造YouTube的未来。这两位高管虽然都没有媒体制作的工作经验，但都是谷歌的老员工。YouTube还在比萨店楼上办公的时候，尼尔·莫汉（Neal Mohan）就作为DoubleClick的董事，与YouTube达成了第一笔广告大交易。DoubleClick被谷歌收购之后，莫汉一直任职于谷歌的广告部门。他获得了斯坦福大学的双学位，爱看NBA篮球比赛，讲话像会计师一样谨慎。在谷歌内部，莫汉被称为政治大师，擅长"向上管理"。一位YouTube主管曾在一次星期二召开的例会上，与沃西基发生了紧张的对峙。到星期四，沃西基却改变了主意。这位主管回忆道，是莫汉"在幕后使出了一些妙招"。莫汉的付出得到了回报。2011年，一份报道称，谷歌给了莫汉1亿美元的奖金，以免他被推特挖走。一些谷歌同事随后嘲笑莫汉是"身价1亿美元的人"，这让他非常气恼。

沃西基让莫汉负责YouTube的产品业务，他很快就成了沃西基最看重的副手。莫汉则聘请了阿里尔·巴尔丹做自己的副手，就是那位喜欢看Vice频道的高管。巴尔丹是以色列人，语速很快，直来直去，自2004年以来一直在谷歌工作，最近的一项任务是负责支付服务。巴尔丹和莫汉来YouTube任职后，查看了创作者经济的数据，发现存在严重的不平等问题，大部分的广告资金都流向了排名前一百的创作者。如果他们中的一些人去了其他地方，或停止内容制作了呢？这样的报酬制度真的创造了一个公平的竞争环境吗？这两位新高管制定了一个新的方案，用数学方法衡量成功与否，并在此基础上重新设计了 YouTube 的整套付费系统。他们称这个项目为"比利·比恩"，以电影《点球成金》（Moneyball）中那个打破正统的棒球总经理比利·比恩（Billy Beane）的名字命名。

他们还给这个项目起了一个绰号——"煮沸海洋"，因为这个项目所涉及的工程量非常大。YouTube 之前曾为应用程序和电视重新制作内容，为此付出过巨大的努力，并收获了不错的效果，当时用的也是"煮沸海洋"这个绰号。随着 2016 年的开启，公司准备像往常一样，用系统工程解决其创作者群体的财务问题。除此之外，似乎并没有出现其他重大问题。

第 23 章

YouTube 上的政治风暴

2016 年 1 月

白宫东厅的一角被布置成英格丽·尼尔森房间的样子，粉蓝色的墙壁上点缀着多肉植物和小白菊。尼尔森转向巴拉克·奥巴马，问了他一个关于女性生理期用品的问题。

有三位 YouTube 视频博主被选中在 YouTube 的白宫官方频道上发布采访总统的视频，"生活方式"类视频博主尼尔森就是其中之一，这是为了向老一代观众推广在网上有影响力的创作者。前一年夏天，尼尔森的出柜视频引起了谷歌的注意。"我是同性恋。能说出来感觉太好了。"尼尔森告诉观众，随后高兴地抽泣起来。尼尔森对奥巴马的采访事先经过了周密安排，她还为此接受了大约四个小时的电话审查，但她问奥巴马的一个问题还是成功制造了新闻。她问总统为什么要对女性的生理期用品按照"奢侈品"的标准征税。（总统回答道："我怀疑，这是因为制定法律的是一群男性。"）尼尔森看上去有些紧张，直到这场对话进行到"自我认知"部分，这是借用了尼尔森在 YouTube 频道中的内容，她让人们分享一些象征"自我认知"的物品。奥巴马从口袋里掏出了一些东西,有教皇送他的念珠、僧人送他的小佛像、艾奥瓦州一名自行车车手送他的幸运筹码。"这太感人了,我很喜欢!"尼尔森说。

采访结束后,YouTube 最早的社区经理之一史蒂夫·格罗夫出现在镜头前。他现在为谷歌工作,不再穿牛仔裤和运动鞋了,换上了一套清爽的蓝色西装,很有一副政治家的样子。[1] 格罗夫向奥巴马表示感谢:"您开启了一项很好的传统,希望您的继任者也能这样做。"

* * *

当时,唐纳德·特朗普在共和党总统竞选中的领先优势让人很困惑,就像是个笑话。特朗普的一些提议听起来就很荒谬。特朗普的医生曾写道,他将"成为有史以来最健康的总统",特朗普竟然将此作为自己的健康证明,发布在脸书上,自夸有"强大的基因",但他却误将功劳记在了一位已经去世的医生头上。特朗普在电视上的表现非常出色,他在 11 月主持了《周六夜现场》,还上了吉米·坎摩尔(Jimmy Kimmel)的脱口秀节目[2],这两个节目的剪辑都直接上传到了 YouTube。

然而,在 YouTube 的另一个角落,特朗普已经开始受到特殊待遇。自助大师斯蒂芬·莫利纽克斯 1 月开始制作一个新的系列视频,名为《关于唐纳德·特朗普的谎言》。像莫利纽克斯这样以攻击媒体和其他主流机构为生的 YouTube 视频博主,有了特朗普,就相当于有了强大的盟友和丰富的素材。莫利纽克斯在新的系列视频中,列举了媒体对特朗普的种种"歪曲",每个视频时

---

[1] 三年后,格罗夫离开谷歌,回到家乡明尼苏达州做民选官员。
[2] 特朗普和吉米·法伦(Jimmy Fallon)一起上了脱口秀,法伦还弄乱了他的头发。

长都超过一个小时。在他的第一个视频中，莫利纽克斯先是正确地指出特朗普成功操纵了新闻，之后就开始维护这位总统候选人关于移民、女性和一系列其他问题的立场。但这些视频并没有针对特朗普的政治对手。"其中有一个重要的教训就是，"莫利纽克斯直视着观众说，"不要让任何人告诉你该如何思考或如何感受，不要让我这样做，不要让其他任何人这样做，特别是，不要让主流媒体这样做，他们不是在向你提供信息，而是在试图控制你。"这些视频在社交新闻网站 Reddit 上获得了很好的反响，那里聚集了一批特朗普的忠实支持者。同年晚些时候，莫利纽克斯邀请的两位作者分别被南方贫困法律中心称为"优生学者"和"'白人民族主义者'编辑"，莫利纽克斯则反对这样称呼[①]他的嘉宾。

"如果你觉得这些信息有用，"莫利纽克斯在 1 月份发布的视频结尾说，"就请点赞、订阅并分享。"

* * *

2016 年 4 月

在洛杉矶日落大道的安达仕酒店，台上坐的是苏珊·沃西基，

[①] 那一年，莫利纽克斯在节目里邀请了丹麦学者赫尔穆特·尼堡（Helmuth Nyborg）和作家贾里德·泰勒（Jared Taylor）。莫利纽克斯在一份声明中写道："我的节目中有很多人的观点我都不同意。事实上，人类的信仰体系不可能完美重合，也不应该重合……'白人至上主义者'一词指的是认为白种人应该对所有其他种族进行暴力统治，这严重违背了我所信奉的互不侵犯原则（而且有可能会导致种族灭绝行为）。据我所知，我从未接待过任何持有如此卑鄙信仰的人。我当然也从未听说贾里德·泰勒或尼堡博士表达过对暴力的渴望。"南方贫困法律中心对"白人民族主义"的定义为：认为"形成西方文明的国家均应由白种人组成"。

她面对的是一排排的创作者，他们在倾诉他们担忧的问题。

苏珊·沃西基像 YouTube 的上一任老板卡曼加一样，在人多的场合会感到不太自在。一位曾经的员工说，沃西基在员工会议上提到 YouTube 视频博主的名字时，语气"就像一位笨妈妈试图和酷孩子一起玩"。克莱尔·斯塔普顿觉得沃西基很像希拉里·克林顿——工作狂，在工作中几乎从来不会放松警惕，很容易招人骂。对沃西基来说，创作者其实是一群很难对付的观众，他们不算是她的员工，尽管沃西基对他们的职业生涯有很大的影响力，但并不负责管理他们（即便是她想这样做，也做不到）。

这样的情况让人感到很棘手。4月初在日落大道举办的这场活动名为"#YouTubeBlack"。资深 YouTube 视频博主阿基拉·休斯（Akilah Hughes）对 YouTube 发表了一通严厉的谴责后，公司组织了这场活动。阿基拉在她的频道"Akilah Obviously"上，恶搞和剖析 YouTube 上的热门趋势、流行文化、政治和文学。（休斯曾对运营 YouTube 账号 vlogbrothers 的约翰·格林的书发表了一通"醉醺醺的评论"，之后就和约翰·格林成了朋友。）凭借在 YouTube 上发视频的经验，休斯在媒体公司 Fusion 找到一份工作。2015年，休斯发表的一篇文章指出，YouTube 为其"Spotlight"项目投放的所有广告牌广告或地铁广告中，没有出现任何黑人创作者。在其新推出的节目《原创》中，也没有给黑人创作者任何露脸的机会。那年2月虽然是"黑人历史月"，但 YouTube 在其推特账号上推广的白人创作者数量却达到黑人创作者的10倍之多。她还写道，YouTube 上一些令人讨厌的评论"让多样化的创作者在 YouTube 上工作，比在其他任何社交网络上工作，都困难得多"。

休斯的文章在YouTube内部得到传阅。让这家公司的员工一直引以为傲的，其实正是他们觉得自己能够打倒好莱坞那帮迂腐的男性守门员（大多是白人）。市场团队于是组织了这场"#YouTubeBlack"活动，让阿达德·索恩（Adande Thorne）与沃西基一起出现在台上。索恩也被称为"Swoozie"，是YouTube的一位黑人动画师[①]，深受同事们的喜爱。索恩开门见山地问："我们什么时候能在广告牌上看到黑人创作者？"

沃西基承诺很快就能实现："我们一定会做得更好。"

当天晚上是这些YouTube博主第一次相聚，他们大声跟唱肯德里克·拉马尔（Kendrick Lamar）的歌《没问题》。休斯后来写道："虽然YouTube并不完美，但至少其高管看起来愿意改进。"

几个星期后，沃西基回到YouTube第二届创作者峰会的舞台发表演讲，台下是YouTube上最大牌的红人们，沃西基沉浸在对创作者的喜爱中。沃西基宣扬了YouTube的广告增长，并表示公司会致力于《原创》节目的长期发展，然后开始接受提问。

其间，一位女性创作者问了关于YouTube上的网络欺凌问题：一位YouTube博主曾多次发布对她有敌意的视频，"人肉搜索"她（将她的个人信息发布在网上），让愤怒的粉丝不断攻击她，这让她感到很害怕。另一位女性创作者抓住麦克风，也表达了同样的担忧，还表示这种事情经常会发生。她问YouTube会对此采取什么措施。此时，沃西基提高了警惕，她对此表示同情，

[①] 观众也很喜欢索恩。但索恩后来向YouTube高层承认，他以动画做缩略图的视频，比那些显示他自己面孔的视频效果要好。人们较少点击显示黑人面孔的视频，算法也是同样。

但没有做出任何具体承诺，就开始继续接受提问了。几个问题之后，又有一些 YouTube 博主再次尝试提出网络欺凌的问题，沃西基则给出了与之前类似的答复。当时，YouTube 认为公司最好不要参与创作者之间的纠纷，并认为其现有的规则很好地平衡了言论自由和对他人造成伤害之间的关系。或者也可以说，YouTube 其实只是没有为应对这个问题做好准备。

身处观众席中的英格丽·尼尔森也因为网上的谩骂行为而越来越忧心忡忡，虽然还没有人"人肉搜索她"，但这似乎只是时间早晚问题。"YouTube 只是不知道这个问题的答案，"她回忆道，"但他们知道这的确是个很大的麻烦。"

* * *

米罗：米罗·雅诺波鲁斯不给
"黑人的命也是命"抗议者麦克风特权
2016 年 4 月 27 日　3:30

米罗·雅诺波鲁斯（Milo Yiannopoulos）为布莱巴特新闻网（Breitbart News）工作，他是英国人，留着"前刺头"[①]发型，喜欢发无聊的挑衅帖子。雅诺波鲁斯正在大学校园里做巡回演讲，主题是"危险的同性恋之旅"，他反对女权主义者、社会正义战士和"绿帽保守派"[②]。目前这一站来到了美国大学，他在与一名黑人学生来来回回打嘴仗，让这场演讲令

[①] 长度偏长的毛寸发型，头顶头发参差不齐，用发蜡或啫喱水打理出向上向前的纹理走向。——译注
[②] 美国极右翼分子使用的侮辱性用语，用来攻击不愿意支持白人至上或不反犹的保守派。——译注

人难忘，这正是 YouTube 上人们爱看的视频类型。有位同学戴着红帽子，帽子上写着"让美国再次强大"①几个字，他被这场口水战逗笑了。

在接管布莱巴特新闻网之前，史蒂夫·班农（Steve Bannon）的职业生涯颇为曲折，他曾是好莱坞金融家和电子游戏公司的高管。他利用雅诺波鲁斯这样的副手来"激活"一支心怀不满、重度依赖网络的支持大军。班农告诉记者乔舒亚·格林（Joshua Green）："这些人是因为'玩家门'事件或其他内容来到布莱巴特新闻网，然后转而关注政治问题和特朗普。"布莱巴特新闻网曾在两年前彰显出其政治影响力，当时，参议院的一项移民改革法案虽然得到了保守派旗手福克斯新闻和右翼名嘴拉什·林堡的支持，但布莱巴特新闻网的相关报道仍然引起了轩然大波。还有几个月的时间，班农就要成为特朗普的首席策略师了。他现在是"另类右翼"的头目，这是一个由互联网名人、挑衅者和种族主义者组成的网络组织。记者乔舒亚·格林对这场运动的描述恰如其分："这是一团正在滚动的风滚草②，里面裹挟着受过伤害的男性身份特征和他们的攻击性。"

这团风滚草滚过了布莱巴特新闻网、致幻性留言板和社交媒体，也滚过了 YouTube。

YouTube 博主、英国男权主义者大卫·谢拉特亲眼看着这股风潮传播开来。很多他经常去看的频道讨论的主题，从讨论无神论和女权主义变成了谈论特朗普。一些人，如视频博主 Sargon

---

① 美国总统唐纳德·特朗普的竞选口号。——译注
② 风滚草又名俄罗斯刺蓟，遇到环境干旱的时候，可挣脱根部，把枯叶蜷缩成球，随风滚到各处，占据周围的城镇乡村、高速公路。——译注

of Akkad，依然保持了颇有讽刺意味的困惑风格，怒斥"马基雅维利式的阴谋家"希拉里·克林顿和操纵她竞选的"亿万富翁食尸鬼乔治·索罗斯"（George Soros）。起初，谢拉特认为对特朗普的支持只不过是个笑话，是对精英们竖中指的行为。但后来他就不能确定了，关于特朗普的视频确实获得了不少流量。

新来的人很快就被吸引到YouTube的"另类右翼"轨道上来。和其他YouTube亚文化一样，他们在彼此的视频中客串，发布回复，开展辩论。他们充分利用了搜索功能。后来的一项研究显示，2016年夏天，一段以雅诺波鲁斯为主角的视频"坚持不懈"地保持在YouTube"玩家门"一词的搜索结果榜首位置。

像雅诺波鲁斯这样的"炸弹投手"开始宣扬支持英国脱欧的观点。然后，这些YouTube博主对难民所带来的问题更有针对性了。谢拉特对此表示怀疑，他觉得难民*只是在躲避战乱，不至于得到如此对待*。后来，谢拉特会回想起这段时间，他很想知道自己到底相信什么以及为什么相信那些东西。

* * *

2016年7月

沃西基召开紧急会议。一天前，唐纳德·特朗普正式接受了共和党提名，但沃西基的这次会议是关于当天发生的另一件事——《华尔街日报》的一篇报道指出，媒体公司认为在视频业务方面，社交网络比YouTube更成功。报道称，YouTube上视频过多，而且不方便分享。一位匿名的媒体高管表示："YouTube

必须有所改变，否则这个世界就是脸书和Snapchat的天下了。"

沃西基要求公关团队制定方案，消除人们以为脸书成了比YouTube更吸引人的视频发布平台的看法。2016年，YouTube花了大量时间和精力对抗这个竞争对手[①]，因为它切实感到了威胁。YouTube曾有意与一家规模较小的科技公司合作，但提出一项附加条件：如果脸书提出收购这家小公司，YouTube有否决权。每当脸书发布一项新功能，谷歌的公关人员都会打电话给记者，提醒他们谷歌早就推出过类似功能了。

* * *

三年前，纪尧姆·查斯洛特（Guillaume Chaslot）很不开心地离开了YouTube，搬回家乡法国，回到年迈的父亲身边。查斯洛特身材矮小，精力充沛，眉毛突出，鼻子又长又斜。当他把长发拨到耳后时，看起来有点像美国演员提莫西·查拉梅（Timothée Chalamet）。查斯洛特获得计算机科学博士学位后，只申请了一家公司的工作，就是那家以欢迎学术界的书呆子而闻名的公司。2010年，一轮H-1B签证刚刚批下来，在加州的谷歌新人培训上，超过一半的谷歌新员工和他一样都是外国人。查斯洛特很喜欢这种氛围。

查斯洛特被安排负责YouTube的视频推荐工作。很快，他开始做谷歌的一项"20%项目"，主要解决发现的系统缺陷。YouTube倾向于向人们重复展示相同视角的视频。比如，非裔少年特雷沃恩·马丁被枪杀后，成千上万人上YouTube获取信息、分析或发泄情绪。如果他们看的是同情马丁的视频，YouTube通

[①] YouTube的一位发言人表示，公司"一直专注于自身发展"，当时对脸书并不在意。

常会向他们推荐其他同情马丁的视频。如果他们看的是另一方视角的视频，也许他们会认为马丁之死是正当的，YouTube 就会推荐更多那种观点的视频。查斯洛特起草了一个方案，以便让推荐系统可以给人推荐观点更为平衡的视频：这是一个数字目录，名为"谷歌历史"，可以跟踪有关特定的世界事件或历史事件的视频。这位法国工程师特别指出，这种做法还可以增加 YouTube 的观看时长。他的方案虽然得到了同事的赞赏，但没有任何 YouTube 经理对此感兴趣，还很快就收到了负面的绩效评价（真是一记当头棒喝）。谷歌将他解雇了。

回到法国后，查斯洛特多多少少走出了被谷歌解雇的阴影，也不再过多地考虑 YouTube 的问题。他父亲是一名敬业的药剂师，住在乡下，不怎么上网，但发表了一条评论，让这位计算机科学家非常震惊。这位老先生表示："我们需要听一听弗拉基米尔·普京（Vladimir Putin）的意见。"从没有什么政治倾向的父亲开始列举普京的种种功绩，查斯洛特虽然反驳了回去，但感到很困惑。**俄罗斯的宣传怎么会影响到生活在法国中部地区的父亲？** 查斯洛特很纳闷，怀疑是父亲的酒友在免费网络电视上看了关于普京的视频。查斯洛特上 YouTube 搜了一下，看到了普京谈移民对欧洲造成的损害，看到了法国明星杰拉尔·德帕迪约（Gérard Depardieu）在俄罗斯国家电视台上用法语赞颂普京，这些视频获得的流量比那些更受尊敬的媒体还要多。

与老东家有关的另一次奇怪遭遇也让查斯洛特感到困惑。他在巴黎坐公共汽车时，注意到旁边的乘客正在低头看手机，上面播放的是 YouTube 视频。一段法语视频的片段被他听到了，一个旁白絮叨着一个阴谋集团计划灭绝世界四分之一的人口。查斯洛特还以为这是一个玩笑，便侧身问道："谁想让我们死？"

"官方有一个秘密计划,"这位乘客认真地回答,"几百个视频都这么说!"

查斯洛特瞪大了眼睛。在 YouTube 时,他担心过信息回音室的问题,但没想到回音室里可以充满彻头彻尾的阴谋。

查斯洛特有种预感,于是在美国总统大选前,他开始更密切地关注 YouTube 的动向。他开发了一个工具,可以从视频推荐功能中搜集一些公开数据。虽然因为外部人员无法查看 YouTube 向已登录的用户推送了哪些视频,导致可收集的样本非常有限,但仍然可以暴露一些问题。一个人的名字跳到了清单首位——亚历克斯·琼斯,就是那位声音沙哑的杂谈节目主持人,堪称"行走的媒体奇观"。那年 7 月,琼斯在克利夫兰的共和党大会会场外,与一位同伴一起混进了关于特朗普的一场集会,抗议全球主义者和"新世界秩序",现场有数十台摄像机在拍摄这场游行。在他的脱口秀节目 *InfoWars* 中,琼斯请来了一些想法奇特的嘉宾,这些人认为发生在桑迪·胡克小学的枪击案是场表演。根据查斯洛特的统计,琼斯的节目在一年半的时间里,被观看了超过 3 亿次。整理了这些数据后,查斯洛特发现琼斯并不只是排名靠前而已,他的频道得到了最多的推荐。这太疯狂了,查斯洛特想。

他的老东家要么对此毫不知情,要么就是没采取任何措施。

* * *

2016 年 8 月

"对广告商友好。""不要包含图片内容或过激的语言。"

YouTube 决定这样告诉创作者。为了与电视争夺更多营销费用，沃西基认为 YouTube 需要提供更干净的内容。YouTube 的算法可以自动从冒犯广告商的视频中撤销广告，但系统并不是每次都会解释它做出某项决定的原因。当视频中的广告被撤销时，YouTube 会将一封由工作人员事先编写好内容的电子邮件自动发送给受影响的视频博主，让他们知晓广告被撤销了，并向他们提供提出异议的途径，这种做法似乎既公平又善良。

但事情并没有按计划推进。

菲利普·德佛朗哥第一个大声表达愤怒（他的视频标题是《YouTube 要关闭我的频道，我该怎么办》）。德佛朗哥是一位坚持不懈发视频的博主，留着刺猬头，样子很普通，十年来一直是 YouTube 的中坚力量，也是最早从 YouTube 拿到报酬的视频博主之一。他制作的是一个每日新闻和八卦脱口秀节目，开头总是这样问候观众："你们这些漂亮的混蛋，出什么事啦？"在那年 8 月的一个视频中，德佛朗哥表示，他可能再也没法说"混蛋"这个词了，因为这对广告商不友好。当德佛朗哥和其他视频博主收到这些自动通知时，并没有把这当作 YouTube 是在善意对他们提出质疑，而是感觉像是在被审查。很多人不知道 YouTube 的广告友好规则，认为这些规则过于武断，不够公平。德佛朗哥得知，他十几个聊新闻的视频中广告都被撤销了，但很多大型媒体公司的新闻评论片段都安然无恙。不久后，YouTube 在创作者的后台面板上，在每个视频旁边都添加了一个小小的美元符号标志。如果这个标志显示为绿色，说明该视频能赚钱；如果这个标志显示为黄色，该视频就不能赚钱。于是那些黄色的美元符号就成了不公正的象征。YouTube 视频博主开始普遍认为：没有广告的视频和创作者是被"非货币化"了。对于 YouTube 来说，整件事似乎都是因为沟通失误导致的恶果。德佛朗哥在推特上反击道:"感觉有点像一个认识了十年的朋友在你背上捅了一刀。"

YouTube 对创作者的抱怨一直很容忍,毕竟他们提供的免费视频为 YouTube 吸引了关注,带来了广告费收入,而且其中的 45% 都直接进了 YouTube 的腰包。但创作者在连续几个月受挫后,那个夏天的抱怨尤其严重。在德佛朗哥视频的带动下,人们发起了一个话题标签——"#YouTubePartyIsOver"(YouTube 的派对结束了),让怒火在网上传播开来。许多 YouTube 视频博主加入这个行列,包括一些保守派的视频博主和右翼组织,他们利用这个机会指责 YouTube 压制言论。比如,受到水力压裂[1] 行业巨头支持的保守派非营利组织 PragerU,指控 YouTube 限制其播放有关十诫[2] 和其他"圣经"主题的视频。YouTube 不得不在其纽约工作室又召开了一次会议,让大家提意见,这次会议邀请了 PragerU 和几十个其他保守派的 YouTube 频道代表。

在一场丑陋不堪的选举前,谷歌一直被右翼人士指控,称其搜索结果对希拉里·克林顿有利。谷歌对此否认,但指责的声音越来越大。实际上 YouTube 也和其母公司一样,没有兴趣表现出偏向任何一方的政治影响力。

* * *

然而,YouTube 博主却毫不犹豫地选择了他们的政治立场。

---

[1] 水力压裂法是目前开采天然气的主要形式。——译注
[2] 犹太人传说中,上帝耶和华借由先知摩西向以色列民族颁布十条戒律,犹太人奉之为生活的准则,也是最初的法律条文。——译注

保罗·约瑟夫·沃森：希拉里古怪行为背后的真相

2016年8月4日　5∶53

"奇怪的癫痫发作、精神性面部抽搐、过度夸张的反应、咳嗽、舌头上出现奇怪的病变。"一位英国人在一段视频中讲述道。在这段蒙太奇剪辑中，民主党候选人希拉里看起来是一副精神错乱的样子。"希拉里是因为压力过大而处于精神崩溃的边缘吗？或者说她奇怪的情绪爆发与健康状况有关？"

保罗·约瑟夫·沃森（Paul Joseph Watson）是亚历克斯·琼斯的"InfoWars"网站编辑，也是YouTube上另类右派势力的中坚力量。他经常就重大新闻和网络秘闻发布一些长视频，以幽默家的身份即兴提问。他借用了斯蒂芬·莫利纽克斯的方法，承诺会和大家分享一些被主流媒体所掩盖的秘密信息。沃森关于希拉里的这段视频，消息来源非常可笑。他引用的一位专家是"制药兄弟"马丁·什克雷利（Martin Shkreli），此人当时正因证券欺诈而遭到起诉。但这段视频一炮而红，在Reddit网关于特朗普主题的页面上，跃居顶部位置。为特朗普代言的新闻网站德拉吉报道（Drudge Report）和《国家询问报》（National Enquirer）报道了更多关于希拉里健康状况的假消息，福克斯新闻的肖恩·汉尼提（Sean Hannity）制作了好几期节目讨论这个话题。YouTube虽然一直致力于成为一个中立的平台，但实际上已经被边缘政治斗士当作一把有效的武器来使用了。

沃森的视频发布四天后，谷歌公布了关于总统候选人的热搜清单。关于希拉里的第二大热搜是："希拉里有健康问题吗？"而关于她对手的热搜则是："特朗普什么时候上过莱特曼

(Letterman)的节目?"

特朗普虽然酷爱电视,但最喜欢的舞台还是推特,关注这场大选的人乐此不疲地在这里看热闹。几个月后,沃森在推特上向这些人透露了一个秘密,他写道:"我不确定左派人士是否明白,他们在 YouTube 上被打脸了。"

* * *

2016 年 10 月

YouTube 落后了,情况一度看起来很糟糕。

7月,北半球的人们会花更多时间去户外活动,远离屏幕。YouTube 的内部图表显示,其实现 10 亿小时目标的进度出现下滑。这张图表旁边显示的正是工程师克里斯托斯·古德罗的名字,他每天都会查看,不管是周末、休假还是病假。终于到了秋天,古德罗的团队苦苦搜寻任何可能出现增长的迹象,以便能够尽量增加一点每日观看时长。每找到一个,他们就离成功近一些。在过去的一年中,他们找出了大约一百五十个增长迹象,不断朝着 2012 年设定的那个目标前进。

终于,在 10 月的一天,古德罗在查看图表时发现,YouTube 竟然提前实现了这个目标。

他的一些同事计划在 11 月的第一周举办一场活动,YouTube 邀请创作者和员工,到它位于曼哈顿的工作室来参加大选之夜派对,嘻哈艺人 Common 也会到现场表演。几乎每个来参加派对的人,都期待看到美国选民选出他们的第一位女总统。

第 24 章

头号网红闯祸了

11月10日,唐纳德·特朗普当选美国总统两天后,谷歌召开了一次全体员工会议。长期缺席谷歌日常事务的谢尔盖·布林上台主持会议,他说:"我本人既是移民,又是难民,当然会觉得这次的总统选举非常令人反感,我知道你们中有很多人也是同样的感觉。这是一个非常紧张的时期,与我们的许多价值观相冲突。"

拉里·佩奇走了过来,站在布林身边。这两位亿万富翁都已经胡子花白,麦克风上的海绵套和他们的衬衫很搭配。他们请四位实际负责谷歌业务运营工作的高管上台,其中包括佩奇的继任者兼 CEO 桑达尔·皮查伊。皮查伊身材瘦削,戴着眼镜,是一位产品专家,曾经做过咨询师。他出生于印度,在谷歌内部人缘很好。员工提问环节开始了。布林读了一个问题,问题中表达了一种担忧,即 YouTube 和社交网络的算法正在将人们分化,让人们"对世界上另一半人的想法视而不见",并继续问道:"**谷歌能为此做些什么?**"身穿时尚连帽衫的皮查伊答道,这类问题涉及较高层次的理念,他希望先看到与此话题相关的"以数据和经验为基础的工作"。他还表示，谷歌仍在持续不断地向大众传递信息。"但我认为某些人根本就是无动于衷。"他补充道。员工提出了更多问题，谷歌创始人偶尔会插话，补充几句作为回应。就像布林所说："数据表明，无聊导致了法西斯主义的兴起。"他停顿了一下，寻找合适的词汇，"这有点像乘虚而入。这种情况真的非常糟糕。"后来，这场会议的视频片段被泄露给了布莱巴特新闻网，成了证明谷歌对保守派持有偏见的证据，公司的发展也受到这项指控的影响。

第二天，YouTube 员工在一个种着桉树的院子里召开每周会议。正式讲话后，一般都会安排现场音乐表演，还会提供小吃和微酿啤酒。但这次不仅什么都没有，而且还让每个人都感到既茫然又困惑，就像那次谷歌会议一样。会议期间，一名员工站起来提问，或者可以说是提出了一个观点。这名员工分析了亚历克斯·琼斯等人的频道数据，这些频道的节目伪装成评论或权威意见的形式，一边倒地为特朗普说好话，它们的总观看时长甚至超过了 YouTube 上的合法新闻媒体。*这是一场危机*，该员工表示。

即便 YouTube 高层内心同意这个观点，他们也没有表露出来。一场危机很快就要到来，让 YouTube 措手不及。

* * *

PewDiePie：订阅量达 5000 万时关闭频道
2016 年 12 月 2 日　10∶19

"有人能让 YouTube 别再这样了吗？"卡尔伯格胡子拉碴，站在一个小型录音室里，墙上挂着以他的"兄弟拳"为造型的霓虹灯。卡尔伯格正在练习一种"新艺术",即对自己的网络家园发牢骚。"我觉得,YouTube 就像一个学步儿童在玩刀,赶紧把刀从孩子手里拿走吧!"看得出,卡尔伯格遇到的问题是订阅者看不到他的视频了,他在 YouTube 上的朋友也遇到了同样的问题,YouTube 显然是又做了一些调整,但没有通知任何人。卡尔伯格的视频浏览量也下降了,一些日常的 Vlog 甚至连 200 万次的点击量都达不到。"我还从来没遇到过这种情况。"(镜头跳切)"YouTube 这是要搞死我的频道。"卡尔伯格表示,他会先于 YouTube 行动,订阅量一超过 5000 万,他就关闭频道。

但卡尔伯格实际上并没有这样做,他这是在为自己的 YouTube 原创真人秀节目 *Scare PewDiePie* 第二季造势,但这位"YouTube 之王"的"李尔王式的愤怒"倒是真的。一位与卡尔伯格一起工作的人表示,那之前的几个月,他们过的是一段"最黑暗的"日子。在内容制作的折磨下,卡尔伯格逐渐失去耐心。那年年初,卡尔伯格在创客工作室旗下推出了自己的 YouTube 网络,名为 Revelmode,他召集了一些 YouTube 博主拍摄视频,还举办了慈善活动。他一方面要前往洛杉矶拍摄 *Scare PewDiePie*,一方面又要配合自己紧张的制作日程。(卡尔伯格后来告诉粉丝,为了应对压力,他养成了每天都喝威士忌的习惯。)创客工作室让卡尔伯格拓宽自己的品牌,于是他写了一本书,以平装本出版,还开始为 YouTube 制作另一个系列节目。维亚康姆曾邀请他参演喜剧中心的节目,但他拒绝了,他宁愿继续在 YouTube 上坚持。《时代》周刊将他评选为 2016 年最具影响力的一百人之一,配图是他在《星球大战》首映式的红毯上身穿燕尾服的形象。

卡尔伯格越来越贴近主流，他的YouTube账号PewDiePie却朝着相反的方向越走越远。2015年，卡尔伯格开始对电子游戏心生厌倦，他以前习惯玩明显很荒谬的游戏，现在则转为对互联网赤裸裸的荒谬性发表"元评论"。他的游戏视频中充满了青春期男生风格的笑话，已经碰到了关于体面的标准的底线。（视频标题包括《跑起来吧，就像马上要拉稀》，另外还有很多标题都和"胸部"有关。）和其他YouTube博主一样，当卡尔伯格开始感觉到平台在调整，系统更喜欢推荐"广告友好"的内容和日常Vlog时，他也嘲笑了这样的调整。他的Vlog既真诚感性（如《周年纪念！》），又空虚无聊（如《我完蛋了》）。卡尔伯格有一些视频是哀叹YouTube的评论区变得死气沉沉，还有的是在抱怨用户订阅方面的故障，这些都算是合情合理的。YouTube因为担心休眠用户和虚假用户问题，开始清理订阅量，但期间发生了技术故障，公司后来也承认，他们没有和创作者充分沟通。当时，YouTube的系统正需要提升日常点击量，因为电视网有非常稳定的日常输出，所以大量的电视网节目明显将YouTube博主置于不利地位。（那年12月，YouTube博主"游戏理论家"MatPat制作了一段动画视频，指出这个问题。在那段视频中，YouTube视频博主从跑步机上摔了下来，而代表电视脱口秀的标志则在前方欢快地跑着。）

尽管卡尔伯格对"Let's Play"模式非常精通，但在这样一个时代，他却有意识地无视YouTube的算法逻辑，因此，他的视频浏览量必然会下降。

但卡尔伯格依然坚持他的做法，有可能是为了取悦他的核心观众，也有可能是出于喜剧方面的个人偏好。他很喜爱《南方公园》，这部剧2015年和2016年的两季都在讽刺政治正确性和特朗普式的夸夸其谈，还带有一种典型的虚无主义。然而，这种类型的喜剧到了网络上，就失去了在电视里播放时的那种光彩和微妙性。另类右派和布莱巴特新闻网的大军经常发起骂战，一些在网上发"垃圾帖"的人，则将卡通青蛙佩佩变成了仇恨的象征，并经常把他们的实际意图伪装成开玩笑的样子。一些人纯属为了找刺激，而另一些人则更有政治性的考量，暗地里搞破坏。电视评论员艾米莉·努斯鲍姆（Emily Nussbaum）写道："就像特朗普的声明一样，他们的滑稽表情包和谩骂非常不稳定，摇摆于严肃和愚蠢之间，扭曲了普通对话的边界。"

发垃圾帖的人还有一个"表亲"，叫"键盘侠"（Edgelord）[1]，这些人代表了网络上的一种亚文化，他们发布禁忌话题是为了表达自己的观点，或者仅仅是因为他们有能力这样做。卡尔伯格在线上和线下都对"键盘侠"欣然接受。PewDiePie 在自己的频道上还评论了"受主流文化影响的表情包"和特朗普竞选总统期间乌烟瘴气的网络环境。卡尔伯格后来回忆道："当时没有人真正知道 YouTube 的上限在哪里，很多频道都越走越远，因为没有受到任何限制。"从外表上看，很难了解卡尔伯格的真实想法。

尽管卡尔伯格走的是喜剧路线，但他似乎非常希望能在 YouTube 上保持真诚（或至少符合他的意愿）。许多 YouTube 博主都感觉到，**算法开始更多地将点赞和评论作为参与度的标志**，这很明显地体现在一些性情粗放的创作者（大多是男性）的视频中，他们直接呼吁观众："粉碎那个点赞按钮！"那年 12 月，卡

---

[1] Edgelord，近年互联网上流行的一个词，多被美国年轻人使用，用来指代那些为了震撼和吸引眼球而做出攻击性行为和发表仇恨言论的人。它由 "edge" 和 "lord" 两个词合成，"edge" 指具有强烈尖锐特质的人，"lord" 指对某人或某事拥有控制权。Edgelord 指失意无助却又搞怪的家伙，网络上相当于"键盘侠"。——编注

尔伯格针对这个趋势发布了一个恶搞视频,视频中他赤膊在家里到处乱晃,对"点赞"这件事狂发抱怨。

许多与卡尔伯格一起工作的人都认为他并无恶意,而且对YouTube上的观众非常忠诚。(有人认为卡尔伯格在这股狂潮中其实"有一点自闭"。)"他是一个非常善良的人,"创客工作室的早期管理者大卫·西弗斯说,"和许多艺术家一样,他也有自己那一套,并不能让每个人都理解,就像不是所有人都能理解所有喜剧演员的所有笑话。"卡尔伯格在他的视频中不时会用上"PewDiePie"的嗓音——这是他从游戏时代起开始用的一种嘶哑的尖叫声。在一段视频中,卡尔伯格猜测,YouTube公司想让他让位,因为他是个白人。在谈到YouTube重点推广的有色人种创作者莉莉·辛格(Lilly Singh)时,卡尔伯格就用这种嗓音模仿了阴谋论者。他说:"我是个白人。我可以这么说吗?但我确实认为这是个问题。"卡尔伯格在后续的视频中解释道,这显然是一个有点边缘性的笑话。

接下来的那个月,卡尔伯格突破了边缘。

卡尔伯格制作了一系列关于Fiverr网站[①]的视频。Fiverr提供的是在线零工经济服务,以5美元的价格雇人完成任务,他想探测一下这类服务的底线在哪里。

在一段视频中,卡尔伯格像往常一样发表网络评论,他与观众分享了自己的屏幕,并实时展示自己对屏幕上的内容的反应。屏幕上出现了一个叫"Funny Guys"(有趣的家伙)的Fiverr网账号,账号的主人是他雇的两个年轻人。两个"有趣的家伙"一边笑,一边在屏幕上展开了一卷纸,上面写着针对犹太人的种族

[①] 一个以色列自由职业在线平台。——译注

歧视言论。卡尔伯格吃惊地捂住了嘴巴。几秒钟过去了，他有些后悔，说："很抱歉，没想到他们真的会这么做，我并不因此感到骄傲，也不会说谎，我不反对犹太人。"卡尔伯格又用上了他的PewDiePie的嗓音。"这是一个搞笑梗①，我认为这样不行。"

尽管如此，他还是发布了这段视频。

* * *

那个月晚些时候，特朗普所在的白宫发布了一份奇怪的声明，那是一则关于大屠杀纪念日的消息，其中却没有提到犹太人。民间团体批评了这种明显的怠慢，其他人则质疑这是否有意为之，是向与这位新总统结盟的极端边缘群体发出的一条暗号信息。《华尔街日报》的一位记者很想知道极右翼人士对此事有何看法，于是去查看了一个公开的网络论坛——"每日风暴"。网页最上方赫然可见的是一张熟悉的面孔：一位金发碧眼的瑞典人。"每日风暴"网将自己标榜为"PewDiePie头号粉丝网站"。**最有名的YouTube网红在一个"每日风暴"网站上做什么？**

《华尔街日报》记者在"每日风暴"网站上找到了9个不同的PewDiePie视频片段，这些视频片段被作为支持该网站事业的证明而加以突出强调。其中就包括了1月份的那段视频，还有另一段Fiverr剪辑，里面有名男子为那个臭名昭著的法西斯头子辩护。卡尔伯格的视频中的确会偶尔出现希特勒的镜头和纳粹的图像，他将其用于展示网上的一些荒谬现象。"每日风暴"上的另一个帖子赞美了卡尔伯格的发型和服装，称其符合法西斯风格。《华尔街日报》准备了一篇报道，指出其中令人不安的怪异之处——

---

① "梗"，网络用语，是"哏"的误用，但随着在网络上的流行，其词义有了扩大和引申。

一位得到新纳粹分子吹捧的名人，拿的却是谷歌和迪士尼的薪水。他们多次试图联系卡尔伯格，希望得到他的回应，并于2月10日（星期五）前往迪士尼和 YouTube 采访。

那之后很快发生了一连串的事情，永久性地改变了 YouTube 及 YouTube 最大网红的职业生涯。

那个星期天，卡尔伯格发了一篇内容简短的个人博客，试图平息这起纷争。他写道，发那段 Fiverr 视频的目的是"展示现代世界有多疯狂"。他承认自己冒犯了观众，但他不是故意的，也没有为此道歉。"我认为我创作的内容是娱乐性质的，就像认为我可能真的会支持那些人一样可笑。对那些不确定我关于仇恨组织是什么立场的人，我要说：不，我不会以任何方式支持这些人。"只发一篇博客还不够，迪士尼希望卡尔伯格公开道歉，该公司不想以这样的方式出现在报纸上。迪士尼的数字部门——创客工作室，在一片混乱中度过了这个周末，这甚至还不是他们唯一的公关灾难。（另一位创客工作室的明星，早期的视频博主夏伊·卡尔公开承认自己有酗酒问题，并计划在公开的当天进入康复中心治疗。）迪士尼 CEO 鲍勃·伊格尔向创客工作室的工作人员明确表示，如果卡尔伯格能为自己的视频道歉，迪士尼会继续和这位明星合作。但卡尔伯格拒绝了。

迪士尼向《华尔街日报》回应道：该工作室将结束与 PewDiePie 的商业合作。《华尔街日报》的那篇报道在星期一晚间发布，标题是《迪士尼将抛弃 YouTube 之王》，配图截取自 PewDiePie 在1月份发布的他自称"玩搞笑梗"的视频中卡尔伯格和 Funny Guys 展开的纸同框的画面。当时，卡尔伯格工作室的电影剪辑师正在伦敦的一所房子里，为他接下来的 YouTube 视频做剪辑。他们事先对即将到来的风暴一无所知。据一位当时在场的人士透露,一位编辑在网上看到了这篇报道,恍然大悟地叫道:"看起来这家公司要倒闭了。"

YouTube 最初向《华尔街日报》表示,PewDiePie 的视频没有违反 YouTube 的规定,并称这位大网红是出了名的爱触碰底线。YouTube 撤掉了他关于犹太人那段视频中的广告,但其他在"每日风暴"受到称赞的视频未受影响。一位发言人解释道,**煽动暴力或仇恨情绪的视频算是违规,但"以挑衅或讽刺为目的"的视频不算。YouTube 没有详细解释它如何区分这两类视频**。这篇报道刊发之后,YouTube 宣布将取消 *Scare PewDiePie* 节目的播放,并将卡尔伯格从其高级别广告清单中移除。

整件事都让卡尔伯格觉得非常奇怪,就像媒体当初把他的频道当成马戏团怪胎一样。报道发布的那天正好是情人节,卡尔伯格和女朋友租了一间小屋,在那里,他上了一下推特,看到 J. K. 罗琳(J. K. Rowling)称他为法西斯。特朗普的当选颠覆了媒体和言论的常规,让所有人都感到不安。二十几岁就成名的卡尔伯格公开承认自己反感政治,他要么是没有认清形势,要么是没有看出自己视频中存在的问题,也许是因为他的观众都太脱离现实了。卡尔伯格在后来的采访中表示:"在这个领域,每个人的想法都差不多。"他还承认自己在处理这场灾难时,"相当不负责任"。

不过,当时他还是满腔愤怒。

PewDiePie：我的回应[①]

2017年2月16日　11∶05

"这就像是两代人在争论某件事的做法是否合适。"卡尔伯格在他的工作室里大声说出自己的想法。他既不怪迪士尼，也不怪YouTube，而将一切都归罪于《华尔街日报》，指责这份报纸根本没能理解他的讽刺意图。当然，他的Fiverr笑话确实具有冒犯性，但他坚持认为这只是一个玩笑，其他的也是玩笑。"这太疯狂了！"视频播到后面，他越来越沮丧。他提到《华尔街日报》早些时候还对他的收入很关注："老式媒体不喜欢网络名人，因为这些媒体害怕我们。"他在屏幕上展示了《华尔街日报》最近的那篇文章，放大了署名行。"我还在继续录视频哦！干得不错啊，《华尔街日报》。"他吸了一口竖起的中指，"再来一次试试看，混蛋！"然后，他眼含热泪，感谢"YouTube社区"的支持。

在这场事件中，任何有意义的对话，比如仇恨团体如何利用或扭曲了流行文化，比如两家特大企业如何从不负责任的讽刺行为中获利，或如何助长这种讽刺行为，比如在特朗普时代笑话是如何发挥作用的，或者也可能发挥不了任何作用，都淹没在随之而来的噪音里了。PewDiePie的忠实拥护者（以及恶意跟风的人）在网上对《华尔街日报》的记者大肆抨击，挖掘他们家人的个人信息。一位记者发现，他收到的电子邮件标题行中会出现像素版的纳粹标志。在一名员工及其家人收到死亡威胁后，《华尔街日

[①] 这段视频后来被删除了。

报》不得不为他们雇了私人保安。一些本来就已经对主流媒体持怀疑态度的 YouTube 博主和粉丝群体，更加不信任主流媒体了。

专家们发表了几十篇反思性的文章，但最尖锐的观点反而出现在了 YouTube 上。马修·帕特里克，也就是 MatPat，发布了一段视频，解释了为什么菲利克斯·卡尔伯格的 Fiverr 视频不算喜剧。他观察到，YouTube 本质上模糊了表演者本人和其饰演的角色之间的界限，"通常很难看出[①]PewDiePie 到哪里结束，菲利克斯从哪里开始"。那个笑话本来嘲笑的对象是悲惨的零工经济资本主义，但在没有任何解释的情况下，不小心在其中混入了令人震惊的反犹太主义。而且，这个笑话有一种自上而下的压迫感：一位知名的白种富人，让两个毫无戒备心的年轻人当靶子。"像这种有风险的幽默，更需要使用正确的方式处理，"帕特里克总结道，"菲利克斯，这个玩笑虽然很糟糕，但语言可以在其中发挥重要作用，尤其是当你的观众量已经达到 5000 万时。"

所有事件在发展，YouTube 却一直保持沉默。公司高管没有公开讨论这一事件，但私下里，前 MTV 高管、YouTube 聘请来负责运营《原创》节目的苏珊娜·丹尼尔斯（Susanne Daniels）表示，她对卡尔伯格的行为和 YouTube 领导层迟迟不采取行动感到失望。"他们的行动太慢，效率太低。"苏珊娜后来表示。2017 年晚些时候，罗伯特·金奇尔出版了一本关于 YouTube 创作者的书，在其中比较了卡尔伯格的问题与 1993 年泰德·丹森（Ted Danson）令人不适的黑脸（Blackface）[②]表演。金奇尔写道，卡

[①] 另外，MatPat 还指出，传统媒体"对于网络名人来说基本上就相当于一坨冒着热气的大便"。

[②] 黑脸表演，白人把脸染黑，画出黑人的漫画形象——大嘴唇，大眼睛，毛茸茸的头发，煤黑的皮肤——进行表演，这种表演会把黑人男女塑造成无知、迷信、懒惰、惯于偷窃的人，用以贬低、抵制、轻视非洲裔黑人。——编注

尔伯格"低估了他作为平台上最受欢迎的大使的责任,但他本身并不可恨"。在幕后,YouTube努力挽救任何对其品牌的损害。公司安排了一次电话会议,参会人包括卡尔伯格、YouTube的政策主管朱尼珀·唐斯(Juniper Downs)以及著名的犹太团体"反诽谤联盟"。在通话中,反诽谤联盟的工作人员解释道,极端分子在网上会利用反犹太主义的玩笑,让其真正的暴行显得较为正当,他们只需要以"玩梗"的形式简单地包装那些材料,就能拒绝承担任何责任。反诽谤联盟建议卡尔伯格向犹太团体公开捐款或公开道歉,比如发布一段关于包容性的视频。

一位当时参加了这场会议的人回忆道,卡尔伯格几乎全程保持沉默,表现得就像一个在校长办公室的无聊男生。会议没有任何结果。YouTube对它的头号网红及平台的态度过于放任,让一切开始变得无法挽回,而公司遇到的品牌问题才算是刚刚开始。

第 25 章

停止投放：广告商抵制 YouTube

《华尔街日报》关于 PewDiePie 的那篇报道发表一个月后，杰米·拜恩在 YouTube 的洛杉矶办公室尽其所能地向人道歉。拜恩虽然年纪并不大，才四十多岁，而且看起来比实际年龄更年轻，但他已经算是 YouTube 的老员工了。他一头金发，发型像是动漫人物，皮肤晒得像是威尼斯冲浪运动员，他也确实爱好冲浪运动。YouTube 被谷歌收购之前，杰米·拜恩就在这里工作了。他对 YouTube 非常了解，见证了 YouTube 经历的各种磨难。他现在的职务是 YouTube 顶级人才联络人，这意味着他需要常常为公司（或他本人）无法控制的事情道歉。

在这次特别会议上，拜恩向一群 LGBTQ 创作者道歉，因为 YouTube 的机器养成了惩罚这些创作者的习惯。长期以来，YouTube 都被誉为 LGBTQ 进步事业的捍卫者。线上运动——"它变得更好了"（It Gets Better），就是在 YouTube 上发起的。这些创作者让大量观众看到在电视和电影中很少能看到的生活。YouTube 希望这类内容能得到公众的关注。

但 YouTube 上的其他部分一直在帮倒忙。随着 YouTube 走进学校，公司设置了自动过滤器，限制可能被视为"成人化"的内容。同时，它向"广告友好型"转变，这也让视频过滤标准更加严格。结果就得到了一个非常笨重的自动化系统，将许多涉及 LGBTQ 内容的视频都置于其"限制模式"之下。这个功能本来是为学校和图书馆设置的，供这些机构过滤出更适合大众观看的内容。进入"限制模式"的视频会隐没在网站深处。

拜恩将一批著名的酷儿创作者邀请到 YouTube 的办公室，向他们解释道，公司正在纠正系统问题，而且实话说，公司希望这些创作者能赚到钱。那时，PewDiePie 的惨败事件已基本得到平息，拜恩在会议结束时感觉相当不错。他的工作和 YouTube 上的其他工作一样，不需要处理一个接一个的争议。至少当时还不用。

当拜恩收拾东西准备下班时，一位同事找到他，问："你能来一下这个会议室吗？"

在那个会议室里，拜恩听到了令他大为震惊的消息。YouTube 上最大的那些广告商，几乎都在抵制这个网站。

* * *

想要明白 2017 年 3 月 YouTube 遇到的状况，就必须先回过头去，好好认识一下毕瑞哲（Marc Pritchard）。

在 YouTube 上大量购买广告的营销人员，通常看起来都像是毕瑞哲的样子：身姿挺拔，握手有力，西装笔挺，精通技术术语和电视收视率问题，还长着一口整齐健康的牙齿。自 1982 年以来，毕瑞哲一直为消费品巨头宝洁公司工作，一步步升到首席品牌运营官的位置，他有两个主要任务：一是将宝洁公司丰富的日用品品牌——佳洁士、汰渍、丹碧丝等，高效地推销出去；二是确保这些品牌保持良好的形象。最初，谷歌和互联网让他的第一项任务变得非常容易，能够定位到特定阶层的消费者，并触及酷儿，这对宝洁公司来说简直是天赐良机，于是毕瑞哲全面向网络倾斜。2010 年，宝洁公司为欧仕派（Old Spice）沐浴露拍摄的广告（超级性感的沐浴中的男人），不仅获了奖，还在 YouTube 上得到疯狂传播。沃西基还公开赞扬宝洁旗下的卫生巾品牌 Always 的广告片《像个女孩》。毕瑞哲手里掌握着大笔资金：2016 年，宝洁公司在市场营销方面的支出高达 72 亿美元，超过了世界上任何一家公司。毕瑞哲把营销资金中的一部分从电视转移到网络，这正是 YouTube 梦寐以求的。

但互联网采用了麦迪逊大道的广告模式，简单地将*某个*广告放在*某个*节目里或*某个*广告牌上，就这样把一切都搞砸了。2007 年，谷歌收购 DoubleClick，iPhone 诞生，脸书爆发，一整套产业很快就围绕着这些事物出现了。它们的存在只会促使在线广告自动买卖。它类似于股票交易，让这个行业变得像华尔街一样复杂。提供附加服务的公司出现了，目的是让广告销售的速度稍微快一些，让评判广告效果的方法稍微好一些，或者是为了在消费者看到某个产品的当下，用信息轰炸他们。骗子也出现了，他们设计出了虚假网站浏览量和广告点击机器人。这反过来又抬高了广告价格，让毕瑞哲等为广告付费的商人非常苦恼。而且，即便看到广告的是真正的人类，也存在"广告可见性"的问题。关于如何确定广告是否被人看到了（并以此收费），脸书有一套标准，而 YouTube 又有另一套标准，这尚且算是一个可以解决的问题，但随后谷歌和脸书开战了，他们开始更加严格地限制可与营销人员共享的数据，这让宝洁等公司很难获知其网络广告是如何转化为销售量的。谷歌发布广告的算法系统本来就让人难以理解，现在更不透明了。麦迪逊大道称这是一个"围墙花园"[1]，对此深恶痛绝。"这成了我们客户争论的一大焦点。"WPP广告公司总裁马丁·索雷尔（Martin Sorrell）表示。WPP是一家大型广告公司，负责为宝洁和其他大型品牌投放广告。"他们本以为，有了网络就可以直接接触到消费者。"而事实证明，谷歌才有这个权限。此外，与电视相比，谷歌上的广告浏览量微不足道，而且很不稳定。

因此，当YouTube的高级管理人员在纽约和法国面对那些负责广告业务的高管时，宣传的是网站的创意和催人泪下的商业广告，而当他们私下讨论时，话题却成了"广告可见性""可衡量性"和欺诈。索雷尔用"亦敌亦友"形容这段关系。2017年1月，毕瑞哲发表了一场关于"亦敌亦友"关系的演讲，表示他已经厌倦了在"糟糕的媒体供应链"上浪费资金。他的行业现在每年在网络上花费700亿美元，比花在电视上的还多。"我们一直在给新媒体提供'通行证'，这是个学习的过程，"毕瑞哲表示，"但现在是时候该长大了。"

十一天后，伦敦《泰晤士报》上刊登了一篇头版头条文章《大品牌通过网络广告资助恐怖活动》。《泰晤士报》在YouTube上发现，梅赛德斯-奔驰和一家英国超市的广告出现在恐怖组织ISIS的支持者和新纳粹分子的视频中。

这并没能立即引起YouTube的警惕，因为在互联网上，广告投放失误的事件很常见。YouTube曾经不得不向丰田低头认错，因为在一段一名女子开着丰田汽车撞进超市的视频中，竟然出现了丰田的广告。但这类失误涉及的赔偿金通常数额不大，而

---

[1] 围墙花园（walled garden）是一个控制用户对应用、网页和服务进行访问的环境。围墙花园把广告公司用户限定在特定范围内，只允许用户访问或享受指定的内容、应用或服务。——编注

且 YouTube 的大多数付费客户都明白，既然他们使用的是一项不可思议的全球性自动化广告服务，出现一些意外失误也是不可避免的代价——YouTube 差不多也是这么认为的。

然而，一段时间以来，谷歌的欧洲销售人员都会提醒他们的同事，谷歌在言论、隐私和媒体领域非常轻率、美式的做法在海外市场的效果并不好。一位前销售人员回忆道，关于在那些令人头痛的视频上播放广告的问题，欧洲的员工已经在拼命地提醒谷歌了。但谷歌还是没有做好应对冲击的准备。

3月，英国内阁要求谷歌解释为什么英国的广告商会支持恐怖主义和仇恨言论。随后，法国大型广告公司哈瓦斯对《卫报》表示，因为这个问题，哈瓦斯已经全面停止对谷歌各个相关项目的投入。WPP 广告公司总裁索雷尔大范围发出警告，他告诉《卫报》，谷歌和脸书其实应该算是"媒体公司"，并补充道："它们不能伪装成科技公司的样子，尤其是它们还从事广告业务。"《每日邮报》关于这个话题做了一篇封面报道，标题让人触目惊心——《谷歌的不义之财》。

这场灾难很快就横跨了大西洋。接下来的一周，《华尔街日报》的一篇报道指出，他们在 YouTube 上一些内容不良的视频中，发现了几个大品牌的身影，其中一个名为《犹太人世界秩序六千年史》的视频中，出现了宝洁公司的一则广告。《财富》五百强企业一般都会尽力避免与政治产生联系，尤其是极端政治势力，但特朗普让一切都变得有放射性。与此同时，广告营销人员在与谷歌的标准和数据之争中，努力获得了优势。就在 PewDiePie 的混乱事件之后，这些事情一件接一件地发生了。

大坝决堤了。

宝洁与星巴克、美国电话电报公司、沃尔玛以及 YouTube

的数十家大型广告商一起，表示他们将停止在 YouTube 上购买广告，直到 YouTube 能够提供"品牌安全"，保证他们的公司不会以恐怖分子或新纳粹分子赞助商的身份出现在媒体报道中。"YouTube 上的内容没有经过任何策划。"WPP 在一份备忘录中提醒营销人员，并表示 WPP 正在与谷歌合作，为"未经策划的内容"找到一个解决方案——如果存在这样的方案的话。YouTube 处理过无数个和有争议的视频相关的突发事件，但这是第一次真正触及它的底线。3 月，谷歌的控股公司 Alphabet 的股价在一周内狂跌，市值蒸发了约 260 亿美元。YouTube 从来没有公开过这场持续数月之久的抵制活动给它带来了多少损失，但据一位知情人士透露，YouTube 的收入缩水了近 20 亿美元。

  YouTube 尝试及时止损。它道了歉，并公开承诺将"人工智能的最新发展成果"用于解决这个问题。它退还了部分款项，并重新制定规则，禁止在任何有"危险或侮辱性内容"的视频里播放广告。YouTube 试图在数学的框架下解决这个问题，就像它解决其他所有问题的方式一样。谷歌的销售主管菲利普·辛德勒（Philipp Schindler）是位精力充沛的德国人，他在一次采访中解释道，这些令人头痛的视频中播放的广告"非常、非常、非常少"，而且很难解决。就拿"n-word"[①]来说，如果要删除所有包含"n-word"的视频中的广告，那么"大量的说唱音乐视频"都会受到影响，因为机器无法区分说唱歌词和仇恨言论。"想想我们要处理的这个问题规模有多大吧。"他说。沃西基邀请广告公司的老板到埃里克·施密特在曼哈顿的家中做客，希望能够与其缓和关系。**YouTube 的管理者使用了一个比喻：他们的网站从一个小**

---

① n-word，指 nigger 或 nigga，对黑人的蔑称，因为要避免歧视性称谓，提到时用"n-word"代替。——编注

村庄发展成了一个大城市，但没有配备城市所需的交通灯、分区管理或治安措施。沃西基在当年晚些时候的一次私人会议上，试着对毕瑞哲讲了这个比喻。毕瑞哲不同意这种说法，并表示："你们已经抵达了一个任何人都没见过的庞大星系，我想你还没有意识到你们的影响力。"

"我们希望站在历史正确的一边。"沃西基坚称。

但是，在其他一些时刻，YouTube 会强烈抗议，声称它得到了不公平的待遇。YouTube 认为整个骚动事件是媒体的设套诱导所致。谷歌资助恐怖分子和纳粹是一个极好的新闻题材，如果想要继续挖掘下去，记者只需要在内容不良的视频里找出更多广告。这件事并不难：只要在 YouTube 上搜索最糟糕的视频就行了，接下来的一切都可以交给互联网。《华尔街日报》的一位记者花了一个晚上，在 YouTube 上输入各种种族歧视性的言论，立刻就发现嘲笑米歇尔·奥巴马（Michelle Obama）的视频得到了家喻户晓的品牌的赞助。YouTube 的杰米·拜恩后来谈到这些记者时说："他们基本上就是在打猎。"私下里，谷歌的许多人都指出，《泰晤士报》和《华尔街日报》的所有者都是鲁伯特·默多克——谷歌的死对头。

但这并没有改变这样一个事实，即 YouTube 作为一家广告公司，却无法控制广告投放的位置，广告商因此对它失去信心。而且，互相指责并不能解决 YouTube 接下来要面对的难题：向创作者解释，他们的钱为什么消失了。

* * *

广告商的抵制活动一开始，YouTube 的定价算法就有了反应。随着广告减少，算法也相应降低了广告费率。YouTube 调整了视频过滤器，删除了任何有争议的视频中的广告后，数十名在YouTube上能赚到钱的创作者失去了大笔收入——其中一些人甚至在一夜之间损失了80%的收入。YouTube提醒一些创作者，这一严峻形势可能意味着，任何未与媒体公司或MCN公司签约的YouTube视频博主，都将无法继续获取收入。杰米·拜恩告诉一些YouTube知名博主："如果我们能够熬过这次难关，形势就会得到逆转，但如果我们无法熬过这次难关，一切就都玩完了。"

尽管如此，大多数创作者仍被蒙在鼓里。对他们来说，YouTube似乎是通过一些隐秘的标准为视频赋予经济价值，所以他们不得不依靠像汉克·格林这样的智慧人士。

格林当年在YouTube上以"vlogbrothers"的身份首次亮相，十年过去了，岁月几乎没有在他身上留下任何痕迹，他仍然戴着眼镜，身材瘦长，一头凌乱的金棕色头发，像个活跃的中学教师。他录制Vlog的背景是一面书墙，墙上还有一幅装裱起来的彩色纳尼亚地图。他仍然住在蒙大拿州，但已经不再是个业余爱好者了，他现在管理着八个YouTube频道、几项慈善事业，在三个国家举办VidCon会议，还经营着一家有二十名员工的媒体公司Complexly。格林也有访问Oz系统的权限。那时，YouTube的高层经常会亲自和一些创作者对话，格林就是其中之一。虽然格林没有达到与PewDiePie同等级别的浏览量，但他为人沉着冷静，视频内容对广告友好，是网站上的道德标杆，让YouTube的员工很敬畏。一年前，格林成立了"互联网创作者协会"[①]，致力于把专职YouTube博主组织起来。格林是能让YouTube的人坐

---

① 格林的同事劳拉·切尔尼科夫（Laura Chernikoff）负责管理这个协会。

直了听他讲话的人。

一个多月过去了，YouTube 官方没有对其创作者公开发表任何意见，最终出来说话的还是格林。他穿了一件条纹连帽衫，坐在平时录制 Vlog 的位子上，但比平时更加胡子拉碴。（他的第一个孩子在五个月前出生了。）格林在视频里介绍了这场抵制活动的来龙去脉，甚至还为此创造了一个专有名词"广告末日"（Adpocalypse[①]）。但这段视频真正的影响力，在于他对 YouTube 和互联网的这种商业模式小心谨慎又激情四射地发起了攻击。

vlogbrothers：广告末日：它意味着什么
2017 年 4 月 21 日　3∶54

"YouTube 广告的疯狂之处就在于，"格林开始说道，"在 YouTube 视频里播放的每一个广告，视频制作者的收入只有电视广告的十分之一……为什么会这样？难道人们用来看电视的眼珠子，比用来看 YouTube 的眼珠子，价值高上 10 倍？我敢保证，它们是一模一样的眼珠子！"更何况，比起电视来，YouTube 上充满活力：观众在上面冲浪、点击、陶醉，而不是躺在沙发上被动接受信息。"难道在你们眼里，观众就这么不值钱吗？抗议！"

格林越发激动："这一切值得吗？内容和品牌之间的关系最早是为广播媒体设计的，这种从 20 世纪遗留下来的东西，现在是不是已经没用了？"

[①] Adpocalypse 由 advertisement（广告）和 apocalypse（大灾难，世界末日）拼接而成，被用来形容广告商们抗议或是减少 YouTube 广告预算的危机。——编注

十天后，5月1日，格林和大约一百名创作者来到布鲁克林大桥1号酒店——这是纽约的一家新生态豪华酒店，可以欣赏到曼哈顿的天际线美景。YouTube博主们聚集在华丽的舞厅，参加第三届年度创作者峰会。YouTube选择在那里向视频创作者做出解释。

这个活动与其说是一场峰会，不如说是一场起义。格林来之前，以为大多数YouTube博主都能理解YouTube的商业危机，但实际情况并非如此。沃西基和她的高级副总裁罗伯特·金奇尔以及尼尔·莫汉站在会场前面，接受创作者的质问——为什么世界上财力最雄厚的公司之一，不能补偿他们的损失？YouTube的一名员工后来回忆道，那真是一个"令人担忧的紧张时刻"。一位正在冉冉上升的年轻博主告诉这些高管们，她的视频成本现在已经超出了视频收入。"这让我如何生存？"她问道。

凯西·奈斯泰德（Casey Neistat）是YouTube上一位很受欢迎的红人，他正坐在会场里观察着这一切。奈斯泰德还是一位制作人和表演者，工作起来不知疲倦，他会定期发布以家人为主角的Vlog，这些制作精良的迷你电影，内容就像日间的尼克国际儿童频道一样干净。在一个热门视频中，奈斯泰德身穿带有YouTube标志的亮红色滑雪衫，在暴风雪过后的曼哈顿街头滑行。另一位视频博主菲利普·德佛朗哥将奈斯泰德称为"YouTube金童"。这位金童现年三十六岁，算是YouTube上的知名前辈，年轻的创作者绝望地来找他倾诉。在这场峰会上，奈斯泰德问YouTube，为什么公司不能采取更多措施来保护创作者免受变化无常的广告商的影响。公司的高管们似乎被这个问题惊得目瞪口呆，他们表示YouTube所受的财务影响，也已经超出了他们所能控制的范围。"他们的确已经竭尽所能在回应大家的问题了。"奈斯泰德回忆道。

在公司内部，YouTube经常描述它的主要组成部分——观众、创作者和广告商——就像板凳的三条腿，平等又坚固。但这个板凳已经开始摇晃了。五年前，YouTube开始将赚钱的机会赋予每位创作者。五年后，这个系统看起来就像是一个脆弱的、不可持续的实验——它也的确如此。在这场危机期间，YouTube倒是解决了杰米·拜恩面对的另一个问题：大约有1200万个LGBTQ视频的限制模式被解除了。但广告抵制活动摧毁了YouTube的创作者业务，这种感觉就像一场代价惨重的胜利。拜恩后来表示："当你专注于解决一个领域的问题时，却没能注意到有些东西已经慢慢渗透进来。占用了你大部分注意力的可能是一场大火，但正是你没能注意到的其他东西，最终演变成了一个更严重的问题。"

没过多久，下一场大火就烧了起来。

第 26 章

揭开算法神秘的面纱

2017 年 6 月的一个星期五上午,也就是创作者峰会召开一个月之后,十几名 YouTube 员工涌入洛杉矶的一家酒店,进入一间没有窗户、单调乏味的地下室。他们来参加 YouTube 在办公室之外举办的全体员工大会。在那里,他们组织了团建活动,看了一场说唱歌手史诺普·道格的私人表演,还去了附近的哈利·波特主题公园。但是,在那个星期五,一些人不幸被沃西基抽调走了,和她的副总裁、公关人员以及一名高级工程师一起开会,讨论一个令人心情沉重的话题:YouTube 遇到了"黄色代码"危机。

塔拉·巴丹(Tala Bardan)[①]在那个房间里有种格格不入的感觉。她是谷歌一名年轻的初级员工,还不习惯和高管一起开会。巴丹在一个阿拉伯裔的美国家庭长大,她本来的计划是攻读博士学位,但一位朋友建议她申请谷歌的工作,因为谷歌迫切需要会说一口流利的阿拉伯语的人才。巴丹进入了 YouTube 在海外的

---
① 此为化名。

"VE"团队——"VE"是公司对负责审核暴力极端主义内容的团队的简称,隶属于"信任与安全"部门,该部门负责处理网上有争议的内容。一位同事称该部门为"垃圾站着火"(Dumpster fire[①]),充斥着管理不善和组织混乱。巴丹的同事则称之为"倦怠工厂"。人们日复一日地高强度接触这些刺激性的内容,无法持久。巴丹刚加入公司时,还不太了解谷歌,也不太了解网络上那些淫秽的角落。在培训期间,巴丹了解到"象牙海岸视频"——人们上传到网上用于勒索钱财的色情视频。"我在一个保守的家庭长大,还没有为此做好准备。"巴丹回忆道。她也了解了YouTube 的言论准则:视频中只要不包含暴力内容,目的也不是为了煽动极端暴力行为,就可以留在网上。"我们只是一个平台,不能对平台上面的内容负责。"有人告诉巴丹。

但是这种态度在那个 6 月的星期五发生了转变。一周前,三名极端分子在伦敦塔桥发动袭击,杀害了八个人。人们很快从相关报道中得知,其中一名凶手是受到了 YouTube 上一位美国神职人员的视频的启发。公司管理层对这一消息感到非常震惊,决定对信任与安全部门实施全面改革。巴丹之所以被邀请参加"黄色代码"会议,是因为 YouTube 有三名负责处理暴力极端主义视频并且会讲阿拉伯语的员工,她就是其中之一。巴丹坐在那里听计划:YouTube 会把网站上激进的神职人员清除出去,还会安排更多的工程师建立更严格的人工智能系统,尽可能地清除极端主义内容。那个周末,当其他同事们还在继续狂欢的时候,巴丹的团队却已经立即着手筛查视频了。一名团队成员在凌晨两点被

---

① Dumpster fire,本意是"垃圾站着火",引申为彻底失控的糟糕局势,也可以指某件事很棘手,没人想处理。Dumpster fire 是美国方言协会选出的 2016 年年度词汇。——编注

叫醒，处理一段特别令人恼火的阿拉伯语视频。为避免吵醒室友，这位审核员看了那段剪辑后，是躲进酒店房间的卫生间里打的电话。因为周末加班工作，巴丹的经理请她吃了纸杯蛋糕。在总部，YouTube 的政策团队在那个星期确定了一份名单，名单中的人将被禁止发布任何内容。让伦敦塔桥袭击者受到启发的那位神职人员，被归入 YouTube 的禁区。

后来，YouTube 的高管们认为"黄色代码"会议是一个关键的转折点，YouTube 就是在那时决定将人工智能的应用拓展到视频审查领域，而不仅仅局限于视频推荐工作。巴丹关于那个周末的记忆则有所不同，她和一些同事正是从那时开始怀疑系统是否将所有的资源都用于监控特殊的极端主义者了，而其他信仰或种族的极端分子并没有受到影响。

* * *

在 YouTube 召开"黄色代码"会议几周后的一天，成群的青少年涌入安全线内，进入 VidCon 会场。这次的 VidCon 与七年前举办的第一届大会有很大不同，当时的风格显然比较随意，如今已经有专门的公司负责筹办会议了。举办地在阿纳海姆会议中心，这是一个距离迪士尼乐园仅几个街区的现代主义建筑，上面展示着三个大型横幅广告，宣传的是 YouTube 的《原创》节目，演员阵容明显多样化起来（沃西基信守承诺，让一位黑人创作者出现在广告牌上）。美国全国广播公司（NBC）和尼克国际儿童频道的网络业务过去弱于 YouTube，现在成了活动的赞助商。八个月后，VidCon 将被试图发展网络业务的维亚康姆收购。

2017 年的 VidCon 大会，安保措施似乎也比以往更加严格。前一年夏天，YouTube 的一位音乐博主在奥兰多举办的粉丝见面会上被枪杀。另外,参加这届会议的还有一些其他势力。那年6月,夏洛茨维尔(Charlottesville)[①]为李将军公园(Lee Park)更名,引发了右翼暴徒的可怕集会。

在会议中心内,引领了2016年"#YouTubeBlack"运动的创作者阿基拉·休斯,观看了四位YouTube视频博主参加的一个小组讨论,主题是"以女性身份参与网络并在网上创作"。许多人都是特意去看其中一位嘉宾安妮塔·萨基西安(Anita Sarkeesian)的,她是一位女权主义作家,在YouTube的一个系列视频中揭露了视频游戏中的性别歧视。除此之外,她还总是谴责在网上发布挑衅帖子的人,这让她在"玩家门"事件中受到了不少攻击。

讨论正式开始了,人群变得喧闹起来,萨基西安指向观众席中一位留着胡子的男人,说:"我的一个骚扰者就坐在前排。我并不想让你得到大家的关注,因为你是个垃圾人。"

休斯认识这个人,他是卡尔·本杰明(Carl Benjamin),一位多产的YouTube博主,英国人,YouTube上昵称是"Sargon of Akkad",他因为对一位杰出女性的嘲讽,受到过主流媒体的关注。当时,一位英国政客公开了她经常在网上受到强奸威胁,本杰明却因此嘲笑她。本杰明制作了好几段猛烈抨击萨基西安的视频,视频标题中经常包含她的YouTube账号名称"Feminist Frequency"(女权主义的频率),这是一个惯用的搜索技巧。他在视频中很小心,避免违反YouTube的规则,没有明确呼吁伤害行为,但并不掩饰那种嫌恶的态度。特朗普当选时,休斯就知道这个YouTube博主了。那是因为在投票几天之后,休斯发布

[①] 美国弗吉尼亚州中部城市。——译注

了一段情绪激动的视频，其中包括希拉里在竞选之夜的一些画面。视频观点不乏偏见：休斯对希拉里的失败感到震惊，她穿了一件黑色的运动衫，上面有白色的"可怕"字样。休斯谈到她个人对卫生政策的变化感到担忧，还谈到包括黑人女性在内的许多人都明显感受到的很多社会问题。Sargon of Akkad 在自己的频道上重新上传了她的这段视频，还起了一个有嘲笑意味的标题：《社会正义战士的认知水平》。于是休斯在网上收到了大量关于种族歧视的信息，直到看到了别人制作的她在流血的图片才知道发生了什么。休斯之前签过一份图书合约，她的经纪人突然收到陌生人发来的令人困惑的消息，称休斯为"真正的种族主义者"，并要求与她终止协议。

在 VidCon 小组讨论会上，本杰明和一些与他想法类似的 YouTube 博主早早抵达会场，占据了前排的位置。虽然在会场里最终并没有发生严重的争执，但在推特和 YouTube 上已经剑拔弩张，创作者之间的矛盾总是能被人们挖掘出来，用于提高视频浏览量。汉克·格林被吸引了过来，这位视频博主意识到，他作为 VidCon 的主办者，需要对这场文化对话中涉及的行为做一个判定。最后，格林发表了一份声明，表示不希望演讲者将观众称为"垃圾人"，但也不欣赏 YouTube 上的某些做法，那些做法只会让人们感到愤怒，并引发"经年累月的骚扰行为"，促使粉丝们发动恶意攻击，而且这种攻击"针对的不是某种思想，而是某个人（通常是女性）。我们都在关注这些技术对网络文化乃至整个世界的影响"。他告诉本杰明，未来的 VidCons 不欢迎他参加。本杰明把他的遭遇发在 YouTube 上公开讨论，还上了播客主播乔·罗根（Joe Rogan）的频道，在频道上发了一段视频，里面有一幅漫画缩略图，将萨基西安描绘成一个爱出汗、牙齿锋利的美杜莎。这是他最受欢迎的视频之一。

对于休斯来说,整件事让人感觉就像 YouTube 的评论和算法活了过来。汉克·格林至少有所行动,她认为 YouTube 依然无动于衷。

* * *

但 YouTube 的确在努力改进算法,只是那一年与以往一样,YouTube 平台的疯狂扩张能力显然超出了公司的所有努力。

YouTube 明白自己的广告业务遭到了破坏。随着抵制活动的持续,沃西基于当年 5 月在公司的年度广告展示会上公开道歉,并向营销人员承诺提供更多的补救措施,但她同时也将自己网站的无政府状态视为一种资产,宣称"YouTube 不是电视,而且永远不会像电视一样"。[YouTube 随后宣布一个新的系列节目,由《美国偶像》节目的主持人瑞安·西克雷斯特(Ryan Seacrest)制作,随后电视明星凯文·哈特(Kevin Hart)和詹姆斯·科登(James Corden)进行现场表演。] 圣布鲁诺也并不欢迎无政府状态。沃西基安排了一个工程师团队寻找终结抵制活动的办法。这是一个"橙色代码",意思是不像"红色代码"那么紧迫,但已经很接近了。程序员制作了一些工具,可以为 YouTube 的广告商生成报告,显示他们的广告何时播出,以及花费了多少资金。"有点混乱。"一位参与其中的人士回忆道,YouTube 的审查部门"人手严重不足"。YouTube 投入了更多的资源防止令人困扰的视频得到赞助,还给这个项目起了一个名字:MASA [Make Ads Safe Again(让广告再度安全)]。

另一些工程师被安排根据伦敦塔桥袭击事件之后的新要求调整算法。任何含有"煽动性、宗教性或至上主义内容"的视频,如果触碰了规则，即便没有完全违反规则，也都会被丢进"惩罚箱"。一位前高管表示，YouTube 将开发更强大的工具，让视频在搜索结果中隐藏起来，这一过程在内部被称为"吹口哨"，是一种虽然没有删除视频但相当于已经将该视频"废弃"了的方法。在人权组织批评 YouTube 的审查方法简单粗暴，误删了一些关于战争罪行的珍贵档案资料之后，公司在删除视频时变得更加敏感。

与此同时，YouTube 的顶级工程师们考虑的是，如何处理那些虽然不包含"煽动性或至上主义内容"但是仍然让人讨厌的视频。广告商可能会有意避免使用这些视频，但他们很难制定出明确的规则和代码，将这类视频检测出来。YouTube 最终的解决方案是利用观众满意度。许多视频制作得非常粗糙、廉价，工程师相信观众能够看得出来。因此，他们设置了一个功能，让观众看完视频后用一到五星来打分。YouTube 的工程主管安德烈·罗埃（Andre Rohe）后来解释了其中的逻辑。想象一下，如果一个视频承诺向你展示"十种最致命的动物"，你点击了，甚至可能看了一会儿，结果发现视频内容和标题不符。"看了之后，你会觉得：'真是浪费了我 7 分钟时间。'"罗埃说。你会给它打一星，这个数据就会被输入算法。2016 年年底，算法开始利用这些调查结果和视频旁边的大拇指来计算观众满意度。几年前为了解决视频质量危机，YouTube 虽然已经从侧重浏览量转换为侧重观看时长，但浏览量并没有因此减少。（YouTube 从未向外界公布其排名系统使用的公式。）YouTube 工程师认为，如果观众看到有视频暗示地球是平的、疫苗会导致自闭症、女权主义会破坏社会或者民主需要消毒剂，肯定希望与人分享他们对这些视频的反感，于是这种反感就可以转化为满意度指标。罗埃表示，最初，YouTube

认为可以通过这种方式根除令人困扰的视频，几年后，事实证明YouTube显然无法实现这一点。

当时，算法管理员推测创作者之所以不信任YouTube的公式，主要是因为这些公式太神秘了，YouTube决定做一个视频来揭开算法神秘的面纱。工作人员邀请了德瑞克·穆勒（Derek Muller），一位很受欢迎的教育博主，他的频道"Veritasium"（真理元素）以专门解读艰深晦涩的话题而闻名。穆勒出现在屏幕上，讲述视频中表达的知识和观点，他有结实的肱二头肌和整洁的黑胡子，样子有点像喜剧演员尼克·克罗尔（Nick Kroll），只不过穆勒更帅一点。穆勒很早在YouTube上就注意到了Oz系统的那一套做法。他想：*他们在那个地方做着一些奇怪的事情，而我们也会因此受到一些影响。*

在YouTube办公室开会时，工程师们向穆勒展示了他们的机器，解释道，如果一位观众没有看某创作者最后一次发布的视频，或者没有观看他一个月内发布的任何一个视频，那么系统就不太可能向这位观众推荐该创作者新发布的视频。穆勒听了之后感到非常不安，*这不就是在惩罚不经常发布视频的创作者吗？*穆勒也不喜欢YouTube关于"观看时间"权重的解释——算法侧重于能够立即增加人们观看时长的视频，并不重视能够引导人们发现其他内容的视频。如果他有一个关于量子物理或黑洞的视频，让人们愿意进一步探索这些话题，那么他不应该为此得到奖励吗？但这个系统当然可以解释为什么他看到名人八卦类视频在YouTube上大受欢迎。"伙计们，"他说，"这个主意听起来很糟糕。"他最终没有答应为YouTube制作解释其算法的视频。

8月，YouTube发布了自制的关于算法的视频，其中将算法描述为一个"实时反馈环路"，并与创作者分享了一句在

YouTube 内部流传的箴言:"算法跟随观众。"也就是说,观众为王。

  这句话其实半真半假。正如之前五年所见,YouTube 的算法不仅决定了什么样的视频受欢迎,还决定了创作者要去制作什么样的视频。而且,公司可以随时调整算法。以《我的世界》游戏为例,在向观看时长转变后,YouTube 的观众显然很喜欢《我的世界》,将这个小众游戏推向主流。YouTube 博主 MatPat 一段精心制作的视频显示,在 2015 年 5 月的某个时间点,YouTube 展示给未登录用户的主页面上,有 14 个《我的世界》游戏视频。6 月,剩下 7 个。9 月,1 个都没有了。这让 YouTube 用户猜测,是因为公司一些高管认为《我的世界》视频太多[1],下令调整。YouTube 高级工程师克里斯托斯·古德罗对此表示否认,他解释道,YouTube 需要吸引各个层次的观众,因此调整了算法,目的是展示出"全家老小都可能会喜欢"的视频。

  不管怎样,《我的世界》游戏频道流量急剧下降。真的是因为观众感到厌倦了吗?也许是,也许不是。MatPat 在他的视频中表示:"人类看到的都是展现给他们的东西。"

  还有一次,YouTube 觉得主页上有太多让人感到愤怒和粗俗不堪的视频,于是默默地做出了调整。为这项工作建立起来的计算机模型在 YouTube 内部被称作"垃圾视频分类器"。(负责这项工作的工程师隶属于"垃圾标题党团队"。)

  虽然有这些问题存在,但 YouTube 在很大程度上还是对其系统感到很满意。截至 2017 年年底,YouTube 的推荐功能都是在 Google Brain 开发的一个新版本软件 Reinforce 上运行的,这

---

[1] 这个猜测还有一个根据:谷歌的竞争对手微软在 2014 年以 25 亿美元收购了《我的世界》工作室。

个软件是根据人工智能（reinforcement learning）的一个分支命名的。在那年的一次会议上，Google Brain 的一位研究员称 Reinforce 是 YouTube 两年以来最成功的一项新服务，它让整体观看率上升了近 1%，以 YouTube 的规模来看，这是一项巨大的进步。《纽约时报》后来把这个推荐系统称为"一种让人长期上瘾的机器"，但 YouTube 并不以为然。那年 8 月，该公司允许几名员工接受"前沿网"（The Verge）[1]的采访，该网站随后发表了一篇关于 YouTube 如何"完善信息流系统（feed 流[2]）"的文章。当年，YouTube 对个性化视频服务做出了大约三百次调整。此外，YouTube 还自称，其主页视频的浏览量在三年内增加了 20 倍，70% 以上的浏览量来自 YouTube 算法推荐。YouTube 的一位经理告诉该媒体，**过去 YouTube 需要好几天的时间才能将人们的观看习惯录入算法中，而现在只需要几小时或几分钟就能完成，它非常善于为观众提供他们想要的内容。**"有些内容和人们本身已经喜欢的事物密切相关，有些内容顺应了流行趋势，"这位经理表示，"在这两者之间，就是那片神奇的区域了。"

然而，算法并不关心有什么东西溜进了这片神奇的区域，它只关心观看时长和满意度。

那年 11 月，五百多名市民来到罗利[3]郊区，参加首届地平说国际大会。一位与会者告诉一位好奇的英国广播公司（BBC）记者，她看了五十多个小时的视频后，确信地球是个平面。"当你在家里看视频时，整个世界只有你和屏幕。"一位来自弗吉尼亚

---

[1] 一家美国科技媒体网站。——译注
[2] feed 流，持续更新并呈现给用户内容的信息流，通过 feed 流可以把动态实时传播给订阅者。——编注
[3] 美国北卡罗来纳州首府。——译注

州名叫 Happy 的男子说。大会上，一位演讲者讲述了他和女友在 YouTube 上经历的一段旅程："我们进入了比尔德堡、罗斯柴尔德和光明会的世界。如果你不停地看下去，就能看到所有的内容，因为当你看完一段视频后，又会跳出来另一条关于相同话题的视频。"这些人中似乎没有人对他们看到的视频感到不满意。

当然，第二年 1 月，当一些观众看到 Sargon of Akkad 和理查德·斯宾塞（Richard Spencer）的辩论直播时，也没有感到任何不满。萨尔贡扮演了"古典自由主义者"的角色，而理查德·斯宾塞则是一位公认的白人民族主义者。YouTube 在主页顶端放了一个"热门趋势"标签，其中全都是由算法集合起来的超级热门视频。在那个月有一个短暂时期，这场辩论是排名第一的热门视频。

YouTube 最终会以"有害"为由禁止地平说视频和类似的辩论视频进入其推荐系统，但当时还没有这么做。

2017 年年初，YouTube 邀请了商业杂志《快公司》的记者来采访。剧烈的社会动荡即将到来，这篇报道很快就成了一件令人着迷的遗物。记者在 3 月份的全体员工会议上，看到沃西基欢迎十名新员工加入。所有人都听了 Google Brain 团队关于推荐功能的介绍。《快公司》这样描述道：

> 鉴于优步遭到性骚扰指控，（沃西基）鼓励员工如果在公司遇到了不愉快的事件，可以告诉他们信任的同事和领导，包括她本人。她还自嘲地分享了自己上周末第一次参加奥斯卡颁奖典礼的经历——作为制片人哈维·韦恩斯坦（Harvey Weinstein）的嘉宾，最后她还在《名利场》杂志举办的会后晚宴上，内疚地吃下了一个奶酪汉堡，尽管她是个素食主义者！

广告抵制活动刚一发生,《快公司》就及时跟进采访了YouTube 的反应。沃西基哀叹创作者正在遭受痛苦,并承诺公司会推出新的客户支持功能,但她也对公司服务的瑕疵百般维护。[①]"YouTube 很人性化。"她告诉该杂志。沃西基接受采访的地点是她在谷歌总部的办公室,她每周会去那里工作一天。她在那里自豪地展示了九岁的女儿用"万能工匠"玩具和纸板为她制作的一个小雕塑,上面写着一些让人倍感鼓舞的小口号:**"公平适用于所有人""向前进,别后退""我在你的眼中看到了未来"**。

* * *

YouTube 员工克莱尔·斯塔普顿觉得公司正在向一边倾斜。那年5月,她在生下第一个宝宝的前几周,发出了"顺'管'而下"的邮件简报。她已经不再担任 YouTube "Spotlight" 的策划职位,她的经理们本希望她能在网站上"塑造对话",但是,斯塔普顿觉得,就 YouTube 的巨大规模而言,这无济于事。她转到了管理 YouTube 社交媒体账号的团队。既然无法逃避,她就沉浸其中,她尤其喜欢看少女妈妈的 Vlog,算法总能让她发现新的 Vlog,那些妈妈们一个比一个更年轻,更具有表演性。

斯塔普顿在5月份发出的简报中以《使女的故事》中的一张动图开头,这是在特朗普任期内女性奋起反抗的新象征。斯塔普顿和她的同事们都知道,谷歌内部到处都有硅谷流行的性别歧视,职场暧昧也司空见惯。但谷歌中有许多人认为,"科技兄弟文化"产自优步等更年轻鲁莽的公司,激烈的党派纷争只会发生在飞跃

[①] 沃西基告诉《快公司》杂志,她不打算调整创作者的广告佣金条款。

之地（flyover country①），而不是他们这个配置了太阳能电池板的园区。

这个共同的幻想在那年夏天破灭了。谷歌中层程序员詹姆斯·达摩尔（James Damore）发出了一份长达10页的备忘录，题目是《谷歌的意识形态回音室》。虽然达摩尔写道，保守派在谷歌感到"被疏远"，但他的核心论点其实是，多样化的招聘目标是胡扯，因为这与他对性别科学的理解不相符。达摩尔首先通过公司的电子邮件群发系统"skeptics"（怀疑论者）提交了这篇备忘录，这个系统是专为有争议的话题设置的。

到了8月，他的备忘录在公司上下广为传播，并泄露了出去。在夏季低迷期，这成了一则重大新闻。谷歌CEO桑达尔·皮查伊当时正在休假，在这起丑闻爆发后，他解雇了达摩尔，结果事态进一步扩大化。

这是一场耸人听闻的文化战争，它在脱口秀电台和有线电视上播下了种子，在YouTube上发展成熟，现在又登陆了谷歌。

报纸和电视台争相采访这位被解雇的程序员。达摩尔将自己的前两个采访机会给了他最喜欢的YouTube博主：一位是饱受争议的心理学教授乔丹·彼得森（Jordan Peterson），另一位就是斯蒂芬。

---

① 指美国中部地区，意思是说精英群体在美国东西两岸间往返时，透过飞机窗口才会远远看上一眼而没有兴趣到那里亲身体验一下的地方。通常被认为是城市化程度较低、人口较少的地区。这一称呼之前带有贬义色彩，不过现在已经逐渐中性，指那些和沿海繁荣地区在经济发展及文化上有差异的地区。——编注

斯蒂芬·莫利纽克斯：谷歌因备忘录解雇说真话的员工！
2017 年 8 月[①]

达摩尔在自己的住处通过视频电话接受采访，白色的耳塞线顺着他孩子气的长脸垂下，分屏右侧是莫利纽克斯那熟悉的头像。"让我们感受一下你的智力水平。"莫利纽克斯愉快地说道。"我真的很喜欢把事情弄明白。"达摩尔回答，努力寻找准确的词汇，"在这样一个环境中，每个人都只是在同一个回音室里自言自语，对很多事情视而不见。"莫利纽克斯喜欢这个观点，尤其是关于谷歌是个回音室的部分。他们两个讨论编程和自由主义。当莫利纽克斯发现他的采访对象不是非常健谈的时候，他就会滔滔不绝地说起来。莫利纽克斯将达摩尔的备忘录以及他的不满情绪比作现代科学的先驱。"伽利略就是这样，他说：'地球在转动。'"莫利纽克斯重复道，"我真不敢相信，他们竟然把你的发现叫作伪科学。不不不，多样性才是伪科学。"达摩尔紧张地笑了。

达摩尔在备忘录中提到了进化心理学，这是莫利纽克斯喜欢的学术雷区，但达摩尔的分析是经不起仔细考量的——"往好了说是在政治上很幼稚，往坏了说是有危险性。"《连线》杂志这样写道。曾被达摩尔引用的一位研究人员称，达摩尔关于性别差异的看法有"巨大的延伸性"。谷歌当时还面临一项新的联邦调查，即关于该公司"针对女性的系统性薪酬差异"。达摩尔的备忘录当然对此没有任何帮助。

[①] 不知确切的日期，因为原始视频已被删除。

为了让公司摆脱这项指控，谷歌让苏珊·沃西基出面，给YouTube的员工写了一封信，谷歌将这封信公开。在信的开头沃西基写道，她的女儿提了一个问题："妈妈，科技界和领导层中很少有女性，是真的有生物学原因吗？"沃西基继续写道，这个问题对自己的整个职业生涯"影响很大"，并指出阅读达摩尔的备忘录让她重新经历了一遍痛苦。是的，谷歌支持言论自由，"虽然人们有权在公开场合表达自己的信仰，"沃西基写道，"但这并不意味着，当女性因为自己的性别而受到负面评论时，公司不会采取任何行动。"在沃西基管理的网络平台上屡次得到负面评论的女性创作者，可能无法欣赏这位CEO写的这句话。在接下来的一次采访中，沃西基被问到，关于达摩尔出现在YouTube上这件事，她有什么看法。"这没什么，"沃西基说，"说明我们提供了很好的平台，供人们从各种角度讨论各种话题。"

达摩尔事件期间，虽然斯塔普顿正在休产假，但几名愤怒的同事依然在上班。他们感觉受到了攻击，应该做些什么。这些谷歌员工（大部分都是女性）开始建立一个网络，通过加密应用程序和亲身参与，记录他们在谷歌看到的性别比例失衡问题。他们还记下了自己对公司的其他不满，越积越多。

第 27 章

蜘蛛侠和艾莎在一起？拒绝恶搞

格雷格·奇姆（Greg Chism）喜欢 YouTube。他第一次发现 YouTube 时，正处于人生困境。他来自伊利诺伊州南部，是位单身父亲，有两个幼小的女儿，多年来靠草坪护理工作维持生计，和他父亲一样。奇姆脸很长，头上和下巴上有一些小斑点，牙齿曾经非常不整齐，这让他缺乏安全感。直到年近四十岁，他发现了 YouTube 和那些令人鼓舞的关于如何改善生活的视频，开始戴牙套并锻炼身体。他在 YouTube 上开了一个草坪护理频道，用他那破旧的摩托罗拉手机拍摄，并找到了其他喜欢草坪护理的人，他称他们为"怪咖"。"我有了社区意识，"他告诉一位 YouTube 视频博主，"一种'我在这个世界上并不孤单'的感觉。"

奇姆开始发布家庭视频——女儿在家拆开玩具包装的视频。他调整好视频标题、标签和材料，把他的频道叫作"玩具怪胎"（Toy Freaks）。他在 2015 年表示："我发现了一种让视频获得较高浏览量的模式。这是件很有创意的工作，能给人带来成就感，最终也可以获得经济上的回报。YouTube 简直太棒了。"到 2017

年,"玩具怪胎"频道获得了极高的回报,它登上了 YouTube 浏览量排行榜(第六十八位),并进入了高级广告层,赚得盆满钵满。奇姆可以不再住拖车了,他们搬进了一套房子。他一直按模式制作视频,和女儿一起戴安抚奶嘴,扮演能获得大量流量的"坏宝宝",和孩子们一起吃巨型糖果,捉弄他们。

YouTube 给他发了一块金色的"播放"按钮标志牌,这是对超过 100 万订阅量用户的奖励。公司给他报销机票,请他到加利福尼亚州参加活动,并为他安排了一位合作伙伴经理,给了他红毯待遇。没有人对他的视频有意见——直到突然所有人都开始有意见。

* * *

自从 YouTube 停止对视频按照"美味"和"营养"分类后,儿童内容变得非常奇怪,超出了可分类的范畴。就像 YouTube 上的每个热门趋势一样,还是创作者们首先发现了这个问题。

伊森·克莱恩(Ethan Klein)和希拉·克莱恩(Hila Klein)是 h3h3 频道的主力。这个频道借用了《神秘科学剧院 3000》(*Mystery Science Theater 3000*)的荒诞风格,向人们展示 YouTube 的一些奇怪角落。YouTube 从没有推荐过 h3h3,但许多 YouTube 用户都虔诚地观看这个频道。2016 年春天,伊森·克莱恩告诉观众:"今天,我们要探索 YouTube 的怪异之处。"克莱恩夫妇发现 YouTube 上出现了一种热门现象:一些成年人装扮成超级英雄的样子为儿童表演。特别是一个名为 Webs & Tiaras 的频道就充分利用了这个模式,通过关键词混搭给视频取标题,比如《蜘蛛侠冰雪奇缘艾莎小丑!粉色蜘蛛女孩安娜蝙蝠侠!现实生活中的超级英雄乐趣》。截至 2016 年 6 月,该频道在

YouTube 上的流量排名第三，仅次于小瑞安和宝莱坞新锐"T 系列"（T-Series）。克莱恩夫妇觉得这样的收视率简直令人难以置信。几个月后，他们又发布了关于这个热门趋势的视频。

h3h3：玩具频道正在毁灭社会

2017 年 1 月 25 日　13∶08

伊森·克莱恩正坐在电脑屏幕前讲述。他经常在视频中提到的一对 YouTube 博主，过去经常发恶作剧视频，"直到他们发现了这股新的淘金热——蜘蛛侠和艾莎。"克莱恩讲道。我们看到了他提到的视频：四个成年人在一个放着台球桌的房间里蹦蹦跳跳，播放的背景音乐是拉格泰姆。其中两个人扮演蜘蛛侠，一个扮演绿巨人，一个扮演艾莎，还有一个孩子也穿着舞台服装。"哇，太酷了。"蜘蛛侠说。克莱恩展示了这个频道的更多作品，每个缩略图都是亮黄的糖果色背景，艾莎和蜘蛛侠衣冠不整，摆出各种下流姿势。克莱恩总结道："孩子们，这就是你们在 YouTube 上看到的东西。"然后，他对着那些画面做了不雅动作。

克莱恩讽刺的对象正是追逐这一潮流的人。Webs & Tiaras 频道的运营地在魁北克市，演员们穿上廉价的万圣节服装，在两边都是排屋的街道上表演歌舞杂耍。他们的表演中一般没有对话，通常都是蜘蛛侠和陷入困境的少女艾莎之间的浪漫故事。频道的所有者自称埃里克（Eric），这是个化名。克莱恩等 YouTube 博主怀疑其中涉及了机器人流量。同样有可能的是，Webs & Tiaras 利用了一场完美的算法风暴：一方面是儿童节目激增，另一方面是主流节目持续缺失。(YouTube 上的洗脑视频《鲨鱼宝宝舞》已经是 2016 年的事了。)由于《冰雪奇缘》和超级英雄系列没有授权在 YouTube 上播放,家长或孩子在网站上输入"艾莎"或"蜘蛛侠",出现的都是 Webs & Tiaras 频道的热门片段,这些片段被反复播放。"其中一些视频可能被同一个孩子看过五十遍,这对数据统计真的很有帮助。" 2017 年,与该频道签约的 MCN 公司 Studio71 的前任高管菲尔·兰塔(Phil Ranta)告诉记者。

Webs & Tiaras 开始试着模仿小瑞安的成功经验,瑞安那时的视频是和妹妹一起玩玩具,浏览量高达数亿次。Webs & Tiaras 的成功之处在于,它在某个时刻跟上了角色扮演类视频的流行趋势,再加上两个儿童热门搜索词的奇怪组合。就像任何一个成功的 YouTube 博主一样,"你只需要不断重复那些像病毒一样疯传的视频。"兰塔后来解释道。兰塔在与 Webs & Tiaras 签约时,并不介意他们隐匿了自己的真实姓名。很多制作儿童内容的博主都喜欢这样做,以免违反儿童隐私法,或者仅仅是因为他们选择了一个异常怪异的行业。[①] Webs & Tiaras 的确非常怪异:视频中艾莎会穿上鸡爪装,还有个大肚子。但曾是单口喜剧演员的兰塔坚持认为这个频道"非常无害",就像老式的无声电影或由真人打扮成动漫角色的表演,它的一些情节很引人入胜,比如把角色关进监狱。兰塔表示:"如果你还是个孩子,会这样想:'我喜欢艾莎,我喜欢蜘蛛侠。什么?他们怎么进监狱了?'这个故事我从来没听过。"*点进去看看。*

随着这个频道的成功,一拨模仿者出现了。一些人借用了

---

① 许多参与"手指家族"热门趋势的人都是匿名,因为他们怀疑这只是昙花一现。"他们抓紧一切能赚钱的机会。"兰塔回忆道。

YouTube上另一个热门趋势恶搞类视频的方法，发布一些极为荒谬的内容，频繁触碰政策的边缘。这些恶搞者加入后，超级英雄的题材变得更加怪异。几个月前，在创客工作室，大卫·西弗斯发了一份报告给迪士尼的律师。报告中指出，迪士尼在YouTube上的所有宣传短片，不包括像PewDiePie这样的热门频道，月浏览量约为10亿次，这是个非常可观的数字，但以艾莎为主角的业余视频，月浏览量达到了130亿次。

那一年，鹅妈妈俱乐部的创始人哈里·乔和索娜·乔注意到，YouTube上最热门的搜索词之一是"bad baby"（坏宝宝）。这个类别的视频不仅包括关于不听话的幼儿的正常动画视频，还包括幼儿暴饮暴食和呕吐的现场实录。"玩具怪胎"专做后一类视频，奇姆让他两个已经达到学龄的女儿打扮成婴儿的样子，各种恶搞。"玩具怪胎"频道的排名在YouTube排行榜上不断攀升。

3月，英国广播公司（BBC）发了一则报道批判这个现象。一些家长震惊地发现，在被宣传为安全空间的YouTube Kids上，孩子竟然能看到噩梦般的暴力视频。来历不明的小猪佩奇在牙医处饱受折磨，米奇用粪便搞恶作剧。YouTube的机器认为这些都算是儿童卡通。

用于YouTube推荐系统的超人类人工智能神经网络，通常被称为"黑箱"系统，因为人类无法理解它的运作方式。如今大量令人不安的儿童内容提醒了YouTube，他们并不知道打开这个黑箱的密码。"黑箱自行运营，没人负责里面储存的内容。"公司一位员工回忆道。

很快，似乎所有关注此事的人都知道这场灾难愈演愈烈，除了YouTube自己。

＊　＊　＊

　　"不良行为者"——这是谷歌对垃圾邮件发送者、黑客和电子干扰者的称呼，这些人让互联网不安全。在 YouTube 上，制作血腥米妮卡通的人、利用公司系统漏洞或宽松政策的人、发布"问题内容"的人都是不良行为者。

　　2017 年夏天，YouTube 的一个团队开始密切关注那些*有问题的儿童视频*。公司仍然遭到广告商的抵制，但已经更新了商业指南，建立了计算机模型，可以更好地识别出恐怖视频，并利用人工智能将其掩埋起来。那年春天，一位刚刚加入这个团队的员工被告知，她可能"很快就不需要做这份工作了"。

　　但当他们打开引擎盖看到里面是什么的时候，这种乐观情绪荡然无存。

　　"玩具怪胎"并不孤单。奇姆的成功引发了数十个频道来模仿（公司称之为"复制内容"）。一些人使用"关键词堆砌"来搭乘"坏宝宝"类算法的顺风车——这是一种垃圾邮件发送者使用的老策略，他们给视频加上不相关的标签，只为了能让机器识别出来。YouTube 员工看到以未成年人为主角的"坏宝宝"视频，感到非常不舒服。一些视频中，作为一种惩罚措施，小孩子被刮脸。（但录制视频的人是真的在给孩子刮脸还是摆拍，观众并不清楚。）一些视频让孩子狼吞虎咽，露出吃得圆鼓鼓的肚子，这是一种色情的比喻。公司早就规定禁止儿童剥削和恋物癖类内容，但这些视频并没有违反规则，只是在打擦边球。**多年来，YouTube 一直依靠家长把儿童引导到 YouTube Kids 上来**，但这个策略没有奏效，数以百万计的孩子还是会在没有家长陪伴的情况下看 YouTube。

　　为了检测这类视频，工作人员设计了一个新的类别（"边缘型恋物癖"），并为审核员和机器制定规则。YouTube给那些将儿童角色与"成人主题"混合在一起的视频制作了另一个标签——古怪的小猪佩奇和蜘蛛侠、艾莎混搭军团。

尽管YouTube的员工羡慕脸书，但他们喜欢说他们不会像脸书一样"快速前进，打破陈规"——脸书的这条发展理念，在特朗普当选总统后，基本上变得和"破坏民主规范"同义。而YouTube的做法则与之不同，他们是在小心翼翼地推进工作。比如，YouTube在正式禁止播放提供枪支说明或出售枪支的视频前，用了六个月的时间制定规则，开展压力测试，并开发可执行的数据传输协议，以此避免产生附带损害。人工智能科学家称其为"查准和查全"（precision and recall），也就是说，如果要训练机器找出制造炸弹的视频，他们首先需要找出足够多的视频（"查全"），避免意外删除新闻片段、二战纪录片或关于大笨狼怀尔（Wile E. Coyote）的动画片（"查准"）。谷歌更喜欢使用查准率和查全率高的人工智能模型。YouTube的工作人员在查看这些奇怪的儿童视频时，努力为机器制订指导方针。比如说，如何处理"成人泳"风格的动画片？如何处理戏仿视频？曾经有一个恶搞《冰雪奇缘》主题曲《随它吧》（Let It Go）的低俗视频，引发了他们之间激烈的辩论，最终他们判定该视频中没有明显的儿童不宜的内容。蜘蛛侠和艾莎混搭视频里的演员与参与动漫展的人有什么不同？人类尚且很难将它们区分开来，**更何况是机器**。那么"玩具怪胎"频道呢？难道不能发布有趣的家庭视频吗？格雷格·奇姆说他是孩子的爸爸，但如果他不是孩子的爸爸，这些视频肯定会给人完全不同的观感。YouTube无法核查家长的身份，更无法在数千个频道上实现**大规模**的身份核查。

YouTube还担心创作者阶层会更加不满。"广告末日"事件一直没有得到解决，YouTube视频博主越发愤怒，并开始发现平台对他们的不利之处越来越多。那年秋天，一名枪手在拉斯维加斯杀害了近六十人。凯西·奈斯泰德制作了一段视频，支持一个为受害者设立的慈善机构，他告诉观众，从这条视频中赚到的广告费将被用于这个慈善机构的运营。但YouTube的系统认为奈斯泰德的这段视频对大多数广告商都不适用，理由是话题不适合，但美国广播公司（ABC）吉米·坎摩尔拍摄的一段关于该枪击案的视频就能播放广告。"这也太虚伪了。"奈斯泰德在一段名为"DEMONETIZED[①] DEMONETIZED DEMONETIZED"（去收益化去收益化去收益化）的后续视频中表示。"社区中有很多居民对YouTube感到不满。"他解释道，举着一张皱着眉头的肖像画。

9月，沃西基计划在YouTube总部与工程师、公关人员、信任和安全部门员工举行会议，他们亲自到场或通过视频参会。"我们总是处于危机中。"沃西基告诉她的员工。他们受命制订计划，以便更快地处理"问题内容"，更好地与创作者沟通。科技公司通常会将应对危机的行动称为"战情室"。YouTube高管决定，这个新团队将成为一个"持续性的战情室"，首批作战计划包括清除网站上"边缘型恋物癖"视频，如"玩具怪胎"频道的内容。有很多人已经看过那段视频，他们认为孩子要么是被要求以这种方式出现在屏幕上，要么就是被置于不舒服的境地。

那时，YouTube的产品负责人尼尔·莫汉已经开始承担更重要的工作职责，负责在各种活动中为沃西基说话，并监督公司开展更多的整顿工作。10月，莫汉签署了"战情室作战计划"，但

[①] 指YouTube在认定一些内容违反了平台政策规定后将其标记为"demonetized"，不给这些视频分配广告。——编注

YouTube 的工作人员还是希望能够谨慎地推出这项新计划，所以他们又等了几个星期。

* * *

到了那年秋天，家喻户晓的大品牌和广告公司小心翼翼地带着资金回归 YouTube。假日即将到来，这是一个残酷的市场营销旺季。YouTube 承诺，定价更高的专业平台"谷歌优选"是个更为安全的地带。尽管如此，一些机构还是担心会发生意外，开始审查他们在 YouTube 上发布的广告，确保万无一失。在 10 月份的一次审查中，一位曼哈顿广告公司的高管发现了一些令人不安的迹象。

该广告公司的广告在许多儿童视频上播放——这不足为奇，因为儿童是很好的节日销售对象。但有些视频很奇怪、很变态。比如，一些视频里拍的都是穿着泳衣的孩子，一些视频下方的评论显然带有性暗示的意味。为了资助这些视频，YouTube 收取的广告费与电视不相上下。这位高管向谷歌的联系人发出了警告，质问他们为什么不对"优质视频"进行审查。

这位高管是资深的广告买家，他回忆道，谷歌的代表通常都很健谈，但那次给出的是统一回复，读起来"像人质一样"。在随后的一封电子邮件中，谷歌代表解释道，"谷歌优选"的视频都是由"用户兴趣"决定的。**观众为王。**"这是为了让视频获得较高的人气。但我们也理解，总会有些内容让广告商感到不舒服。"谷歌为此提供了退款。

这些问题一直都是靠幕后谈判解决的，直到 11 月 4 日，《纽约时报》发表了一篇报道称，在 YouTube Kids 中发现了一些"令人震惊"的视频。比如，在一个《汪汪队立大功》的模仿视频里，卡通小狗被魔鬼附身了。《泰晤士报》刊登了一张来自"Freak Family"（怪胎家庭）频道的视频截图，这是一个小女孩的"坏宝宝"片段。在 YouTube 主站上，这段视频的浏览量高达数千万次。YouTube 的一位主管告诉《泰晤士报》，在过去的三十天时间内，YouTube Kids 中只有不到"0.005%"的视频被举报为不合适，就像是"大海捞针"。但大地已经动摇了，两天后，雪崩来袭。

写过无人机和战争故事的英国作家詹姆斯·布莱德尔（James Bridle），将注意力转向了儿童。布莱德尔在博客网站 Medium 上发表了一篇很长的文章，标题非常吸引人——《互联网上出了问题》。布莱德尔的文字简洁细致，文章的配图足以说明问题。他首先展示了一些视频截图，包括奇趣蛋拆箱、童谣、假冒小猪佩奇，这些视频有数百亿次浏览量。接下来是产生轰动效应的"手指家族"视频（YouTube 上"至少有 1700 万个版本"），它们很多像是机器生成的，但根本无从分辨。布莱德尔写道："这就是算法发现时代的内容生产——即使你是人类，也必须模仿机器。"继续看文章，一切显得更加糟糕了。一幅接一幅的糖果色视频截图有着令人不安的雷同，每一个都是为 YouTube 的算法量身定制的："坏宝宝"衍生品，疯狂的卡通，甚至还有更超现实的内容（"这个脑袋不对"——屏幕上漂浮着身首异处的迪士尼角色）。布莱德尔指出，"玩具怪胎"频道展示了孩子们痛苦的场景，还有大量模仿"玩具怪胎"的视频，将恶搞与蜘蛛侠、艾莎以及超级英雄怪异地混合在一起。布莱德尔称之为"噩梦般的工业化制作"，并补充道："让儿童接触到这些内容相当于在虐待儿童……此时此刻，YouTube 和谷歌就在这个系统里沉瀣一气。"

虽然像乔夫妇和克莱恩夫妇这样的 YouTube 资深博主已经

看出了这一趋势的兴起，但大多数人，包括幼儿的父母，甚至是谷歌员工，都不知道这种视频的存在。YouTube 追踪一切在线内容，员工看到推特上关于布莱德尔帖子的活跃度大幅飙升，令人不安。随着麦迪逊大道再次紧张起来，这感觉就像是另一场惨败已经在酝酿中了。报社记者看到了布莱德尔的文章，盯上了其中一张可辨认的脸："玩具怪胎"频道的爸爸，格雷格·奇姆。伦敦《泰晤士报》发表了一篇文章称，格雷格·奇姆视频中的广告商已经愤怒地撤出了资金。文章的标题是"YouTube 上的儿童虐待行为"，副标题是"谷歌从令人不安的视频中获利数百万"。

* * *

那篇关于儿童虐待行为的报道成了斯里德哈·拉马斯瓦米的转折点。拉马斯瓦米负责谷歌广告的技术运营工作，自四年前与沃西基发生争执以来，他一直担任高级职位。拉马斯瓦米是一位直言不讳的工程师，负责谷歌和 YouTube 广告复杂的拍卖和交易系统。关于 YouTube 事务，他不得不与沃西基一起做出许多决定。拉马斯瓦米当然参与了关于广告商抵制 YouTube 的清理工作——"让广告再次安全"，但他并不认识"玩具怪胎"，不知道它有多受欢迎，更不知道它的复制大军。拉马斯瓦米后来承认，《泰晤士报》的那篇文章让他决定永远退出广告业。他于次年离开了谷歌。

《泰晤士报》发表那篇报道后，YouTube 考虑了一些之前从未考虑过的问题。当年 11 月的一个周末，包括沃西基、莫汉和拉马斯瓦米在内的一小群高管，在各自的家中开了一次视频会议，为应对失败制定策略。YouTube 已经开始就这些视频咨询外部专家，专家告诉 YouTube：一些特定的内容，比如，在孩子身上绑彩色胶带，体操训练视频下面留的评论，等等，明显都是恋童癖在网上使用的暗号。拉马斯瓦米在会议中问道，谷歌到底想不想与这些事件发生联系。YouTube销售的广告有两种类型："直接反馈式广告"（优惠券和其他优惠）和"品牌推广式广告"（汰渍或雪佛兰等公司的传统广告）。品牌类广告赚钱最多。在这次会议上，拉马斯瓦米提出终止YouTube上的所有品牌类广告，直到儿童内容问题得到解决为止，这可能会造成数十亿美元的损失。

最终，他们投票决定采取一个不同的激进措施。YouTube曾力争保留一些有争议的视频，但现在一举枪毙了10万个。感恩节的前几天，YouTube从200多万个视频中撤销了广告，删除了超过15万个视频和270多个账号，其中包括格雷格·奇姆的两个频道，这两个频道共有1300万用户。大约有50个"玩具怪胎"的复制品也被删除了。

在魁北克，菲尔·兰塔被他的超级英雄演员疯狂打来的电话惊醒了。Webs & Tiaras不见了。一个YouTube员工他都联系不上。惊慌失措的YouTube用户给梅丽莎·亨特打电话，发邮件。亨特就是那位发玩偶评论的妈妈，经营着一家儿童内容的MCN公司。YouTube在紧急情况下，为所有有问题的儿童视频都部署了人工智能过滤系统，但没有设置好"查准率和查全率"。亨特回忆道："他们拿着砍刀乱砍，因为不得不这样做。那真是一段艰难的时光。"

艾普尔·奥吉尔（April Orgill）和戴维·奥吉尔（Davey Orgill）夫妇是了不起的家庭视频博主，他们当年早些时候在YouTube上开了一个超级英雄戏仿频道。他们与孩子们盛装打扮的表演赢得了两百多万订阅者，但他们在8月份退出了。这个类型的"视频开始变得越来越奇怪了"，艾普尔告诉观众。尽管如此，他们还是保留了这个频道，目的是吸引眼球和广告费。11月23日，

YouTube 批准他们的两段视频可以播放广告。才过了一天,频道就消失了。戴维·奥吉尔告诉记者:"YouTube 将责任归咎到制作视频的人身上,但一年来,却是他们的算法推动了这类内容的流行。他们创造了一个怪物。"有人给这个怪物和 YouTube 的"砍刀"反应起了一个合适的名字——"艾莎门"(Elsagate)。

格雷格·奇姆的生活发生了翻天覆地的变化。他认为"玩具怪胎"就是《兔八哥》动画片的真人版,他这么做的目的,纯粹是为了给女儿积攒大学学费,提升她们的自尊心。突然,其他人都觉得他很糟糕,陌生人在网上痛斥他,一名女子发帖称他的小女儿实际上是别人家失踪的孩子。当奇姆的频道被删除时,他发布了一份声明称,如果说"任何人都会在我们的视频短剧中找到不合适的乐趣",他会感到不安。伊利诺伊州的执法部门开始调查奇姆是否构成危害儿童安全罪。伊利诺伊州警察局局长里奇·米勒(Rich Miller)告诉 BuzzFeed News:"每个人都对此感到不安,但有时要给一个坏家长定罪是很有挑战性的。"最终,奇姆洗脱了所有指控。

几年后,奇姆仍然因为这段经历感到不安。他回忆道:"那真的很不利于心理健康,我差点就活不下去了。但 YouTube 还好,我和他们没什么太多联系。这件事发生得很突然。"

* * *

2017 年,YouTube 度过了一个糟糕的感恩节。几名员工整个假期都弓着腰坐在笔记本电脑前,为沃西基撰写状况报告,并确保已经启动的全面改革确实有效。如往常一样,YouTube 必须监控是否有人重新上传已被删除的视频,这算是"红色代码"事件,工程师们会被叫来尽快处理机器过滤器的问题。负责快速反应的谷歌研究员杰克·波尔森回忆道:"太疯狂了。坦率地说,人们意识到,如果做得好,就能因此得到晋升。"假期前后,YouTube把一些小狗带到了圣布鲁诺办公室,以安抚员工的紧张情绪。YouTube多年来遇到很多问题,但其中没有一个问题能如此迅速地让它改变视频审查方法。一位前员工说:"我好像开始为另一家公司工作了。"负责这项工作的尼尔·莫汉回忆道:"这件事对我来说真的非常重要。"他是三个孩子的父亲,"坦率地说,其中很多动力、激情和压力都来自这样一个事实——这在根本上是为了保护儿童。"

YouTube做出了一些公开承诺,承诺会删除不适当的家庭娱乐视频中的广告,屏蔽有关儿童的不雅评论,咨询更多专家,发布关于"家庭友好型内容"的创作者指南,并"通过技术手段更快地执行"。沃西基在12月的一篇博客文章中指出,YouTube上的一些视频对她的孩子有启蒙意义,"但我同时也看到了YouTube开放性中另一个更加令人不安的方面,看到了不良行为者是如何利用我们的开放性来误导、操纵、骚扰甚至伤害他人"。她保证,谷歌负责审查*不良行为者*视频的审核员将在明年达到一万人,这是一个醒目的数字。

但沃西基没有提到的是,他们中的大多数人都不会直接为谷歌工作。

第 28 章

清除不良视频，提高奖励门槛

雅各布（Jakob Høgh Sjøberg）抵达位于都柏林的综合大楼，在入口处看到两块牌子：一个是脸书合同工入口，另一个是谷歌入口。他在前台拿到的一张塑料卡显示，他可以从谷歌那扇门进入。雅各布身材修长，一头红发，去过很多地方——他在他的祖国丹麦和爱尔兰获得法学学位，暑期曾在伦敦政治经济学院（LSE）学习。但这份工作最看重的似乎是他的丹麦语能力。在招聘期间，面试他的是埃森哲，一家他从未听说过的公司。对方问他对处理"敏感内容"有何感受。他简单想了一下，答道："我和其他人一样坚强。"关于这份工作，他得到的信息很少。[1]

2017 年 9 月，还有五个人和他一起参加了入职培训：一个俄罗斯人、三个西班牙人和一位会说法语的爱尔兰女士。他们坐在一间枯燥乏味的教室里，学习关于言论自由和受保护言论的基本知识，这些课程雅各布很喜欢。然后，教练转移到距离雅各布座位 15 英尺[2]的大屏幕前，开始播放 YouTube 视频。

---

[1] 埃森哲的代表拒绝置评。
[2] 1 英尺约等于 0.3048 米。15 英尺约为 4.572 米。——编注

"这是可视图像。"一位老师提示道,**然后播放了下一个视频**,"*这*是极端的可视图像。"

雅各布心跳加速。他了解到,"极端的可视图像"是指人们被伤害或身体部位受损的视频,包括射击、谋杀等一些可怕的内容。当看到一段视频中可怕的画面时,雅各布忍不住冲到卫生间,往自己脸上泼水,以免晕倒。**太可怕了**。但他并不想当逃兵,最后还是回到了教室。

雅各布实际的工作地点是一个更大的办公室,里面有一排排电脑,每台电脑上都显示了一个工单系统——看起来像 Gmail 的数字界面,但有更多的标签和文件夹,还有源源不断的视频流入。雅各布被分配的任务是审核暴力极端主义视频,重点是丹麦语视频,规定的工作量是每天审核 120 个视频。但通常情况下,这类丹麦语视频并没有那么多,所以雅各布有时也会审核其他语种的视频。但他无法处理斩首视频。YouTube 的机器那时已经能够自动删除大部分斩首视频,但有些视频会成为漏网之鱼。有一次,在雅各布的视频队列中,一个视频显示了一个熟悉的场景。出于本能,他点击了一下按钮,删除了那个视频。后来才知道,原来那是一个恶搞视频。雅各布的经理批评了他。最终,有同事同意和他交换任务,负责审核暴力视频,而他则负责审核与动物和孩子相关的可怕内容。"出于某种病态的原因,"雅各布回忆道,"这类内容对我影响不大。"

一些同事通过开玩笑来应对工作中的压力,雅各布靠的是戴着耳机听欢快的四十首即兴名曲,绕着园区的池塘散步。这份工作他做了九个月,他只收到过一次电子邮件,要求他把办公室彻底打扫干净,YouTube 有人来访。

*　*　*

　　2008年金融危机后,谷歌开始将一些工作外包出去,其中大部分被认为是非技术性的工作。随着公司的发展,这些外包人员的人数也在增加,谷歌称他们为"TVCs"("临时性、供应商和合同类"雇员)。及至2018年,谷歌有超过十万名直属员工,外包人员的数量基本与此相当,但具体数字没有披露。一些外包人员为短期项目工作,报酬不菲。还有一些负责打扫办公室或测试尚未完全成功的自动驾驶汽车。在YouTube,外包人员负责审核内容,名义上是为埃森哲、Vaco和高知特(Cognizant)等不透明的后台公司工作——这些公司的招聘广告写得很隐晦,即便看了,也不知道他们具体做什么。这些审核员很少有机会见到高级管理人员,更别说是YouTube员工了。他们的前身是YouTube的审查队,互联网最早的一线员工之一。但审查队成员当时拿的是YouTube的薪酬福利,工作地点就在YouTube的办公室。现在,大多数审核员的工作地点是在位于都柏林、海得拉巴[①]和吉隆坡的隐秘的办公园区,他们属于庞大的影子经济的一部分,在谷歌的资产负债表上根本不存在。

　　从2017年开始,随着来自公众的压力增加,谷歌和脸书争相扩充审核员队伍,以免被媒体、广告商和监管机构进一步指责。正如"前沿网"记者凯西·牛顿(Casey Newton)那篇谴责性调查报道中所记录的那样,许多审核员在工作中都经历了严重的焦虑、抑郁和频繁的夜惊。牛顿采访过一些YouTube审核员,他们受雇于位于奥斯汀[②]的埃森哲公司,每小时收入仅为18.5美元,

---

① 印度南部城市。——译注
② 美国得克萨斯州首府。——译注

年收入约 3.7 万美元，没有病假福利。YouTube 的一名工作人员曾被派往在总部附近工作的新审核员那里做简报，有人问他们是否有机会接触治疗师，工作人员答不上来。

雅各布和他在都柏林的同事没有任何健康福利，但确实有一个可供休息的"午睡室"。最终，公司为他们请来了一位心理医生，预约的人很快就排起了长队。

并非所有审核员都负责处理恐怖镜头，有很多外包人员负责处理 YouTube 的版权纠纷，有些纠纷是大型媒体公司底层发生的离奇争斗。加州的一位外包人员成了柬埔寨捕鱼视频的专家，因为出于某种原因，这类视频总是受到版权投诉。网飞公司的《异狂国度》（*Wild Wild Country*）中某个角色的律师接二连三地发来因版权问题需要删除视频的要求。有时，审核员也会误伤 YouTube 自己的业务。有一年在堪比"三十倍超级碗赛季"的斋月营销季，YouTube 在中东的销售人员预订了沙特阿拉伯的广告赞助。广告排着队在受欢迎的沙特美食和娱乐频道上等待播放，结果节日到来后，几乎没有任何广告播放出来，原来是经过培训的 YouTube 审核员和机器为了防止网站与伊斯兰极端主义产生任何商业上的联系，把阿拉伯语或含有伊斯兰图像的视频中的广告全都删除了。

谷歌之所以雇用外包人员，是因为外包公司可以快速地招人。事实上，合同公司的招聘速度确实要比谷歌快得多。一位高管告诉记者，如果谷歌突然需要监控某些内容，比如奇怪的儿童视频，它就需要大量审核员帮助公司训练机器过滤分类器系统。外包人员知道他们的任务是做机器的培训师，雅各布的同事称 YouTube 的算法为"机器人"，一旦机器人做到足够好的程度，审核员就知道他们要失业了。

即使是享有谷歌工作保障和福利的审核员，在公司高速增长的那几年间，也感到疲惫不堪。一名 2011 年加入 YouTube 的工作人员回忆道，当时只有四十名审核员，每天的审核任务多达 1000 个视频。黛西·索德贝尔-里夫金（Daisy Soderberg-Rivkin）2015 年进入公司，负责审核谷歌图像的搜索结果，她看到团队中一名会说阿拉伯语的同事离职后，管理层没有采取任何措施来填补这个职位的空缺。对于一家市值 5 万亿美元、随时有康普茶供应、计算能力似乎无穷无尽的公司来说，这一点尤为奇怪。她被告知，*这不在预算之内*。她在某一刻怒气冲冲地说："你的意思是，这竟然不在*公司的*预算之内？"YouTube 信任与安全团队的一名毕业生在离职后需要治疗创伤后应激障碍，主要原因就是审查那些令人困扰的儿童内容。他们回忆道："每天都得吃药，碳酸锂或阿普唑仑。"

"艾莎门"的发生促使 YouTube 加大在内容管理方面的投入，为被公司称为"儿童安全"的工作提供更多资源。产品负责人莫汉接管信任与安全部，将该部门提升至更高级别。审核员被要求更仔细地检查视频中的虐待儿童行为（尽管这类内容仍然没有得到清晰的定义）。[①] YouTube 还安排审核员审查人们最常看的部分，例如主页上的"热门趋势"部分，确保全球各地都有人负责这项审查工作。

这就是为什么当"热门趋势"部分也出现严重错误时，问题会如此触目惊心。

* * *

在 YouTube Kids 的那场安全灾难中，YouTube 网红的知名

[①] "我记得我当时感到很困惑。"雅各布说，他回忆起"一系列关于孩子和烟花或痛苦恶作剧的视频，不知该如何应对"。

度不断提升,洛根·保罗(Logan Paul)在其中遥遥领先。

保罗还有一个弟弟,名叫杰克(Jake),和保罗如同一个模子刻出的,只是比保罗矮,比保罗鲁莽,两个人十几岁时,在克利夫兰郊区开设了一个YouTube恶搞频道。但当洛根上了大学之后,他们在Vine上找到了自己的最佳状态。Vine是一款播放6秒钟视频的应用,它捕捉到了YouTube在创意方面已经失去的部分魔力。洛根·保罗高中时曾是橄榄球场上的中后卫和摔跤手,样子就像年轻的马修·麦康纳(Matthew McConaughey)扮演的健壮版迪士尼王子。在Vine上,他愚蠢的滑稽表演赢得了大量粉丝。在视频中,他会进入陌生人的车子,在超市里摔跤,经常脱掉衬衫。2016年10月,Vine的母公司推特无法继续运营这项服务,毫不犹豫地将其关闭。保罗带领大量Vine用户大规模地迁移到YouTube,他们在那里制作了时间更长、内容更狂野的视频。这些创作者都成长在网络2.0时代(保罗出生于1995年),他们对那个没有YouTube或网红的时代几乎没有任何概念,天生就觉得"社交媒体网红"是一种职业选择。"我想成为世界上最有名的艺人。"2016年,时年二十岁的保罗这样告诉一家广告杂志。这似乎并非不可能实现。到了第二年,他在YouTube上的订阅量已经超过了1500万,与迪士尼签订了一份电视节目合约,还签下了一份电影合同。他与MCN公司"Studio71"达成了协议,又获得了大量粉丝。如果说PewDiePie有他的"兄弟军",保罗则有他的"洛根帮"(Logang)。

保罗本人的行为举止偏中西部化,他还有注意力缺陷,经常会在网络高管请他坐下时,在椅子上动来动去。对于人们在网上为什么会点击某个内容,他有着超乎寻常的理解。"Studio71"的前主管约翰·卡尔(John Carle)称,如果你希望有一个"兄弟会"风格的酒友,而且他也"很有抱负",你就会觉得保罗"很有亲和力"。保罗身边经常围绕着一群网红和粉丝。假期里,保罗会带他们一起去日本拍 Vlog。

当时,"Studio71"的高管丹·韦恩斯坦和家人正一起在特克斯和凯科斯群岛的泳池边休息,准备迎接新年。这时他瞥了一眼手机,发现办公室打来十个未接电话。**老天!**他回拨了过去。

"洛根刚刚拍到一具尸体。"一名同事向他报告。

"我和孩子正在游泳池边上,"韦恩斯坦答道,"你需要我做什么?"

保罗当时正在东京拍摄一个由三部分组成的《东京冒险》(*Tokyo Adventure*)系列视频。保罗在新年夜视频中告诉观众,其中一段视频是在青木原森林拍摄的,这是一个被称为日本"自杀森林"的地区。在简要介绍了视频的主要内容后,保罗放上了一则警告信息。他出现在一个画框里,告诉观众,鉴于这段视频的主题,他已经禁用了广告功能,他还顺便提到,这段视频可能"标志着 YouTube 历史上的一个里程碑"。最后还补充了一句免责声明:"综上所述,请系好安全带,因为你再也不会有第二次机会看到这样的视频了。"

他们一群人带着露营装备和望远镜在森林里过夜,保罗戴了一顶愚蠢的绿帽子,就像《玩具总动员》(*Toy Story*)里可爱的外星人。几分钟后,保罗停了下来,问道:"兄弟们,我们刚刚看到的是个死人吗?"他转过镜头,一个男人吊在树上。"洛根帮,我很抱歉,"保罗对着镜头说,"这本应该是一条有趣的 Vlog。"然后,他随机发表了一大通评论,谈及抑郁症的影响,并说他所有的观众都被爱所环绕以及如果有需要的话应该寻求帮助等。视频的后半部分拍的都是他和同伴在森林里如何消化这次"太过恐怖的真实"经历，肾上腺素的冲击让他们晕头转向。

保罗最后在剪辑中对死者的面部做出了模糊处理，然后就发布了这段视频。观众一旦点击进去，YouTube的算法就像受到亮光吸引的昆虫，将他的视频推到网站热门趋势第十位。

"Studio71"的高管可以从保罗的视频收入中分得一杯羹。他们知道保罗的视频违规了，即使是没有违反YouTube的规定，也肯定会让对YouTube仍然心存疑虑的广告商望而却步。保罗当天就删除了这条视频（在它已经累积了数百万次浏览量之后）。但就像任何热门视频一样，YouTube上到处都是重新上传的版本，还获得了媒体的报道。韦恩斯坦不得不在度假期间处理视频的后续影响问题。YouTube则保持了沉默。韦恩斯坦回忆道："他们想看看这场垃圾风暴到底能发展到什么程度。"

格雷厄姆·贝内特（Graham Bennett）当时正在家乡英国度假，他在热门趋势页面上看到了保罗的视频，知道一场风暴就要开始了。贝内特是一个性情随和、留着胡子的英国人，曾担任YouTube与保罗和其他大网红的首席联络人。贝内特于2007年从英国广播公司（BBC）离职加入YouTube，是第一批曾与丹尼·戴蒙德等性情反复无常的YouTube视频博主打过交道的员工之一。贝内特后来回忆道，保罗这件事是他在YouTube的职业生涯中"最可怕的一次经历"。

即使在PewDiePie惨败之后，YouTube依然指望其网红们能自觉保持良好的品位，在可接受范围内活动。保罗视频事件发生后的一个星期，贝内特和YouTube高层见了面，他们总结道："**好吧，不能再这样了下去了。**""现在看起来是我们太天真了，"贝内特后来表示，"但当时是我们第一次意识到，YouTube的创作者真的成了全球网红。这意味着，如果他们做了一些出格的、疯狂的、有新闻价值的事，就会成为全世界都知道的新闻。"也许YouTube也明白，让人们看到一位典型的美国网红在别的国家兴风作浪，对公司希望树立起的全球企业形象没有任何帮助。

保罗不像PewDiePie，他立即道了歉。1月2日，他发布了一段短视频（《很抱歉》），眼睛有点红，直视着镜头。"我当时本应该关掉相机的，"他最后表示，"我保证会做得更好，我会改进的。"

他的确这样做了，但只维持了一个月时间。随后，保罗又掀起了一股奇怪的潮流，这股潮流让YouTube和社交网络都大吃一惊。这是一场病毒式传播的互联网挑战，让人们食用小巧多彩的汰渍洗衣凝珠。保罗在推特上开玩笑说要将其吞下。同一天，在他位于洛杉矶豪宅阳台上拍摄的YouTube视频中，他还用泰瑟枪电击了一只死老鼠。

终于必须划定界线了。贝内特、沃西基和YouTube的其他领导人，为他们这位不断惹麻烦的网络红人举行了"行为准则"审查会议。保罗拨入视频。这场会议持续了一个多小时，他们向保罗详细说明公司的决定。YouTube现在会将创作者在网站之外的行为考虑在内，包括保罗在推特发帖之类的举动，并将对其出现在屏幕上的内容执行更为严格的准则。贝内特解释道，不允许发布恶搞内容，因为青少年在家很容易就能模仿。家庭纵火或汰渍洗衣凝珠视频将被删除。此外，YouTube暂时把保罗整个频道的广告都删除了，作为对他的惩罚措施，这也是该公司第一次做这种事。那时，YouTube已经开始在内部这样表示：通过YouTube获取收入是一项特权，而不是权利。

在通话中，保罗表现得彬彬有礼，善解人意。他并没有离开YouTube，虽然没了广告，但他还要利用YouTube发展自己的另一项业务：推销自己的服装品牌——在"广告末日"事件导致创作者收入缩水后，这是YouTube上一个越来越普遍的趋势。英国记者克里斯·斯托克尔－沃克（Chris Stokel-Walker）分析了保罗和他弟弟在2月和3月发布的50个视频，他们平均每142秒就要提到一次自己的"商品"。

* * *

到此为止，YouTube的一系列丑闻都是由外部人士（广告商、家长、记者、政客）认为不得体的视频引发的。但那年冬天，情况发生了变化，内部人士也开始提意见了。

前YouTube工程师、法国人纪尧姆·查斯洛特发现YouTube上存在大量阴谋论视频之后，首先尝试说服他的一些老同事。2017年年初，查斯洛特就此事与YouTube的一位朋友交谈，对方也表达了同样的担忧，但认为这些视频反映了复杂的人性或人类的愚蠢，是谷歌无法控制的。"我能做些什么？希望能让人们有所改变。"朋友道。于是查斯洛特将他的发现公开了。《卫报》在2018年2月2日发出一篇报道，标题是《虚构胜过现实》。查斯洛特指出，YouTube相当于在井里投毒。他说："负责视频推荐的算法并没有朝着真实、平衡或健康的民主方向发展。"五天后，《华尔街日报》的一篇文章称YouTube习惯于公开散播谣言，其中就提到了查斯洛特的研究。共和党人刚刚发布了一份文件，指控官员在调查特朗普与俄罗斯的关系时存在偏见。在YouTube上搜索"联邦调查局备忘录"，会出现亚历克斯·琼斯和一个名为Styxhexenhammer666的账号的视频。搜索"流感疫苗"会出现反对药物的视频以及很多类似的内容。这篇报道还对比了YouTube的搜索结果与谷歌的搜索结果，谷歌将合法新闻机构和卫生组织置于搜索结果的首位。

和所有CEO一样，谷歌的桑达尔·皮查伊也会经常阅读《华尔街日报》，他向YouTube管理层表达了对这篇报道的不满。皮查伊的指责对YouTube的打击尤其严重，因为公司本以为这个问题已经得到解决了。

前一年秋天，YouTube已经调整了算法，推出"更具权威性"的新闻频道。然而，查斯洛特的研究发现了它的机器存在故障。YouTube高管约翰娜·赖特（Johanna Wright）告诉《华尔街日报》："通常，当新闻发生时，人们会写相关报道，但不会制作视频。"有线电视台的节目即便会在YouTube上发布，也要过上几个小时甚至几天的时间，但Styxhexenhammer666之类的账号不会等这么久，YouTube"长尾"部分的丑恶冲向了"头部"。谷歌之所以知道这个现象，是因为它已经深受其苦。工程师们会举一个经典的例子：被特朗普用于政治目的的"奥巴马出生地论"阴谋。那些相信奥巴马拥有合法公民身份的人自然不会去发布相关报道，而那些不相信的人（或认为奥巴马合法公民身份有诈的人）则肯定会写，还会把自己的链接推到显眼的位置。工作人员将这些罕见的、可利用的漏洞称为"数据空白"或"邪恶的独角兽"，并在2016年总统大选后抓紧修补这些漏洞。当时，如果在谷歌上搜索"谁赢得了普选"，出现在最上面的结果一度来自一个匿名博客，谎称是特朗普赢了。

一年多时间过去后，YouTube要么是不愿意面对这头野兽，要么是还没有做好应对准备，但这头野兽却一直蠢蠢欲动。

2017年10月，拉斯维加斯发生大规模枪击案后，一些

YouTube用户用有关"假旗"①的荒诞理论填补了"数据空白",称这场大屠杀是一场表演。11月,得克萨斯州发生枪击案后,这种情况又出现了。接下来的2月,一名枪手在佛罗里达州帕克兰的一所高中杀害了十七人,同样的事情再次上演。在互联网的边缘地带,有一些理论认为,那场悲剧中幸存的学生支持枪支改革,他们是收取了报酬的"危机演员"。YouTube认为自己的系统已经做好了应对此类谎言的准备,直到一个名为"mike m"的账号上传了一段帕克兰活动人士的旧的电视节目片段,标题为《演员大卫·霍格……》。在阴谋论传播者、好奇的旁观者或他们形成的某种组合的推动下,这段视频迅速走红。乍一看,这段新闻虽然目的不纯,但似乎并没有违反YouTube的规定,因此,地球上某个角落的一位审核员放过了这段视频,让它来到YouTube的热门趋势页面,并一度位居第二,在外界看来这就像是一种默许。一位YouTube公关人员给同事发短信说:"天啊,我们该怎么办?"

YouTube的一些外包人员已经相当熟悉这种感觉。负责版权纠纷工作的员工,在他们的规则手册中有一整节都是关于伦纳德·波兹纳(Leonard Pozner)的内容。波兹纳是2012年桑迪·胡克小学枪击案中一位遇害者的父亲,经常成为网络骗子的目标。波兹纳以版权诉讼回击嘲笑和阴谋视频,这种做法并不总能奏效。一位审核员回忆道,桑迪·胡克小学枪击案遇害者的父母在网上经常被攻击,他们感觉很糟糕。但当有人提出要求时,他们只能通过邮件回复一些死板的法律用语。有时,他们可以在某些部分加上粗体字,比如建议人们"去其他地方"寻求帮助。

---

① 指通过使用其他组织的旗帜、制服等手段误导公众,让公众以为该行动由其他组织策划发动。——译注

* * *

那年3月,在帕克兰视频事故发生一个月后,苏珊·沃西基在得克萨斯州的舞台上接受了一次长时间的采访,谈到了很多令YouTube感到窘迫的时刻。沃西基在公开场合露面时,人们关注的也不再是YouTube如何以各种方式颠覆了电视行业。相反,《连线》杂志的编辑尼克·汤普森(Nick Thompson)追问了她一系列关于YouTube如何处理阴谋论和干预选举的问题。脸书和推特最近披露,2016年,俄罗斯特工用机器人和广告淹没了他们的网站,引发了公众对社交网络在地缘政治中的作用的关注。校园枪击案和恶意阴谋论的浪潮,让密切追踪社交媒体的人认为,YouTube也可能是这样一股力量。突然之间,所有人都意识到,他们很少听到YouTube的老板怎么说。

当沃西基遇到难题需要思考时,她有一个习惯,那就是停下来,眼睛看向上方,把通常用来配合她讲话的手放回到膝盖上。在得克萨斯州的舞台上,沃西基解释了YouTube的惩罚箱政策——YouTube会保留某些视频,但不做任何推荐,也不会在上面播放广告。她列举了一些需要受到惩罚的视频的类别。

"那虚假视频呢?"汤普森插话道。

沃西基摆出她的思考姿势。"我的意思是,"她开始说,"虚假视频是很难定义的,因为这需要我们先确定某件事是否属实。而且,一般来说,我们不认为我们应该是做这种决定的人,这就是为什么——"

汤普森打断了她的话,问道:"你们是要决定某样事物是否属于仇恨性质吗,还是决定某人是否属于裸体?"

"是否裸体当然很明显就能看出来,"沃西基回答,判断是否属于仇恨性质虽然有些困难，但并非不可行，判断是否真实则不然，"我本科时学的是历史专业，历史的意义就在于对同一样事物会有不同的解读。谁算是英雄？不同的人会有不同的说法。"她提到了"地平说"的信徒，"地平说"是YouTube的人经常提起的阴谋论，也许是因为他们觉得这个阴谋论的危害和其他阴谋论比起来，相对较轻。在采访开始时，沃西基还分享了一则个人逸事：她的祖母曾为国会图书馆管理斯拉夫语部门。图书馆是一个欢迎禁书和言论自由的地方，有点像YouTube。

"我们真的更像是一个图书馆。"沃西基表示。

但对于一个通过在其"馆藏图书"上投放广告、当年即将实现112亿美元净销售额的公司来说，这个类比很牵强，但非常符合谷歌风格。沃西基随后提出了她对YouTube阴谋论问题的谷歌式解决方案：公司将在"地平说"视频和其他"有影响的网络阴谋论"视频下面，添加一个"信息线索"功能，即一些小型文本框，像谷歌搜索一样，里面的内容将来自维基百科——一个靠用户生成内容、努力保证其内容真实性的非营利网站。（在沃西基这番表示之后，维基百科表示，没人找他们谈过这个计划。）

沃西基还介绍了她最近在YouTube上经常使用的一个术语，**他们在YouTube算法的观看时长、日浏览量和满意度指标基础上，又增加了第四个指标。"我们开始建立起关于责任的理念，但仍在探索其准确意义的过程中。"**她告诉汤普森。采访结束时，一名YouTube员工私下感到松了一口气，看来这位《连线》杂志的编辑并没有在YouTube上搜索"流感疫苗"之类的内容，关于这些话题有太多阴谋论了。YouTube政策团队的另一名员工后来表示，沃西基反对对此类视频加以限制，表示她的一些朋友持有不同的健康理念，并不支持接种疫苗——后来在一场席卷全球的传染病暴发后①，她改变了这一立场。

尽管如此，沃西基还是高调地结束了采访。她表示，YouTube已经采取了一系列新措施，可以把滥用系统的**不良行为者**清除出去。像帕克兰这样的热门视频，会因违反了反骚扰规定而被删除。随着新的广告过滤器和控制措施到位，沃西基说服了几乎所有参与广告抵制活动的品牌再次把资金投给 YouTube。

最为关键的是，**那年冬天，沃西基做出了一个艰难的决定——取消了 YouTube 五年前开始的伟大的平均主义实验，不会再分钱给所有人了。为了获得广告权限，YouTube 博主现在必须满足最低订阅量（1000 用户）和观看时长（4000 小时）**。莫汉后来解释道，这些门槛的设定以能够获取一定数额的广告收入为基础。有了这样的限制，YouTube 希望能停止奖励那些令人讨厌的角色，并终结前一年遭遇的所有宣传困境。几乎在一夜之间，YouTube 需要付费的频道数量从约 600 万个减少到了 2 万个左右。

广告商对所有这些变化表示欢迎，YouTube 也相信大多数创作者都能理解它的这些变化。尽管公司知道，有些人可能不会理解，但对于创作者的反应能大到什么程度，并没有人为此做好了应对的准备。

---

① YouTube 的一位发言人表示，该公司从新冠肺炎大流行一开始就大力支持疫苗，"是首批打击新冠肺炎疫苗虚假信息的公司之一"。

第 29 章

持枪袭击 YouTube 总部

YouTube 总部尽可能地融入位于郊区的购物中心内。办公室前面是两个室外楼梯，覆满藤蔓，向外弯曲，像翅膀一样。公司标志在南面的楼梯上，颜色与整栋建筑的蛋壳白色相匹配。办公室位于建筑的一角，面朝着樱桃大道。樱桃大道有四条车道，从一条高速公路下经过，附近有一家卡乐星汉堡和一个室内停车场。夹在这个停车场和 YouTube 入口走廊之间的，是一个小庭院，里面摆满了椅子和亮红色的遮阳伞，YouTube 在那里举行星期五的员工大会。

2018 年 4 月 3 日，星期二，员工们像往常一样，早上下了班车，走上长满青苔的楼梯，来到二楼，那里有他们的办公桌和红色的大滑梯。中午时分，他们到院子里吃午饭。库尔特·威尔姆斯（Kurt Wilms）坐在二楼的办公桌前，他已经在 YouTube 工作了七年，在技术界工作了几十年，做过各种项目，目前在 YouTube 的"客厅"部门工作，负责公司在视频游戏机、智能电视和其他设备上的内容，这些内容都很正常，包括烹饪指导、体育集锦、《周六夜现场》短剧和国际象棋比赛评论（他的最爱）

等，没有斩首、自杀森林和蜘蛛侠与艾莎之类的，所以他是个幸运的人。他喜欢用"学习"（learnings）这个词——这是科技界人士为了让"教训"显得严肃又积极而使用的一个动名词。比如他会说："这是一个很好的学习机会，我要努力保持冷静。"

库尔特在 YouTube 工作的那个时期，同事们会像谷歌和其他公司一样，把公司当作一个开放性的、充满魅力的园区，员工会带着朋友和家人参观以热门视频命名的微型厨房和会议室。这一传统并没有因沃西基的到来而改变。当时 YouTube 在圣布鲁诺办公室的人数迅速增长到一千多人，威尔姆斯以前认识公司的每个同事，那时却不得不问自己：这些人都是谁？不过，这是一个好兆头，说明公司在发展。

在那个阳光明媚的 4 月的星期二，外面有一些来自建筑工地的声响。快到下午 1 点的时候，正在写电子邮件的威尔姆斯被噪音打断。

砰！

"什么声音？"他旁边的一位同事问道。

"大概是工地上的声音吧。"威尔姆斯回答道，转回电脑继续工作。

砰！砰！砰！

威尔姆斯转向他的同事。那是枪声，离得很近。威尔姆斯站起身来，第一反应是大喊："快跑！"

* * *

纳西姆·纳杰菲·阿格达姆（Nasim Najafi Aghdam）是个 YouTube 博主，三十八岁了，住在圣地亚哥附近。在伊朗及散居国外的伊朗人群体里，她算是个社交媒体的红人，她的网络人格有些奇怪，还给波斯卫星电视（Persian satellite TV）制作过节目，在 YouTube 上发了很多视频。

阿格达姆出生于伊朗一个离土耳其边境很近的地方，她用土耳其语、波斯语和英语制作视频，1996 年，阿格达姆搬到了美国加州，她很快就对动物权利保护事业产生了浓厚的热情。二十九岁时，她去了海军陆战队在南加州的彭德尔顿营地，善待动物组织的抗议者站在门外，手里举着的牌子上写着：停止虐待动物。阿格达姆身材瘦削，头发乌黑，五官轮廓分明，她手持一把塑料剑，戴着黑色手套，牛仔裤上涂着像血一样的深红色颜料，下巴上也涂了两滴。"我认为，动物和人类享有平等的权利。"她告诉在那里采访的一位记者。组织抗议活动的善待动物组织工作人员珍娜·亨特（Jena Hunt）后来表示，她不得不要求阿格达姆离开，"这可怜的人看起来精神有些问题"。

阿格达姆转而到网上发起倡议并寻求支持。她创办了一个名为"平地惊雷"的网站和非营利性组织。2014 年，她在一份健康刊物上表示，动物权利团体很难将他们的信息传递出去，"因为许多媒体，甚至网站，都只关心自己的经济利益"。该刊物刊登了一张阿格达姆的照片，她穿着一件耀眼的荧光绿色背心，展示自己的肱二头肌，背心上有一只蝴蝶。

她用来传播信息的地方是 YouTube。她在父母家中制作视频，地点位于洛杉矶郊区的小城门尼菲，视频录制的背景是一面深蓝色的墙壁，对面放着一张小床，还有一个穿着亮片衣的人体模特。她至少运营了四个 YouTube 频道，频繁上传一些奇怪的视频，包括健身动作、奇异的音乐模仿以及虐待动物行为记录。其中有一个视频，阿格达姆穿着一件华丽的紫色连衣裙，上身穿着胸甲，领口很低。她在跳舞，一边摇摆，一边取下胸甲，屏幕上出现了一行字："不要相信你的眼睛。"她偶尔会因为一些奇怪的举动和呆滞的表情遭到嘲笑，观众很好奇她的心理健康状况。阿格达姆开始在视频中抱怨美国的生活，抱怨人们对这个系统的指责，抱怨大公司被"审查"。

2017年前后，阿格达姆开始抱怨YouTube。她在一段视频中说："YouTube把我过滤了，但我并不是唯一的一个。"她在自己的个人网站上记录了这次企业打击行动。她发布了三张自己YouTube后台的网页截图，上面显示了她的视频的观看时长、浏览量和订阅者，以及这些指标是如何持续下降的。其中一个视频获得了307,658分钟的观看时长和366,591次浏览。页面上显示："预计收入：0.10美元。"她用红色像素将其圈出。她的网站上充斥着颜色鲜亮、内容疯狂的文字："YouTube不给你平等的发展机会，没有他们的同意，你的频道根本就发展不起来！"

与此同时，阿格达姆搬到了圣地亚哥附近的祖母家。2018年1月2日，她从圣地亚哥的枪支商店购买了一把史密斯威森9毫米手枪。两周后，就在YouTube宣布其重大广告政策调整的同一天，她拿起这把枪，驱车向北。

4月2日星期一，阿格达姆在午餐时分进入樱桃大道901号。她走向YouTube的前台，向一位接待员询问工作机会，不到10分钟就离开了。

当晚，警方在一辆白色轿车中发现了她，车停在谷歌总部所在地山景城以南30英里[①]的街道上。阿格达姆穿着一件浅色的连帽运动衫，帽子盖住了头，驾驶位的那扇车门敞开着，副驾驶位上放着一卷卫生纸。

---

① 30英里约为48.28千米。——编注

"你在服用什么药物吗?"一名女警官问她。

"没有。"阿格达姆回答。

"你不会伤害自己的,对吧?"警官尝试与她交谈。阿格达姆用拇指拨弄着手机。她抬起头,摇了摇。警官继续问道:"你也不打算伤害别人,是吧?"阿格达姆低头继续看手机,稍微点了点头。警察离开并通知了阿格达姆的家人。

她哥哥后来告诉记者,警察一打来电话,他就在谷歌上搜索了妹妹的位置,心里一下子就警惕起来。"她总是抱怨 YouTube 毁了她的生活。"他回忆道。他说,他打电话给警察,警告他们"她可能会做些什么"。山景城警方对此予以否认。

那天早上,阿格达姆去了当地的一个射击场。中午过后不久,她再次来到 YouTube 的办公室,把车停在了附近的车库里。一名员工在入口处拦住了她,要求她出示身份证明。阿格达姆从包里掏出一把手枪,让这名员工赶紧去打 911。阿格达姆则继续向庭院内走去。

YouTube 项目经理戴安娜·阿恩斯皮格(Dianna Arnspiger)看到这个黑头发的陌生人开始扫射,本能地喊道:"有枪手!"附近的一名行人在电视采访中表示:"她一直没停下来,太残忍了。"在办公室里,一名 YouTube 经理从楼梯上往下看,满地都是血。

库尔特·威尔姆斯冲出办公桌旁的一扇门,迅速跑下楼梯,眼睛紧盯着自己的前方。突然,他停了下来,低头看了看入口大厅,午餐时间那里通常热闹非凡,现在却空无一人。他转过身来,发现几个同事惊慌失措地跟在他后面。他们又都往回跑,上了楼梯,穿过那扇门,进入一个会议室,用一张桌子堵住了门。威尔姆斯深吸一口气,做好了一个或多个枪手冲进来的准备。

警方赶在枪手之前,发现了威尔姆斯和他的同事们。员工们被护送出来，双手高举。其他人则在附近的购物中心避难或越过栅栏冲向公路。YouTube 的三名员工在枪击中受伤，被送往旧金山的一家医院，伤势相当严重。（他们后来都活了下来。）阿格达姆一共开了二十枪，最后一枪用于自杀。

枪击开始时，苏珊·沃西基正在二楼开会，她借了一件黑色大衣走出办公室，身后跟着她的工作人员和赶到现场的记者。不久后，她在推特上写道："我们会像家人一样一起疗伤。"警方在接到第一个 911 电话后 3 分钟内赶到，随后是电视摄像机、直升机和联邦调查局官员。圣布鲁诺警察局局长埃德·巴伯里尼（Ed Barberini）在附近的停车场匆忙举行了记者招待会，他说："可想而知，当时的场面非常混乱。"

在阿格达姆的身份和故事得到公开之前的几个小时里，各种猜测纷至沓来。信息公开后，批评人士称，这场悲剧是 YouTube 那反复无常、不可靠的机器给它的一个惨痛教训。但阿格达姆的故事从根本上讲是一个美国故事，一个对心理健康关注不足和轻易就能获取枪支的故事。阿格达姆在圣地亚哥买枪的三个月前，那家商店曾打出促销广告。卖给她武器的店员表示，类似的交易并不罕见。

第 30 章

内外交困：听证会和罢工

星期三，即枪击案发生后的第二天，苏珊·沃西基举行了一个令人动情的全体员工大会，宣布立即加强办公室的安保措施。一位同事后来告诉库尔特·威尔姆斯，YouTube 不应该再像一个随心所欲的科技园区一样，而应该更像电视网和报社，随时准备好应对这种独狼式的攻击。这位同事说："我们应该把自己当作一家重要的媒体公司，这才是我们公司的本质。"

谷歌长期以来一直担心高管的安全问题。谷歌在巴西办事处安装了一个秘密后门，以便在视频或公司的某项决定激怒了当地公民或官员时，可以迅速撤离。枪击案发生几天后，工人给沃西基的办公室安装了防弹墙，员工在刷卡后方可进入。她的安保措施不断加强，包括从得克萨斯州一家公司雇了安保人员，这家公司的员工都是前海军陆战队成员，她家门外也有这些人站岗。一场技术类的会议邀请沃西基到场发言，但她表示，除非会议增加了武装安保措施，否则她不会出席。如果沃西基的安保人员想得到预警，他们只需要到她的网站上去看看就可以了——愤怒的 YouTube 博主和"键盘侠"发现，他们的失败都可以归咎于

YouTube 的 CEO，一位犹太人，还是位女性，许多人对这两种身份都心怀怨恨。一年后，一名以低俗闻名的十四岁的 YouTube 博主，在镜头前直接对沃西基发出死亡威胁。

枪击案让 YouTube 的每个人都意识到他们责任重大——他们控制了一个为数百万人付费的系统，给这些人提供了一个几乎没有任何规则和限制的舞台，然后却又将其中的大部分好处都迅速拿走了。YouTube 的一位主管珍妮·奥康纳（Jennie O'Connor）在枪击案发生前一个月，开始管理一个新的部门，处理网站上出现的问题和威胁。那个星期二她请了病假，在家里看到了这一切恐怖事件的发生。她回忆道："这更加凸显了我们所做出的决定的重要性。我们必须在避免过度执行的情况下，真正做到'让 YouTube 进入一个安全空间'。这会产生实实在在的现实性后果。"

沃西基特别担心创作者会被施加更多限制。枪击案发生后的几天，谷歌 CEO 皮查伊和联合创始人谢尔盖·布林来到 YouTube 的办公室，并会见了一小部分管理层成员。作为 CEO，皮查伊谨慎地避免过多干涉 YouTube 事务，一位同事表示，其中部分原因是出于对沃西基与谷歌创始人之间密切关系的尊重。在所有的公司领导人中，YouTube 的 CEO 似乎是唯一一个能与谷歌 CEO 平起平坐的人。在办公室内部，皮查伊建议为广告商采取更多措施，避免让他们接触到有麻烦的 YouTube 博主。沃西基直言不讳地回答："我们已经做得够多了。"一句话就把问题压下去了。

但枪击案确实让沃西基的一项计划冷却了下来。多年来，YouTube 一直准备"煮沸海洋"，并通过其"点球成金"（Moneyball）项目重新为创作者制订付费方案，部分原因是为了资助那些让人心生敬意的视频，比如关于性教育或关注自杀问题的视频，但这些视频都让广告商避而远之。根据这项计划，YouTube将不再根据视频上的广告量向创作者支付费用，而是根据点赞量、评论量、观看时长等指标，按参与度统一计算费用。这样感觉更加公平，可持续性更强。

YouTube向一些创作者简要介绍了这个雄心勃勃的计划。3月，沃西基正式将这个计划告知员工，并让他们不要对外泄露此事。

这个项目虽然没有被泄露出去，但也没有被孵化出来。政客和批评人士一直在抨击社交网络，称其以牺牲准确性、文明和其他一切为代价来换取"参与度"。他们也抨击了YouTube。社会学家泽奈普·图费克奇（Zeynep Tufekci）3月在《纽约时报》一篇题为《YouTube，伟大的激进主义者》的专栏文章中写道："我们看到的是对人类天然欲望的算计和利用：'在幕布后面'寻找，深入挖掘对人有吸引力的东西。"皮查伊本来已经批准了YouTube的"点球成金"项目，但由于担心会加剧人们的这种担忧，他又改变了立场。一些工作人员曾计算过，新的参与模式会让洛根·保罗这样无所顾忌的网红获得更多收入，远远超出YouTube上的大部分新闻媒体。

然后，这场办公室枪击案——一位暴力的创作者因服务彻底改变而感到不满——彻底终结了这场关于"煮沸海洋"的讨论。

* * *

那年，震惊YouTube及其母公司的还有另一股力量。报纸专栏作家和政治家并不是唯一向公司发起攻击的人，公司员工也开始这样做了。

休完产假后,克莱尔·斯塔普顿觉得自己好像回到了另一家公司,每个人都突然变得战战兢兢。她无法确定具体是在哪个时刻发生了这种转变,可能是枪击案发生之前的那个情人节,在"黑人历史月"期间,她的团队在 YouTube 的推特账号上发了这条推文:

玫瑰是红色的
紫罗兰是蓝色的
订阅黑人创作者。

这很可爱,很符合推特风格,而且有关价值观。她的团队不断接收到一个命令:我们需要为我们的价值观努力。前一年夏天,服装品牌 Patagonia 推出了第一个大型电视广告活动,呼吁保护公共土地(明显是向特朗普发起攻击)。当时,YouTube 的营销主管在部门里转发了一篇关于此事的文章,并补充道:"为此*点赞*。"斯塔普顿被告知,这是来自高层的指示:"苏珊想让公司*站出来*。"斯塔普顿的团队不得不为沃西基制订方案,将性别平等作为一个核心价值观。品牌团队在 2018 年准备的一份文稿中写道:"作为一家拥有女性 CEO 的全球科技公司,我们准备在性别平等问题领域成为领导者。"文稿中还呼吁公司在心理健康、移民、LBGTQ 事务和种族正义方面坚定自己的立场。斯塔普顿的团队经常讨论如何对抗算法不怎么推荐有色人种创作者视频的习惯。YouTube 邀请了一些嘉宾,就系统性种族主义等话题在一些线下活动中发表演讲。这首发在推特上的诗歌似乎很符合"黑人历史月"计划。

"我支持所有创造者。"一个白人头像的网友在下面评论道。

这是一个可以预见的反馈。一个高赞的回复只是简单地写着："不。"公司对此表达了反对。公司高管阿里尔·巴尔丹经常被安排处理被 YouTube 的变化搞得焦头烂额的创作者的问题，他对公司的这种回复表示担忧："我们为什么要蹚这个浑水？"从那时起，斯塔普顿的老板不得不审批每一条官方推文。一位营销同事后来回忆，YouTube 发过一条关于跨性别创作者的推文，有三十名员工参与了相关讨论，而且还要获得上级审批才能发布出去。

为了庆祝国际妇女节，YouTube 曾聘请过一家广告公司，进行了一项吸引美国中心地带的促销活动。内容一出来，抱怨就来了。①"太两极分化了。"斯塔普顿的老板总结道。在斯塔普顿看来，与其说是公司站了出来，还不如说是把头埋进了沙子里。她回忆道："我们对 YouTube 应该代表的价值观感到失望和困惑。"

特朗普入主白宫两年后，有关性别、种族、价值观、言论和权力的对话，发生了剧烈变化。关于哈维·韦恩斯坦性虐行为的报道在好莱坞引起轩然大波，让人们开始重新审视这些文化产品的制作人。其他媒体巨头也纷纷迅速倒下。斯塔普顿和一些同事以互联网的超级时速追踪这些事态的发展。对于经历了各种丑闻的 YouTube 来说，"#MeToo"运动似乎成了它的救赎：媒体中一些响当当的看门人，竟然是以女性的事业作为要挟的可恶男人。但谷歌已经失去了引导这些对话方向的兴趣，也不再插手其中。批评人士从左翼角度发起攻击，保守派则指责谷歌的左翼员工审查右翼人士的视频和观点。

当时，谷歌已经设法躲过了最大的威胁：政客。尽管谷歌在欧洲仍然需要面对监管问题，但在美国基本不受影响，虽然它明

---

① YouTube 的一位发言人表示，该广告公司的问题不是产品内容过于两极分化，而是因为产品"没有按照要求交付"。

显垄断了在线广告、地图、电子邮件、网络浏览、视频和信息市场。

谷歌是如何躲过政治攻击的？首先，公司 2017 年花了 1700 万美元在华盛顿特区游说，这笔支出比其他任何机构都多。一位谷歌员工借两名徒步旅行者遇到熊的老笑话，给出了另一种解释：一个人赶紧跑，另一个人则弯腰系鞋带。"*你为什么要系鞋带？*"前者问道。"*我不需要比熊跑得快，只要比你跑得快就行了。*"后者回答。谷歌的幸运之处就在于，它的徒步旅行伙伴脸书跑得太慢了。

就在 YouTube 面临的压力陡然增加之际，脸书栽了跟头，剑桥分析公司丑闻爆发。一家咨询公司居然在脸书上收集数据，为特朗普的竞选活动做心理分析。愤怒和关注点又回到了这家社交网络上。谷歌发现，低调行事是最好的选择。

也许这也反映了其领导人的气质。谷歌的 CEO 皮查伊性情温和，善于思考，他对问题倾向于达成共识，而不是对抗。谷歌的一些人认为这是优柔寡断的表现，一位前高管将皮查伊批准 YouTube "点球成金"项目的原因，归结于他胆小怕事。但也正是因为皮查伊，谷歌才得以免受脸书那样的丑闻影响。

这种情况一直维持到 2018 年夏天。

皮查伊接管谷歌时，认为谷歌的未来主要取决于两个领域的发展：一是云计算销售商业软件，二是新兴市场的互联网消费者，他称其为"下一个 10 亿用户"。谷歌已经和五角大楼签订了一份合同，为无人机提供计算机视觉，这相当于为利润丰厚的政府云交易铺平了道路。五角大楼的交易在谷歌内部引发了持续数周的激烈抗议，6 月，谷歌做出让步，承诺不再和五角大楼续签合同。

谷歌惹恼了华盛顿的立法者和军方官员，这些人将谷歌的举动视为对华盛顿不敬，只考虑自己的利益。特朗普对谷歌在五角大楼的烂摊子以及该公司操纵信息对保守派审查等传言借题发挥。"他们最好小心一点，不能这样做事。"这位总统在8月份怒气冲冲地表示。特朗普的盟友则攻击硅谷平台滥用其受"第230节"保护的地位，在该法律条款的保护下，靠用户生成内容的网站可免于承担责任。得克萨斯州共和党人泰德·克鲁兹（Ted Cruz）在听证会上斥责马克·扎克伯格未能按照第230节的规定让脸书成为一个"中立的公共论坛"。事实上，法律对此并无要求，但这种咄咄逼人的威胁产生了效果。[①]在谷歌内部，政策团队成员被要求对任何与第230节规定相关的事情，以及任何可能让谷歌看起来像是在扮演出版商角色的事情，都要格外谨慎。

YouTube又恢复了当年处理维亚康姆诉讼时的那种高度警惕。一名负责为广告商清理视频的工程师，开始自发搜寻可能会制造麻烦的片段，直到YouTube律师出面制止。一名YouTube销售代表要求亲手挑选优质视频（他回忆说，那是因为算法只会挑出"恶作剧和约会专家的视频"），直到被告知这会损害公司的法律地位。一位高管开始收集令人担忧的视频，做成电子表格，还根据被他称为"极度种族主义"的指标评分，直到被告知YouTube不应该主动搜索此类内容。园区枪击案发生后，一名员工试图统计YouTube评论中出现枪击威胁的频率，直到发现这样做也不可以。在公开场合，YouTube领导人尽量淡化其政治作用。

虽然特朗普主要使用的平台是推特，不怎么用YouTube，但这也无济于事，因为他最极端的支持者在YouTube上非常活

---

① 事实上，法律规定，网站要努力限制被视为"淫秽、猥亵、淫荡、肮脏、过度暴力、骚扰或其他令人反感"的内容。

跃。大选前，有关希拉里·克林顿健康状况的可疑视频在有线电视新闻里播出，学者贝卡·刘易斯（Becca Lewis）开始调查YouTube 上的右翼势力。刘易斯追踪了 2017 年开始的十五个月的相关视频，发现很多主流 YouTube 博主，如乔·罗根，都给边缘人士提供了播放时间。[①] 刘易斯总结道，右翼 YouTube 博主之所以能够蓬勃发展，是因为他们的功能与主流 YouTube 博主非常相似，"YouTube 的机制激励了这些政治影响者的行为"。许多边缘 YouTube 博主利用了可靠的搜索引擎技巧，早在 2015年，YouTube 男权博主大卫·谢拉特就看到，大约每十个关于移民或"西方文明"的视频中，就有一个使用了"白人种族灭绝"和"绝佳替代"之类的标签，在点击其中一个视频后，就会得到大量同类型的内容。

YouTube 领导人努力将边缘性或危险性的内容，与正常的有争议的政治节目区分开来。此外，从数字上看，这两类视频的浏览量都不算大。沃西基告诉《卫报》："要知道，新闻或新闻评论只占我们浏览量的一小部分。"

* * *

虽然新闻或评论视频在 YouTube 上受众相对较少，但一些评论者在网上发展得很好，于是开始在线下开展活动。

2018 年夏天，斯蒂芬·莫利纽克斯开展了巡回演讲，这位大师与年轻的加拿大 YouTube 博主劳伦·萨泽（Lauren Southern）

[①] 学术界很少有人研究 YouTube，部分原因是 YouTube 上面的内容太多了。刘易斯为非政府组织"数据与社会"撰写的报告很有洞察力，而且她做了一件很少有研究人员去做的事，这件事甚至连 YouTube 的工作人员都很少做：看了大量的 YouTube 视频。

搭档。萨泽是一位另类右翼主播，以蔑视多元文化主义以及自称与女权主义者势不两立而闻名，特朗普的白宫给了她一张新闻通行证。一位记者7月拜访了她在多伦多的家，称她家的墙壁上除了一张 YouTube 祝贺她达到十万订阅者的牌子之外，什么都没有。那个月，莫利纽克斯和萨泽在悉尼一个座无虚席的礼堂里演讲。

8月，这两位 YouTube 博主抵达新西兰奥克兰，他们本来在那里预订了一家非常著名的音乐厅，但音乐厅最终取消了他们的场次。两个人在 Newshub 电视台上讲述了这件事。

Newshub：完整采访：劳伦·萨泽和斯蒂芬·莫利纽克斯
2018年8月3日　13:46

"我们国家被称为'大熔炉'。"电视主播帕特里克·高尔（Patrick Gower）开始说道。他问这两位嘉宾，该如何理解他们二人关于多样性算是一个"弱点"的看法。萨泽反问道：如果这个"大熔炉与'创造世界上一切最美丽文化的西方'背道而驰"，那么它能有多伟大？高尔惊呆了，暂停片刻，转而询问莫利纽克斯关于他认为某些种族的基因弱于其他种族的观点。"我从来没有这样说过。"莫利纽克斯回答，他很擅长辩论。这位 YouTube 博主表示："社会科学中最确定的一项指标是智商。"在演讲中，高尔打断了他的发言，表示这么做的原因是莫利纽克斯的主张纯属"抱怨"，"要考虑观众的接受度"。莫利纽克斯说："相信我，观众对我们要说的话很感兴趣。"

电视台在 YouTube 上发布了这段采访后，一位将自己的频道宣传为"学习高级社交技能,从生活中获得你想要的东西"的 YouTube 博主,上传了自己的评论视频,标题为《凶残!斯蒂芬·莫利纽克斯和劳伦·萨泽完胜帕特里克·高尔(肢体语言分析)》。这段视频的观看次数很快就达到了原视频的近两倍。

* * *

随着时间推移,谷歌也不得不开始处理政治问题。2018 年 12 月,桑达尔·皮查伊终于在国会山现身。国会曾于 9 月邀请他参加一场关于选举干预、隐私和硅谷其他问题的听证会,皮查伊和拉里·佩奇都拒绝了邀请,于是议员在脸书和推特的高管席位之间,给谷歌留了空位,并放上空白的名牌,这比亲自出席造成的政治损失可能更大。因此,在谷歌因缺席而遭到批评后,皮查伊独自前往国会接受了三个小时的质询。

他穿着深蓝色的西装,坐得笔直,双手放于桌面上,议员叫他的名字时发错了音,他也不纠正。一位激进分子,穿得像是《大富翁》(Monopoly Man)游戏中的角色,坐在皮查伊后面几排。这位 CEO 在回答问题时表示:"总体而言,我们不是一家社交网络公司。"他甚至开玩笑说,Google+ 已经一败涂地了。一些谷歌管理层人员坐在这位 CEO 身后,他们深知 YouTube 算是社交网络(内容靠用户生成、管理松散、规模庞大)。政客们指责脸书和推特的那些问题,同样也在 YouTube 上存在,还有被人们批判的有政治偏见的审查行为。谷歌一些负责政治工作的员工私下抱怨说,YouTube 给公司带来的麻烦远比好处要多。谷歌的主要业务是搜索广告,主要基于人们的查询行为和所在位置,并不依赖历史记录和跟踪行为,而批评人士批判的正是这种不透明、侵犯隐私的功能。YouTube 的商业模式依靠的确实是这些功能。

在一次内部电话会议上,一名谷歌政策员工提议将YouTube与谷歌剥离开来。一些熟悉内部辩论情况的人表示,他们确实认真考虑过这个问题,但其他人则认为这只是一些"被夸大了的"闲言碎语。

在国会山,没有人盘问皮查伊这件事。像许多年长的美国人一样,这些立法者可能很少访问YouTube,当然也不靠它获取新闻。(谷歌在华盛顿特区的一位运营商表示,当沃西基来访时,公司活动很难引起人们的兴趣,因为这里很少有权力人士知道她是谁。)

但随后马里兰州民主党人杰米·拉斯金(Jamie Raskin)向皮查伊丢出了一个"曲线球":"你知道Frazzledrip是什么吗?"

是的,皮查伊大体上知道。他解释说,当天他的手下向他简要介绍了这件事。拉斯金拿出一份前一天的《华盛顿邮报》,读了一段关于Frazzledrip的报道,然后说,这就是Frazzledrip,一种和"比萨门"①(Pizzagate)类似的阴谋论,在当时已经演变成了像邪教一样的运动。拉斯金问:"你们公司对此有什么政策?"

当时,YouTube正在大规模调整其推荐系统,以便将阴谋论视频和其他被视为"有害"的视频丢进惩罚箱。但这一调整还不打算向公众公开,因此皮查伊没有提及。"我们正在推进这方面的工作。"他回答道。

国会议员继续追问道:"所以你的基本立场是,面对一场雪崩,你们什么都做不了,是吗?"

"我们确实在努力解决棘手的问题,"皮查伊避重就轻,没有

---

① 美国有很多民众相信,一个仍然逍遥法外的地下娈童犯罪集团中,牵涉到民主党内的一些高层人物,他们碰头的地点是在华盛顿特区的一家比萨店,故称之为"比萨门"。——译注

直接给出否定的答案,"我认为,我们有责任确保 YouTube 是一个能够自由表达的平台,它是负责任的,会对社会做出积极的贡献。"

* * *

克莱尔·斯塔普顿的品牌营销团队设法避开了 Frazzledrip、YouTube 上古怪的边缘地带和大部分政治事件。2017 年,特朗普的白宫曾邀请 YouTube 安排一些视频博主在底特律推广一个编码项目,但 YouTube 一个人都招募不到。一位同事曾告诉斯塔普顿,YouTube 上保守派杂谈节目赚钱能力很强,一些谷歌人更是开始称 YouTube 为"纳粹的 CNN"。斯塔普顿认为,杂谈节目就在 YouTube 这片广阔的海洋里打转。"那里发生很多事情,"她回忆道,"感觉像是一个有毒的污水池。"

那年春天,斯塔普顿在另一场危机中坐到了前排。6 月,在"同志骄傲"大游行活动将 YouTube 算作企业赞助商之前,酷儿创作者再次抱怨视频被限制,广告被删除,更为糟糕的是,一些没被删除的竟然是宣传同性恋转化治疗团体的广告。汉克·格林称这些广告"卑鄙无耻、令人作呕"。YouTube 道歉并解释说,虽然这些广告没有违反政策,但 YouTube 用户可以禁止某些类型的广告在他们的频道中播放。(尽管许多创作者并不完全明白如何做到这一点。)事后,斯塔普顿看到了 YouTube 政策团队的一份文件,才明白了这是怎么回事。该文件指出,发生这种情况的原因是系统会自动对"长尾"部分混乱的视频和广告分类处理,因此这类危机之后还将不断出现。为了解决这个难题,YouTube 必须做一个选择——要么彻底改写规则,安抚某些利益相关人士,如酷儿创作者,要么完全放手。YouTube 不可能让所有人都满意，或者用斯塔普顿的话来说就是，它不可能是"自由主义偶像、姐妹加油、#同志尊严和自由意志主义者彼得·蒂尔（Peter Thiel）等所有人一起生活的地方"。

但她的公司常常希望两者兼而有之，毕竟，谷歌和硅谷都很看重多样性。这一矛盾在"同志骄傲"大游行事件后的几个月里都让斯塔普顿很愤怒。

在得知公司已经做出选择后，她忍无可忍了。

10月25日，星期四，她离开YouTube在切尔西区的办公室，回到自己位于布鲁克林的公寓，把蹒跚学步的孩子哄睡后，倒了一杯红酒，打开笔记本电脑，点击了一个公司邮件分组列表，这是她经常使用的妈妈组，在邮件里贴上了《泰晤士报》早间关于她公司一则头条新闻的链接。**点击发送。**

> 2014年10月，安卓手机软件的创始人安迪·鲁宾离开谷歌，谷歌给他安排了一场英雄般的欢送会。公司没有公开的是，一名员工指控鲁宾先生有不正当性行为。

《纽约时报》的报道称，一名女性指控长期作为谷歌领军人物的鲁宾，在酒店房间内对她性骚扰。保安人员在鲁宾的工作电脑中发现了相关的视频，报纸还曝光了他发给一名女性的一封邮件，邮件中写道："'被拥有'的意思差不多就是，你是我的财产，我可以把你借给别人。"《泰晤士报》指出，在掌握了这些材料后，"谷歌本可以解雇鲁宾，不给他任何补偿，相反，公司却给了他9000万美元的离职大礼包"。（鲁宾否认强迫该女子发生性行为，并否认这些指控，称这是他的前妻在离婚诉讼中对他的"诽谤"。）

斯塔普顿读完了这篇文章后，立即参与了谷歌内部的讨论。

皮查伊通过电子邮件道歉,称这篇文章"让人读起来很难过",并告诉员工一个令人震惊的事实——谷歌在过去两年中,因性骚扰问题解雇了四十八名员工。《泰晤士报》的报道称,是拉里·佩奇和谷歌的董事会批准了鲁宾的9000万美元离职金。公司里一些人认为,这是一个标准的离职方案,旨在防止高管为竞争对手所用。时任谷歌人力资源总监的拉斯洛·波克后来表示,他当时建议佩奇一分钱都不要给鲁宾。

晚上7点58分,斯塔普顿给妈妈组发了一条消息。她写道:"谷歌的女同胞(及盟友们)现在真的很愤怒,我想知道我们该如何利用这一点来推动一些真正的改变。""公开信还是罢工?"她问道。罢工吧?第二天,公司里人们仍然很愤怒。那天下午,斯塔普顿做了公司训练他们在面对争议时需要做的事情:建了一个"女子罢工"邮件组,邀请其他人加入。星期六早上她醒来时,已经有二百多人报名了。

一切都在飞速进展。一名谷歌员工建议大家向管理层提出需求,另一名员工开始整理人们提出的各种需求。男员工也加入了这个邮件组,斯塔普顿扩大了范围。一些人指责谷歌对特朗普过于友好,没有骨气;一些人为谷歌的合同工,如YouTube的外包审核员,感到难过,觉得他们获得的报酬和福利水平太低了。所有员工都看到了"#MeToo"运动从一个行业发展到另一个行业,社交媒体加速了它的发展,现在轮到科技行业了。

五位同事加入了斯塔普顿的行列,建立了一个临时组织委员会。他们选择在11月1日星期四罢工。他们通过一个加密的消息应用程序聊天,但也使用自己公司的工具——谷歌文档和谷歌日历。(斯塔普顿提议将抗议活动称为"#MeGoo",但被否决了。)人力资源和宣传人员也加入了邮件组,这似乎没有什么问题,谷歌一直鼓励员工表达他们的担忧。

星期一，斯塔普顿穿了一件"女性代表未来"的T恤来上班。参与活动的人目前已经突破了一千人。她又发了一封邮件，问："你为什么要参加罢工？"于是收到了成百上千个回复，都是关于性别歧视、种族主义和性骚扰的故事。斯塔普顿后来写道，这是"一座幻想破灭的纪念碑"。

星期二，皮查伊在全公司范围内发送了一封电子邮件，称他先前的道歉"不够"，并向员工保证，谷歌将支持星期四举行的罢工。斯塔普顿想，谷歌这是想通了——**如果不能打败我们，就加入我们**。

星期四早上，谷歌经理兼罢工组织者埃里卡·安德森（Erica Anderson）带着女友送她的一袋代表好运的苹果酒甜甜圈来上班了。她的女友是YouTube上的美容达人英格丽·尼尔森。尼尔森也关注了谷歌的活动，认为它反映了YouTube的变革。她看到LGBTQ和关注性别问题的创作者不断因资金和浏览量问题而挣扎，而欺凌者和捣乱者则在排行榜上飙升。她回忆道："真正给人造成伤害的人，不仅上升到了最高位置，还得到了数百万的报酬。这看起来是一种倒退。"

当天上午11点刚过，斯塔普顿披上绿色军夹克，带领三千多名同事走出办公室，来到哈德逊附近的一个小公园，靠扩音器聚集在一起。伦敦、新加坡和苏黎世也有人罢工。听到一名女工程师讲述自己在一次公司活动中被同事下药的经历，抗议者们流下了眼泪。谷歌员工举着标语，上面写着："科技公司，说好的不作恶呢？"总共有两万多名员工在五十个城市发起抗议，这是白领阶层的行动主义和特朗普时代情绪宣泄的开创性时刻，是一项可以真正"煮沸海洋"的运动。技术人员的反叛行为占据了全国的新闻头条，这似乎让公司感到骄傲。谷歌首席财务官鲁斯·波拉特（Ruth Porat）将这一事件描述为："谷歌人在做谷歌人最擅长的事情。"

斯塔普顿很快就会发现，这种认可的光环仅仅维持了大约两个月的时间。谷歌的高管和造反者，就像 YouTube 上的文化斗士和声音最大的人一样，互相打着招呼，彼此擦肩而过。

第31章

头号网红重回 YouTube

谷歌的罢工活动表明，许多谷歌员工对公司的坚定信念出现了裂痕。YouTube 平台上也发生了类似的事情。

网站成立初期，为网站提供内容的人相信 YouTube 是一个共享项目和共享社区。随着 YouTube 的发展和分化，忠实的创作者和粉丝对它的信心越来越少。到了特朗普时代，很多人已经完全放弃了这个想法，准备发泄愤怒了。

一切从威尔·史密斯（Will Smith）开始。

**YouTube：YouTube 回放 2018：
回放的控制权属于每一个人**

2018 年 12 月 6 日　8∶13

这位前"新鲜王子"[①]（Fresh Prince）开启了 YouTube 的年度回顾短片。YouTube 博主和粉丝对这个短片百般挑剔，

---

① 威尔·史密斯是美剧《新鲜王子妙事多》(*The Fresh Prince of Bel-Air*) 的主演，所以这里称他前"新鲜王子"。——编注

在里面寻找认识的脸,挖掘热门趋势和现象。各种画面一闪而过。众多 YouTube 博主跳起了 K-pop,还有游戏《堡垒之夜》(Fortnite)、ASMR 视频、"鲨鱼宝宝舞"、慈善机构、变装表演者,以及"所有在 2018 年找到自己话语权的女性"。

对于 YouTube 圈以外的人来说,这段视频似乎没有什么危害。

但事实并非如此。在经历了两年的经济动荡和剧变之后,YouTube 选择在这一时刻放松下来。这段视频展示了一些传统媒体代表人物[威尔·史密斯、约翰·奥利弗、特雷弗·挪亚(Trevor Noah)],这是对许多 YouTube 本地用户的侮辱。视频中还展示了许多非英语国家的创作者——韩国、巴西和印度的 YouTube 超级网红,但爱热闹的美国粉丝并不认识他们,而且这段视频掩盖了这一年中许多重大但不光彩的时刻:美容达人之间的恩怨,洛根·保罗新发展的、被炒得沸沸扬扬的拳击事业。2018 年的"回放"视频让人感觉很陌生,但是对广告很友好,非常**企业化**。

群众发声了。在一周内,超过 1000 万人点击了视频下那个拇指朝下的图标,使其成为有史以来最不受欢迎的视频。YouTube 博主自然也制作了有关"回放"视频的视频。PewDiePie 在这样一段视频中告诉观众,**他发现 YouTube 的营销视频"与社区和创作者非常脱节"。但是他也补充道,YouTube 现在红人太多,很难管理,有大约 2000 个频道的用户都超过了 100 万,"不可能取悦所有人"**。

菲利克斯·卡尔伯格在屏幕上变得更加疯狂。他开始了一种新的形式,"Pew 新闻",猛烈抨击媒体评论和 YouTube 上的博主同行,就像网络版的霍华德·比尔(Howard Beale)。他把胡子留到托尔金笔下小矮人的长度。他在YouTube上的一场视频游戏直播中，一时兴起说出了"黑鬼"这个词，因此不得不又一次在YouTube上道歉（"我真是个白痴"），又一次被媒体批评。在一段"Pew新闻"视频中，他剖析了洛根·保罗的道歉之旅：在日本自杀森林视频事件后，这位明星上了日间电视节目，摆出一副无辜的样子，制作了一段关于自杀倾向的视频。人们建议卡尔伯格也这样做，但他告诉观众，他感觉这样"非常不真诚，我宁愿通过自己视频的力量，随着时间的推移，让人们看到我已经改变了"。

不道歉可能会影响他的收入，但绝不会影响他的观众规模。及至2018年秋天，PewDiePie的订阅量超过了6000万，粉丝在卡尔伯格遇到困难的时候也更加忠诚了。尽管如此，他的观众量增长速度还是不够快，眼看着就保不住他的"王位"了。

那年8月，相当于YouTube数据分析工具的Social Blade网站发布了一张图表，显示PewDiePie即将失去订阅量最高的YouTube头号网红头衔。挑战他的是"T系列"——一家大型印度唱片公司、宝莱坞工作室和娱乐巨头。随着智能手机在印度各地普及，"T系列"开始在YouTube上频繁发布视频，把互联网介绍给了数千万的宝莱坞爱好者，这些观众中大部分都从未拥有过电脑甚至电视。"T系列"是YouTube"头部"部门梦寐以求的热门音乐、票房大亨和流行文化工厂的大集合。作为一家热门的印度品牌，它也与谷歌的"下一个10亿用户"目标相吻合。

然而，在YouTube的大部分用户看来，"T系列"是一个入侵者：大型的企业化媒体，每个月都会推出几十条精美的YouTube视频。老实说，在它开始蚕食YouTube自由文化代表PewDiePie之前，很少有美国人听说过这个频道，也很少有人关心它。不知为什么，PewDiePie，一个瑞典人，整个职业生涯都依赖一家大型公司出售的广告，却成了反建制的傀儡领导。卡尔伯格站了出来。10月，他制作了一段贬低"T系列"节目的视频《贱人千层面》(bitch lasagna)，配上痞子阿姆的说唱旋律和网络喷子风格的歌词。("我是一条蓝眼睛白龙，而你只是一个黑暗魔术师。")这就是典型的PewDiePie——滑稽可笑，讲的是互联网内部笑话(《贱人千层面》借用了一个印度男子求婚失败的表情包)，讽刺某样事物，外人很难看懂。

战斗口号形成了："订阅PewDiePie！"虽然YouTube现在已经习惯被震惊，但这个口号的力量还是又一次震惊了YouTube。隶属于保罗兄弟团的一个顽皮的YouTube用户，为"订阅PewDiePie！"在时代广场购买了一块广告，洛根·保罗还亲自号召他的洛根帮支持PewDiePie。吉米·唐纳森(Jimmy Donaldson)，被称为野兽先生(MrBeast)，是YouTube上一位正在崛起的新秀，因在屏幕上表演慈善和挥霍行为而闻名。他在家乡北卡罗来纳州的格林维尔购买了一些广告牌，上面写着："呼叫所有兄弟！收藏YOUTUBE！订阅PEWDIEPIE！"一些人还通过入侵打印机、流媒体设备以及谷歌旗下子公司Nest（诗意的）智能摄像头传播这一信息。一个在自我推动下形成的网络流行语诞生。PewDiePie增加了数百万订阅用户。

12月，YouTube在推出一团糟的"回放"视频后，决定以自嘲来应对劈头盖脸的批评。沃西基对员工说，连她的孩子都觉得这段"回放"视频让人尴尬。作为一种有自知之明的表现，YouTube营销团队打算制作一个视频播放列表，里面都是回应"回放"视频的热门视频，这项任务落到了克莱尔·斯塔普顿头上。很多人的反应都是惊愕，包括PewDiePie，他的视频显然很受欢迎。卡尔伯格在 YouTube 有一位高级合作伙伴经理，德国高管艾娜·富克斯（Ina Fuchs），虽然她一直与卡尔伯格保持联系，但自 2017 年大惨败之后，YouTube 就与它最大的网红断绝了公开关系。（当然，YouTube 还是继续在他合适的视频上播放广告。）对于 YouTube 高层来说，目前这种做法越来越难以维持下去，尤其考虑到支持卡尔伯格的呼声越来越高，YouTube 也往往因此沦为被谴责的对象。富克斯和其他同事都认为卡尔伯格是被误解了，公司应该为他提供更多支持。但这可不是什么草率的决定。

斯塔普顿正在谷歌园区做按摩，她的老板发来一封接一封邮件，让她把 PewDiePie 放到"回放"播放列表中，并让信息准确地传递出去。他们还通过电子邮件争论，YouTube 的推特账号是否应该给卡尔伯格的一条推文点赞。斯塔普顿认为不应该。她认为，这位 YouTube 网红"对自己的影响力不负责任"。她也拒绝将卡尔伯格的视频放进播放列表。

但无论如何，卡尔伯格的视频还是出现在列表里了。她的经理让另一位营销人员加了进去，完全绕开了斯塔普顿。

* * *

斯塔普顿本应预见到这种情况。罢工事件后，当她出现在《泰晤士报》和电视里时，一名同事提醒她，这些摆在台面上的活动都是公司内部策划安排的，不怕引起任何回应。这名同事还引用了民权活动家兼作家奥黛丽·罗德（Audre Lorde）的话："因为主人的工具永远不会用于拆毁主人自己的房子。"

斯塔普顿后来这样回忆这一次教训："如果你变成了一个麻烦，那么你剩下的日子就屈指可数了。"

斯塔普顿和谷歌研究员梅雷迪斯·惠特克（Meredith Whittaker）一起成了罢工的代表人物。惠特克还是抗议五角大楼合同的头号人物，她激烈地抗议道，公司在人工智能方面犯了致命的道德错误。惠特克自2006年以来一直在谷歌工作，和斯塔普顿一样，都是老员工了，这有助于她们成为有号召力的倡导者。她们也都是白人。YouTube的一名同事曾不止一次告诉斯塔普顿，他们在PewDiePie等问题上与她意见一致，但没有特权向老板宣战。

谷歌高层对罢工行为的支持并没有持续多久。罢工的组织者没有止步于游行，而是提出了五项要求，其中包括终止薪酬不平等现象以及在公司董事会中设立一个员工席位。罢工后不久，斯塔普顿和YouTube的其他几名女性员工与CEO私下里举行了一次会议。沃西基向她们透露，她事先并不知道关于安迪·鲁宾的指控，觉得很恶心。在这次会议上，员工表示她们担心的问题是YouTube的薪酬差距以及管理层中没有黑人。沃西基表示她之前确实忽视了这些问题，向她们保证YouTube会解决这些问题。会议结束后，一名同事对斯塔普顿说："她根本就是在撒谎。"她们总结道，沃西基知道这些数据，却在推卸责任。"她只是口头上说说而已。"[1] 斯塔普顿回忆道。

这将是她与这位CEO最后一次见面。1月，斯塔普顿的经理通知她，会对她的岗位做些"调整"。根据官方的说法，这是一次员工"重组"，在谷歌是经常发生的事情，但斯塔普顿失去了好几项职责和一半的下属，因此她怀疑有其他动机。她将自己遇到的问题越级上报，得到的建议却是让她和经理"重建信任关系"，或许可以休几天假。公司的意思已经非常明显了。

---

[1] 沃西基通过YouTube发言人表示拒绝对此发表评论。

3月来了,她被邀请飞往加利福尼亚,参加一次"红色代码"康乐活动。"这一定会很有趣。"她在写给同事的邮件里不动声色地表示。

* * *

3月14日星期四,珍妮·奥康纳来到YouTube的"情报台"。公司在"艾莎门"危机过后,于2018年初成立了这个部门,目的是减轻风险。作为部门负责人,奥康纳负责查看YouTube"长尾"部分的视频,及时发现威胁,预判形势,以便YouTube的审核员和机器可以充分解决问题。奥康纳招募了前情报官员和创作者经理加入她的团队,从而更好地把握网站的脉动。一位老同事说,奥康纳在公司工作十二年了,对谷歌"了如指掌"。最关键的是,她曾在尼尔·莫汉手下从事产品开发工作,仅比他低一个级别。"除非你从事的是产品工作或编写代码,否则无法造成任何影响。"前YouTube设计师曲弘解释道。

在她的新工作中,奥康纳需要尽快解决存在的问题。她以前做过高中数学老师,了解孩子们现在所做的一些疯狂的事情,比如"安全套挑战"(在安全套里装满水,砸到脑袋上,就变成了像鱼缸一样的头盔,这在网上很流行)。有时奥康纳的部门会遇到让他们措手不及的事情。比如在2月份,一名YouTube博主曝光了恋童癖者如何在儿童视频下面的评论中使用编码链接和短语,又引发了一波广告商的抵制活动。奥康纳团队行动迅速,在两周时间内,删除了数百万条视频底下的评论,推出了一个更高效的人工智能评论分类器,并设置了更严厉的惩罚措施。奥康纳组建了一个由"紧急事件指挥官"组成的全球轮岗团队,确保随时有人待命,应对此类紧急性的灾难事件。作战室、情报室、紧急事件指挥官——这些战斗性的语言,让每个人都觉得 YouTube 是在与敌人做斗争。

星期四,美国总统特朗普关于修建边境墙的应急方案被参议员否决了,于是他到推特上发了一条:"否决权!"同一天,日本的一名谷歌员工将圆周率计算到小数点后第 31 万亿位,打破了吉尼斯世界纪录。奥康纳一天的工作就这样顺利结束,她离开 YouTube 办公室,回到家,收拾好了准备休息。这时,有关新西兰的电子邮件进来了。

* * *

恐怖分子是澳大利亚人,二十八岁,在悉尼北部的一个城市长大,喜欢玩电子游戏,浏览像 8chan 这样闭塞论坛的留言板。他的父母离婚了,母亲遭到后来的伴侣虐待。二十岁之前,他的父亲因患癌症去世了,但因此获得了赔偿金,给孩子留下了大笔财富。这名恐怖分子经常独自旅行。后来的一份政府调查报告称:"他无法与别人建立持久的关系。"他是白人,并且自认为是欧洲人,这两者都是优越感和身份的标志。但白种人和欧洲国家现在都受到移民人口增加的严重威胁,这是他对"大替代理论"的理解,他还在网上传播这个观点。

他经常看 YouTube,并订阅了一些频道。他会在 Lads Society 频道发帖,这是一个极右派的互联网俱乐部,在脸书席卷了所有公共群组后,它成为这个社交网络中的一个论坛。"伙计们,记得订阅 PewDiePie。"这很可能是他开启大规模杀戮之前说的最后一句话。没有证据表明他看了 PewDiePie 的视频或受到 PewDiePie 的鼓动,他说这句话只是为了获得关注。

2017 年年初,这名年轻人给一个美国白人民族主义智库和斯蒂芬·莫利纽克斯的自由域电台捐了款。(莫利纽克斯在一份声明中表示,他"立即谴责了这名新西兰恐怖分子"。①)那年春天,这名恐怖分子在法国的一次旅行中,看到移民在购物中心散步,称他们为"侵略者"。他后来在网上写道,在这一顿悟的引导下,他走向了暴力。但在此之前也有一些迹象。他的家人告诉当局,2016年年底,他从一次旅行回来后,像"变了一个人一样"——他变得强硬、极端。他的母亲很担心他的心理健康。特朗普当选后,他在网上发布:"爱国者和民族主义者胜利了。"后来,在论坛小组中,他写道:"我们最大的威胁来自非暴力、生育率高、社会凝聚力高的移民。"他从书籍、论坛、4chan、脸书小组里,阅读并吸收了大量关于"大替代理论"的材料。

新西兰政府事后审讯了这名恐怖分子。相关报告指出,有一项服务对他造成了最重要的不良影响,报告的结论是:"此人称,他不常访问极右翼网站,但YouTube是他的重要信息来源和灵感来源。"

发动袭击前两天,他在自己的脸书页面上发了几十个链接,包括生育率数据和一份关于亚洲帮派暴力行为的英国小报报道。②他发了许多YouTube视频的链接,包括20世纪30年代英国法西斯的演讲,关于欧洲混乱局面的新闻片段,等等。在一段拉脱维亚民歌视频旁边,他写道:"这就是他们想要摧毁的东西。"他

---

① 莫利纽克斯还写道:"新西兰枪手确实为我的节目捐过款,但那已经是很早之前的事了。我一直提倡言论自由,以和平和理性的方式解决争端,并强烈谴责恐怖主义,因为这严重违反互不侵犯原则,根据这个原则,除了即时自卫之外的暴力都是邪恶的……显然,他不接受我的互不侵犯原则,并做了与我的主张完全相反的事情,反对我所代表的一切。"
② 这些脸书帖子是由《新西兰先驱报》的调查记者Matt Nippert提供的,他在剑桥大学做研究员时,对基督城枪击案进行了研究。

后来告诉调查人员，他跟着 YouTube 上的教程组装了自己袭击所用的枪支。

2017 年，他搬到了新西兰南部的但尼丁，在那里过着平静的生活。在他犯下大规模谋杀罪后，新西兰人非常想弄清楚他为什么要这么做。"他什么都不是，"调查他生活情况的记者柯斯蒂·约翰斯顿回忆道，"他只是一个很普通的种族主义者，既有钱，又有闲。"

彼时，哈吉-达乌德·纳比生活在基督城一个让人敬慕的家庭和社区，七十一岁，已经做爷爷了。他于 20 世纪 70 年代从阿富汗搬来这里，头上至今仍戴着传统的阿富汗帽子。他会修老汽车，喜欢开车送游客去他常去的清真寺。他给移民到新西兰的阿富汗同胞提供指导，也深爱自己的第二故乡。他的葬礼上来了一个哈雷戴维森摩托车车队，这是他喜欢的车。一位朋友回忆道："他既是阿富汗人，也是新西兰人。"纳比称所有人为兄弟。

在那个决定命运的 3 月 15 日星期五下午，纳比站在他常去的努尔清真寺门前，迎接信徒们。下午 1 点 40 分刚过，一名携带 AR-15 步枪和随身相机的男子来到这里，纳比热情地问候道："兄弟，你好，欢迎你！"随后，男子开枪打死了纳比，又到附近的另一个场所，结束了其他五十多人的性命。

* * *

珍妮·奥康纳快速启动放在厨房柜台上的笔记本电脑，那时仍然是加利福尼亚州的星期四晚上。同事们通知她，基督城发生了一起大规模枪击案，袭击者在脸书上直播了他的行为，相关视频已经传到 YouTube 上来了。

YouTube 有数据传输协议，它会根据暴力程度迅速对视频分类，并为审核员和机器制订出相应的规则。奥康纳认为这段视频应被删除，让大家开始操作。夜越来越深，她终于得以休息片刻。

负责审核 YouTube 暴力极端主义内容的专员塔拉·巴丹很早就醒来了，当她在 Instagram 上看到枪击案的消息，顿时哭了起来。她擦干眼泪，打开电脑，开始查看恐怖分子的录像。旁观者的表现更让人难过——做礼拜的人和邻居都哭了，他们觉得这一切令人难以置信。巴丹协助了为审核员撰写指导意见的工作：删除任何重新上传的剪辑，删除赞扬这一暴力行为的剪辑，但不要删除相关的新闻报道。她叫了辆出租车去办公室上班，避免在工作中受到干扰。她整个周末都在家里审查暴力镜头，丈夫帮她把饭菜端到桌子上。YouTube 上充斥着向基督城死亡镜头致敬的视频，煽动仇恨情绪者或狡猾的恶人将这些镜头拼接起来，躲避机器的探测。当整个加州还在睡梦中时，巴丹和她在欧洲和亚洲的同事们正在疯狂灭火。

奥康纳星期五早上醒来后，得知数据传输协议没起作用。起初，她认为 YouTube 需要更多审核员。前一晚她已经连夜求助，希望增派审核人手，但到了早上，发现这样也不行。曾经一度，每秒钟都会有一段新的复制视频出现在 YouTube 上。一位高管后来表示，视频重新上传的速度快得惊人，以至于公司内部一些人怀疑是否有国家行为涉及其中。奥康纳的老板莫汉将其描述为"几乎是为了疯狂传播而人为设计的一场惨案"。

在 YouTube 的发展历程中，病毒式的疯狂传播曾多次给它带来好处。YouTube 被设计为互联网的无底洞存储库——即便是在其他地方首播的视频，如基督城事件的直播，也可以很容易地转移到 YouTube 上来并广为传播。为了保持相关性，YouTube 重新调整了算法，推广更多突发新闻的片段。因此，以前在大规

模枪击事件发生后,首先会打开电视看新闻的人们,现在则会首先打开 YouTube。就连 YouTube 上的一些怪事,比如"订阅 PewDiePie",现在都会成为大新闻。**和社交网络上笨拙的搜索功能不同,在 YouTube 上查找内容非常简单有效。**所有这些让 YouTube 作为一个企业得以蓬勃发展的机制,以及那些人们几乎不考虑它们可能带来的意外灾难的工具,已经成了公司无法扑灭的噩梦燃料。

YouTube 做出决定时,奥康纳正在上班途中拨打电话。YouTube 决定删除所有显示基督城枪击案内容的视频,不仅仅是重新上传的那些,还会在搜索引擎上将整个类别完全删除,让观众无法搜索相关内容。公司取消了行动速度不够快的人工审核,调高了参数,将控制权完全交给机器。

未 来

第 32 章
不断升级的视频安全系统

2019年5月,一块广告牌在旧金山竖了起来,位置就在许多谷歌人过去通勤的那条高速公路附近。广告牌上宣称要拆分大型科技公司。

购买这则广告的虽然是总统竞选人伊丽莎白·沃伦（Elizabeth Warren）,但这种情绪不分政治界限。那年夏天,特朗普的司法部将提起一桩重大案件,指控谷歌的垄断行为。参议员们专门组建了一个小组,讨论在社交媒体中不受控制的人工智能的危险。一位立法者宣称:"这些公司正在让算法自由运行。"争执不断的共和党人和民主党人此时却一致认为,YouTube 等互联网守门人的规模和影响力太大了。

截至那年夏天,YouTube 的许多重大危机都已得到缓解——品牌商不会再无意间偶然出现在边缘性视频中（或者至少没有因此登上新闻头条）,怪诞的儿童内容也已消失,总的来说,在广告抵制事件之后,公司已经对其性情暴躁的网红博主施加约束,并让公司业务悬崖勒马。但这场危机并没有一个明确的解决方案。政府已经决定对硅谷展开治理工作。欧洲官员通过了"第13条"

法规，全面要求网站所有者对版权侵犯行为承担更大的责任，这破坏了YouTube的版权管理流程。许多国家因社交媒体的崛起而措手不及，开始制定行业监管方案。就连达沃斯也开始称脸书为"新型烟草"。虽然YouTube通常会避免以社交媒体的姿态出现，但公司明白，立法者不会只针对脸书制定法律，他们也会针对YouTube制定法律。

风险越来越大，特别是2020年即将到来。《纽约时报》2019年的一项调查详细报道了发生在巴西的情况：YouTube上的伪科学视频影响了抗击寨卡病毒的工作，无处不在的YouTube促成右翼势力雅伊尔·博索纳罗（Jair Bolsonaro）当选总统，他对即将到来的病毒传播提出可疑论断。YouTube早期员工迈卡·谢弗抨击他的老东家为危险理论提供支持，比如疫苗阴谋论。谢弗表示这种情况在他还在YouTube工作的那个年代是不会发生的，因为那时他们对利润的渴望没有那么强烈。他告诉记者："我们那时可能会亏钱，但至少滑板上的狗从来没有杀过人。"2019年6月，一名同性恋创作者卡洛斯·马扎（Carlos Maza）公开谴责YouTube未能阻止另一名视频博主——右翼人士史蒂文·克劳德（Steven Crowder）的种族主义和反同性恋诽谤言论。YouTube的含糊其词激怒了一些员工，在谷歌官方赞助的旧金山同性恋大游行上，几十名谷歌人也在抗议的队伍中，他们举着标语牌，上面写着："YouTube上的骚扰会杀死我们。"

在那年召开的一次会议上，**一名员工问沃西基，她最大的恐惧是什么。她很快回答："监管。"**

YouTube在回应创作者和工作人员的批评时，往往动作非常缓慢，但在政府采取行动之前，它却已经迅速展开行动，开始疯狂的自我监管。那一年6月，公司修改了关于仇恨言论的规则，禁止"为了证明歧视、隔离或排斥的合理性而声称某个团体优越"的视频。任何美化纳粹或否认大屠杀和校园枪击等"有据可查的暴力事件"的视频都将不复存在。在基督城事件之后，公司禁止发布行凶者拍摄的"致命或重大暴力事件"视频。YouTube还更新了骚扰政策，禁止威胁其他创作者。起初，这项政策不包括"公众人物"，但公司对此有所犹豫，因为它创建的服务旨在让普通人也能出名。（该政策后来扩大了范围，将公众人物也包括在内。）YouTube招募了一些儿童发展专家，并启动了一项内部计划（代号："十字路口"），旨在为儿童推广更多教育和健康视频。一名员工表示，人们很快就会意识到，实施所有这些改革措施之前的YouTube，就像没有安装安全带的汽车一样，属于一种公共危害。

但新的安全措施并没有受到人们的普遍欢迎。在宣布更新仇恨言论政策几周后，YouTube在推特上写道，它实施此类政策"不会带有政治偏见"。美国演员小唐纳德·特朗普（Donald Trump Jr.）在下面回复："没人相信你。"YouTube从保守派喜剧演员克劳德的频道中删除广告后，参议员泰德·克鲁兹要求该公司"停止扮演上帝的角色"。对特朗普的右翼人士来说，"仇恨言论"只是硅谷迫使所有人将"自由主义"咽下喉咙的一个幌子。面对这种赤裸裸的政治攻击，YouTube从未反击过，相反，它更加依赖自己的机器。公司负责制定规则，执行权则交给自动化系统，**它认为自动化系统可以更快、更高效地运行，而且不会沾染人类的偏见。机器还可以规模化。**机器对小唐纳德·特朗普没有先入为主的意见。YouTube对这种逻辑的坚持，有时到了令人难以置信的程度。早在2018年，Spotify、Apple、推特、脸书和YouTube在一个月时间内先后禁播了"InfoWars"杂谈节目，将该节目主持人亚历克斯·琼斯全面封杀。这看起来似乎是各大平台在播放琼斯的阴谋论多年后，集体认定他越界了。但并不完全如此。YouTube 冻结琼斯账号的原因，实际上是因为他展示了未成年人被欺凌的内容，这违反了儿童危害条例。（该视频与他关于校园枪击的阴谋论无关。）琼斯随后试图绕过冻结措施，将视频上传到另一个账号，这让他被彻底驱逐。YouTube 利用一个技术性问题将他拉下了马，就像阿尔·卡彭（Al Capone）最终因逃税问题栽了跟头一样。（琼斯当时在 YouTube 上的订阅量超过了 200 万。）

尽管进行了迅速的改革，YouTube 还是在那年秋天遭到了山姆大叔的打击。YouTube 吸引的儿童观众数量绝不少于电视（甚至还更多），但不受任何约束电视的规则限制。YouTube 规定，儿童只能在父母的监督下观看视频，但这条标准的公司路线还是失去了效力。2019 年 9 月，联邦贸易委员会指控 YouTube 违反了《儿童在线隐私保护法案》——该法案禁止在"儿童导向"的媒体上发布针对性广告，并对 YouTube 处以 1.7 亿美元的罚款——这是同类案件有史以来最高金额的罚款。后来，YouTube 不得不将其网站一分为二：每个视频要么标记为"儿童专用"，要么不标记，标记为"儿童专用"的视频，无法播放基于观众浏览情况和个人信息安排的高价广告，这让数千名创作者的收入遭到了削减。

就连 YouTube 的啦啦队队员也开始质疑。帕特里克·沃克在离开公司的欧洲运营岗位后，仍然对 YouTube 发明的"一种全新的讲故事语言"赞不绝口，但他绝不肯让自己年幼的女儿独自在网站上看视频。"我们并没有真正预计到黑暗面的存在，"他回忆道，"这些平台变得如此令人难以抗拒，以至于人们开始失去主导感。"沃克后来组建了一家教育公司"Uptime",旨在让人们不再无意识地滚动鼠标,这与他的老雇主在算法中设定的目标截然相反。

* * *

针对越来越多的攻击,苏珊·沃西基提出了一个解决方案,简称"4R责任":誓将*移除(Remove)*违规视频,*提升(Raise)*"权威"资料排名,给"值得信任"的创作者更多*回报(Reward)*,*减少(Reduce)*打擦边球的镜头。

沃西基在一些会议中谈起过这个理念,在各地接受一些受欢迎的YouTube博主对她的友好访谈时,也谈起过这个理念。那年4月,基督城惨案发生一个月后,第一次留下了她在公共舞台上谈起这个理念的记录,当时那段对话反映出了公司的逻辑和政治策略。

沃西基当时在印度,她宣布YouTube的月访问量超过了2.65亿次,印度是其增长速度最快的一个市场,而一个新的竞争对手TikTok也在那里突然火了起来。她与MostlySane频道的多语种喜剧演员普拉加克塔·库利(Prajakta Koli)举行了一场对话。库利问这位高管,她会在YouTube上看什么。沃西基回答:"我认为我是一个典型的用户,我喜欢看做瑜伽的视频。"她也提到了烹饪和手工制作类的视频。(YouTube上本来是男性用户居多,现在正在努力吸引更多的女性用户,所以沃西基精心设计了这样一个答复。)

沃西基谈到YouTube努力支持创作者的各种方式。然后,她试图解释为什么公司对创作者制作的内容和支付的报酬越来越严格。"如果说我有一个关注点,那就是责任。"但在这里以及在未来的采访中，沃西基非常谨慎地解释说，这一切并不是她和她的公司说了算，而是观众说了算。YouTube对视频排名和推荐时，依赖的是点击量、调查结果和关注度。"所以，这些决定并不是我们做的，"沃西基告诉库利，"而是用户告诉我们的。"她补充道，这是一种"真正突出对我们用户有用、对社会有益的内容的方式。再说一遍，我们不希望是我们决定一切"。

YouTube希望被视为一个负责任的平台，一个支持创作者的平台，而这些创作者可以遵守不断变化的言论规则，宽以待人，保持体面（避免争吵）。YouTube不想被视为这些规则的制定者——甚至不想被认为是为创作者提供了支持，那会给它带来责任保护风险，激怒本来就对它有偏见的保守派，并违背公司的神圣信念——观众为王。在外人看来，这个立场可能会让人感到困惑，但对YouTube来说是非常合理的。

然而，YouTube也确实发布了很多号令。

首先，它确定了每个视频的**责任**程度，并在推广算法中进行相应的排名。这有点像优步：当观众在反馈中给视频打四星或五星（满分五星）时，会进入YouTube的统计范围，YouTube会将这些视频——与调查、点赞等指标——一起输入一个未公开的公式，以确定他们所称的"有价值的观看时长"。更能体现出责任感的视频会带来更有价值的观看时长。但这是一门不精确的科学。一位研究这项功能的工程师回忆道，观众调查的响应率"低得惊人，只有2%或3%，主要来自二十多岁的男性。根据这位工程师的说法，只要不影响正常的观看时长，公司高管就可以通过调整算法来提高有价值的观看时长。通常的经验是，有价值的观看时长增加1%，总观看时长就相应减少0.2%。这总归是一个主观性的判断。（一位发言人表示，公司对这一过程没有任何"硬性规定"。)

为了监控 YouTube 改进后的管理系统,沃西基召开了一个有高级员工参与的星期五会议,她将会议命名为 Roomba,这是一种可以独立打扫地板的小型机器人真空吸尘器,其不工作时会在一边发出咕隆声。(沃西基还将一些实体设备送给了团队成员。)参加这些会议的员工记得,他们经常就一些有政治或文化影响力的特定视频开展辩论,比如喜欢黄脸孔的人气权威史蒂文·克劳德的视频以及带有侮辱色彩的"锚孩子"视频,这些究竟属于讽刺还是有害的种族主义?副总裁们称赞沃西基引入非技术产品和工程领域顾问的举措。YouTube 内部执法团队的人员配备不再为业务增长让步。尽管如此,"Roomba"这个为超过 20 亿全球观众设置的管理理事会,还是反映了谷歌及这个行业的整体状况:大多数是白人和印度裔美国人,学历高且富有。"那个房间里的人看起来都不能代表美国。"一位前高管回忆道。

在"Roomba"会议的辩论中,沃西基很少与人强力争辩,而是倾向于以协商一致的方式做出决定。她不喜欢对相似的视频做出不同的处理,比如将一段讽刺性的视频丢进惩罚箱,而让另一段讽刺性的视频安然无恙。YouTube 认为这种一视同仁的做法值得骄傲。管理人员辩称,YouTube 的规则是为了判断视频的背景,而不是评判视频背后的演讲者,这明显是在嘲讽脸书,因为脸书总是为某位身材臃肿的总统制定临时性的豁免规则。YouTube 的产品主管尼尔·莫汉解释道:"每个人都应受到平等对待。当你和我都没有获得通行证时,为什么一个国家元首能获得?"事实上,在未来几年,YouTube 会以违规为由,删除特朗普、博索纳罗和几位当政官员的视频。

但对某些人来说,这种坚持使用同等标准的做法,可能会导致犹豫不决。一位前高管称之为"Whataboutism"(那又怎么说主义)——这段视频怎样呢?那个又如何?一名员工称,这个决策过程就像是"千刀万剐"。几名前员工哀叹,沃西基和她的领导层优柔寡断,只有在出现负面新闻或财务威胁时才会做出反应,而且更倾向于达成共识,而不是采取行动。资深高管苏珊娜·丹尼尔斯回忆道:"这太荒谬了,每个人都要同意,这样做事非常没有效率。"丹尼尔斯于 2022 年离开了 YouTube,她表示,YouTube 自 PewDiePie 事件以来,确实取得了一些进步,但她总结道:"这家公司过去没有,现在也仍然没有完全准备好。作为一个开放性的平台,它不知道该如何应对潜在的负面后果。"

YouTube 主管珍妮·奥康纳不同意这种说法。她经常在需要为棘手的问题做决定时,与沃西基打交道。比如 2019 年年初,一名 YouTube 博主曝光了未成年人视频下的评论区竟然成了恋童癖的避风港。在危机模式下,奥康纳的团队觉得应该关闭所有儿童视频下面的评论区。她不知道该怎么把团队的这个决定告诉沃西基,毕竟这相当于给 YouTube 的一个核心功能画上句号。没想到沃西基竟然同意了,她还说:"这正是我们需要做的。"奥康纳后来谈到她的老板时表示:"她是有史以来头脑最冷静的人,相当果断。"

当然,沃西基的每一个决定都产生了巨大的连锁反应。例如,广告商对 YouTube 关闭儿童视频评论区的举措表示欢迎。(一位广告机构主管回忆道:"我从未见过谷歌如此迅速地做出反应。")但受影响的 YouTube 博主对此颇有微词,因为评论是观众反馈的主要渠道,而且涉及 YouTube 多年来一直在奖励的一个参与度指标。重大决定从来不可能让每个人都满意,YouTube 也开始接受这一现实。"没有正确或错误的答案,"奥康纳说,"只有利弊的权衡。"

但 YouTube 确实认为监管有对也有错。欧洲版权法的严格程度尤其让 YouTube 震惊。2019 年间，YouTube 重组了政策团队，花费了大量精力和资源来对抗欧洲的方案，添加了一个活动话题标签（#SaveYourInternet），并要求 YouTube 视频博主对这项措施发起猛烈抨击。很多人都这样做了，包括菲利克斯·卡尔伯格——那年年底，他重新获得了 YouTube 的青睐。

4 月 28 日，在基督城事件发生六个星期后，卡尔伯格上传了一段视频，以自己本人的身份向观众讲话，没有任何 PewDiePie 的角色尖叫。他请粉丝们不要再传播"订阅 PewDiePie"的口号了。他说："把我的名字和一些难以形容的邪恶联系在一起，对我产生了莫大的影响。"YouTube 安排了一个团队来处理 PewDiePie 和"T 系列"之间关于 1 亿用户的竞争问题，为应对 YouTube 视频博主、媒体和狂热粉丝可能做出的反应制定了方案。"T 系列"在 5 月份顺利抵达这一里程碑。那个月，YouTube 内部流传了一份关于卡尔伯格的文件，并附上他的合作伙伴经理艾娜·富克斯的笔记。文件里写道，这位 YouTube 大网红希望公司"再次认识他，因为他觉得自己被公开忽视了"。富克斯称赞 PewDiePie "Meme Review"[①] 节目的成功，包括"与其他顶级创作者（如 jacksepticeye 以及埃隆·马斯克）的合作"。该文件中还提到了卡尔伯格对欧洲版权措施的评论。（英国在脱欧后决定不执行该法。）

7 月 25 日，YouTube 邀请卡尔伯格和其他十一名欧洲创作者前往伦敦的维多利亚和阿尔伯特博物馆，为他们安排了一场克

---

① Meme Review 是 PewDiePie 的系列节目名称，该节目每周对 10 个"流行梗"进行评分和评论。

里斯汀·迪奥（Christian Dior）展览的特别参观活动。公司计划举行圆桌讨论会，随后举行私人招待会和晚宴。苏珊·沃西基飞了过来，虽然事先在日程表上没有她参加晚宴的安排，但列出了以下会议：下午5:00至5:30，苏珊和PewDiePie。在圆桌会议开始之前，YouTube准备了一份谈话要点清单：

1. 责任是公司的首要任务。
2. 创作者是公司一切工作的核心。
3. 监管将继续得到推进。

在接下来的几个月里，卡尔伯格将远离新闻头条。他开始在视频中用"哔"声处理脏话，甚至还发布了玩《我的世界》的视频片段，回归早期的视频形式。他参与了YouTube上另一个新生视频类型：拍摄自己观看以前视频时的反应，让老观众在怀旧中重温青春时光。第二年春天，他与YouTube低调地签署了一份关于游戏直播的合同，这是他三年多来与谷歌的首次正式合作。卡尔伯格回归了。

* * *

卡尔伯格和谷歌越走越近，克莱尔·斯塔普顿却和谷歌渐行渐远。工作职责被削减后，她聘请了一名律师，虽然促成了一些逆转，但她仍然感到自己被冷落了，很多邮件已经不再抄送给她，她成了不受欢迎的人。在关于PewDiePie的问题上，她被多数票击败了。基督城事件发生后，斯塔普顿认为她关于卡尔伯格的立场——这位YouTube大网红的影响力具有腐蚀性——能占据上风，但YouTube并不同意，与此同时，谷歌也不打算再与它的罢工煽动者重新合作。斯塔普顿正怀着第二个孩子,她担心工作压力会对她的身体造成伤害。她痛苦万分。(她在一封邮件简报中写道:"我的生命力已经缩小到像康普茶瓶底那些沉淀物的大小和浓度了。")"你为什么不干脆辞职呢?"她的丈夫在一次痛苦的谈话中问道。

"谷歌不仅仅是一份工作,"她答道,"它是我的家。"

斯塔普顿在那次罢工之前从未反抗过,但看到谷歌的价值观和对她的态度急转直下,她感觉像是受了鞭笞。虽然也许谷歌的价值观并没有改变,但她的价值观绝对已经改变了。曾经的一位同事表示,"如果没有去 YouTube 工作",斯塔普顿就不会这么激烈地抗议公司。如果她没有为该网站工作过,就不会那么接近人性的丑恶,也不会那么善于将丑恶的事物进一步放大。谷歌罢工事件的组织者中,有一半是为 YouTube 工作。那年 4 月,在葡萄酒之乡静修一个月后,斯塔普顿和另一位被排挤的罢工组织者梅雷迪斯·惠特克写信给同事,详述了她们经历的苦难,并呼吁采取更多行动。她们用一个词来形容谷歌的行为——"报复"。斯塔普顿现在清楚地听到了谷歌的消息:**你不再属于这里了。**

她终于在 6 月离开了,当时的场面令人很是心酸。一些同事在切尔西的办公室向她告别,一名安全官员等在旁边准备收回她的办公设备。营销团队的大部分同事正在南加州的另一处地方举办活动,在山羊瑜伽课上增进感情。在发给同事们的告别邮件中,斯塔普顿写道,她被打上了"红字"烙印。她又继续发了几周的邮件简报,最后她放弃了:"如果从外面看起来,YouTube 就像一艘无舵之船,不清楚自己在整个地缘社会政治格局中的重要作用——那么是的,它的确就是这样。"

然而,前一天,她在网上冲浪时偶然发现了一个自己喜欢的片段，然后又发现了另一个。"但我不得不承认，"她写道，"视频仍然很好。"她在发送前放上了几个视频的链接，最后附上一句话："让 YouTube 的推荐算法去死吧！"

* * *

八个月后，YouTube 的算法管理员发现了一些令人不安的迹象。2020 年 2 月 9 日，在 YouTube 上搜索有关可怕的新病毒信息的人数急剧增加。谷歌搜索的工程师也发现了同样的现象。谷歌于 3 月 6 日关闭了办公室，几天后，全国大部分地区也都这样做了。

到了 5 月，疫情形势越来越严峻，苏珊·沃西基安排了一场与汉克·格林的视频聊天，后来格林把视频上传到了网上。这位具有先锋性的 YouTube 视频博主已经在他的科学频道和个人博客（The Anxious Scroll）上，发布了一些关于新型冠状病毒的内容。格林首先欢迎沃西基的加入，她在一个巨大的白色书架前，书架嵌入墙壁，上面整齐地摆放着一些平装书和家庭照片，沃西基注视着镜头。"好，让我们开始吧，"格林开始讲道，他问，"隔离情况如何？"

"很艰难。"沃西基回答。

公司所有高管的行动都受到了限制，沃西基面临着很大的挑战：远程管理业务，照顾压力过大的员工，为经济暴跌做好准备。她还必须处理大量关于冠状病毒的视频问题。有的医生上传了几个小时的病毒学视频。有的医生发布了关于如何清洗食品杂货的详细说明，结果发现，这对病毒根本无效，但不管怎样，这段视频已经在网上疯传起来。人们被困在室内，在网上搜索各种新闻，卫生官员称这是一场"信息流行病"。3 月，YouTube 停止了一些人工审查工作，直到律师们解决了审核员如何在家里筛选"过分内容"的问题。

沃西基解释说，YouTube 依赖的是新的自律系统。工程师们建造了一个"架子"，在网站上突出显示有关新型冠状病毒的精选视频，他们还调整了代码，以便推广来自知名新闻媒体和排名较高的医疗机构的视频。4 月，YouTube 发布了一项新规定，禁止播放"在医学上未经证实"的视频，公司表示，观众主要获得的是有关疫情的"权威"视频。沃西基与格林一起录制视频的几周前，一些被网络阴谋论煽动起来的英国人袭击了几座手机信号塔，这些阴谋论声称是 5G 网络传播了病毒。YouTube 以异乎寻常的速度删除了宣扬这些阴谋的视频。沃西基告诉格林："我们必须迅速采取行动。"她不遗余力地称赞了公司的审查部门和情报台。

"我同意这些都是正确的做法。"格林回答道，然后小心翼翼地谈到下一个问题，一家私人公司的几位高管在厚厚的幕布后做出能够影响大多数人的决定。"但问题看起来是，"格林继续说道，**"这对一个组织来说，权力太大了。"**

沃西基立即转入防守模式，她坚称 YouTube 有很多强大的竞争对手。

一个月后，YouTube 为广告商举办了一场虚拟活动，强调当人们被隔离在家时，浏览量是如何激增的。不包括电脑和手机，仅仅在电视屏幕上，人们每天观看 YouTube 的时间就达到 4.5 亿小时，比前一年增长了 80%。

第 33 章

我们要成为什么样的 YouTube？

　　疫情对谷歌的业务发展非常有利。在形势还不明朗的前几个月里，由于搜索商品和做活动的人减少了，谷歌遭受了一些损失，但最终，整个世界都搬到了网上，在网上经商、工作、娱乐，谷歌作为互联网的大门，获益匪浅。从 2020 年 3 月到 2021 年秋季，谷歌的股价几乎增至原来的 3 倍。

　　YouTube 对谷歌的价值也大幅增长。这个视频网站终于开始公布它的广告收入了：2020 年，该网站的广告收入为 198 亿美元，是 2017 年的两倍多，仅比其宿敌维亚康姆的年收入少 60 亿美元。疫情期间，数十亿人经常光顾 YouTube，在上面缓解无聊情绪，或打发时间，还看了大量如何理发和如何冥想的教程。好莱坞关闭后，YouTube 成为事实上的媒体。深夜电视节目主持人不能出门上班，只能自己在家拍摄。他们一开始显得笨手笨脚，摄像头朝上，拍到的都是自己的鼻毛。他们在录制过程中会暂停下来，等待观众的反应，但他们不知道，根据在线注意力持续时间的要求，YouTube 博主用的都是"跳切"的方法。YouTube 博主 MatPat 在一段视频中调侃道："当你们做我们的工作时，似乎都很失败啊。"随着新冠疫情的蔓延，关门的地方越来越多，喜剧《办公室》（*Office*）里的明星约翰·克拉辛斯基（John Krasinski）在YouTube上发布了一个名为《一些好消息》（*Some Good News*）的系列节目，该节目在两个月内就被维亚康姆买下了。

YouTube披露的数据很少，但根据为数不多的公开数据显示，其使用量前所未有地激增——在疫情暴发的前几个月里，有关酵母的视频的浏览量增长了400%以上。YouTube每天都为更多的人带来乐趣。

但是，随着世界在2020年不断发生变化，该公司也在努力跟上变化的步伐，YouTube仍然无法取悦所有人，这一点变得越来越明显。

员工在公司里经常通过一系列的思考练习，讨论这个进退两难的境地，他们的问题主要集中在：**哪个YouTube？是做一个让员工、广告商和自由价值观都满意的地方，像迪士尼乐园一样的网站，还是做一个能容纳各种言论和标准同时存在的野生游乐场？**员工认为，这场身份危机是其"品牌"和平台之间的一场拉锯战。**YouTube应该做哪个YouTube？从来都没有明确的答案。理想情况下，YouTube希望两者兼具。**

但随着时间的推移，公司不得不再次思考这个问题。一旦真的开始思考这个问题时，那些会受答案影响的人，像以往一样，发现这个答案既任性又不公平。其他人则觉得这个答案来得太晚了。

* * *

让整个美国气氛紧张的夏天开始了。明尼阿波利斯市的一名警察，用膝盖抵住乔治·弗洛伊德（George Floyd）的脖子，结束了他的生命，引发了自越南战争以来美国最大规模的抗议活动。YouTube努力应对，在主页上放上"黑人的命也是命"的标语，经理们就这个历史性的时刻表态。[有时显得很笨拙：在一次关于抗议活动的公司会议上，一位负责信任与安全部门的白人高管告诉员工，他爱约翰·传奇（John Legend），而且他婚礼上的一位伴郎就是黑人。]公司还为黑人创作者拨款1亿美元，大多数人都拿到了那笔钱。

但并非所有人都愿意拿钱。6月2日，YouTube主管马利克·杜卡德（Malik Ducard）就资金问题联系了阿基拉·休斯。休斯一生中有三分之一以上的时间都在这个网站上度过，但她已经一年多没有发视频了。她那时已经开始从事电视相关的工作，还开了一个播客，这是一种越来越受网络创作者欢迎的形式。她对YouTube没有一丝留恋。在视频博主卡尔·本杰明，即Sargon of Akkad，重新利用了她2016年发布的竞选相关视频后，休斯以侵犯版权为由起诉了他。但她败诉了。休斯称本杰明为"白人至上主义者"，本杰明对此表示否认。几名YouTube博主参与了这起事件，休斯感到网上的谩骂声不绝于耳。在整个过程中，休斯没有看到任何YouTube工作人员出面，于是她得出结论，YouTube根本不在乎她。直到现在，当所有的财富500强企业都在提倡种族平等时，YouTube才和她联系。

休斯回复了邮件，她先对这位高管表示感谢，然后就开始直抒胸臆。她写道："除非YouTube承诺清除这个网站上的白人至上主义者及相关社区，否则我们还会死于那些麻木不仁的白人之手。YouTube在这件事上完全是同谋。把这些话告诉苏珊。"休斯没有接受邀请。她后来在谈到YouTube时表示："他们想赚很多钱,想让每个人的内容都既安全又有趣,就像迪士尼频道一样。他们不想因为放任白人至上主义的传播而受到任何关注。"

6月29日,特朗普在推特上称乔·拜登(Joe Biden)为"低智商人士"。一天后,YouTube清除了几名煽动性的白人男性的频道。它没有具体说明受到清洗的全部范围,但其中包括:前三K党人大卫·杜克等知名人物;理查德·斯宾塞,一位白人民族主义者,曾发表过充满激情的《特朗普万岁》(Hail Trump)演讲;斯蒂芬·莫利纽克斯,他在十四年的时间里上传了数千个视频。YouTube没有公开说明他们的哪些视频违反了规则以及如何违反了规则。莫利纽克斯表示,他没有收到公司关于删除他频道的任何解释。"在被删除之前,我的账号一直很守规矩。"[1] 然而所有的视频都消失了。

从外部来看,YouTube似乎觉醒了。公司官方的说法将此次清洗归因于前一年仇恨言论政策的更新,与抗议活动无关。政策的修订不会立即产生效果,YouTube必须找出执行的方法,即如何将这些政策转化为供审核员使用的规则和机器代码,然后才能逐步解决网站"长尾"部分的问题。YouTube只评估在政策改变后上传的视频,如果频道违反了规定,就会受到打击。就像棒球规则一样,频道也是在"三振"之后才会出局。"这通常需要一定的时间。"YouTube主管奥康纳表示。

这已经成为公司对批评声音的标准回应,有时会带有些许沮丧,因为外界无法看到YouTube的规模有多大,事情有多微妙,处理起来有多困难。奥康纳表示:"这并不像表面上那么简单,不是说只要我们一发现YouTube上有仇恨言论,就能马上处理好

---

[1] 莫利纽克斯在一份声明中表示,他于2020年开始已经不再发表政治评论了,还写了一本关于"和平育儿"的书。

这个问题。"相关定义和标准一直在变化。为了能够确定某个讨论移民问题的视频究竟是在宣扬种族优越性,还是仅仅在重述政治性辩论,公司还咨询了专家。"这项政策很难制定,尤其因为它和政治言论相关。"奥康纳委婉地补充道。

尽管如此,YouTube内部一些人还是在这些做法中发现了明显的双重标准。

那年6月,负责处理暴力极端主义内容的员工塔拉·巴丹和同事们一起制作了一个演示文稿,展示了YouTube对待宗教仇恨和白人仇恨之间的差异。巴丹负责处理极端暴力视频的团队通过努力工作,在"质量分"上拿到了98分,近乎完美,而仇恨言论视频管理团队从未拿到过这样的分数,"因为仇恨言论视频很难处理",她回忆道。该团队的一位同事曾向巴丹坦言,他们被大量的材料淹没,以至于很少接触到被举报为白人至上主义的视频。在一次会议上,巴丹提出,宣扬"大替代理论"观点的视频应该被删除,因为它们与现实世界的暴力明显相关,但她觉得高管们没有理解这个问题。巴丹在和同事共同撰写的报告中写道:"政策界限清晰,检测能力薄弱。"报告中罗列了最近在基督城、威斯康星州、南卡罗来纳州和得克萨斯州公开承认的白人民族主义者发动的袭击。"列表上的内容还在不断增加。"

针对如何改进禁止仇恨言论规则的执行方法,报告中也提出了一些建议。但直到年底巴丹离开YouTube时,领导层都没有做出任何回应。

* * *

2020年,YouTube的业务实现了稳定发展。沃西基"让广告再次安全"的努力在很大程度上奏效了,YouTube保证了"品牌适用性"和关注度，满足了广告商的需求。2020年夏天，各大品牌因仇恨言论问题抵制脸书，但没有离开YouTube。这家公司已经接管了谷歌的音乐应用程序（每月9.99美元），并推出了YouTube电视，这是一项拥有数十个有线频道的流媒体服务（每月64.99美元）。再加上广告销售，这些产品帮助YouTube在那一年获得了超过200亿美元的收入，实现了沃西基在2015年设定的目标。

YouTube再次开始更广泛地散播财富。2018年发生丑闻后，YouTube减少了有资格获得报酬的创作者人数，现在又悄悄地增加起来。2020年，无数新博主为了赚钱来到YouTube，这个副业存在的历史还不到二十年。第二年，该公司宣布有超过二百万名创作者已加入其合作伙伴计划——虽然赶不上2018年削减前的数字，但其支付系统仍可称得上是全球最大、最复杂的支付系统之一。

YouTube重新启动了一个营销计划，名为"创造者求变"，挑选了一些明星来谈论欺凌和种族主义等问题。对于公司没有涉及的其他重要话题，创作者们自发行动起来。

娜塔莉·韦恩十年前来到YouTube，投身于狂热无神论者的怀疑论世界中。韦恩是变性人，有一段时间离开了YouTube，学习哲学，并以一个新的形象回归。巴尔的摩的邻居也许不怎么认得出她，但她一旦化了妆，设置好灯光，并在镜头前穿上了精心制作的服装，她就是半个名人。

ContraPoints[1]：男人

2019年8月23日　30∶34

"我们该如何对待男人？因为——无意冒犯——作为一个群体，你们看起来做得不太好？"韦恩穿着一件黑色衬衫，涂着大红唇，戴着一顶大大的黑色软呢帽。视频沿用了一个熟悉的套路：她像一个滑稽的哲学讲师一样，剖析书籍、Vlog和留言板帖子。章节小标题出现在屏幕上。"观点二：一名前男子的日记。"她提到周末发生的另外两起大规模枪击案，都是白人男子所为。她总结道："我们只告诉他们，他们已经坏了，却没有告诉他们如何修复自己。只要这场男性身份危机持续下去，这些问题就无法得到解决。"

"ContraPoints"经常与"LeftTube"混为一谈，后者是一个由伯尼兄弟（Bernie Bros）和专家组成的无组织群体，他们利用可靠的搜索引擎技巧和夸大的言辞来抨击网站上的右派。韦恩喜欢戏剧表演，媒体称她为"YouTube上的奥斯卡·王尔德"（YouTube上一位评论者则称其为"左派的PewDiePie"）。她批评左右两派的纯粹主义者，她的很多视频都是谈论网上充斥着的键盘侠、非自愿独身者（Incels）和愤怒的男人，吸引了众多观众。关于跨性别恐惧症的视频《性别批判》（*Gender Critical*），第一天上线就获得了近50万次浏览量。一些观众在互联网上被极端化，而她则凭借让这些人（主要是男性）"去极端化"的能力得到广泛的认可。

---

[1] ContraPoints是一档关注社交媒体文化、社会性别、性少数权益的社会评论类频道，主持人娜塔莉·韦恩。——编注

韦恩在屏幕上借鉴了达里奥·阿金图（Dario Argento）等恐怖片导演的手法。但事实上，ContraPoints 节目是纯粹的 YouTube 风格：超现实，夹杂着浓浓的讽刺和真诚、黄色笑话，与观众持续亲密地交谈。电影和电视里已经有跨性别的角色了，尽管他们通常由顺性别的演员扮演，但人们在 YouTube 上绝对可以扮演自己。很难想象哥伦比亚广播公司（CBS）或网飞公司会播出一个穿内衣的跨性别女性打开一本黑格尔的书，或者她戴着猫眼美瞳读《汉穆拉比法典》的镜头。韦恩和所有优秀的 YouTube 博主一样，观看一切：杂谈节目、美容达人、好胜的食客、ASMR 低语者。她吞噬了 YouTube 的全部疯狂。"任何看门人都不会允许这样做，"她说，"但我喜欢。"

2020 年，YouTube 上一位大网红以其政治姿态震惊了所有人。6 月初，洛根·保罗在 YouTube 上传了他的播客"Impaulsive"的片段。自从因为日本自杀森林事件遭遇失败后，这位 Z 世代[①]的阿多尼斯（Adonis）在 YouTube 上的节目中，加入了播客和拳击。乔治·弗洛伊德遇害的事情刚刚发生，保罗将这段视频命名为《美国是个种族主义者》(*America Is Racist*)，并直奔主题："我很尴尬，我花了二十五年的时间才意识到这一点：仅仅'不做种族主义者'是不够的，你还必须要坚决反对种族主义。"保罗虽然是照着文稿读，但读得激情澎湃。他说："我之所以能在博客上发一些乱七八糟的东西，而且依然好好地活在这里，一半原因是我是一个白人孩子。"

他的演讲因其传递出来的信息和让人震惊的程度迅速走红。这位以鲁莽著称的 YouTube 博主以这样一种方式发挥出自己的

---

① Z 世代，指 1996 年以后出生的人群。——编注

影响力后，他的YouTube经理格雷厄姆·贝内特开始在内部宣扬保罗"变成熟了"。贝内特并不认为YouTube与其积习难改的创作者之间的问题得到了解决。"即便是在一个开放性的言论自由平台上，人们仍然可能是白痴和种族主义者。"他说。（保罗的兄弟YouTube博主杰克因为宣传新冠病毒骗局和在夏季抗议活动中抢劫①而上了新闻，这对保罗的形象产生了一定的不良影响。）但贝内特当然对洛根的转变感到高兴。

保罗兄弟与以往那些YouTube网红组合不同，他们并没有反抗过时的媒体形式。他们不是看着电视长大的孩子，他们在成长过程中看的都是YouTube。保罗兄弟在屏幕上度过了他们的大部分感性生活，是有能力也有意愿与公众没完没了地分享自己生活的一代。总有一天，他们的后代在缅怀他们的时候，可以不仅仅是翻阅旧相册、回顾脸书帖子，如果他们愿意的话，还可以在视频里看到他们活生生的形象。

保罗的观点让贝内特想起了谷歌创始人之一谢尔盖·布林早些时候说过的一些关于YouTube的话。如果你像谷歌经常做的那样，从整体上考虑，YouTube相当接近人类的集体记忆。人们在那里不仅能找到教程视频、音乐视频，还可以找到任何你想要的活动和生活体验。贝内特笑着说："我们无意中创建了一个人类记忆的视觉化存储库。当你想到这一点时，会感觉有些疯狂。"

* * *

这的确很疯狂。YouTube的存储库规模在2020年之前已经大到令人难以置信了，在疫情期间继续以公司都无法想象的速度

---

① 杰克·保罗被指控犯有非法侵入购物中心罪，罪行不重，但他否认参与抢劫或故意破坏等行为。

进一步得到扩张。

但并不是所有人都在上传记忆，许多 YouTube 博主甚至在步入中年之前就离开了这个行业。2020 年，早期的 YouTube 爱好者 F 胖已经停止为 YouTube 制作视频了。他认为该网站有一件事做得很好，但他对那件事已经不感兴趣了。"如果你想生产内容，那就去吧。但如果你更像一个艺术家，或者想做一些让自己满意的东西，而且想法多变，那个地方会让你感到窒息。"

韦恩在 YouTube 上的身份让她付出了代价。她一再被人肉搜索，也感受到了持续曝光和输出内容的压力，大多数 YouTube 博主都熟悉这种压力带来的感觉。"老实说，这对任何人的心理健康都没有好处。"韦恩表示。她在疫情期间开始对阿片类药物成瘾，并称自己的 YouTube 职业是"一个促成因素"。韦恩在谷歌赚到了广告费，但她的大部分工作都是由 Patreon 资助的，Patreon 是一项让粉丝直接向创作者付费的服务，她从未在 YouTube 上收到任何人发来的这类消息。

许多创作者抱怨平台没完没了的要求让他们疲惫不堪。经验丰富的 YouTube 博主德瑞克·穆勒曾用实证研究解释过这一现象：要成为某方面的专家，人们需要充分的实践、及时的反馈和"可靠的环境"。**YouTube 提供了前两者，但它的算法变化如此频繁，以至于它的环境永远不可靠。**"所以你永远不会觉得自己是专家，你永远不清楚发生了什么。"穆勒说。

身材娇小的"生活方式"类视频博主英格丽·尼尔森二十几岁的时候，把时间都花在了制作和上传视频上，并模糊了个人生活和公众形象之间的界限。在她之前，这份职业基本不存在，但她在其中得到了蓬勃发展，其中的大部分经历都让她感到自豪，但也有无数个时刻，她希望自己没做过那些事——拍摄自己开车去吃午饭、把碗碟放进洗碗机、洗衣服等，毕竟大多数人都不会向数百万人播放这些生活细节。"我没有把那些平凡的时刻留给自己，"她回忆道，"我觉得我不得不分享这一切。"

她放弃了自己的第二个 YouTube 频道"GridMonster"（网格怪物），这个频道以网站上显示的无尽的视频框命名。她还停止了假日期间每日发帖的活动——"VLOGMAS"。6 月，她决定参加 YouTube 博主的另一种仪式：含泪告别。她把相机放在公寓里的三脚架上，将其设置为柔焦。

英格丽·尼尔森：这一段送给你（我最后的视频）
2020 年 6 月 30 日　48∶25

"拍这段视频对我来说很难，因为我觉得我们是一起成长起来的。"尼尔森对着镜头说，她哭了。在这段告别视频中，她分享了自己的人生故事——所有的高潮、低谷、遗憾和欢乐。她不会离开互联网，但她不会再受互联网的任何影响了。"我会按照自己的意愿发帖，因为我的精神、情感和财务状况，将不再与人们在网上喜欢我的程度挂钩，这感觉就像获得了自由。"视频结束时，尼尔森感谢观众陪她度过了"最好的十年"，"这是我们一起做到的。"

她身体前倾，关掉了相机。

* * *

那年夏天，YouTube 信任与安全团队的员工已经习惯了居家办公，他们得到了一个全新的"P-0"任务，这是谷歌对零优先级事项的称呼。该公司面临一个非常紧迫的问题。三年前的夏天，伦敦塔桥袭击事件后，零优先级事项是暴力极端主义，后来是儿童安全。现在，随着一场致命的疫情蔓延，一场有争议的美国总统大选即将到来，零优先级事项变成了打击错误信息。

那年夏天和秋天，有争议的冠状病毒视频引发了一些骚动，但在大多数情况下，这些视频并没有演变成宣传灾难。在大选之前，唐纳德·特朗普的竞选团队要求使用 YouTube 的一项新功能：可以在 YouTube 网站顶端直播的视频广告。据参与讨论的一名 YouTube 员工称，特朗普曾想在民主党辩论期间直播自己的评论。YouTube 拒绝了，但确实在他的竞选活动期间，包括选举日的时段，把主页广告卖给了他。该公司认为，特朗普的广告虽然言辞浮夸，但没有违反其有关错误信息的规则。

随着11月临近，特朗普及其代理人开始对美国选举程序的完整性提出更多质疑。YouTube 的老板们在公开场合表现得很平静。他们已经禁止播放误导观众投票或煽动他们干扰投票过程的视频，但允许播放他们定义为"讨论选举结果"的视频。随着选举临近，YouTube 的管理人员称，其现有系统已经做好了应对洪水猛兽的准备。

11月9日，最后的选举计票已经持续了六天，屏幕上出现了一位新闻主播。她穿着一件奶油色夹克，戴着领夹麦克风，出现在一面有美国国旗和国会大厦图案的绿幕前，看上去像来自官方。她来自"同一个美国新闻网"（One America News Network）——在福克斯新闻呼吁准确投票，激怒了特朗普的追随者后，这家极端爱国主义有线电视台在 YouTube 上的流量稳步增长。"唐纳德·特朗普赢了，"这家电视网的主播在这段 YouTube 视频中开始说道，"民主党人为了夺取总统宝座，耍了把戏。"

星期一，共和党参议员拒绝承认乔·拜登为下一任总统。国防部部长因为反对向手无寸铁的抗议者派兵，刚刚被特朗普撤职了。有外国新闻台宣称，美国人正在为"内战"做准备，这听起来并不难以置信。在 YouTube 上，数十段视频响应了"同一个美国新闻网"的说法，认为存在诸多令人难以置信的真相，比如选举软件有问题，有隐藏计票，选票遭到骗子破坏，媒体撒谎，等等。

但这些视频很难被找到。YouTube 的算法并没有在侧边栏中显示出这些视频。在搜索"竞选"甚至是"特朗普赢了"这句话时，它们也没有出现。投票后，特朗普的 YouTube 频道发布了演讲和电视节目片段，意在营造一个选举被从他手中偷走了的假象。这些视频的浏览量很少。YouTube 声称，搜索结果和推荐中出现的关于选举的视频——得到 YouTube 的机器推广的媒体内容——绝大多数都有"权威"出处。"同一个美国新闻网"这样的边缘媒体、那些令人震惊的"炸弹"投掷者，甚至连总统本人都声称欺诈的视频，都没有得到算法的支持。它们的点击量基本上都是来自社交网络或右翼论坛上的链接，或者仅仅是观众自己发现的。

几个星期后，在所有对选举结果合法性的挑战都失败后，在暴动者冲击国会大厦后，YouTube 将再次改写其规则和算法。但在 11 月的那个星期一，他们坚持了下来。公司发言人就"特朗普获胜"的视频发表了一份声明："我们的系统总体上按预期运行。"

机器已经完成了它们被告知的任务。

附 录

后记

  YouTube从一个在娱乐业中处于劣势地位的反叛者、一个只会消耗资金的钱坑、一个笑话，发展成这个星球上主要的、有影响力的、不受约束的、成功的媒体企业之一，这个过程才花了不到二十年的时间。这是令陈士骏有时都难以置信的奇迹。

  陈士骏当年为YouTube编写出第一行代码的时候，还很难做到音画同步。五年后，当他离开公司时，YouTube每分钟上传的视频时长已经高达100小时。到2020年，这个数字更是进一步超过了500小时。在这几年期间，陈士骏的健康状况有所改善，他再次与查德·赫利合作，创办了一个数字媒体公司。但这家初创企业没能成功，陈士骏后来开始扮演一个饱经风霜的行业前辈角色，回忆那个需要付出很多努力才能在台式电脑上播放视频的时代。他和家人一起搬回自己的出生地台北，怀着敬畏的心情看到出租车司机在手机上播放YouTube视频。在他儿子所上的小学班级里，除了两个同学，其他孩子都说他们希望有一天能成为YouTube博主。

  YouTube与不良行为者、阴谋论、政治言论和愤怒的政客之间的各种麻烦事及其运营规模，都已经完全超出了陈士骏的想象，他坦承：“说实话，我有点庆幸我已经不在公司了，不然我可不知道该如何处理这些问题。"YouTube 的第三位联合创始人贾德·卡林姆已经成了一名投资人，只有在老公司做出一些令他恼火的调整时，他才会发表评论，比如删除了视频下"不喜欢"按钮上的计数。

疫情期间，查德·赫利和许多功名成就、不安分的人一样，发了很多条推特。他发了很多嘲笑特朗普的支持者以及科技同行的无聊笑话，带着一种不再需要为企业打工的欣喜。赫利为一些公司提供资金，并在创作者风靡一时的时候，享受作为"创作者经济之父"的荣耀。

2021 年，随着特朗普时代的影响开始渐渐消逝，突然间，所有公司都想进入 YouTube 的行业。热门应用 TikTok 开始向一些视频制作者付费，因此吸引了一大批渴望出名的年轻人。竞争对手推特和 Snapchat 也紧随其后。脸书再次发力招募有影响力的人，承诺将为创作者拨款 10 亿美元，且多年内不会收取任何佣金。Spotify 投资数亿美元招募像乔·罗根这样的播客创作者，罗根则利用 YouTube，在主流媒体之外又打造了一个媒体巨头。风险投资家为"Web3.0 时代"而疯狂，这是一种基于加密数字货币的互联网模式，建立在普通人从线上活动中获利的设想之上，是 YouTube 创作者经济的未来发展模式。第一个为 YouTube 投资的公司——红杉资本——将其 2005 年的 YouTube 投资备忘录作为"非同质化代币"拍卖，被一位加密爱好者以 863,000 美元的价格购买下来。

在这场拥抱创作者的热潮背后，自有其商业逻辑。这场疫情大力推动了在线娱乐和商业的发展。与此同时，Web2.0 的定向广告模式正被监管机构瓦解，公司在网络营销方面遇到了困难。

创作者是伟大的营销人员和销售人员。也许互联网企业在持续面临政治审查的过程中发现，向那些制作内容、让他们得以收获大笔财富的人支付一些报酬，可能看起来还不错。或者，也许是疫情带来的剧变——就像十年前一场金融危机促使 YouTube 的经济腾飞一样——让足够多的人相信，为这些网络平台工作，即使没有社保、福利等保障，也好过一些全职工作。

因此，YouTube 开创的世界——丰富的内容和创造力、有影响的人和网络骗子、过载的信息和无休止的文化战争——变得更像是我们自己的世界。

* * *

所有这些新的竞争只突显了 YouTube 无与伦比的实力。该公司经历了版权斗争、广告抵制和无数与创作者相关的混乱事件，在这些战斗中留下了伤疤，同时也形成了一种与众不同的薪酬制度，其他平台传播视频和财富的效率没有一个能与 YouTube 相媲美。创作者们在 TikTok 和 Instagram 上发布内容，虽然有时也可以给他们带来不错的收入，但都不如 YouTube 上的收入可靠。其他试图复制 YouTube 创作者经济的公司，却不得不首先应对 YouTube 经历过的那些风暴。TikTok 的网红出现在小报新闻上。乔·罗根在 Spotify 上发表关于新冠肺炎的评论，几周以来闹得沸沸扬扬，而他多年来的老巢 YouTube 却丝毫未受影响。美国参议员就 Instagram 对青少年造成的危害，质询一名脸书管理人员，而就在同一天上午，YouTube 首席商务官金奇尔愉快地向记者介绍，一项研究称 YouTube 给经济发展带来了极大好处。

YouTube 在发展过程中，曾试图让平台朝着与自身属性相反的方向发展，希望成为一个提供优质服务的平台、好莱坞的目的地、一个整洁且易管理的地方，只有很少的"不良行为者"存在，成为一股推动平等的力量。它总是在"想要什么"和"拥有什么"之间进行拉锯战。但 YouTube 至少已经学会了接受这个现实，或者至少在这个现实的基础上，让业务得到蓬勃发展。

2021 年夏天，YouTube 公布了有史以来最大的季度广告收入额——超过 70 亿美元，与网飞的销售额持平。YouTube 还宣布，在三年的时间里，它向博主支付的报酬高达 300 多亿美元。（尽管它没有具体说明有多少奖金给了创作者，有多少给了媒体公司和唱片公司。）YouTube 甚至第一次开始在不符合其"合作伙伴计划"资格要求的频道上播放广告，它相信即便是开放其"长尾"部分的内容，也不会导致品牌安全问题，而由此得来的广告收入全部都装进了 YouTube 自己的口袋。

在经历了一段艰难的岁月之后，YouTube 高管和 YouTube 网红的距离越来越近了。大网红称赞金奇尔关注到一个长期被公司忽视的创作者阶层，凯西·奈斯泰德称他"非常积极主动"。马修·帕特里克夸阿里尔·巴尔丹是"一位非常支持创作者的人"，他曾因这位高管不了解 YouTube 而颇有微词。（巴尔丹于 2020 年年底离开了 YouTube。）除了广告，YouTube 还为创作者提供了更多的赚钱方式，比如粉丝赞助和商品销售。公司经理向创作者征求关于如何减少职业倦怠的建议，并委托一位治疗师发布了有关这个话题的视频。YouTube 甚至设法改进了评论区。娜塔莉·韦恩说："YouTube 已经从互联网最糟糕的地狱，变成了一个能给人带来快乐体验的地方。"

许多创作者都获得了稳定的观众群和收入，这足以让他们觉得好莱坞的吸引力也没那么大了。卢卡斯·克鲁克香克在三部电影中出演了他在 YouTube 上尖叫的角色——弗雷德·菲格霍恩。

但是，在剧组、导演面前表演，还要做一大堆其他的事情，这让他筋疲力尽。于是他又回到了 YouTube 上，一个人发视频，他觉得在这里"一点压力都没有"。贾斯汀·埃扎里克，即 iJustine，已经在 YouTube 上十七年了，她仍然亲自编写、制作、出演每一段视频，相比之下，电影和电视就不会给创作者同等程度的控制权。"从不在你自己的掌握之中。"她补充道。

沃西基开始将创作者称为"YouTube 的心脏"，她的公司似乎开始欣赏创作者在赚钱以外的价值。YouTube 博主往往会先于公司一步，发现那些恶性的热门趋势——给人带来麻烦的儿童内容、恶霸、恶意营销号、骗子和极端分子。"你们需要好好关注自己的平台。"帕特里克曾在一次非公开会议上告诫 YouTube。创作者似乎一直在密切关注平台的一切。

然而，YouTube 遵循的仍然是谷歌的路线。与 YouTube 红人有密切合作的高级合伙人经理格雷厄姆·贝内特，将自己的角色描述为"YouTube 中最不符合谷歌风格的角色"，因为他的工作无法规模化。YouTube 的 MCN 公司曾经履行过一些管理职责，但它们都已经衰落或崩溃。虽然贝内特希望 YouTube 能为创作者做更多事情，但从沃西基的角度来看，不管是再聘请一个高级合伙人经理，还是再聘请一名工程师，都是"很难"做出的决定。（YouTube 没有透露它雇了多少工程师和高级合伙人经理。）像汉克·格林的互联网创作者协会那种将 YouTube 博主组织起来的尝试已经失败了。在一些人看来，虽然 YouTube 自称是一个三条腿一般长的凳子（这三条腿分别是观众、广告商和创作者），但只要 YouTube 还是通过需要大量受众的广告业务来赚取收入，并像宇宙一样继续扩张，就不能把它的承诺当真——创作者总是最短的那条腿。2015 年离职的 YouTube 经理安迪·斯塔克表示："这就像《动物农场》（*Animal Farm*）里写的一样，'有些人就是比其他人更平等'。①"

2022 年，YouTube 再次调整了内容策略，放弃了只资助那些有创作者参演且仅供订阅用户观看的节目的计划——让网飞、迪士尼和亚马逊在付费流媒体领域竞争吧。YouTube 则将资源转移到了"Shorts"（短片）上——这是一个短视频功能，明显是 TikTok 的克隆，被用来抵御 TikTok 的威胁。老派 YouTube 博主将 TikTok 上有趣的内容比作早期的 YouTube，那是一个早已远去的时代，那时，YouTube 博主可以做很多关于创意类型的实验并能得到蓬勃发展。（2020 年沃西基在提到 TikTok 时表示："它简直是横空出世。"谷歌此前曾试图收购 TikTok 的前身 Musical.ly②。）YouTube 在印度推出了"Shorts"服务，因为 TikTok 在印度被禁用了。YouTube 还准备了 1 亿美元，为这些 Shorts 的创作者提供资金，并随后形成一套商业模式。在系统转向长视频近十年后，YouTube 现在开始为短视频付费了。当然，"Shorts"算法的主要指标仍然是观看时长，和 YouTube 上的其他节目一样。

大多数迹象表明，TikTok 确实削弱了 YouTube 的统治地位。2021 年的一份报告显示，美国人在手机上观看 TikTok 的时长首次超过 YouTube。③但多亏了其智能电视应用程序和流媒体

---

① 乔治·奥威尔在《动物农场》一书中写道："所有动物一律平等，但有些动物比其他动物更加平等。"——译注
② 总部位于北京的科技公司字节跳动于 2017 年收购了 Musical.ly，后来将 Musical.ly 的应用程序更名为 TikTok。谷歌发言人拒绝就其与 Musical.ly 的谈判发表评论。
③ 这项研究的对象只涉及安卓手机。在 iPhone 上，TikTok 被列为全世界最受欢迎的应用。

服务，YouTube在电视屏幕上的发展非常迅速。YouTube的销售团队仍然专注于蚕食电视的市场份额，而不与TikTok争夺市场。YouTube的产品团队不断改进电视观众的点赞、评论和订阅方式，让电视更像YouTube。顺便一提，TikTok上没有大量的瑜伽视频、面包烘焙教程、"Let's Play"游戏玩家、美容达人和数十亿小时的幼儿视频储备，这些只有YouTube做到了。

其他科技平台（比如脸书）因为使用TikTok的一代人而感到恐慌，并对退出其平台的公民感到不满。观众们虽然也会抱怨在YouTube上频繁看到烦人的广告，但他们很少停止使用YouTube。**在经历了这么多年的动荡之后，YouTube从不担心人们会离开它。**

正如一位员工所说："你怎么会抵制用电呢？"

* * *

孩子们当然会对YouTube保持忠诚。

在2020年开始之际，资深童谣节目主理人哈里·乔和索娜·乔遭到一场痛击。YouTube与联邦贸易委员会和解，这意味着他们不能再在"儿童导向"的视频上播放价格较高的广告。而且，疫情开始之后，营销人员因为不确定消费者会有什么反应，暂停了各处的广告业务。乔夫妇眼睁睁地看着广告费大幅下降。但事实证明，隔离政策对他们的浏览量非常有利，被困在家里的孩子们看得像疯了一样。截至2020年年底，YouTube上浏览量最高的5个频道都是学龄前儿童频道。疫情一年后，哈里·乔谨慎地承认，观众的激增对他的生意有所帮助。"形势不容乐观，但至少我们不会裁员。"他说。

而且他认为YouTube的机器已经能够更好地适应质量要求

了。联邦贸易委员会事件发生后，YouTube **不再完全把其儿童应用程序 YouTube Kids 交给算法自主处理，而是安排了工作人员来管理内容**，就像当时 YouTube 的酷猎人对主页所做的事。该公司为制作儿童内容的 YouTube 博主划拨了一笔资金，并告诉创作者，公司将赞助能帮助孩子塑造谦逊、好奇和自律等品质的视频，而且系统会奖励能让小观众多在线下活动的视频。

"这是我见过的最健康的算法环境。"乔表示。感觉 YouTube 似乎放弃了一些对机器的盲目信仰，好像有人类真正地参与了进来。

疫情期间，YouTube Kids 也成了新媒体巨头起步的地方。数字工作室"Moonbug Entertainment"（月球虫娱乐）收购了三个大型 YouTube 频道，组建了一个可以与有线电视媲美的宝库（每月 70 亿次浏览量）。2020 年，小瑞安·卡吉已经是一名九岁的职业老手了，基本不再录制当年让他一炮而红的玩具拆箱视频，转为录制科学实验、参与各种"挑战"（《可食用糖果与真糖！！！》）和各种体育锻炼的技巧，他还开始玩电子游戏。疫情早期，瑞安和他的父母发布了他们与一名卫生官员关于新冠病毒的对话。瑞安是一位不知疲倦的表演者，作为一个从出生起大部分时间都是在镜头前度过的人，他可以表现出那种夸张的情绪反应。

尽管如此，瑞安的视频内容仍然将他和 YouTube 置于审查之下。《纽约时报》2020 年的一篇头条报道质疑道："儿童网红会让我们的孩子发胖吗？"报道配了一张瑞安的视频截图，他在里面扮成了麦当劳收银员的样子。一个倡导者团体指责瑞安违反了禁止向儿童做欺骗性广告的法律。前创客工作室高管克里斯·威廉姆斯创办了"PocketWatch"（怀表）娱乐公司，与瑞安和其他

YouTube 儿童演员合作。威廉姆斯认为这些批评人士会误导别人，他们就像 20 世纪 90 年代那些大骂电子游戏和说唱音乐的人，会引发道德恐慌。威廉姆斯认为，批评人士没有意识到，如果孩子们在屏幕上能看到一个有亲和力的人物，即便这个人像瑞安一样出名，对孩子们也是有好处的。威廉姆斯说："他们其实要说的是，这不是《芝麻街》。但如果以《芝麻街》为标准，孩子们就什么都没得看了。"

瑞安首次登上 YouTube 的排行榜后，他的父母成立了一家制作工作室，利用他的成功赚钱。他们在沃尔玛和塔吉特百货出售瑞安品牌的玩具、服装和床上用品。他们还制作了一个瑞安的动画角色，如果有一天他不玩 YouTube 了，这个动画角色还可以继续做这些事情。那个动画角色还出现在梅西百货公司的感恩节游行中。《福布斯》杂志制作了一个最富有的 YouTube 博主排行榜，从 2018 年开始，瑞安就占据了榜首。他在 2020 年的预期收益接近 3000 万美元，让所有听到这个数字的人都感到震惊——**一个九岁的孩子怎么赚了这么多钱？！**

这个世界仍然无法理解 YouTube 时代的媒体是如何运作的。从威廉姆斯的角度来看，瑞安不仅是一个九岁的 YouTube 博主，还是一个商业巨头的核心。"根据我在迪士尼的经验，3000 万美元和米老鼠之间还有很大的差距。"威廉姆斯说。只要孩子们继续看 YouTube，它就有很大的发展空间。

* * *

有了如此庞大的受众群体和支付系统，YouTube 有望在未来几年里保持行业领先地位。它还可以依靠另一个优势：依附于谷歌这个毫无争议的人工智能领袖。在人工智能方面的能力让

YouTube 得以建立一个强大的机器系统，到 2020 年，这个机器可以像识别出一首受版权保护的歌曲一样，快速地检测出明显的危险信号——纳粹标志或对儿童的性评论。YouTube 表示，这意味着删除大多数"违规"视频都不需要人工参与了。

但谷歌非凡的人工智能仍然无法解决一个更为棘手的问题——网上关于真相和错误信息的无底泥潭。

YouTube 试图靠计算机科学及规则手册解决这个问题。和其他科技平台一样，当某些话题在政治上站不住脚时，YouTube 会将其归为非法视频类。2020 年大选前一个月，YouTube 禁止宣传支持特朗普的右翼阴谋论团体 QAnon 的视频。[1] 当开始接种新冠肺炎疫苗时，YouTube 删除了质疑官方科学指导的视频。YouTube 删除了 100 多万个包含"冠状病毒危险信息"的视频。在一个名为"黄金设置"的系统中，工作人员为机器侦测器提供了成千上万条规范的案例——比如，**这段关于新冠肺炎的视频中有谎言，而那段视频中没有。**

但 YouTube 明白这个过程并不完美。**YouTube 资深工程主管古德罗说："人们可能会认为我们的人工智能强大到可以驾驶汽车，可以做一切事情。但我认为现在我们甚至连视频中到底说了什么都不能确定。"**

即使可以确定，公司以外也很少有人认同它对错误信息或虚假信息的准确定义，因此有关这一问题的争论通常会在政治上陷入僵局。总体而言，YouTube 并未参与其中，因为媒体和权力机构的怒火通常集中在社交网络上，而不是视频网站上。2021 年，美国总统乔·拜登斥责科技平台让人们对接种疫苗更加犹豫

---

[1] YouTube 表示，自 2019 年年初以来，它已经在惩罚箱中将支持 QAnon 运动的视频归为"临界"类。

不决，特别指责脸书用谎言将人们"杀害"。右翼势力的怒火要针对推特——推特在1月6日的暴动后，封掉了特朗普的账号。脸书的CEO马克·扎克伯格和推特的CEO杰克·多尔西（Jack Dorsey）多次到国会接受质询，但苏珊·沃西基从来没去过。**YouTube堪称是社交媒体中安稳大睡的巨人。**

这其中有很多原因。首先，YouTube处于一个可以避免信息战的有利位置。你可能会看到你脾气暴躁的叔叔在脸书或推特上对疫苗问题大放厥词，但可能不会在YouTube上看到他。政治内容一再登上脸书人气排行榜[①]榜首，但YouTube仍然以音乐、游戏和儿童视频为主。YouTube和脸书一样，无限期地封禁特朗普，但特朗普在YouTube上的影响力并没有那么大，他的缺席也没有引起太多关注。脸书却仍然很容易被人当作出气筒。比如，2021年秋季，一名举报人发布了一系列谴责性文件，其中包括脸书没有迅速采取行动打击有关新冠肺炎疫苗的谎言的证据。还有一些人认为YouTube在管理方面做得更好。

也可能是因为YouTube更难被调查。当有人在推特或脸书帖子中以文字形式宣扬关于疫苗的可疑言论时，很容易被识别到，而在长视频中要做到这一点就困难得多。而且**YouTube与外界分享的数据相对较少，这有助于该公司避开审查。2020年后，YouTube才开始披露更多关于算法的信息，并公布了显示目标进展的指标：边缘性视频和违规视频在被删除之前，浏览量已经很低，而且持续下降。**[②] YouTube会给自己的工作打分，但没有外

[①] 脸书经常对这些衡量标准提出质疑。
[②] YouTube在2021年公开了一个名为"违规视频浏览率"（Violative View Rate）的指标，显示每一万次浏览中，大约有十八次看的视频最终都因违反规则而被删除。YouTube称，自2017年以来，这一比例下降了70%。

部团体审计它。比如拜登针对社交媒体的疫苗运动是基于一个倡导者团体的调查结果，该团体调查了脸书和推特分享的统计数据，但未将 YouTube 包括在内，仅仅是因为 YouTube 没有分享可比数据。脸书告密者透露，Instagram 的内部研究显示，其应用程序会损害少女心理健康，但这家公司完全无视这项研究结果，这引发了人们对脸书一波又一波的批评。之后，多名 YouTube 员工表示，他们公司要么没有大范围广泛分享这类研究结果，要么干脆就没有做过相关研究。

"YouTube 非常不透明。"研究内容审查的斯坦福大学法律助理教授伊芙琳·杜耶克（Evelyn Douek）表示。"从外面扔石头确实很有趣，这东西很坚硬，"她补充道，"但并不代表他们不需要承担责任。"

私下里，YouTube 的人和脸书的人一样，抱怨自己成了民主规范大崩溃的替罪羊，罪魁祸首本来应该是有线新闻、不平等性和不知道是什么的乱七八糟的东西。长期在 YouTube 任职的一位高管直言不讳地表示："不要归罪于镜子。"这在硅谷是一种常见的说法，意思是平台只是反映了使用这个平台的社会的样子。

但 YouTube 从没有反映出社会的全部。随着监管的持续，它反映出的社会反而越来越少了。 2021 年秋季[①]，YouTube 禁止发布任何关于疫苗的谬论的视频，并删除了否认气候变化的视频中的广告。一些人赞扬了这些举措，一些人则认为他们的做法有些过分，还有一些人问了一个显而易见的问题：怎么直到现在才开始做这件事？

提出这个质疑的是拜登和民主党人，YouTube 领导层开始反

[①] 关于疫苗的科学性探讨和"个人体验"仍然是允许的。

击。沃西基撰写了一篇评论文章，将过度的网络审查比作她祖父母生活时代的审查制度。尼尔·莫汉声称，YouTube 看到政府出于政治原因而提出删除视频的要求，认为这是个"令人不安的新的发展势头"。他写道，YouTube 可以积极抨击关于新冠肺炎的谎言，因为卫生机构提供了官方指导，但在其他话题上它需要谨慎行事。"一个人得到的错误信息，往往来自他人根深蒂固的信念。"他在博客中写道。他想当然地认为，任何人都有权通过大众媒体传播他们根深蒂固的信仰，而这种认知才存在了不到二十年。

YouTube 的领导者们经常讨论，他们世界一流的人工智能软件虽然不完美，但却是唯一能够处理它所造成的严峻问题的系统。这是不可避免的，但也是一种选择。YouTube 曾让酷猎人社区经理和合作伙伴作为一线编辑来审查、核实和理解那些泛滥的信息。"我们不断尝试新事物，这是 YouTube 文化所鼓励的。"前新闻和政治主管史蒂夫·格罗夫回忆道。YouTube 选择中止了许多实验，转而追求规模。尽管人类有缺陷，但这种权衡让人类远离了自身最大的问题之一——创造一套共同的事实和真相。格罗夫说："网上的虚假信息仍然对民主构成威胁。"他离开谷歌后，成了明尼苏达州的一名政府官员。为了应对这类威胁，他补充道："各种形式的编辑和策划始终能够发挥关键作用。"

但这种解决方案既没有明确的数学公式，也没有规模化的能力，不太符合谷歌风格。

* * *

虽然 YouTube 有一些人被这些没完没了的争论困扰，但大多数人都只是忙于经营世界上最大的在线视频业务。

克莱尔·斯塔普顿离开后，对这个问题有了更多的思考。她重新开始制作邮件简报，还为心怀不满的硅谷员工开设了一个名为"技术支持"的建议专栏，她在专栏中抨击她的老东家，但仍然会附上她喜欢的 YouTube 视频的链接。她已经改变了对 PewDiePie 事件的看法，那些关于是否给他的推文点赞的没完没了的争论，其实只是分散了人们的注意力，让人们看不到腐烂的内核。"这是一场徒劳的战斗，"她回忆道，"我们非常关注品牌的美学，却拒绝讨论 YouTube 的真正问题。"在工作中，他们很少思考她现在思考的问题。**她的公司本来是想把世界上的所有信息都组织起来，怎么反而为阴谋主义者、想法古怪的人和煽动仇恨情绪的人建立起了一个扩音器和支付系统呢？YouTube 诱使少女妈妈们把她们的整个生活都放在屏幕上，这意味着什么？每个人真的都需要把自己的一切播放出来吗？为什么她不能移开视线？**对于斯塔普顿来说，她还有一个更深层次的问题："YouTube 对社会产生的到底是负面影响，还是正面影响？"

她那个积极向上的专栏中所包含的一切——YouTube 网站上珍贵的社区和令人愉快的辉煌成就——都不是这个公司创造的。"培养创造力的不是 YouTube，是人们！"她总结道。

* * *

2022 年，苏珊·沃西基在担任 CEO 的第八年退出了舞台。她很少接受公开采访。在 YouTube 危机时期经常与她见面的广告和媒体合作伙伴表示，现在危机已经结束，他们很少能够见到她。大多数 YouTube 观众可能都不认识她。"她不是一个有超凡魅力的人，"谷歌前同事金·斯科特说，"但对她来说，这并不是件坏事。尤其是在她这个职位上，我认为如果 YouTube 的领袖非常有个人魅力的话，对公司来说可能会是一场灾难。充满魅力的领袖们可能会将企业扼杀，因为他们太以自我为中心了。"

沃西基的丈夫也是谷歌员工，他们一起经营了一个基金会，向一些犹太团体和跨信仰团体提供资助，包括反诽谤联盟以及地球正义与环境保护基金会等环保类非营利组织。她非常谨慎，不发表个人意见，公开露面时一般谈论的都是YouTube所承担的"责任"有利于商业发展。事实上，自2019年施行重大改革以来，YouTube的广告销售额在两年内几乎翻了一番。那年，谷歌创始人佩奇和布林在四十多岁时退休了，把谷歌和Alphabet都交给了桑达尔·皮查伊负责。美国司法部着手起诉谷歌的垄断行为，国会提出了有关监管技术竞争和"恶意算法"的法案，"恶意算法"中包括YouTube的推荐系统。然而，对谷歌来说，最严重的威胁似乎越来越不可能发生——公司不会被拆分。为了应对政治压力，皮查伊将谷歌定位为受人喜爱的、对人们"有帮助"的实用性工具。面对严厉的反对意见，他推动将谷歌的广告业务转变为电子商务的"发电厂"的策略——这是亚马逊的劣势。YouTube上有很多教程类视频和广告明星在这两项战略中占据了核心地位。当谷歌内部人士猜测如果皮查伊离开，谁会接任时，沃西基的名字总是出现在入围名单上。

一些观察人士认为，沃西基冷静的性格和谨慎的管理方式可以解释为什么YouTube没有受到与脸书同等级别的审查。有影响力的倡导者团体"Common Sense Media"的创始人吉姆·斯蒂尔（Jim Steyer）指出："她很在乎。"斯蒂尔在儿童问题上严厉抨击科技平台，游说监管机构遏制科技成瘾的力量和商业行为。他不再信任脸书，至于YouTube，他表示"还不能下定论"，但补充道："苏珊接管后，它改变了我的态度。"

在硅谷或好莱坞，很少有人认为沃西基是一个有远见的人，人们也不认为今天的 YouTube 是创新的温床。它其实是一艘油轮，一个庞大的企业和机构，在行驶中遇到弯道时，会小心谨慎地把握方向。即使沃西基愿意为公司设定远大目标，公司也很可能无法完全朝着选定的方向前进。她是一个平台的管理者，而这个平台有自己的发展方向。一位公司资深人士解释道，运行 YouTube 意味着要处理一个"本质上无法定义和无法管理"的实体，"你只能紧握缰绳"。即便如此，沃西基还是设法控制住了 YouTube 某些失控的部分，她仍然经营着一个缺乏透明度和问责制度的全球大众媒体和经济巨头。

汉克·格林说："如果要我列出一个名单，名单上的人拥有的权力和苏珊·沃西基相当，我希望没有人出现在这个名单上，包括沃西基本人，尤其是没经过选举的人。"

* * *

格林在疫情初期访谈沃西基时，这位"书呆子战士"的视频获得了一项罕见的成就：他让 YouTube 的领导者透露了一些信息。沃西基解释了 YouTube 如何将博主分为三类——创作者、音乐公司和传统媒体，YouTube 获得的浏览量几乎占了总浏览量的一半。

格林听到这一消息后，举起双手。"哇！太厉害了！"他笑着说。

但他在另一条战线上就没这么好的运气了。在他们对话期间，格林就 YouTube 资助频道的策略向沃西基施压。在未能成功引入好莱坞之后，为什么公司只向 YouTube 上最大牌的网红提供了制作电视等节目的资助？为什么不资助规模较小的创作者经营自己的媒体业务？格林认为："由于中间层的 YouTube 博主有巨大的潜力，我一直认为 YouTube 应该更倾向于发挥 YouTube 的本质，并且——"

沃西基插嘴道："我们同意这一点！"

格林笑了，他比任何人都更了解 YouTube。虽然与他对话的人是沃西基，她比任何人运营 YouTube 的时间都长，但这两个人似乎还是没有说到一起。"我们可能对 YouTube 的本质到底是什么，有不同的理解，"格林回应道，"震惊吧！关于这个问题，不是每个人的理解都一样。"

到最后，他们的谈话持续了将近一个小时。不久前，没有人会在互联网上发布这么长的视频，更不用说期待这样做会获得观众或经济回报了。格林上传了这段视频，为当天 YouTube 上已经累积的数十亿小时观看时长又加上了一个小时。

致谢

我于2019年年末开始写这本书,那时刚好是在整个世界进入封控模式之前。如果不是有成百上千个亲历过YouTube发展历程的人,在那似乎永远看不到尽头的疫情期间,花时间与我分享他们的记忆、思考和文件,这本书就不可能诞生。许多人这样做冒了一定的职业风险,虽然我在这里无法透露他们的名字,但我非常感谢他们中的每一位。

克莱尔·斯塔普顿现在仍然是一名吟游诗人,在整个采访过程中,她表现出的坦率和包容,令人眼前一亮。布伦丹·加汉分享了他在YouTube成立初期记录的一些笔记和看法。没有人能像YouTube用户一样了解YouTube,我通过观看MatPat、汉克·格林、凯西·奈斯泰德、Veritasium和ContraPoints的视频,了解了很多关于这个平台的信息,读者朋友们也可以看看这些视频。每一位花时间与我交谈的杰出创作者都让这段历史更加丰富。谢谢大家。

维京一直是完美的出版合作伙伴。里克·科特(Rick Kot)编辑耐心又周到,在和我这样一个新手作家和"故事巨兽"打交道的过程中,他非常有风度。安德里亚·舒尔茨(Andrea

Schulz)、哈尔·费森登（Hal Fessenden）、谢尔比·梅兹利克（Shelby Meizlik）、朱莉娅·里卡德（Julia Rickard）和卡米尔·勒布朗（Camille Leblanc）都对这本书充满信心，并努力让它能够出版。如果没有 Ross Yoon 组稿公司的经纪人伊桑·巴索夫（Ethan Bassoff）的支持，这一切都不会发生，是他说服我走上写作出版这条路，并一路陪伴我度过每一个困难时刻。

凯尔西·库达克（Kelsey Kudak）和肖恩·拉维里（Sean Lavery），他们的事实核查工作非常出色，也是我的"救生员"。萨莉·韦瑟斯（Sally Weathers）在我写作初期观看了大量的 YouTube 视频，为我提供了重要的研究成果。卡丽·弗雷（Carrie Frye）给了我很好的写作建议，让我能够在撰写初稿时保持头脑清醒。

我还要感谢 YouTube 的杰西卡·吉比（Jessica Gibby）、安德里亚·法维尔（Andrea Faville）和克里斯·戴尔（Chris Dale），尽管他们知道我可能会给他们带来一些麻烦，但还是为我打开了公司的大门，并对没完没了的事实核查需求做出回应。他们都是真正的专业人士。

在当今的商业新闻界，没有比彭博科技公司（Bloomberg Technology）更优秀的团队了。其中最杰出的领军人物布拉德·斯通（Brad Stone）是我在记者生涯中的职业偶像，为我早期的手稿提出了非常有帮助的反馈意见。我还要感谢优秀的经理人，汤姆·吉尔斯（Tom Giles）、吉莉安·沃德（Jillian Ward）和莎拉·弗里尔（Sarah Frier），他们都为我提供了重要支持。奥利维亚·卡维尔（Olivia Carville）为我介绍了大量关于新西兰的有用资源。科特·瓦格纳（Kurt Wagner）、阿什利·万斯（Ashlee Vance）、乔舒亚·布鲁斯坦（Joshua Brustein）、艾米丽·张（Emily Chang）、菲利克斯·吉列特（Felix Gillette）、乔什·艾德尔森（Josh Eidelson）、伊恩·金（Ian King）和莉泽特·查普曼（Lizette Chapman）为我提供了报道上的帮助和道义上的支持。在我多次被恐慌袭击的时候（虽然我不太愿意承认），是马克斯·查夫金（Max Chafkin）的话语帮我度过那些艰难时刻。艾米莉·比乌索（Emily Biuso）和阿里·巴尔（Ali Barr）编辑过的一些文章，给了这本书启发，也给了我无尽的鼓励。在此，我也要感谢我的同事埃伦·休特（Ellen Huet）。

我在工作中的合作伙伴卢卡斯·肖（Lucas Shaw）已经"忍受"我多年，他比我更优秀，我很喜欢我们一起发表的那些报道。本书中关于好莱坞的内容都援引自他的报道，他关于圣丹斯（Sundance）电影节的报道也很有影响力。

在这一路上，还有一些其他伟大记者的作品鼓励了我、帮助了我。肯·奥莱塔（Ken Auletta）的《被谷歌》（*Googled*）和史蒂夫·利维（Steve Levy）的《走进谷歌》（*In the Plex*）是我研究谷歌历史的"圣经"。基奇·哈吉关于维亚康姆的著作为我提供了大量资源。我还借鉴了凯文·鲁斯（Kevin Roose）很多关于YouTube的文化和影响力的报道，那些文章都写得非常好。我还要感谢贝卡·刘易斯（一位很有新闻直觉的学者）和其他优秀的研究人员。感谢卡拉·斯威舍（Kara Swisher）和李肯（Ken Li），在我初出茅庐之际，敢于为我提供采访谷歌的机会，并传授给我几乎所有的相关知识。詹姆斯·克拉布特里（James Crabtree）是我在印度做特约记者时的导师，当时我还不知道该如何开展工作，是他教会我怎样写出内容精彩、条理清晰的商业报道。亚历克斯·坎特罗威茨（Alex Kantrowitz）和艾略特·布朗（Eliot Brown）在过去三年里，回复了我所有疯狂的短信和电话。彼得·卡夫卡（Peter Kafka）、杰森·德尔·雷伊（Jason Del Rey）、约翰娜·比扬（Johana Bhuiyan）、莫琳·莫里森（Maureen Morrison）、安娜·维纳（Anna Wiener）、科里·温伯格（Cory Weinberg）和特迪·施莱佛（Teddy Schleifer）都帮助我成为一名更好的记者。

　　过去这几年，我亲爱的朋友们伴我度过了这段写作时光，拉近了我们之间的社交距离。布伦丹·克林肯伯格（Brendan Klinkenberg）、杰基·阿尔西（Jackie Arcy）和尼科·格兰特（Nico Grant）读了这本书的前几稿，并提出了睿智的建议。简·雷布洛克（Jane Leibrock）堪称我的"信息提炼大师"，她将本书的主题提炼成易于理解的语言，做到了我无法做到的事情。威尔·奥尔登（Will Alden）和丹·索尼（Dan Sawney），这两位优秀的作家，在很多漫长的下午和我一起讨论书中各个章节的内容，我非常喜欢这些时光。布拉德·艾伦（Brad Allen）、丹妮尔·伊根（Danielle Egan）和丹·戈尔曼（Dan Gorman）让我能够沉浸在漫长的阅读过程中，并且给了我精彩的反馈。瓦赫古鲁·卡尔萨（Waheguru Khalsa）、萨拉·海勒（Sara Heller）、亚乌·阿萨雷（Yaw Asare）、苏赞娜·斯科特（Suzanna Scott）、奥斯汀·莉亚·罗斯（Austen Leah Rose）、洛雷尔·门罗（Loreal Monroe）、大卫·维吉尔（David Vigil）、斯图尔特·坎贝尔（Stewart Campbell）、科林·努斯鲍姆（Colin Nusbaum）、哈利·莫罗兹（Harry Moroz）、雷格·约翰逊（Regal Johnson）、马特·阿姆斯比（Matt Armsby）和布莱恩·斯特罗姆奎斯特（Brian Stromquist）都给了我很好的建议，连续几年陪我谈论关于YouTube的一切。迈克尔·达西（Michael D'Arcy）直到现在都是我最喜欢的谈话对象。

在整个写作过程中，家人给予了我莫大的爱和鼓励。杰克和弗兰是我忠实的读者，为我提供了建议和支持。在疫情期间那些最为黑暗的日子里，萨拉和约翰为我们点燃一盏又一盏明灯。我的姐姐艾米是我最喜欢的作家，每当我坐下来码字时，一想到她就备受鼓舞。我的父母教会我热爱一个好故事，用同理心面对这个世界。妈妈，我知道爸爸会为我骄傲的。

最后，感谢安妮，你和我一起度过隔离期，是我的第一位也是最后一位编辑，我一生的挚爱，也是我最好的朋友：如果没有你，我不可能做到这一切。现在，这件事已经完成了，是不是很棒？

资料来源说明

　　书中所述内容皆为真实发生的事件。书中所报道的事实均基于公开资料、本人与消息人士的通信、所获得的文件以及从 2019 年年末到 2022 年年初长达数小时的采访内容，当然，还有 YouTube 上的视频。

　　在报道过程中，我采访了三百多名曾亲身经历 YouTube 发展历程的人士。其中包括 YouTube 和谷歌近一百六十名现任和前任员工，一些合作伙伴、经理、消费者保护团体人士、监管机构人士和研究人员以及数十名 YouTube 创作者。许多对话都有录音记录，但也有一些对话是匿名进行的，不允许录音，因为谷歌要求员工、前雇员和合作伙伴严格遵守保密协议。书中引用的电子邮件内容来自维亚康姆对谷歌的诉讼文件、国会调查文件以及我从消息人士处获得的公司内部记录。书中的一些对话内容是根据当事者本人回忆或当时在同一房间中听到这些对话的人的回忆重新创作的。读者请勿以为书中引语是当事人直接对我说的，但应知道，书中的每一处细节，我都通过多种消息来源加以证实，对于只有单一信息来源的内容，我已在书中做出说明。本书中所记述的事实均已做过核查，而且我严格遵守彭博社的一条基本新闻准则："没有惊喜。"书中提到的所有人都知晓本书中和他们相关的描述，并有发表评论的机会。

在 YouTube 的发展历程中起到关键作用的一些人士拒绝了我的采访请求，但每一次我都会尽一切努力请他们的代言人确认事实并提供评论。YouTube 安排了十几名员工接受采访并参与了事实核查，YouTube 新闻发言人的评论可见本书正文或注释。我曾多次向菲利克斯·卡尔伯格提出采访请求，他的一位代言人回应道："抱歉，我们不接受采访。"谷歌前 CEO 埃里克·施密特只同意通过代言人发表评论。三位 YouTube 的管理者——查德·赫利、萨拉尔·卡曼加和苏珊·沃西基——都拒绝接受采访。谷歌的联合创始人、母公司 Alphabet 的大股东拉里·佩奇和谢尔盖·布林已经多年未曾接受记者采访，对我也不能例外。我提出了大量关于佩奇和布林的问题，但 YouTube 和谷歌都没有回应。

书中有一位前 YouTube 员工因为担心遭到公司或其他人报复，使用了化名。我通过一些文件和其他消息来源，证实了该员工提供的内容的真实性，并略去了某些细节以便为其身份保密。但我相信，这位员工的经历对于读者理解 YouTube 究竟是如何运作的，发挥了相当重要的作用。